Christa Rohde-Dachser

Das Borderline-Syndrom

Christa Rohde-Dachser

Das Borderline-Syndrom

Geleitwort von Raymond Battegay

Vierte, ergänzte Auflage

Verlag Hans Huber
Bern Stuttgart Toronto

Meiner Mutter

CIP-Titelaufnahme der Deutschen Bibliothek

Rohde-Dachser, Christa:
Das Borderline-Syndrom / Christa Rohde-Dachser. Geleitw. von Raymond Battegay. - 4., erg. Aufl. - Bern; Stuttgart; Toronto: Huber, 1989
ISBN 3-456-81818-1

Nachdruck 1991 der 4., ergänzten Auflage 1989

Herstellung: Satzatelier Paul Stegmann Bern
Druck: Lang Druck AG Liebefeld-Bern
Printed in Switzerland

Inhaltsverzeichnis

Geleitwort

Wie die Autorin, in Anlehnung an KERNBERG, feststellt, ist das „Borderline-Syndrom" keine „nosologische Residualkategorie", keine Diagnose, die per exclusionem gestellt wird. Es hat vielmehr eine eigenständige Berechtigung zwischen den Neurosen, den schweren Charakterstörungen (Schizoidien) und den Psychosen. Nachdem schon FREUD von seiner Neurosenauffassung her auf Borderline-Patienten gestossen war, haben vor allem Schizophrenieforscher und -therapeuten uns mit diesem Syndrom bekannt gemacht.

Frau CHRISTA ROHDE-DACHSER gelingt es zu zeigen, wie die neueste Narzissmusforschung von KERNBERG und KOHUT wesentliche Beiträge zur Abgrenzung des Borderline-Syndroms lieferte. Nicht nur im individualpsychologischen Bereich, sondern folgerichtig auch in der spezifischen Struktur oder Pathologie der Herkunftsfamilie, im Interaktionsmuster in der Familiengruppe, wird ein weiterer wesentlicher Ursprung des Borderline-Syndroms gesehen. Der Wandel der Gesellschaft in Richtung Aussenleitung (RIESMAN) dürfte einer der Gründe für die anscheinende Zunahme dieser Zustandsbilder in der modernen Gesellschaft darstellen.

Sich hauptsächlich auf KERNBERG stützend, sieht Frau ROHDE-DACHSER das Pathognomonische des Borderline-Syndroms in

1) einer spezifischen Pathologie des Ich, die die übrigen psychischen Strukturen in Mitleidenschaft zieht,
2) einem Einsatz archaischer Spaltungsmechanismen und anderer, sich um die Spaltung gruppierender Abwehrmechanismen,
3) einer spezifischen Lösungsstrategie für Konflikte im Bereiche der Ich-Entwicklung.

Die Autorin versteht es, das Borderline-Syndrom dem Leser näher zu bringen, indem sie zuerst auf dessen Phänomenologie eingeht, dann strukturelle und psychodynamische Aspekte behandelt, ferner eine genetische Ableitung des Borderline-Syndroms unternimmt und schliesslich die für die Therapie des Borderline-Patienten notwendige Abwandlung der klassisch-psychoanalytischen Technik bespricht. Nicht nur die theoretischen Ansätze, sondern auch die praktischen Beispiele vermitteln einen umfassenden Einblick in die Angstbereitschaft, die mangelnde Angsttoleranz, die Neigung zu multiplen Phobien, Konversions- und Zwangssymptomen dieser Patienten. Die „dissoziativen Reaktionen" mit häufigen schweren Depressions- und Depersonalisationserlebnissen, hilfloser Wut mit Verlust der Impulskontrolle, auch im sexuellen Bereich, dieser Patienten werden klar gezeichnet. Die Autorin legt eindrücklich dar, wie der Ich-Defekt durch eine starre Abwehrstrategie zu überbrücken versucht wird. Die Auseinandersetzung mit zahlreichen Autoren vermittelt einen breit gefächerten Überblick über die Literatur, ohne dass dadurch dem Buch an Originalität genommen wird.

Die sehr frühe und tiefgreifende Störung der Mutter-Kind-Beziehung und der Autonomiebestrebungen des Kindes werden anhand einer Zusammenfassung der einschlägigen Literatur und eigener Erfahrungen dargestellt.

Bei den Betrachtungen über die Therapie versteht es Frau ROHDE-DACHSER, die besonderen Schwierigkeiten beim Einstieg in die Psychotherapie (Misstrauen, magische Heilserwartung) sowie die Entwicklung der Übertragung bei diesen Patienten (vor allem des Prozesses der projektiven Identifizierung) darzustellen. Borderline-Patienten erleben den Analytiker oft nicht, als ob er bestimmte Eigenschaften einer Beziehungsperson hätte, sondern als ob er *wirklich* diese Beziehungsperson selbst wäre.

Die Autorin geht auch ausführlich auf wichtige Details der psychotherapeutischen Technik bei diesen Patienten ein, so z.B. auf die Notwendigkeit, statt genetischer Deutungen überwiegend Interpretationen zu geben, die den Realitätsbezug des Patienten verbessern sollen.

Frau CHRISTA ROHDE-DACHSER gelingt es mit dieser Schrift, einen tiefen und breitgefächerten Einblick in das Borderline-Syndrom, dessen Genese, Struktur, Abgrenzungen und Psychotherapie zu geben und dabei die wesentlichsten, bisher erschienenen Literaturbeiträge zusammenzufassen.

Sowohl dem belesenen Kenner des Problems als auch dem beginnenden Psychotherapeuten vermag die vorliegende Schrift Denkanstösse zu geben, die klärend wirken und in der Forschung weiterführen werden.

RAYMOND BATTEGAY

Vorwort zur 4. Auflage

Vor nunmehr fast acht Jahren ist die zweite Auflage dieses Buches erschienen, vor 6 Jahren die dritte. Und obwohl „Borderline" und die damit verbundenen psychoanalytischen Theorien längst kein Geheimtip mehr sind, der sich häufig einer guten Kenntnis der angelsächsischen psychoanalytischen Literaturszene verdankte, wie das beim ersten Erscheinen des Buches (1979) noch der Fall war, hat sich an der Nachfrage nach diesem Thema kaum etwas geändert. „Borderline" ist weiter im Gespräch geblieben, hat Therapeuten, Wissenschaftler, Studierende beschäftigt, und – wie ich selbst aus Zuschriften und anderen Rückäusserungen von Lesern immer wieder erfahren habe – auch immer wieder Menschen, die in ihrem psychischen Leiden nach einer Orientierung suchten und dabei auf dieses Buch stiessen. Manche von ihnen haben sich bei der Lektüre offenbar verstanden gefühlt oder sogar getröstet, manchen hat das Buch Mut gemacht, doch noch nach einer Therapie zu suchen; manche fanden auch einen Namen, ein Etikett für ihre Krankheit. Es gab auch Patienten, für die dieses Etikett zum Stigma wurde, da es sie in den Augen der Umwelt (und oft genug auch in ihren eigenen!) zu Schwerkranken stempelte, zu Problempatienten, schlimmer noch: zu psychischen „Versagern". Ich konnte nicht verhindern, dass dieses Buch auch diese Wirkung hatte, und dass es unwillentlich zur Verbreitung einer nosologischen Signatur beitrug, die eigentlich dem Verständnis des Patienten dienen sollte, entgegen dieser Intention offenbar aber auch in den Dienst seiner Desavouierung trat. Dass und warum Borderline-Patienten immer wieder eine solche Desavouierung unwissentlich auch provozieren, habe ich in diesem Buch ausführlich beschrieben. Ich habe aber auch darzustellen versucht, dass eben diese Ablehnung, auf die diese Patienten in der therapeutischen Szene immer wieder treffen, Ausdruck (und weitere Ursache!) ihrer inneren Not ist, die auf Akzeptanz hofft trotz aller möglicherweise gegenteiligen Signale. Es ist mir trotzdem nicht gelungen, den abwertenden Gebrauch der Diagnose zu verhindern. So kann ich nur betonen, dass er in diametralem Gegensatz zu den Intentionen dieses Buches steht.

Was für mich in der Rückschau aber fast noch schwerer wiegt, ist die Erfahrung, dass meine Veröffentlichungen zum Borderline-Thema bei vielen Menschen auch Hoffnungen auf therapeutische Hilfe geweckt haben, die sich schliesslich dann noch nicht einlösen liessen, sei es, dass die Hoffnungen zu unrealistisch waren, sei es, dass trotz allen Bemühens keine geeignete Therapie gefunden werden konnte. Letzteres war oft der Fall, insbesondere dann, wenn es sich um den Wunsch (und die Notwendigkeit!) einer langfristigen therapeutischen Nachbetreuung nach einem stationären Aufenthalt handelte.

Aus all diesen Erfahrungen schliesse ich, dass im deutschen Sprachraum nicht etwa *zuviel* von „Borderline" die Rede ist, wie manche Psychiater und Psychoanalytiker meinen und mir auch immer wieder vorhalten. Ich glaube im Gegenteil, dass hier an vielen Stellen, seien es niedergelassene Psychotherapeuten, Institutionen oder Ausbildungsstätten, immer noch ein grösseres Wissensdefizit besteht. Dies mag auch damit zusammenhängen, dass Borderline-Patienten hierzulande nach meiner Schätzung nur zum geringeren Teil von psychoanalytischen/psychotherapeutischen Experten betreut werden, sondern dass gerade dieses Klientel in aller Regel in Beratungsstellen, Arztpraxen, Einrichtungen wie der Telefon-Seelsorge u.ä. anlandet, bei Hilfswilligen also, die eine sehr unterschiedliche, meist eher kürzere als längere psychotherapeutische Ausbildung genossen haben und diesen Patienten dann oft genug zwar hilfswillig, gleichzeitig aber auch mehr oder minder hilflos gegenüberstehen. Es ist insbesondere auch diese Gruppe von Ärzten, Psychologen, Sozialarbeitern, Laienhelfern, und in jüngster Zeit auch Pädagogen und Soziologen, die hier immer wieder ihren Informationsbedarf anmeldet. Anders wäre die anhaltende Nachfrage nach einschlägigen Fortbildungsveranstaltungen nicht zu begründen, und anders liesse sich auch der nachhaltige Erfolg dieses Buches nicht erklären.

Dieses Buch entstand seinerzeit aus einer durchaus vergleichbaren Situation: Es spiegelt die Auseinandersetzung mit Problemen wieder, die sich mir in meiner damaligen Tätigkeit an einer Psychiatrischen Poliklinik im fortgesetzten Umgang mit Borderline-Patienten, oft quälend, aufdrängten, und für die ich mir so eine eigene, auch theoretisch fundierte Antwort zu erarbeiten suchte, wo sonst nur der Rekurs auf wohlgemeinte Ratschläge und „klinische Erfahrung" blieb. Das Buch wendet sich damals wie heute deshalb wesentlich auch an praktizierende Ärzte und Therapeuten, die sich in einer ähnlichen Lage befinden und von der hier dokumentierten „Vorarbeit" deshalb vielleicht für ihre eigene Praxis profitieren können. Ich habe mich darum auch um eine Sprache bemüht, die nicht nur den psychoanalytischen Experten anspricht; vermittelt werden sollte theoriegeleitete Praxis, wobei die Theorie den Weg zur Praxis ebnen sollte und nicht – wie nach meinem Eindruck sonst oft der Fall – durch einen widerständigen Fachjargon eher versperren.

Als ich deshalb jetzt, vor Erscheinen der 4. Auflage, vor der Frage stand, dieses Buch in Diktion und Inhalt dem aktuellen wissenschaftlichen Diskussionstand über die Borderlinestörungen anzupassen, wie er augenblicklich vor allem durch die Auseinandersetzungen um die 3. Auflage des „Diagnostischen und Statistischen Manuals Psychischer Störungen (DSM-III und DSM-III-R)" beeinflusst ist, habe ich mich nach längerer Überlegung entschlossen, den Text im Hauptteil unverändert zu lassen. Die dort festgehaltene Essenz einer nunmehr mehr als 15jährigen Erfahrung im Umgang mit Borderline-Patienten lässt sich – wie ich glaube – nicht ohne weiteres in eine andere Nomenklatur umgiessen, ohne dass der ursprüngliche Gestus des Textes verloren ginge. Zumindest würde seine Authentizität darunter leiden. Andererseits kann man aber auch nicht einfach darüber hinwegsehen, dass seit dem Erscheinen des Buches im Jahre 1979 (und auch noch der 2. rev. Auflage von 1981) wichtige und einschneidende Neuerungen auf dem Gebiet der Borderline-Forschung zu verzeichnen sind, hinter deren Informationsstand die wissenschaftliche Diskussion nicht zurückfallen darf, will sie nicht hoffnungslos antiquiert erscheinen.

Ich habe mich deshalb, wie auch schon in der 2. Auflage dieses Buches, für einen Kompromiss entschieden. Der Text blieb auch diesmal im Hauptteil unverändert. Der im engeren Sinne an Diagnostik oder empirischer Forschung interessierte Leser findet die einschlägigen Informationen im Anhang zum Hauptteil am Ende des Buches. *Dieser Anhang wurde für die vorliegende Auflage völlig neu konzipiert.* Besonderer Wert wurde dabei auf die Darstellung der für das Borderline-Spektrum relevanten Diagnostik des „Diagnostischen und Statistischen Manuals Psychischer Störungen" (DSM-III und DSM-III-R) der American Psychiatric

Association von 1980 bzw. 1987 gelegt. Die dort genannten Kriterien der *„Borderline-Persönlichkeitsstörung"* und der *„Schizotypischen Persönlichkeitsstörung"* sind in den Anhang aufgenommen. Darüber hinaus findet sich dort ein Überblick über andere wichtige Instrumente aus dem Bereich der Borderline-Diagnostik, insbesondere das mittlerweile auch im deutschsprachigen Raum eingebürgerte *„Diagnostische Interview für Borderline-Patienten (DIB)" von* GUNDERSON *und* KOLB *(1978).*

Wer sich darüber hinaus über wichtige, insbesondere auch deutschsprachige Arbeiten zum Borderline-Thema informieren will, die den aktuellen Wissenstand zusammenfassen, sei auf KERNBERG (1984; deutsch: „Schwere Persönlichkeitsstörungen", 1988) und auf LOHMER („Stationäre Therapie bei Borderline-Patienten, 1988) hingewiesen. Erwähnen kann ich auch zwei eigene Arbeiten (ROHDE-DACHSER 1986, 1987).

Sollte irgendwann tatsächlich eine Neukonzeptualisierung dieses Buches anstehen, wird diese die jüngsten Ergebnisse der Säuglingsbeobachtung (LICHTENBERG 1983, STERN 1985) einbeziehen müssen. Meine Vermutung ist, dass eine ganze Reihe auch zentraler Konzepte unserer heute aktuellen Theorie der Borderlinestörungen auf lange Sicht hier einer anderen Betrachtungsweise wird weichen müssen. Je besser wir (nicht nur als Mütter und Väter, sondern auch als Wissenschaftler!) verstehen lernen, wie Säuglinge und kleine Kinder reagieren und erleben, und was sie traumatisieren kann, in der Sprache der *„Babywatchers"*: je vertrauter wir mit den vielen möglichen „Modellszenen" der Kindheit werden, desto weniger werden wir im Umgang mit dem erwachsenen Patienten auf die Vermittlung von Theorien angewiesen sein, die den Blick auf den Patienten teilweise vielleicht auch versperren oder ihn künstlich einengen und kanalisieren. Vorerst zeichnet sich das neue Paradigma (um ein solches könnte es sich tatsächlich handeln) jedoch erst unscharf am Horizont ab. Da nach TH. KUHN eine Wissenschaft ihr altes Paradigma – wenn überhaupt – erst dann in Frage stellen kann, wenn ein neues einigermassen klar in Sicht ist, werden wir das alte also zumindest vorerst weiter benötigen.

Frankfurt, im Februar 1989 CHRISTA ROHDE-DACHSER

Vorwort zur 2. Auflage

Seit der Fertigstellung dieses Buches im Jahre 1977 und seinem Erscheinen zu Beginn des Jahres 1979 hat das psychische Krankheitsbild, für das sich der Name „Borderline-Syndrom" als gängige Bezeichnung eingebürgert hat, nichts an Interesse verloren. Im Gegenteil: Trotz weiter bestehender Kontroversen und Unstimmigkeiten vor allem hinsichtlich der klinischen Brauchbarkeit des Begriffs steigt die Zahl der Veröffentlichungen zu diesem Sujet, und Lehrveranstaltungen zum Borderline-Thema sind allerorten zu einem festen Bestandteil der Weiterbildungs-Programme in psychiatrischen Kliniken und psychoanalytischen Instituten geworden. Das Erscheinen von KERNBERGS „Borderline-Störungen und pathologischer Narzissmus" (1978) und MASTERSONS „Psychotherapie bei Borderline-Patienten" (1980) nunmehr auch in deutscher Sprache haben wesentlich zu dieser Entwicklung beigetragen, Auf dem Jahres-Kongress 1980 der Deutschen Gesellschaft für Psychiatrie und Nervenheilkunde (DGPN) wurden mehrere Veranstaltungen offeriert, die sich mit der (von Psychoanalytikern entwickelten) Theorie der Borderline-Erkrankungen befassten. Sie fanden in überfüllten Sälen statt. In der deutschen psychiatrischen Szenerie, wo psychoanalytische Theorien sonst eher zögernd rezipiert werden, stellt dies ein Novum dar. Dass dieses Buch jetzt – drei Jahre nach seinem Erscheinen – bereits in zweiter Auflage vorliegt, beweist wohl ebenfalls die Aktualität, die dem Borderline-Thema nunmehr auch hierzulande anhaftet. Die Frage, wie es zu diesem Interesse kommt, das manchmal fast wie eine Mode-Erscheinung anmutet, bedarf einer Stellungnahme.

Zuvor erscheint es mir jedoch geboten, den Leser wenigstens kurz mit den wichtigsten literarischen Neuerscheinungen zum Thema der Borderline-Störungen bekannt zu machen, die seit der Fertigstellung dieses Buches auf den Markt kamen und heute mit im Zentrum der Diskussion stehen.

Hier wäre aus dem angelsächsischen Sprachraum zunächst HARTOCOLLIS (1977) zu nennen, der die Beiträge der „International Conference of Borderline-Disorders", welche 1976 in Topeka/Kansas stattfand, in einem äusserst informativen Band zusammenfasst.

Das Werk enthält eine erschöpfende und gleichzeitig zukunftsweisende Bestandsaufnahme der Diskussion zum Borderline-Thema im Jahre 1976, wo u.a. Autoren wie BION, GREEN, RINSLEY, MAHLER, KERNBERG, GRINKER, GUNDERSON, SINGER, ADLER, SEARLES und MASTERSON zu Wort kommen. Weniger umfassend, aber gleichfalls in vieler Hinsicht informativ und weiterführend, ist der 1975 von MACK herausgegebene Sammelband „Borderline States in Psychiatry". 1980 erschien – ebenfalls in USA – das umfangreiche Werk von M.H. STONE über „The Borderline-Syndromes – Constitution, Personality and Adaptation". STONE steckt in einem grossen Entwurf die Stellung der Borderline-Syndrome innerhalb des Spektrums von Schizophrenie, schizoaffektiven Psychosen, manisch-depressiven Erkrankungen und nicht-psychotischen Persönlichkeits-Störungen ab, wobei er nach klassischer psychiatrischer Tradition der Untersuchung des konstitutionell-genetischen Faktors grösseres Gewicht beimisst. Die Vielzahl von diagnostischen und differential-diagnostischen Orientierungshilfen, die STONE aus seinem überragenden psychiatrischen Wissen heraus dem Leser an die Hand gibt, machen dieses Buch aber auch für jeden Psychoanalytiker zu einer wertvollen Lektüre. GRINKER und WERBLE veröffentlichten 1977 ein Buch „The Borderline Patient", mit welchem sie an ihre 1968 zusammen mit DRYE vorgelegte Studie über „The Borderline Syndrome – A Behavioral Study of Ego Functions" anknüpfen und ihre dort vorgestellten Hypothesen weiter vertiefen und mit vielen klinischen Beispielen veranschaulichen.

Aus der mittlerweile auch in deutscher Sprache zugänglichen Borderline-Literatur sind vor allem MASTERSON (1980) und VOLKAN (1978) zu nennen. MASTERSON entwickelt in seinem Buch „Psychotherapie bei Borderline-Patienten" ein bestechend klares (damit allerdings auch einseitiges) Konzept des Borderline-Syndroms, das für ihn das Resultat einer misslungenen Individuation darstellt. Borderline-Patienten haben – so MASTERSON – als Kinder die Erfahrung gemacht, dass die Mutter auf ihre Autonomiebestrebungen mit Rückzug reagierte, während sie regressives Verhalten belohnte. Für das Kind verbinde sich mit der Autonomie-Erfahrung deshalb eine Verlassenheits-Depression von anaklitischen Ausmassen, die es hinfort zu vermeiden trachtet, indem es an voneinander separierten „guten" und „bösen" Selbst- und Objektbildern, die sich mit entsprechend antagonistischen affektiven Zuständen koppeln, festhält, um die darauf basierenden Phantasien im späteren Leben immer dann agierend in Szene zu setzen, wenn Autonomieschritte an die Grenze der Verlassenheitsdepression heranführen. In diesem Abwehrmanövern wird die Realitätsprüfung weitgehend zugunsten eines „Lust-Ich" suspendiert. Die Verleugnung gilt dabei vor allem den selbst-destruktiven Aspekten des Agierens. MASTERSON zeigt an einer Reihe ausführlich referierter Psychotherapie-Verläufe, wie diese Konstellation in der Behandlung von Borderline-Patienten einen Zirkel von negativen therapeutischen Reaktionen in Gang setzt, den der Therapeut nach seiner Auffassung durch fortgesetzte, oft massive Konfrontation zu durchbrechen suchen muss (zur Kritik dieses zwangsläufig einseitigen therapeutischen Ansatzes vgl. KERNBERG 1975, S. 184f. der deutschen Ausgabe).

Verglichen mit den manchmal leicht monoton anmutenden Wiederholungen im kasuistischen Teil bei MASTERSON, ist das Buch von VOLKAN (1978) „Psychoanalyse der frühen Objektbeziehungen – Zur psychoanalytischen Behandlung psychotischer, präpsychotischer und narzisstischer Störungen" eine faszinierende Lektüre. VOLKAN versucht eine Anwendung der psychoanalytischen Theorie der Objektbeziehungen von M. KLEIN, FAIRBAIRN, WINNICOTT, KERNBERG und anderen auf die psychotherapeutische Behandlung schwer regredierter Patienten. Er gewährt dem Leser mannigfaltige Einblicke in diese Behandlungs-Situation, wo die Patienten um eine „lebendige archaische Struktur" ringen, sich Gefühls-Überflutungen ausgesetzt sehen, wo ihre arachaischen Selbst- und Objekt-Bilder und ihre Übergangs-Objekte sichtbar werden. Das Buch ist also einerseits streng klinisch orientiert, liefert aber auch eine Vielzahl theoretischer Anregungen und zeigt psychotherapeutische Behandlungsmethoden auf, die auf eine ungewöhnliche Empathie des Autors mit diesen sonst als schwer behandelbar geltenden, regredierten Patienten hinweisen. Wer wirklich verstehen will, was gemeint ist, wenn von „archaischer Struktur" oder von „archaischen Objektbeziehungen" die Rede ist, der wird bei VOLKAN fündig werden. In seiner Einführung bezeichnet KERNBERG dieses Buch als „eine bedeutende Bereicherung für das Gebiet der Behandlung von Borderline-Konditionen und Psychosen" (S. 13).

Eben in deutscher Sprache erschienen ist auch das Buch von KERNBERG „Objekt-Beziehungen und Praxis der Psychoanalyse"

(1981). Es enthält eine eingehende Darstellung der „Theorie der Objekt-Beziehungen", auf welcher KERNBERG sein Borderline-Konzept aufbaut. Eine Reihe bereits früher veröffentlichter Aufsätze des Autors, insbesondere über die psychoanalytische Klassifizierung der Charakter-Pathologie und die Störungen der Liebesfähigkeit, sind in das Buch integriert, das als Standardwerk über die psychoanalytische Objekt-Beziehungs-Theorie angesehen werden darf und in seinen vielfältigen Konsequenzen vor allem auch für die psychoanalytische Behandlungstechnik weit über den engen Bereich der Borderline-Therapie hinaus verweist.

Ähnlich übergreifende Ansätze unter *ich-psychologischen* Gesichtspunkten finden sich bei BARTON und KOVAN (1978, 1979), vor allem aber bei BLANCK und BLANCK (1978, 1980). BARTON und KOVAN unternehmen den Versuch einer Differentialdiagnose im Bereich der sogenannten „Frühstörungen", indem sie unterschiedliche Krankheitsbilder bei Erwachsenen, darunter auch das Borderline-Syndrom, mit Störungen in den jeweiligen Subphasen des Prozesses von Symbiose, Loslösung und Individuation in Verbindung setzen, wie er von MAHLER et al. (1978) beschrieben wird. Auf den Theorien von MAHLER und HARTMANN basieren auch die beiden Bücher von BLANCK und BLANCK „Angewandte Ich-Psychologie" (1978) und „Ich-Psychologie II" (1980), beide jetzt in deutscher Sprache zugänglich. BLANCK und BLANCK tragen in diesen Veröffentlichungen nicht nur Entscheidendes zum Verständnis der Borderline-Störungen bei, die von ihnen unter die globalere Kategorie der Ich-Störungen subsumiert werden. Insbesondere ihr erstes Werk über „Angewandte Ich-Psychologie" enthält eine Vielzahl praktischer Orientierungshilfen für die Borderline-Therapie, die in dieser Klarheit und unmittelbaren klinischen Evidenz anderswo kaum zu finden sind.

Neben diesen vorwiegend theoretisch oder klinisch-kasuistisch orientierten Veröffentlichungen hat sich in den letzten Jahren vor allem in USA ein Forschungszweig entwickelt, der sich die *empirische* Absicherung der Borderline-Diagnose zum Ziel gesetzt hat. Die bis jetzt vorliegenden Ergebnisse scheinen vielversprechend und besitzen eine hohe klinische Relevanz. Ihre Darstellung würde den hier intendierten Rahmen einer kurzen Literatur-Übersicht sprengen. Ich habe die wichtigsten Untersuchungen auf diesem Gebiet deshalb in einem gesonderten Nachtrag zur zweiten Auflage dieses Buches zusammengestellt (S. 231 ff.), auf den ich an dieser Stelle verweisen möchte. Exzeptionell und deshalb bereits hier hervorhebenswert erscheint mir jedoch eine Studie von YANOWSKI und FOGEL (1978) über „Diagnostic and Therapeutic Implications of Visual Imagery Reactivity", in der experimentell nachgewiesen wird, dass Borderline-Patienten signifikant häufiger als Patienten mit einer anderen psychischen Krankheits-Diagnose auf konflikthafte äussere Stimuli mit *visueller Imagination* reagieren und in einer Psychotherapie über das Vehikel dieser inneren Bilder häufig auch eine bessere Einsicht erreichen können als durch rein verbale Deutungen. Das Ergebnis von YANOWSKI und FOGEL scheint also die von mir vertretene, aus der klinischen Erfahrung abgeleitete Hypothese zu untermauern, dass die Funktion der optischen Wahrnehmung bei Borderline-Patienten in besonderer Weise besetzt ist und eine wichtige Rolle sowohl für die Triebbefriedigung als auch für ihre Abwehr spielt (vgl. S. 114 ff. dieses Buches).

Schliesslich sei noch auf eine Reihe von Berichten hingewiesen, in denen zum Teil sehr ermutigende Erfahrungen mit dem Einsatz verschiedener Psychotherapie-Methoden in der Behandlung von Borderline-Patienten referiert werden. Dies gilt vor allem für die psychoanalytisch-orientierte *Gruppentherapie* (vgl. GROBMAN 1980, SCHRETER 1980/1981, WONG 1980, KIBEL 1978, 1980; ROTH 1980, HORWITZ 1980, MACASKILL 1980).

Über die besonderen Voraussetzungen einer *Ehepaar-Therapie* bei Borderline-Patienten berichten SEEMAN und EDWARDES-EVANS (1979), während ZINNER (1978) eine Kombination von Einzel- und Familientherapie bei einer Reihe von Borderline-Patienten empfiehlt. SHAINBERG (1979) arbeitete mit ihren Borderline-Patienten auf der Basis des katathymen Bilderlebens („guided imagination") – mit gutem Resultat. Meine eigenen Erfahrungen mit der Anwendung psychoanalytisch-orientierter Psychodrama-Therapie bei Borderline-Patienten in einer heterogenen Gruppe habe ich 1980 dargestellt. SCAGNELLI (1977, 1980) und BAUER (1979) setzten bei der Behandlung ihrer Borderline-Patienten Entspannungs- und hypnagoge Techniken ein. Die berichteten positiven Resultate dürften eng damit zusammenhängen, dass die Patienten sich hier in einem geschützten und strukturierten Rahmen auf ihre innere Bilderwelt einlassen konnten und gleichzeitig aufgefordert waren, ihre Imaginationen zu verbalisieren. Nach meiner Erfahrung erlebt der Patient dabei einmal Fülle (nämlich

Bilderfülle) in sich, wo er vorher nur Leere empfand; gleichzeitig werden die Bilder durch ihre Übersetzung in beschreibende Sprache in den Sekundärprozess integriert; man könnte auch sagen: Sie wachsen auf diese Weise dem Ich des Patienten zu.

Damit möchte ich diesen Überblick über die Borderline-Literatur der letzten Jahre, der Anlass zu vielen weiteren, interessanten Erörterungen sein könnte, abschliessen und zu der eingangs gestellten Frage zurückkehren, wie der „Borderline-Boom", um es einmal salopp zu sagen, letztendlich zu erklären sei. Häufig kann man als Begründung hören, dass bis vor kurzem die theoretischen Voraussetzungen für das Verständnis dieser speziellen Gruppe von Patienten fehlten, die nunmehr durch die Entwicklung der Ich-Psychologie zur Verfügung stehen. Das würde bedeuten, dass das jetzt erwachte Interesse an den Borderline-Syndromen sozusagen einen überfälligen Nachholbedarf abdeckt. Eine bösartigere Erklärung geben KLEIN (zitiert nach CALLAN 1979) und GLAZER (1979): Weil heute mehr Menschen als früher in Psychotherapie kommen – so die Vermutung dieser Autoren –, steige auch das Risiko eines therapeutischen Misserfolgs für den Psychotherapeuten, der überdies heute oft weniger gut ausgebildet sei als in früheren (besseren?) Zeiten. Mit der Zuschreibung einer „Borderline-Diagnose" werde der mögliche maligne Therapieverlauf bzw. der therapeutische Misserfolg von vornherein rationalisiert und zumindest indirekt dem Patienten angelastet, ohne dass der Therapeut sich zu irgendeiner Zeit in seiner professionellen Identität in Frage stellen muss. Eine dritte, mehr neutrale Erklärung des Phänomens geht davon aus, dass die Gruppe der Borderline-Patienten laufend zunimmt und von daher Interesse weckt, während sie vor einigen Jahrzehnten noch eine blosse Randerscheinung darstellte (vgl. S. 25 ff. dieses Buches).

Kann dies genügen? Oder sind die Borderline-Störungen vielleicht *die* Zeiterkrankung, ähnlich wie dies für die Neurose im Wien des 19. Jahrhunderts galt, für die FREUD seine psychoanalytische Theorie entwickelte? In der Ära FREUDS waren Triebfeindlichkeit und doppelte Sexualmoral ein wesentlicher Motor für neurotische Konflikte. Der hauptsächliche Abwehrmechanismus war die *Verdrängung.* Wo sie versagte, kam es zu neurotischen Symptomen, vorwiegend nach dem Muster der Konversion. FREUDS Psychoanalyse zielte auf die kathartische Aufhebung der Verdrängung und auf eine bessere Integration der abgewehrten

Sexualität in das Bewusstsein. „Die Psychoanalyse spiegelte die Krankheiten der Kultur damals und auch heute", so GLAZER 1979. „Heute leiden wir an einem Verlust von Strukturen, auf der Ebene der Kultur, der Familie, der Person. Kulturelle Werte sind fragwürdig geworden und die Objekte von Verehrung werden nicht mehr so sehr respektiert. Wir sind von unseren Helden desillusioniert, und kein Ersatz ist in Sicht. Es gibt immer mehr zerbrochene Familien, während die Verfügbarkeit möglicher stabiler Introjekte im Schwinden begriffen ist. Die Menschen klagen über Entfremdung, Isolation und Entwurzelung. Deshalb beschäftigt sich die Psychoanalyse von heute, und das Borderline-Konzept im besonderen, mit der Qualität der Objektbeziehungen und der Stabilität und Gutartigkeit der Introjekte. Gleichzeitig arbeiten wir weniger mit der Aufhebung der Verdrängung und mehr mit Abwehrmechanismen wie Idealisierung, Spaltung und projektiver Identifizierung. Wir sind weniger mit Katharsis befasst als mit der Gleichgültigkeit gegenüber dem Objekt und dem unangemessenen Ausdruck von Aggression. Die Psychoanalyse dekouvriert also den Mythos eines geschlossenen, statischen Systems und sieht sich aufs neue in ihrer Rolle als ein sensibles kulturelles Barometer für den sozialen Gesamtzusammenhang bestätigt, in welchem sie existiert" (a.a.O. S. 377, übersetzt v. Verf.).

Was GLAZER hier so kurz und bündig konstatiert, ist – so meine ich – makabre Wirklichkeit. Das Ausmass des Makabren wurde mir jüngst auf der Jahrestagung der Deutschen Psychoanalytischen Gesellschaft (DPG) in Mannheim (September 1981) deutlich, wo ich zu einem Referat „Über den Umgang mit Träumen in der Behandlung von Patienten mit schweren Ich-Störungen" aufgefordert war. Ich schilderte in diesem Vortrag die typischen Träume von Borderline-Patienten, wo sich eine archaische, nicht zielgerichtete Aggression oft in Bildern einer alles vernichtenden Explosion Ausdruck verschafft. Ein weiterer Teil des Vortrags befasste sich dann ausgiebig mit der Frage, wie der Therapeut dieser Form von Aggression angstfrei begegnen könne, wie sie zu neutralisieren sei und wie man ihr schliesslich zu einem adäquaten Ausdruck verhelfen könne, sorgfältig darauf achtend, dass der Patient nicht vorher sich oder andere physisch zerstöre. Am zweiten Kongress-Tag griff DIECKMANN, der der JUNGschen Schule angehört, das gleiche Thema nochmals auf, allerdings unter einem ganz anderen Blickwinkel. Er sprach über „Das Irrationale in der

Psychoanalyse" und zeigte dabei eindrucksvoll, wie das Wissen um die Möglichkeit der Menschheits-Zerstörung durch von Menschen geschaffene, ihrer Kontrolle entglittene Apparaturen tief im kollektiven Unbewussten wurzelt und sich über Jahrhunderte hinweg im Mythos nachweisen lässt. Zur gleichen Zeit kündigte der amerikanische Präsident Reagan sein Billionen-Rüstungsprogramm an und Bilder über die zerstörerische Wirkung der Neutronenwaffe standen in allen Zeitungen. Ist der Mensch, in dessen Traum die Welt in einer alles vernichtenden Explosion untergeht, immer ein schwer gestörter Borderline-Patient, den wir uns mit dieser Diagnose auf Abstand halten können, oder träumt er *auch* für uns alle, weil er mit sensibleren Antennen auf seine Umwelt reagiert und mehr um die Verwundbarkeit und Zerbrechlichkeit des scheinbar Sicheren weiss als ein „Gesunder"? Träumt er *auch* prophetisch? Spiegelt sich in seinem Inneren etwas von dem bipolaren Denken, das wir beim Individuum dem Borderline-Bereich zuordnen, das in der Weltpolitik jedoch gang und gäbe ist? Hier gibt es „gute" und „böse" innere Objekte, die der Patient voneinander separieren muss, aus der Angst heraus, das böse Objekt könnte sich als übermächtig erweisen, wenn es auf das gute trifft und es ein für allemal vernichten. KERNBERG bezeichnet dies als die typische Borderline-Angst (1975, S. 49 der deutschen Ausgabe). Dort gibt es „gute Amerikaner" und „böse Russen" und vice versa, und jeder ist aufgefordert, sich zuzuordnen und zu bekennen. Grauzonen sind nicht erlaubt. Alle „Guten" müssen permanent Sorge tragen, dass die „Bösen" nicht zu mächtig werden und den „guten" Teil der Menschheit zerstören. Dazu bedarf es immer riesigerer Waffen-Arsenale, deren Gefährlichkeit verleugnet wird, weil die gesamte Aggression auf den Gegner projiziert wird, der dann die alleinige Bedrohung darstellt. Alles, was diese Fronten verwischen könnte, etwa ein wachsender Bekanntheitsgrad mit „dem anderen Lager", Empathie mit ihm, die Ortung von aggressivem Konfliktpotential in den eigenen Reihen u. ä. ist tabuiert, macht Angst und führt eher zu einer Eskalation des Bedürfnisses nach Wehrbereitschaft als zu seiner Hinterfragung. Die kollektiven Spaltungs-, Projektions- und Verleugnungs-Mechanismen und auch die *kollektive Angst* besitzen eine fatale Parallele mit dem Phänomen, das hier in individualpsychologischen Kategorien als „Borderline-Syndrom" beschrieben wird. Ihre Verweisung in den Bereich individueller Psychopathologie unter einem Ettikett, das die so stigmatisierten Patienten von vornherein als „Grenzfälle" aus dem Kreis der „Normalen" ausgliedert, um sich dann aus der Therapeutenrolle heraus umso intensiver mit ihnen zu befassen, mutet wie ein kollektives Schutz-Manöver an, in welchem die endgültige Verdrängung jedoch misslingt. Wie im neurotischen Symptom sich das Nicht-Denkbare, Verpönte, Verdrängte und Verleugnete früher oder später zu Wort meldet, wenn auch in der Chiffre eines Kompromisses, die der Psychoanalytiker aufgerufen ist zu entschlüsseln, so scheint sich im sozialen Abseits der Borderline-Diskussion in ebenfalls chiffrierter Form ein sonst gemiedener Teil des Lebensgefühls des modernen Menschen zu artikulieren, seiner Entfremdung, Ohnmacht und Angst und schliesslich auch seines Wissens um die vernichtende Wucht der Aggression, die sich mit aus diesem Lebensgefühl speist. So gesehen, besitzt der Borderline-Boom auch so etwas wie einen kollektiven Symptom-Charakter.

Ich bin nicht der Meinung, dass die hier aufgezeigte Parallele zwischen dem pathologischen Funktionieren eines Individuums und der Pathologie des sozialen Kollektivs eine erschöpfende Erklärung für die fast ausweglos anmutende Blindheit liefern könnte, mit der ein soziales System sich selbst der Katastrophe entgegensteuert. Dazu sind die Mechanismen, von denen makrosoziale Strukturen bewegt werden, zu komplex und in vieler Hinsicht auch von einer anderen Qualität als die Regelhaftigkeiten, nach denen intrapersonale Prozesse oder Prozesse in Kleingruppen ablaufen. Für mich war es aber auch kein Zufall, wenn am Ende der bereits genannten Jahrestagung der Deutschen Psychoanalytischen Gesellschaft (DPG) in Mannheim sich ein Teilnehmer aus dem Plenum fast gewaltsam das Mikrophon nahm und mit Betroffenheit und Angst bekannte, dass er sich in meiner (rein klinisch orientierten) Beschreibung von Borderline-Träumen selbst an der Stelle wiedergefunden habe, wo von der archaischen Aggression und dem Leben am Rand der Weltuntergangs-Katastrophe die Rede war, das diese (Borderline?)-Patienten kennzeichnet. Ich glaube, dass er für viele sprach, in einer ähnlichen Stellvertretungs-Funktion, wie sie Borderline-Patienten ganz allgemein heute in unserer Gesellschaft besitzen.

Diese Patienten bedürfen – selbstverständlich – unserer Hilfe, und es ist nicht nur legitim, sondern dringend notwendig, sich auch theoretisch mit den psychodynamischen, ich-strukturellen und genetischen Hintergründen ihrer Erkrankung zu beschäftigen. Wir sollten aber vielleicht die Illusion aufgeben, dass wir es hier mit Menschen zu tun haben, die so ganz anders sind als wir, die Therapeuten. Diese Aufhebung der scharfen Demarkations-Linie, die mit dem Ettikett „Borderline" immer wieder neu bekräftigt wird und die diese Patienten leicht in ein ähnliches soziales Abseits verweist, wie dies psychotischen Menschen auch heute immer noch geschieht, könnte vielleicht mehr zum Verständnis des „Borderline-Syndroms" beitragen als jede psychoanalytische Theorie, die in einer verfremdeten und verfremdenden Sprache menschliches Leiden beschreibt, das vielleicht das Leiden unserer Tage ist. Es scheint, als ob die für die Borderline-Behandlung immer wieder konstatierte Notwendigkeit der Konfrontation des Patienten mit seinen pathologischen Abwehrmanövern und seiner Neigung zur Selbst-Destruktion nicht nur dort ihren angemessenen Platz habe. Die therapeutische Begegnung mit dem Borderline-Patienten könnte auch der Anfang sein, uns mit uns selbst zu konfrontieren.

Danksagungen

An dieser Stelle danke ich vor allem Herrn Prof. Dr. Dr. med. K. P. Kisker und Herrn Prof. Dr. med. H. K. Rose, die mir über viele Jahre hinweg mit ungewöhnlicher Grosszügigkeit die Gelegenheit einräumten, an der Psychiatrischen Klinik der Medizinischen Hochschule Hannover alle die psychiatrischen und psychotherapeutischen Erfahrungen zu sammeln, die schliesslich in dieses Buch eingeflossen sind, und denen ich darüber hinaus viele wertvolle Hinweise und Anregungen verdanke. Mein Dank gilt auch den vielen Kollegen, die mich bei der Arbeit an diesem Buch immer wieder ermutigten und in mancher Diskussion klärende und weiterführende Gedanken zu meiner Arbeit beitrugen: Herrn Prof. Dr. med. Tobias Brocher von der Menninger Foundation, Topeka/Kansas; Frau Fanita English, Philadelphia/Mass.; Herrn Prof. Dr. med. Helmut Bach, Berlin; Herrn Dr. med. Johann Zauner und Herrn Dr. med. Karl König vom Niedersächsischen Landeskrankenhaus in Tiefenbrunn; Herrn Prof. Dr. med. Helmut Krüger, Emden; Herrn Prof. Dr. theol. Wulf-Volker Lindner, Hamburg; Herrn Dr. med. Egon Hagedorn und Herrn Dr. med. Dietrich Hillenbrand, Freiburg/Br., ebenso wie Herrn Prof. Dr. theol. Klaus Winkler, Frau Dr. med. Anita Ockel und Frau Dr. med. Ilse Wrage vom Lehrinstitut für Psychotherapie und Psychoanalyse in Hannover. Der Münchner Akademie für Psychoanalyse und Psychotherapie danke ich für die mehrmalige Gelegenheit, mein Borderline-Konzept im Kreis der dortigen Dozenten und Weiterbildungskandidaten zu diskutieren, und für den liebenswürdigen Empfang, der mir bei jedem dieser Besuche zuteil wurde. Herrn Prof. Dr. med. Battegay sei für sein freundliches Vorwort zur ersten Auflage dieses Buches gedankt, ebenso Herrn Weder, Verlagsleiter im Huber-Verlag, der mir bei der Überarbeitung der ersten Auflage mit gutem Rat zur Seite stand. Mein herzlicher Dank gilt weiter meinen beiden Lehranalytikern, Herrn Dr. med. E. F. Sievers und Frau Dr. phil. Ilsabe v. Viebahn, die – jeder auf seine Weise – Entscheidendes zu meiner persönlichen und beruflichen Entwicklung beigetragen und mir einen menschlichen und therapeutischen Erfahrungsschatz vermittelt haben, der an vielen Stellen mit in dieses Buch eingegangen ist und damit –

wie ich hoffe – nun auch einem grösseren Kreis von Patienten und Analysanden zugute kommt. Der rege Gedankenaustausch, den ich mit den Kandidaten der Psychotherapie-Weiterbildung an der Psychiatrischen Klinik der Medizinischen Hochschule Hannover, insbesondere den dortigen psychiatrischen Assistenz-Ärzten, über viele Jahre hinweg führen konnte, war mir bei der Fertigstellung dieses Buches eine wertvolle Hilfe. Mein ganz besonderer Dank gilt meinem Lebensgefährten, Herrn Dr. med. Wolfgang Gephart, für die vielen Ideen und Hinweise, die er aus seiner eigenen psychiatrischen und psychotherapeutischen Erfahrung heraus zu diesem Buche beitrug, ebenso wie für seine Bereitschaft, immer wieder für längere Zeit hinter der Schreibmaschine zurückzustehen und mir auf diese Weise eine kontinuierliche Arbeit zu ermöglichen. Letzteres gilt auch für meine Kinder Rebecca, Percy und Oliver, denen – hoffentlich die einzige „Milieu-Schädigung" – das Wort „Borderline" flüssig von den Lippen kam, lange bevor ihr Wortschatz sich mit anderen Fremdworten anzureichern begann. Abschliessend möchte ich allen meinen Patienten, die ich aus verständlichen Gründen hier nicht namentlich nennen kann, ein Dankeswort sagen für das mir entgegengebrachte Vertrauen und die Möglichkeit, manchmal über viele Jahre hinweg an ihren inneren Erlebnissen und Konflikten teilzunehmen und dabei menschliche Erfahrungen von einer Tiefendimension zu sammeln, die meine eigene Weiter-Entwicklung wesentlich mit bestimmt haben.

Hannover, den 26. Oktober 1981 CHRISTA ROHDE-DACHSER

Einleitung

Diese Arbeit bemüht sich um das bessere psychoanalytische Verständnis einer Gruppe von Patienten, die als sogenannte „Grenzfälle zwischen Neurose und Psychose" in der psychiatrisch-psychotherapeutischen Praxis bisher meist nur unscharf diagnostisch erfasst wurden, und deren Behandlung Probleme aufwirft, die sich im psychotherapeutischen Umgang mit neurotisch erkrankten Patienten in dieser Form nicht stellen. „Grenzfälle" – Patienten also, die weder eine klar strukturierte Neurose noch eine voll ausgebildete Psychose aufweisen, sondern mit ihrer Psychopathologie „irgendwo" zwischen diesen beiden gut definierten nosologischen Kategorien liegen – sind in der psychoanalytischen Literatur seit langem bekannt und unter den verschiedensten Bezeichnungen beschrieben worden. In einem 1962 aufgestellten, beeindruckenden Katalog nennt KHAN [159] zum Beispiel: „Borderline-Fälle" [169, 193, 288, 293], „schizoide Persönlichkeiten" [68, 158, 160], „narzisstische Neurosen" [233], „Als-ob-Persönlichkeiten" [57, 303], „Identitätsstörungen" [67, 116], „Patienten mit einem spezifischen Ich-Defekt" [66, 109], „falsche Persönlichkeiten" [179, 311] und „Patienten mit Grundstörung" [14]. Gemeinsam ist diesen Patienten vor allem, dass sie die am Modell der Übertragungsneurosen entwickelte „klassische" analytische Situation wegen der spezifischen Art ihrer Erkrankung für sich nicht in konstruktiver Weise nützen können [159]. Obwohl das damit verbundene Problem der Variation der psychotherapeutischen Technik immer wieder diskutiert worden ist [z. B. 66, 109, 170], blieben die „Grenz-Patienten" bis vor kurzer Zeit in der psychoanalytischen Praxis doch eher eine interessante, möglicherweise auch unbequeme Randerscheinung; das breite theoretische und therapeutische Interesse galt der Behandlung der neurotischen Verhaltensstörungen und – in geringerem Umfang und nicht ohne Kontroversen – der Therapie der funktionellen Psychosen.

Hier scheint sich nun eine tiefgreifende Veränderung anzubahnen. Psychiater und Psychotherapeuten sehen sich mit der unerwarteten Tatsache konfrontiert, dass „Borderline-Patienten" in der klinischen Praxis immer häufiger auftauchen und mancherorts offenbar bereits die überwiegende Klientel darstellen. Kompetente Schätzungen gehen davon aus, dass gegenwärtig etwa dreissig bis siebzig (!) Prozent der Psychotherapie-Patienten Borderline-Fälle sind [10, 65, 81, 263]. Auch wenn man hier sofort die einschränkende Anmerkung machen wird, dass der höchsten, von AMMON [10] präsentierten Schätzung offensichtlich ein ungewöhnlich weit gefasster „Borderline"-Begriff zugrunde liegt, der praktisch alle Patienten mit sogenannten Ich-Störungen umfasst; dass andernorts „Borderline" und sinnverwandte Bezeichnungen manche Schizophrenie-Diagnose ersetzen, weil dem Patienten der soziale Makel erspart werden soll, der sich mit diesem Etikett immer noch leicht verbindet, und dass auch psychiatrische Diagnosen gewissen Modetrends unterliegen, so zeichnet sich hier doch eine Entwicklung ab, die besonders unter den Psychoanalytikern ein beträchtliches Unbehagen [112] auslöst. Man fühlt sich für die neue Aufgabe nicht ausreichend gerüstet und sucht nach Orientierungsmöglichkeiten in einer Situation, die GREEN [112] offen als „Krise der Psychoanalyse" kennzeichnet. RANGELL [227] fordert in diesem Zusammenhang eine Überprüfung der vorwiegend phasenspezifisch orientierten diagnostischen und nosologischen Kategorien der Psychoanalyse; GREEN [112] spricht von der Notwendigkeit einer Veränderung in der Aufmerksamkeitseinstellung des Psychoanalytikers, die diesen für die Probleme seiner Borderline-Patienten sensibel mache; und FÜRSTENAU [104] schliesslich sieht in der „Erweiterung der Psychoanalyse" eine unabdingbare Voraussetzung, wenn diese überhaupt als Methode relevant bleiben wolle.

Literaturüberblick

Die ständig anwachsende Zahl von Veröffentlichungen zum Thema der „Grenzfälle" und sogenannten „Ich-Störungen" im angelsächsischen Sprachraum beweist, dass die theoretische Aufarbeitung dieser Problematik dort seit längerem im Gange ist. Im Vergleich dazu ist das breitere wissenschaftliche Interesse an den psychopathologischen Grenzzuständen zwischen Neurose und Psychose in Deutschland jüngeren Datums. Immerhin konnte AMMON [10] 1976 seinen Basis-Vortrag auf dem VIII. Internationalen Symposion der Deutschen Akademie für Psychoanalyse noch weitgehend unwidersprochen unter der Überschrift „Das

Borderline-Syndrom – ein neues Krankheitsbild" an die Öffentlichkeit tragen. Vermutlich wurde das Interesse für diese Patientengruppe in der deutschen psychoanalytischen Szenerie zunächst vor allem durch die Rezeption der Narzissmus-Theorien von KOHUT [174] und der an der Ich-Psychologie von HARTMANN [126, 127] orientierten Arbeiten von MAHLER [200, 201] und JACOBSON [144, 145, 146] angeregt, um sich in allerjüngster Zeit immer ausdrücklicher der speziellen Problematik jener Grenzfälle zuzuwenden, für die sich die Bezeichnung *„Borderline-Patienten"* zunehmend eingebürgert hat. Die mit dem Borderline-Problem unmittelbar verknüpfte Frage der therapeutischen Technik bei sogenannten Ich-Störungen wurde 1977 von FÜRSTENAU [104], LOCH [197] und ARGELANDER [11] diskutiert. Aus dem Berliner AOK-Institut liegt mittlerweile auch eine erste Monographie zum Thema „Krankheiten im Grenzbereich von Neurose und Psychose" von RUDOLF [251] vor, der die *„untypischen neurotischen Störungen"* innerhalb des theoretischen Bezugsrahmens der Neoanalyse als eine spezifische Störung des intentional-kommunikativen Bereichs überzeugend darstellt. Ich selbst werde mich hinsichtlich der Terminologie in dieser Arbeit dem mittlerweile ziemlich einheitlichen internationalen Sprachgebrauch anschliessen und jene psychopathologischen Grenzzustände, von denen bisher unter unterschiedlichen Namensgebungen die Rede war, generell unter der Bezeichnung *„Borderline-Syndrom"* weiter diskutieren.

Überblickt man die jüngere Literatur zum Borderline-Thema, so zeigt sich spätestens seit den bahnbrechenden Arbeiten von KERNBERG [149, 150, 151, 152, 157] eine Konvergenz der Lehrmeinungen hinsichtlich der Auffassung des *Borderline-Syndroms als einer eigenständigen nosologischen Entität.* „Borderline" ist nicht mehr bloss eine nosologische Residualkategorie, eine Art Verlegenheitsdiagnose, die lange Zeit hindurch oft mehr von der Ratlosigkeit des Diagnostikers verriet, als dass sie einen exakten Hinweis auf die Art der Erkrankung geliefert hätte [48, 169]. Auch die (bis vor kurzer Zeit oft stillschweigend akzeptierte) Vorstellung, dass es sich bei den Borderline-Phänomenen um unklare, fliessende Übergangserscheinungen auf einem angenommenen Kontinuum handle, welches von psychischer „Normalität" über psychopathologische Abweichungen von zunehmendem Schweregrad hin zur Psychose führt, wurde weitgehend aufgegeben. Die Borderline-Diagnose – korrekt gestellt – beschreibt vielmehr ein *Krankheitsbild sui generis,* das phänomenologisch zwischen Neurose, schwerer Charakterstörung und Psychose angesiedelt ist und dort eine *relativ stabile Konfiguration* darstellt. Als ein derart eigenständiges und differentialdiagnostisch prinzipiell von der Psychose abgrenzbares Krankheitsbild unterscheidet es sich auch trotz mancher noch zu charakterisierender Gemeinsamkeiten von „ambulatorischer Schizophrenie" [324, 325], „latenter Schizophrenie" [23, 72, 328], „pseudoneurotischer Schizophrenie" [134, 135], „larvierter Psychose" [111] und ähnlichen Bezeichnungen [vgl. 20, 37, 62, 222, 259], mit denen üblicherweise schizophrene Patienten belegt werden, deren Krankheit nicht so schwer ist, als dass eine Hospitalisierung erforderlich wäre [48]. Diese theoretische und klinische Auffassung des Borderline-Syndroms als einer psychischen Erkrankung sui generis, die nicht nur exakt diagnostizierbar ist, sondern auch bei relativ gut abschätzbarer Prognose einer psychotherapeutischen Behandlung unter Einbeziehung gewisser „Parameter" [150] zugänglich, stellt den vorläufigen Endpunkt einer langjährigen literarischen Diskussion dar, deren Entwicklung hier kurz nachgezeichnet werden soll.

Das Problem des *Borderline*-Patienten fand seinen Eingang in die psychoanalytische Literatur, nachdem FREUD diesen Terminus erstmals 1925 in seinem Vorwort zu einem Buch von AICHHORN verwendete (zitiert nach WOLBERG [319]) und ZILBOORG [324, 325] in den frühen dreissiger Jahren einen ersten Definitionsversuch unternahm. CHESSIK [48] attestiert dann STERN das Hauptverdienst, den damals bereits vieldeutigen Begriff klinisch respektabel gemacht zu haben: STERN zeichnete seit 1938 in drei Schriften [286, 287, 288] das klinische und psychodynamische Bild des Borderline-Patienten, wobei er den Narzissmus als die hervorstechendste charakterliche Komponente dieser Patienten ansah, aus welcher er eine Reihe typischer Persönlichkeitszüge ableitet. Von KNIGHT [169] wurde etwa zur gleichen Zeit erstmals die Beeinträchtigung der Ich-Funktionen bei Borderline-Patienten beschrieben. HELENE DEUTSCH [57] entwickelte 1942 den Begriff der „Als-ob-Persönlichkeit", und SCHMIDEBERG [264] beschrieb ebenso wie später CHESSIK [41] und andere Autoren [20, 28] die Neigung von Borderline-Patienten zu pseudopsychopathischen Verhaltensweisen bzw. episodisch auftretendem und multiplem Suchtverhalten, und ihre charakteristische Tendenz zum „acting out" innerhalb und ausserhalb der Therapie. Die genannten Autoren werden mittlerweile zusammen mit WINNICOTT [310, 311, 314], GITELSON [109] und ERIKSON [67] als die unumstrittenen „Pioniere" auf dem Gebiet der Borderline-Forschung angesehen.

Grundlegende Beiträge zum Verständnis des Borderline-Problems wurden daneben von seiten derjenigen Autoren geleistet, die sich hauptsächlich mit dem psychodynamischen Hintergrund und der Psychotherapie von Psychosen, vor allem der Schizophrenie, befasst haben [29, 72, 100, 144, 146, 272]. Eine systematische Integration dieser in der Psychoseforschung gewonnenen Erkenntnisse in eine Theorie des Borderline-Syndroms wurde allerdings bis jetzt nicht vorgenommen, obwohl zahlreiche Autoren, darunter vor allem WOLBERG [319], ihre Bedeutung für das Verständnis des Borderline-Patienten betonen. Besonders deutlich zeigen sich solche Berührungspunkte in den wichtigen Arbeiten von HOCH & POLATIN [134] und HOCH & CATELL [135] über die *„pseudoneurotische Schizophrenie".* Nach der Auffassung dieser Autoren leiden viele der sogenannten „Borderline-Patienten" in Wirklichkeit an einer untypischen schizophrenen Erkrankung, die im Gewande der Neurose auftritt. Charakteristisch für das Krankheitsbild der pseudoneurotischen Schizophrenie seien vor allem die *drei Hauptmerkmale* der Pan-Neurose, der allgegenwärtigen Angst, und der Pan-Sexualität („pan-neurosis", „pan-anxiety", „pan-sexuality"). Weiter beobachteten die Autoren bei ihren Kranken Störungen des Denkens, der Affekte, der Wahrnehmung und des Subjekterlebens, die sich lediglich durch ihre geringere quantitative Ausprägung von der entsprechenden Symptomatik manifest Schizophrener abhoben.

Während die Auffassung, dass Borderline-Patienten eigentlich Schizophrene sind, heute mit wenigen Ausnahmen [z.B. 59] verlassen worden ist, wurde die Charakterisierung durch die Merkmale der Pan-Neurose, der allgegenwärtigen Angst und der Pan-Sexualität von manchen Autoren, darunter auch KERNBERG [149], für das Borderline-Syndrom übernommen. Eine Zwitterstellung hinsichtlich der Abgrenzung von Borderline-Syndrom und Psychose nehmen die Arbeiten von FROSCH [101, 102] ein. Von ihm stammt der Versuch, innerhalb der Borderline-Manifestationen den *„psychotischen Charakter"* abzugrenzen, den er als eine stabile Kristallisation von Persönlichkeitszügen versteht, die sich in einer voraussagbaren Antwort auf Stresssituationen niederschlagen. Dabei verhalte sich der psychotische Charakter zur manifesten Psychose ähnlich wie die Charakterneurose zur Symptomneurose: Unter besonderen Bedingungen komme es zur Ausbildung manifest psychotischer Symptome, ähnlich wie ein neurotischer Charakter auf bestimmte äussere Belastungssituationen mit neurotischer Symptombildung reagieren kann. Diese Entwicklung sieht FROSCH jedoch nicht als zwangsläufig an, sondern abhängig von der Gunst oder Ungunst der Umweltbedingungen. Kommt es zu einer psychotischen Episode, ist diese in aller Regel von begrenzter Dauer und völlig reversibel [101].

Eine systematische Studie des *Verhaltens* von Borderline-Patienten wurde dann von GRINKER et al. [118] vorgelegt. Die Autoren kamen auf Grund ihrer Beobachtungen zu einer Einteilung ihrer Borderline-Patienten in vier Untergruppen:

1) Patienten, deren Krankheitsbild an die Psychose grenzt;
2) Patienten mit einem „Kern"-Borderline-Syndrom;
3) Angepasste, abhängige, affektlose „Als-ob"-Persönlichkeiten;
4) Patienten, deren Krankheitsbild an die Neurose grenzt.

Unabhängig von der Zuordnung zu einer dieser Untergruppen beobachteten GRINKER et al. [118] bei ihren Patienten die folgenden gemeinsamen charakteristischen Persönlichkeitszüge:

1) Wut („anger"), die sich gegen die verschiedensten Zielscheiben richtet und den hauptsächlichen oder einzigen Affekt darstellt;
2) einen Defekt in zwischenmenschlichen Beziehungen, die anaklitisch, abhängig oder komplementär ausgestaltet sind, selten aber reziprok;
3) Fehlen von Anzeichen einer in sich geschlossenen Identität;
4) Depression, die sich weniger auf Schuldgefühle gründet als auf Gefühle der Einsamkeit und das Erlebnis der Unfähigkeit, sich an eine Welt von aufeinander bezogenen Individuen zu engagieren.

Dieser aufgrund systematischer Verhaltensbeobachtung gewonnenen Beschreibung des Borderline-Patienten werden von anderen Autoren weitere Merkmale hinzugefügt, oder Akzent und Nomenklatur werden soweit verschoben, dass bei dem mit der Literatur einigermassen vertrauten Leser manchmal Unklarheit entsteht, ob es sich tatsächlich um Beschreibungen eines identischen Krankheitsbildes handelt [123]. Während z. B. GRINKER et al. [118] und in Zusammenarbeit mit ihnen auch GRUENEWALD [119] bei ihren Patienten Ärger und Wut als vorherrschenden Affekt beobachteten, ist für andere Autoren der Borderline-Patient gerade durch eine weitgehende Aggressionshemmung [51] oder auch durch „passive Aggression" [319] charakterisiert. In der Version von ROSNER [250] wiederum kommt die Wut dieser Patienten erst im Lauf der psychotherapeutischen Behandlung zum Vorschein, um dann das Bild der therapeutischen Beziehung in charakteristischer Weise zu prägen. Nach vorherrschender Meinung hat die Borderline-Wut einen prägenitalen (oralen [149, 157] oder narzisstischen [173]) Ursprung, wird von unbewussten Rachegefühlen gespeist [34], und kann den Charakter chronischer Feindseligkeit [141] annehmen. Für andere Autoren ist die Wut bei Borderline-Patienten demgegenüber von zweitrangiger Bedeutung. Im Vordergrund des Erlebens ständen vielmehr Depression [39], Angst [45, 193, 219], Fremdheitsgefühle und Leere [39, 112], Verletzbarkeit [108] und „Anhedonie" [63, 210]. Die ausgeprägte Selbstdestruktivität dieser Patienten wird von ADLER [4], FRIEDMAN [98], GRUNEBAUM et al. [121], HOUCK [141], SIFNEOS [280] und JENSEN & PETTY [148] betont.

Vielfältiger noch sind die Beschreibungen, die für die Objektbeziehungen von Borderline-Patienten gefunden wurden: Diese Beziehungen seien „oberflächlich" und von „kurzer Dauer" [63, 118, 170], narzisstische [157] „Als-ob-Beziehungen" [57], aber auch „klammernd" [4], „symbiotisch" [211], „abhängig" [118, 322], „anaklitisch" [118], „fordernd" [39, 322] und „sadomasochistisch" [319]. Dabei besteht, von wenigen Ausnahmen abgesehen [z. B. 264], Übereinstimmung darin, dass Borderline-Patienten grundsätzlich zur Aufrechterhaltung von Objektbeziehungen in der Lage sind, auch wenn die Natur dieser Beziehungen problematisch ist, und dass diese Patienten sozial integriert sind und sogar auf einem relativ hohen sozialen Niveau funktionieren können [101, 102, 112, 193, 250, 319].

Die Meinungen über das Vorliegen formaler und inhaltlicher

Denkstörungen bei Borderline-Patienten sind kontrovers. Während vor allem HOCH & CATELL [136] das Vorliegen von Denkstörungen als pathognomonisch ansehen, zeigen sich nach überwiegender Auffassung [149, 152] diese Denkstörungen erst, wenn der Patient unstrukturierten psychologischen Testsituationen, beispielsweise dem Rorschach-Test, ausgesetzt wird [224, 229, 259, 328].

Die sich hier andeutende Begriffsverwirrung wird verständlicher, wenn man bedenkt, dass die zitierten Autoren ihre Erfahrungen teilweise an einem sehr unterschiedlichen Patientengut gewonnen haben. Patientenbeschreibungen werden verschieden ausfallen, je nachdem, ob ein Autor seine Erfahrungen wesentlich in der ambulanten Praxis sammelt, oder ob er Patienten in der Phase ihrer Hospitalisierung aufgrund einer schweren Erkrankung sieht, die möglicherweise sogar eine Zwangseinweisung notwendig machte. GUNDERSON [122] vergleicht unter diesem Gesichtspunkt die Sample-Bildung von HOCH & POLATIN [134] und später von HOCH & CATELL [135] mit derjenigen, die der Studie von GRINKER und seinen Mitarbeitern [118] zugrunde liegt. HOCH & CATELL wählten für ihre Untersuchung hospitalisierte Patienten mit schwerer neurotischer Symptomatik aus, die dann bei sorgfältiger Exploration Anzeichen einer Schizophrenie im Sinne der Bleulerschen Primärsymptome [24] aufwiesen. Im Gegensatz dazu stellten GRINKER et al. [118] die Borderline-Diagnose an ambulanten Patienten, die dann eher für Forschungszwecke hospitalisiert wurden, als dass die stationäre Aufnahme klinisch notwendig gewesen wäre. So kann es auch nicht wunder nehmen, wenn WERBLE bei fünfjähriger Katamnese bei ihren Patienten praktisch keinen schizophrenen Verlauf fand [305], während ein Viertel der von HOCH & CATELL untersuchten Patienten später eine manifeste Schizophrenie entwickelte [136]. GUNDERSON et al. [122], die das grundsätzliche Problem der Sample-Bildung in solchen Untersuchungen diskutieren, kommen in einer eigenen katamnestischen Studie zu dem überraschenden Ergebnis, dass sich Schizophrene und Borderline-Patienten zwei Jahre nach ihrer Entlassung aus dem Hospital in ihrer sozialen Funktionstüchtigkeit nicht wesentlich unterschieden.

Eine andere Quelle der verwirrend anmutenden Vielfalt und teilweisen Widersprüchlichkeit in der Charakterisierung von Borderline-Patienten dürfte darin liegen, dass die zitierten Darstellungen sich fast ausschliesslich auf einer rein deskriptiven Ebene bewegen, ohne dass sich die Autoren um einen gemeinsamen psychodynamischen Erklärungshintergrund bemühen, aus dem sich die Vielfalt der beobachteten Phänomene ableiten liesse. Vor allem aber wird übersehen, dass Borderline-Patienten sehr unterschiedliche Charakterzüge aufweisen, je nach der Persönlichkeitsstruktur, in welche das Borderline-Syndrom eingebettet ist. KERNBERG [152], WOLBERG [319] und GIOVACCHINI [108] haben darauf hingewiesen, dass das Borderline-Syndrom grundsätzlich mit jedem „neurotischen Stil" [277] vereinbar ist: Es gibt Borderline-Patienten mit schizoider, depressiver, zwanghafter und hysterischer Persönlichkeitsstruktur, und darunter wieder alle denkbaren Mischformen. Von daher erscheint es sinnvoll, das Borderline-Syndrom stets in Relation zu einer Charakter-Diagnose zu setzen [152]. Die Beschreibung eines schizoiden Borderline-Patienten wird dann selbstverständlich anders ausfallen als die eines hysterischen, und die Unterteilung beispielsweise in zurückgezogene und agierende Patienten, deren Gemeinsamkeit eben darin besteht, dass sie auf Borderline-Ebene funktionieren, würde sich in diesem Fall fast zwangsläufig ergeben.

In den letzten Jahren gab es eine ganze Reihe von Versuchen, das Borderline-Syndrom über die rein deskriptive Ebene hinaus im Rahmen einer systematischen Theorie zu erfassen, in welche phänomenologische, psychodynamische und genetische Gesichtspunkte gleichermassen einbezogen sind. An der Spitze der Autoren, die sich um einen solchen mehrdimensionalen theoretischen Ansatz bemüht haben, steht OTTO KERNBERG. In einer Reihe von Arbeiten, die seit 1967 in dichter Reihenfolge erschienen [149, 150, 152, 154, 157] entwickelte KERNBERG eine Theorie der „Borderline-Personality-Organization", ebenso wie ein Klassifikationsschema von Charakterstörungen, denen die „Borderline-Personality-Organization" zugeordnet werden kann. Aus dieser Theorie werden dann systematisch Vorschläge für die psychotherapeutische Behandlung von Borderline-Patienten und prognostische Kriterien dieser Therapie abgeleitet.

Für KERNBERG besteht das eigentliche Borderline-Phänomen in einer spezifischen *Ich-Pathologie,* die sich aus dem Einsatz archaischer *Spaltungsmechanismen* zu Abwehrzwecken ergibt und mit einer entsprechenden Pathologie der „inneren Objektbeziehungen" [149, 153, 157] und des Über-Ich korrespondiert. Daneben existieren nach dieser Auffassung bei Borderline-Patienten *unspezifische* Anzeichen von Ich-Schwäche: Mangelnde Angsttoleranz, mangelnde Impulskontrolle, mangelnde Sublimierungsfähigkeit und eine Nähe des Denkens zum Primärprozess [149, 152].

Die genetischen Wurzeln der Borderline-Struktur sind nach KERNBERG in einer ungewöhnlich intensiven und deshalb phasenadäquat nicht zu bewältigenden prägenitalen Aggression zu suchen [149]. Unter dem Eindruck dieser Aggression komme es zu einer „vorschnellen Ödipalisierung" [149] des Konfliktes mit einer charakteristischen Verdichtung von prägenitalen und genitalen, vor allem aggressiven, Strebungen, die durch die Borderline-Struktur abgewehrt werden müssen. Bestimmte Symptombildungen, vor allem wenn sie als „Pan-Neurose" auftreten, können für KERNBERG [149] den Borderline-Verdacht erhärten, ohne jedoch im eigentlichen Sinne pathognomonisch für die Erkrankung zu sein.

Anders als KERNBERG sieht WOLBERG [319] in der Herausbildung der Borderline-Struktur die Antwort des Kindes auf den Versuch eines Elternteils, seine Entwicklung als eigenständiges Individuum zu unterbinden und es stattdessen zum Übertragungsobjekt für eigene abgewehrte neurotische Strebungen zu machen. Das Kind identifiziere sich mit dieser ihm angesonnenen Rolle. Diese (pathologische) Identifikation affiziere zwangsläufig die verschiedensten Ich-Funktionen, vor allem die Funktionen des Denkens und der Wahrnehmung, und leite eine sadomasochistische Entwicklung ein, in der sich vor allem passiv-aggressive Charakterzüge herausbilden. Der Patient stehe unter dem Diktat seiner „Identifikationsphantasie", in welcher der von den Eltern erzwungene Unterwerfungsakt in entstellter Form „erinnert" und agiert wird. Ähnlich versteht auch MAHLER [201] das Borderline-Syndrom als Folge des Misslingens entscheidender Schritte in der Loslösung und Individuation des Kindes. Borderline-Patienten seien an die „Subphase der Wiederannäherung" [201] fixiert, weil die Mutter nicht in der Lage ist, diese Wiederannäherungsversuche in adäquater Weise zu akzeptieren und/oder weil es dem Kind nicht gelingt, seine Trennungsangst und seine Angst vor der Wiederverschlingung zu bewältigen.

Elemente dieser genetischen Theorie von MAHLER [201] finden sich bei CARY [39] wieder. Nach ihrer Auffassung liegt der

Hauptkonflikt des Borderline-Patienten im „Annäherungs-Vermeidungs-Verhalten" [39]. Die Annäherung erfolge aus Objekthunger, dem kein entsprechendes „Ich-Gefühl" [39] entgegengesetzt werden könne. Der Objekthunger dränge nach Identifizierung mit dem Objekt; diese Identifizierung bedeute für den Borderline-Patienten jedoch den endgültigen Verzicht auf eigene Individualität, so dass er ständig zwischen der Alternative „Ich-sein oder Ein-anderer-sein" hin- und hergerissen werde. Die Zuwendung und die Ablehnung des Objekts mobilisieren aus diesem Grunde gleichermassen Aggression, die das Vermeidungsverhalten einleitet, bis der gleiche Zirkel wieder von vorne beginnt.

Odier [219] findet bei Borderline-Patienten eine typische „Verlassenheitsneurose" (neurosis of abandonment), in welcher „psychotische Grundängste" einer bestimmten Qualität vorherrschen. Wilson [308] versteht das Borderline-Syndrom als eine Fixierung auf der Ebene fetischistischer Teilobjekte; Fast [70] spricht ebenso wie Modell [212] von der Fixierung des Borderline-Patienten auf die Periode der „Übergangsobjekte" [316].

Demgegenüber bezweifelt eine ganze Reihe von Autoren, dass sich das Borderline-Syndrom überhaupt durch eine spezifische genetische Störung oder einen spezifischen Grundkonflikt von anderen Persönlichkeitsstörungen abgrenzen lasse. Charakteristisch sei einzig und allein die *spezifische Ich-Störung,* die verschiedene Wurzeln haben könne. Zu diesen Autoren gehören Frank [81] und Eisenstein [65], die die charakteristische Ich-Störung des Borderline-Patienten in seiner mangelnden Impulskontrolle sehen. Dagegen steht für Giovacchini [108] und Atkin [12] eine Störung der *integrativen Ich-Funktion* im Vordergrund. Nach der Auffassung von Modell [211] besteht die Homogenität dieser Patientengruppe einzig in der primitiven Form der Objektbeziehung, die in der Übertragung hergestellt wird. Ähnlich meint Zetzel [322], dass die Diagnose eines Borderline-Syndroms sich endgültig nur aus der Reaktion des Patienten in der therapeutischen Beziehung absichern lasse. Pfeiffer [224] sieht die Regressionsneigung der Patienten in unstrukturierten Situationen (zu denen projektive psychologische Testverfahren ebenso gehören würden wie die „klassische" analytische Therapie-Situation) als pathognomonisch an. Angesichts dieser theoretischen Vielfalt wurde von Chessik [50] auf die

Vielzahl möglicher Störfaktoren hingewiesen, die in den verschiedenen Subsystemen der Psyche wirksam werden können und sich gegenseitig beeinflussen. Die sich daraus ergebende ungeheure Mannigfaltigkeit möglicher Kombinationen und intrapsychischer Verarbeitungen lasse es unwahrscheinlich erscheinen, dass ein einziger metapsychologischer Erklärungsversuch *jedem* Borderline-Patienten gerecht werden könne. Es sei deshalb sinnvoller und auch wissenschaftlicher, mit der Beschreibung der jeweiligen Funktionsweisen von Ich und Über-Ich bei einem einzelnen Borderline-Patienten zu beginnen, um dann die intrasystemischen Defekte und Konflikte zu verstehen, die zu der besonderen Symptomatologie gerade dieses Patienten geführt haben.

In jüngster Zeit gibt es eine Reihe interessanter Versuche, die bereits von STERN [286, 287, 288] konstatierte Verbindung von *Narzissmus und Borderline-Syndrom* theoretisch besser zu erfassen. ZETZEL [322] vertritt die Auffassung, dass der Narzissmus eine hervorragende charakterliche Komponente bei Borderline-Patienten darstelle und vorwiegend der Abwehr paranoider Tendenzen diene, die aus der Projektion primitiver oraler Wut entstehen. KERNBERG [157] versteht die narzisstischen Persönlichkeitsstörungen als eine Untergruppe der Patienten mit „Borderline-Personality-Organization". Mit seiner Auffassung narzisstischer Persönlichkeitsstörungen setzt er sich vor allem in scharfen Gegensatz zu den Narzissmus-Theorien von KOHUT [172, 173, 174]. Die theoretische Kontroverse dreht sich vorwiegend um die Frage, ob der pathologische Narzissmus Erwachsener eine *Entwicklungsstörung* darstelle, durch welche (normale) infantile narzisstische Positionen bis ins Erwachsenenalter hinein bestehen bleiben [174], oder ob es sich um eine *Fehlentwicklung* handle, in welcher ein von Anfang an pathologisches „grandioses Selbst" sich als stabile Struktur erhält, um die sich die Selbst- und Objektrepräsentanzen des Patienten gruppieren [157]. Dieses pathologische Grössenselbst, das nach KERNBERGS Auffassung eine Verdichtung von Aspekten des „realen Selbst", des „idealen Selbst" und des „idealen Objektes" [157] darstellt, ermöglicht dem narzisstischen Borderline-Patienten paradoxerweise eine bessere Ich-Integration, als dies für Borderline-Patienten allgemein charakteristisch ist. Es versetzt den Patienten aber auch in die Lage, in der Therapie kaum überwindbare Widerstände aufzubauen. Im Gegensatz zu KOHUT [174] sieht KERNBERG [157] das Ziel der Therapie in der Durcharbeitung dieser pathologischen Selbststruktur und der unter ihr verborgenen narzisstischen Wut. Das pathologische Grössenselbst diene der Abwehr dieser Wut, habe also eine im wesentlichen defensive Funktion und unterscheide sich allein schon dadurch von einer „normalen" infantil-narzisstischen Position, wie KOHUT [174] sie darstellt [156, 157]. Die von KOHUT [174] vorgeschlagene Definition des Narzissmus als „libidinöse Besetzung des Selbst" wird von KERNBERG [157] als zu einseitig bewertet, weil sie das Schicksal der korrespondierenden *aggressiven* Besetzungsvorgänge vernachlässige. Die narzisstische „Spiegelübertragung" ebenso wie die „idealisierende Übertragung" [174] stellen für KERNBERG [156, 157] folgerichtig keinen Prozess dar, den der Analytiker gewähren lassen müsse, um dem Patienten eine nachholende Strukturentwicklung zu ermöglichen. Beide Übertragungsformen seien vielmehr Ausdruck der pathologischen (grandiosen) Selbststruktur und müssen hinterfragt werden, um die darunterliegende orale Wut, die immensen Neidgefühle und den projizierten Sadismus des Patienten zum Vorschein zu bringen.

Während die bisher beschriebenen theoretischen Ansätze sich vorwiegend im individualpsychologischen Rahmen halten, gibt es auch vereinzelte Versuche, das Borderline-Syndrom zu einer *spezifischen Pathologie der Herkunftsfamilie* in Beziehung zu setzen. GRINKER et al. [118] liefern ebenso wie WOLBERG [318] eine Reihe interessanter Beobachtungen über das Interaktionsmuster in der Familiengruppe späterer Borderline-Patienten. SHAPIRO et al. [278] zeigen am Beispiel einer Familientherapie mit einer adoleszenten Borderline-Patientin, wie die intrapsychischen Spaltungsprozesse sich in der Familiengruppe wiederholen, wo die entgegengesetzten Seiten eines Konfliktes (z.B. Selbständigkeit vs. Abhängigkeit) jeweils von verschiedenen Familienmitgliedern *kompromisslos* in Szene gesetzt werden.

Eine Erweiterung des individualpsychologischen Ansatzes in breiterem Rahmen präsentieren diejenigen Autoren, die nach der Beziehung zwischen dem Anwachsen von Borderline-Erkrankungen und den gesellschaftlichen und kulturellen Entwicklungen der Gegenwart fragen [118, 185, 306]. Meist wird in diesem Zusammenhang RIESMAN [238] genannt, der interessanterweise bereits 1955 eine Theorie des sozialen Wandels entwickelte, derzufolge der Einzelne in unserer modernen Zivilisation immer mehr seine Fähigkeit zur autonomen Steuerung auf der Grundlage einer sicheren Identität (seine „Innenleitung") verliere, an deren Stelle nunmehr die Steuerung von aussen trete. Das damit verbundene Lebensgefühl, insbesondere der Sinnverlust und das Erlebnis der Leere, artikuliert sich in der zeitgenössischen Philosophie, Literatur und darstellenden Kunst. Lesenswerte Verknüpfungen von psychoanalytischen Erkenntnissen über den Borderline-Patienten beispielsweise mit der Existenzialphilosophie, mit Schriftstellern wie Dostojewski und Camus und dem „Absurden Theater" (S. Beckett, E. Albee) finden sich bei CHESSIK [44, 49], SPERBER [281], BARCHILON [15] und LITOWITZ et al. [190].

Versuche, die Borderline-Diagnose in erster Linie *empirisch* abzusichern, führten seit 1978 zunächst in den USA und dann auch im deutschen Sprachraum zu einer allmählichen Verlagerung des Forschungsinteresses hin zu *deskriptiven* Formulierungen und Problemstellungen. Diese Entwicklung findet im Anhang dieses Buches eine gesonderte Darstellung. Dort werden auch die diagnostischen Konzepte der *„Borderline-Persönlichkeitsstörung"* und der *„Schizotypischen Persönlichkeitsstörung"* berücksichtigt, wie sie in das offizielle Krankheitsverzeichnis der American Psychiatric Association, dem „Diagnostischen und Statistischen Manual Psychischer Störungen" in der 3. Auflage von 1980 und der 1987 erschienenen Revision dieser Auflage aufgenommen wurden.

Problemdefinition

In der hier vorgelegten Arbeit soll der Versuch unternommen werden, von KERNBERG ausgehend aus den beschriebenen Lehrmeinungen und aus eigenen klinischen Erfahrungen eine Theorie des Borderline-Syndroms zu entwickeln, die möglicherweise in der Lage sein könnte, die vordergründig so heterogen anmutenden Borderline-Manifestationen zu erfassen und bisherige unterschiedliche Erklärungsversuche des Borderline-Syndroms zu einer Synthese zu bringen. Selbst wenn dieses Ziel angesichts der Vielschichtigkeit der Problematik und der grossen Zahl heute noch offenstehender theoretischer Fragenkomplexe in mancher Hinsicht zu ehrgeizig gesteckt sein mag, so rechtfertigt sich der

Versuch dazu nach meiner Auffassung doch schon allein aus seiner möglichen klinischen Relevanz. Aus diesem Grunde soll ein grösserer Teil der Arbeit Fragen der diagnostischen Urteilsbildung, der differentialdiagnostischen Abgrenzung, der Indikationsstellung für eine Psychotherapie und nicht zuletzt der Technik der Behandlung und der Einschätzung der Prognose bei Borderline-Patienten gewidmet sein. Die Einbeziehung kasuistischen Materials aus Literatur und eigener Praxis erfolgt in der Hoffnung, dass sie dem Leser die teilweise vielleicht nicht ganz einfache Materie veranschaulichen hilft und geniessbar macht.

Dabei werde ich von einem *Borderline-Begriff* ausgehen, der hier vorläufig wie folgt definiert werden soll:

„Borderline" meint ein eigenständiges psychisches Krankheitsbild, das phänomenologisch im Grenzbereich von Neurose, schwerer Charakterstörung und Psychose angesiedelt ist, sich differentialdiagnostisch aber hinreichend genau von diesen nosologischen Kategorien unterscheiden lässt. Pathognomonisch ist eine spezifische Pathologie des Ich, die die übrigen psychischen Strukturen in Mitleidenschaft zieht. Diese Ich-Pathologie resultiert aus dem Einsatz archaischer Spaltungsmechanismen und anderer, sich um die Spaltung gruppierenden spezifischen Abwehroperationen zu defensiven Zwecken. Das Borderline-Syndrom stellt eine spezifische Lösungsstrategie für Konflikte im Bereich der Ich-Entwicklung dar, die sich genetisch umschreibbaren Störungen des Loslösungs- und Individuationsprozesses zuordnen lassen, wo Fixierungspunkte für eine spätere pathologische Ich-Regression entstehen, unter welcher das Borderline-Syndrom manifest werden kann.

Je nachdem, ob man sich auf das Zusammentreffen verschiedener Krankheitszeichen, auf die Pathologie der psychischen Strukturen oder aber auf den Zustand einer vorübergehenden psychischen Dekompensation bezieht, scheint es sinnvoll, von „Borderline-Syndrom", „Borderline-Struktur" bzw. „Borderline-Personality-Organization" [149] oder von einem „Borderline-Zustand" zu reden [226]. Ich möchte mich mit dem Leser darüber verständigen, dass ich, wenn auch vielleicht etwas willkürlich und logisch nicht ganz exakt, in dieser Arbeit allgemein vom „Borderline-Syndrom" sprechen werde, wenn im Verlauf der theoretischen Erörterungen nicht ausdrücklich eine andere Ebene der Betrachtungsweise angezielt ist. Eine solche Vereinfachung erscheint mir zum Zweck der Vermeidung wiederkehrender begrifflicher Spitzfindigkeiten gerechtfertigt, zumal „Borderline-Syndrom" in der klinischen Praxis eingebürgert ist und von daher auf ein Vorverständnis beim Leser rechnen kann.

Der *erste Teil* der Arbeit wird sich mit der *Phänomenologie* des Borderline-Syndroms befassen und vor allem diagnostischen und differentialdiagnostischen Fragestellungen gewidmet sein. Im *zweiten Teil* soll das Borderline-Syndrom unter *strukturellen* und *psychodynamischen* Gesichtspunkten untersucht werden. Die spezifische Pathologie des psychischen Apparates und seiner Instanzen wird dargestellt und zu den borderline-typischen Abwehrstrategien in Beziehung gesetzt. Im Anschluss daran wird die Pathologie der Selbst- und Objektrepräsentanzen beim Borderline-Syndrom, die damit in Zusammenhang stehende mangelhafte affektive Ausstattung des Ich und die Pathologie von Ich-Ideal und Über-Ich erörtert. Im *dritten Teil* wird eine *genetische* Ableitung des Borderline-Syndroms versucht. Im *vierten Teil* schliesslich sollen Fragen der *Borderline-Therapie* dargestellt werden. Die Notwendigkeit einer Abwandlung der klassischen psychoanalytischen Technik wird begründet und mit der besonderen Struktur der therapeutischen Beziehung in der Borderline-Therapie in Verbindung gebracht. Probleme der Übertragung und Gegenübertragung werden aufgezeigt. In einem weiteren Abschnitt sollen die wichtigsten technischen Varianten der Borderline-Therapie vermittelt werden. Probleme des Umgangs mit der Regression und der Übertragungspsychose werden angeschnitten. Der vierte Teil der Arbeit schliesst dann mit der Darstellung spezifischer prognostischer Kriterien für die Therapie von Borderline-Patienten.

Im ANHANG werde ich auf Fragen der *empirischen Borderline-Diagnostik* zu sprechen kommen und dabei auch auf die Konzeptualisierungen der Borderline-Diagnostik eingehen, wie sie seit dem Erscheinen der 1. Auflage dieses Buches mit der Aufnahme der Diagnose „Borderline-Persönlichkeitsstörung" in das „Diagnostische und Statistische Manual Psychischer Störungen (DSM-III und DSM-III-R)" zunehmend ins Zentrum der Diskussion rücken.

A. Die Phänomenologie des Borderline-Syndroms und das Problem der Borderline-Diagnose

Der Borderline-Patient stellt seinem Arzt zunächst ein diagnostisches Problem. An diese klinische Alltagserfahrung anknüpfend, möchte ich die Erörterung der Borderline-Diagnose an den Beginn dieser Arbeit stellen, um anschliessend den Versuch zu unternehmen, die verschiedenen klinisch beobachtbaren Phänomene in einen theoretischen Gesamtzusammenhang einzuordnen. Ein Vorgriff von der rein deskriptiven Ebene auf die der Metapsychologie wird sich an einigen Stellen allerdings nicht vermeiden lassen, wenn unsere Darstellung diagnostischer Probleme nicht allzu sehr den Charakter einer Gebrauchsanweisung für klinische Zwecke erhalten soll.

Die folgenden Merkmale des Borderline-Syndroms gelten weithin als gesichert [48, 123, 149] und können deshalb zu einer *ersten diagnostischen Orientierung* herangezogen werden:

1) Das Borderline-Syndrom manifestiert sich in unterschiedlicher Weise je nach der Charakterstruktur, in welche es eingebettet ist.
2) Das Erscheinungsbild des Borderline-Syndroms ist ausserdem abhängig vom Stadium der Erkrankung.
3) Neurotische Symptome können in Vielzahl vorhanden sein, aber auch völlig fehlen.
4) Es gibt „borderline-verdächtige" Symptome, deren gehäuftes Auftreten eine entsprechende Diagnose nahelegt, ohne dass diese Symptome jedoch für das Borderline-Syndrom pathognomonisch wären.
5) Die einzelnen Krankheitsmanifestationen können einer beständigen Fluktuation unterliegen.
6) Borderline-Patienten können insbesondere auch *vorübergehend* die charakteristischen Symptome einer psychotischen Episode aufweisen (sogenannte „Mini-Psychose").
7) In den meisten Fällen lässt sich eine Anamnese impulsiven Agierens in episodischer oder chronischer Form mit häufig autodestruktivem Resultat eruieren.

8) Intensive Affekte vorwiegend in Form von Feindseligkeit oder Depression bestimmen in Kombination mit Depersonalisation und weitgehender Genussunfähigkeit („Anhedonie") das Erleben des Patienten.
9) Die zwischenmenschlichen Beziehungen des Patienten schwanken zwischen oberflächlichen, punktuellen Kontakten und klammernd-abhängigen Beziehungen.
10) Borderline-Patienten sind im allgemeinen kontinuierlich sozial integriert.
11) Das Verhalten der Patienten in einer strukturierten Interview-Situation unterscheidet sich vom Verhalten in unstrukturierten psychologischen Testsituationen (z. B. dem Rorschach-Test).
12) Borderline-Patienten zeigen ein charakteristisches Verhalten in der Arzt-Patient-Beziehung.

Von diesem Orientierungsschema ausgehend, werde ich in den folgenden Abschnitten zunächst ausführlich die typische Borderline-Symptomatik darstellen, um dann gesondert auf das Problem der formalen und inhaltlichen Denkstörungen bei Borderline-Patienten einzugehen. Danach wird uns die „Mini-Psychose" beschäftigen, zusammen mit Fragen der Einschätzung des Psychoserisikos und der differentialdiagnostischen Abgrenzung von einer beginnenden Psychose. Eine Erörterung der „blanden Formen des Borderline-Syndroms" und der typischen Kommunikationsschwierigkeiten mit Borderline-Patienten schliesst sich an. Der folgende Abschnitt befasst sich mit der Arzt-Patient-Beziehung als diagnostischem Instrument. Danach wird das Verhalten des Borderline-Patienten in der psychologischen Test-Situation beschrieben. Zuletzt geht es um Probleme der Charakterdiagnose und die Einbeziehung der verschiedenen deskriptiven Elemente in eine „umfassende Diagnose".

I. Die „Borderline-Symptomatik"

Hoch & Polatin [134] haben im Zusammenhang mit dem Borderline-Patienten den Begriff der *„Pan-Neurose"* geprägt. Damit ist gemeint, dass diese Patienten alle nur erdenklichen neurotischen Symptome aufweisen können, häufig in einer Kombination, die jedem bekannten Schema der nosographischen Abgrenzung von Neurosen widerspricht. Charakteristisch ist dabei, dass diese Symptome einer ständigen Fluktuation unterliegen [48, 134]. Dadurch unterscheidet sich das Borderline-Syndrom von den typischen Neurosen, wo sich durch die Symptomwahl die Abwehr auf einer neuen, wenn auch pathologischen Ebene stabilisiert.

Ein von mir drei Jahre lang betreuter 45jähriger Patient (den ich, da von ihm noch öfters die Rede sein wird, hier als *Patient K.* einführen möchte), zeigte während einer viermonatigen Verlaufsbeobachtung und einer sich daran anschliessenden psychotherapeutischen Behandlung von 160 Stunden in raschem Wechsel gleichzeitig oder nacheinander folgende Symptome: Zwangsvorstellungen, wahnhafte Ideen, optische Halluzinationen, massive frei flottierende Angst, Déjà-vu-Erlebnisse, Zwangsweinen, Bettnässen, Höhenangst, Andeutungen von erlebter Gedankenausbreitung, hypochondrische Ideen, Impotenz, Mordimpulse gegenüber der Ehefrau, Denkhemmungen, Beziehungsdenken, Entfremdungsgefühle, Strassenphobie aus Angst vor Glatteis im Sommer, Beeinflussungserlebnisse. Dieser Patient wurde in den drei Jahren aus gegebener Veranlassung mehreren Psychiatern vorgestellt, die aufgrund des gerade vorherrschenden Symptomangebots zu unterschiedlichen Diagnosen kamen und vor allem die Schwere der Erkrankung jeweils sehr verschieden einschätzten.

CHESSIK [48] empfiehlt deshalb dringend, die Borderline-Diagnose nach Möglichkeit nicht auf das Ergebnis einer einzigen psychiatrischen Exploration zu stützen. Er schlägt stattdessen drei Interviews in mindestens einwöchigen Abständen vor, um den Borderline-Verdacht zu erhärten. Wenn diese *Verlaufsbeobachtung* zusätzlich dem sicheren Ausschluss einer Psychose und der im Fall von Borderline-Patienten stets besonders schwerwiegenden Indikationsstellung für eine aufdeckend orientierte Psychotherapie dienen soll, scheint mir nach meinen eigenen Erfahrungen ein *Beobachtungszeitraum von ungefähr zwei Monaten* angemessen. Manchmal lassen sich auch einfach die an die psychiatrische Exploration anschliessenden Sitzungen für die tiefenpsychologische Anamnesenerhebung zwanglos über einen solchen Zeitraum ausdehnen. Erweist sich in dieser Zeit der Krankheitszustand des Patienten als „stabil instabil" [264], darf auf das Vorliegen eines Borderline-Syndroms geschlossen werden [48]. Dabei sollte nicht vergessen werden, dass eine derart sorgfältig abgesicherte Diagnose auch der Entängstigung des weniger erfahrenen Therapeuten dienlich ist, der sich sonst leicht genötigt sieht, die entsprechende Diagnostik im Verlauf der Therapie nachzuholen, was für die Therapie selbst immer einen erheblichen Störfaktor bedeutet.

Von KERNBERG [149] stammt der Versuch, einige für Borderline-Patienten besonders charakteristische Symptome und pathologische Charakterzüge in einer Übersicht zusammenzufassen. Er betont jedoch ausdrücklich, dass keines dieser Symptome für sich genommen pathognomonisch für das Borderline-Syndrom sei. Erst wenn zwei oder mehr dieser Symptome gleichzeitig auftreten, müsse die Borderline-Diagnose ernsthaft in Erwägung gezogen werden. Eine Reihe anderer Autoren hat sich – wenn auch in weniger systematischer Form – ebenfalls mit der Frage der typischen Krankheitszeichen bei Borderline-Patienten befasst [81, 134, 135]. Die folgende Übersicht, die sich vorrangig an KERNBERG orientiert, und das eingestreute kasuistische Material sollen dem Leser eine erste Orientierung für diagnostische Zwecke ermöglichen und gleichzeitig an die entscheidenden differentialdiagnostischen Überlegungen heranführen. Zu den kritischen Borderline-Manifestationen gehören:

1. Chronische, frei-flottierende Angst,

besonders wenn diese zusammen mit neurotischen Symptomen oder pathologischen Charakterzügen auftritt [149]. Das Ausmass der subjektiv erlebten Angst kann als ein Hinweis gelten, dass die Symptome und Charakterbildungen nicht ausreichen, die freigesetzte Angst zu binden [149]. HOCH & POLATIN [134], später HOCH & CATELL [135] haben für das gleiche Phänomen den Begriff der *„pan-anxiety"* entwickelt, um die allgegenwärtige Angst bei Borderline-Patienten zu charakterisieren. Unter anderen Autoren [45, 158, 319], die die häufige Einengung der affektiven Schwingungsfähigkeit der Borderline-Patienten zugunsten der Angst als Hauptaffekt hervorheben, betont FRANK [45] die Schwierigkeit, im Erstinterview „pan-anxiety" von anderen Formen frei-flottierender Angst zu unterscheiden, wie sie vorübergehend auch bei neurotischen Erkrankungen auftreten kann. Wie noch zu zeigen sein wird, ist der Hinweis auf eine Borderline-Erkrankung immer dann gegeben, wenn massive Angst gewohnheitsmässig eingesetzt wird, um andere *bewusstseinsnahe* inkompatible Affekte zuzudecken [75, 116, 319].

2. Multiple Phobien,

wenn diese dem Patienten schwerwiegende soziale Beschränkungen auferlegen; ebenso Phobien, die anstatt äusserer Objekte die Körperlichkeit oder die leibliche Erscheinung betreffen (Errötungsphobie, Furcht vor öffentlichen Auftritten, Furcht vor Blicken) und die regelmässig mit der Angst vor Beschämung gekoppelt sind; und schliesslich Phobien, die einen Übergang zur Zwangsneurose (Angst vor Schmutz und Ansteckung) und zu paranoiden Zügen zeigen [149]. Das folgende Beispiel von Dickes [59] zeigt sehr anschaulich die borderlinetypische Ausprägung der sich verzweigenden multiphobischen Erscheinungen und das charakteristische Nebeneinander von freiflottierender Angst und Phobie, die beim Neurotiker in der Regel die Angstbindung leistet.

Ein 31jähriger Patient kam wegen einer Flugzeugphobie in Behandlung. Nach seinem Bericht bestand die Phobie bereits seit vielen Jahren, ohne dass sie ihn bis vor kurzem gestört hätte. Nun war er jedoch zum Gebietsmanager seiner Firma befördert worden und man erwartete von ihm, dass er im Rahmen seiner Arbeit nach verschiedenen Städten fliege. Seine Phobie hinderte ihn am Erfolg in seinem neuen Job, und er fand sie deshalb unannehmbar. Er klagte auch über Angst, von der er glaubte, dass sie nicht mit seiner Beförderung zusammenhing, denn er litt an dieser Angst schon viele Jahre. Er erinnerte sich sogar, schon während seiner Jugend ängstlich gewesen zu sein. Auf Nachfrage konnte er wenig mehr Einzelheiten angeben, als dass die Angst meistens dagewesen wäre und dass beinahe alles und jedes geeignet sei, ihm Angst einzujagen. Im übrigen berichtete er von einer hervorragenden Ehe, und dass er keine sexuellen Schwierigkeiten habe. Bis dahin erschien der Patient neurotisch, mit einigen Symptomen, wie man sie charakteristischerweise bei hysterischen Neurosen findet.

Unter der Behandlung zeigte sich, dass die Furcht vor Flugzeugen und die damit verbundenen, den Patienten beunruhigenden Symptome nicht nur auf Flugplätzen auftraten, sondern genauso gut auch anderswo. Die Begleitsymptome umfassten eine akute Panik, Übelkeit mit Erbrechen und die *Gewissheit* (Hervorhebung von mir), umgebracht zu werden. Jedes dieser Symptome konnte nicht nur durch das unmittelbare Ausgesetztsein an die phobische Situation ausgelöst werden, sondern auch durch deren Wort-Repräsentation. Der Patient konnte deshalb nicht einmal von Flugzeugen lesen, ohne krank zu werden. Das Geräusch von Flugzeugen über seinem Kopf verursachte ihm ebenfalls Angst und Übelkeit, und ebenso das Sprechen über seine Phobie in der Behandlungsstunde. (Vgl. [59], S. 17f. Die Kasuistik wurde von mir in freier Form übersetzt und zusammengefasst.)

Nach der Auffassung von Dickes [59] sind Phobien, die sich auch auf die symbolischen Repräsentanzen des phobischen Objektes (Bilder, Worte und andere Zeichen) beziehen, regelmässig ein Hinweis dafür, dass die Erkrankung den Rahmen einer typischen Neurose übersteigt.

Ähnliche Beobachtungen stammen von einem meiner eigenen Patienten, der nach mehrfacher Hospitalisierung wegen einer schweren Zwangsneurose zuerst zu einem Kollegen und dann zu mir in Psychotherapie kam. Die Anamnese zeigte schwere Versündigungsängste, die sich in alle Lebensbereiche hineinverzweigten und mit Zwangsritualen und phobischen Vermeidungen abgewehrt wurden, die der Patient auch gegenüber *Worten,* die die als sündhaft empfundenen Inhalte bezeichneten, in Szene setzte. Beim Betreten einer Apotheke hatte der Patient dann kurzfristig die einer Gewissheit ähnliche Befürchtung entwickelt, dass er mit Arsen vergiftet werden könnte. Diese Befürchtung änderte später ihren Charakter: Der Patient müsse sich vorsehen, andere mit Arsen in Berührung zu bringen, das vielleicht von dem Besuch in der Apotheke an seinen Schuhsohlen haften geblieben sei. Diese Vorstellung, die als Zwangsgedanke ausgestaltet war, trieb ihn längere Zeit hindurch in soziale Isolierung und hinderte ihn insbesondere am Besuch von Kirchen. Die anfängliche „Apothekenphobie" dehnte sich schliesslich auf alles aus, was mit dem Buchstaben A anfing, so dass er – von Beruf Musiker – beispielsweise nicht mehr in der Lage war, die Tonart a-Moll zu spielen. – Dieser Patient entwickelte unter der Behandlung alle Anzeichen eines Borderline-Syndroms, ohne jedoch einmal ernsthaft psychotisch zu dekompensieren. Die multiple Phobie klang unter der Behandlung ab und der Patient kann trotz des Fortbestehens einiger Zwangssymptome als sozial reintegriert angesehen werden.

3. Zwangssymptome, die sekundär ich-synton geworden sind und die Qualität überwertiger Ideen und Verhaltensweisen angenommen haben [149]

Der Patient schwankt in diesem Falle zwischen dem Wunsch, die lästigen Gedanken und Verhaltensweisen loszuwerden, und dem Versuch, sie als „vernünftig" zu rationalisieren [149]. Kernberg [149] nennt das Beispiel eines Patienten mit Waschzwang, der ein ausgefeiltes System von Erklärungen zur Hand hatte, um sein Verhalten hygienisch zu begründen. Auch Patienten mit Zwangsgedanken paranoiden oder hypochondrischen Inhalts fallen nach Kernberg [149] häufig unter diese Kategorie.

Charakteristisch für solche Patienten ist, dass lange Zeit hindurch als ich-dyston empfundene Gedanken, derer der Patient sich mit aller Macht zu entledigen suchte, vorübergehend plötzlich zu einer unumstösslichen Gewissheit werden.

Mein *Patient K.* zum Beispiel, der in den der Behandlung vorausgehenden explorationischen Gesprächen und auch noch zu Beginn der Behandlung selbst immer wieder schilderte, dass er – für ihn selbst unerklärlich – dauernd in selbstquälerischer Weise über die sexuelle Vergangenheit seiner Ehefrau nachdenken müsse, die er doch sehr liebe, artikulierte nur wenig später in einer Sitzung plötzlich die Gewissheit, dass seine Frau noch in heimlicher Verbindung zu ihren (längst verschollenen) Liebhabern stehe, und dass er an diesen Männern Rache nehmen müsse. Er führte hierfür Beweise ins Feld, die auf eine wahnhafte Umdeutung realer äusserer Ereignisse hindeuteten. – Für einen anderen Patienten schlugen seine Befürchtungen, einmal an einer schweren Krankheit sterben zu müssen, unvermittelt in die unumstössliche Gewissheit um, dass sein Tod unmittelbar bevorstehe, ohne dass er hierfür überzeugende Gründe nennen konnte. Wenn er früher sagte „Ich fürchte es", so heisst es in diesem Augenblick „Ich weiss es".

Entscheidend ist bei allen diesen Beispielen, dass diese Patienten ihre Realitätsprüfung nach wenigen Stunden oder Tagen, meist ebenso ohne erkennbaren äusseren Anlass, zurückgewinnen und solche kurzen Episoden dann oft sogar vergessen haben.

4. Multiple, ausdifferenzierte oder bizarre Konversionssymptome,

insbesondere wenn diese chronisch sind, oder auch *schwere monosymptomatische Konversionssymptome* von mehreren Jahren Dauer; ebenso Konversionssymptome, die an Körperhalluzinationen grenzen oder mit bizarren Bewegungsabläufen verbunden sind [149]. Nach CHESSIK [50] und HOCH & CATELL [135] fallen bizarre Tics ebenfalls unter diese Kategorie.

Ich werde später noch ausführlicher einen Patienten vorstellen (er sei hier als *Patient F.* bezeichnet), der eindeutig eine Borderline-Struktur aufwies, als Präsentiersymptom jedoch einen bizarr anmutenden Tic der Kopfmuskulatur anbot, der über 15 Jahre chronifiziert war und den Eindruck vermittelte, als befinde sich der Skalp des Patienten in dauernder Bewegung. – Mein *Patient K.* entwickelte unter der Behandlung kurzfristig körperliche Sensationen, als ob ihm jemand, den er als „dunklen Schatten" aus den Augenwinkeln heraus wahrnahm, „etwas in den Kopf einhämmere", wobei er dieses hämmernde Gefühl selbst mit Koitusbewegungen verglich.

5. Dissoziative Reaktionen,

besonders hysterische Dämmerzustände und Fugues, und Amnesie, wenn diese mit Bewusstseinsstörungen einhergeht [2, 70, 101, 149]. FROSCH [101] liefert im Zusammenhang mit der Beschreibung des „psychotischen Charakters" eine genauere Charakterisierung dieser Bewusstseinszustände, die an anderer Stelle in der Literatur ausdrücklich als „Borderline-Zustand" (borderline-state) beschrieben werden [226]: „Der Zustand des Ich kann durch *vorübergehende* regressive Veränderungen gekennzeichnet sein, die mit Bewusstseinsstörungen einhergehen. Viele bizarre Handlungen können in dieser gestörten Verfassung ausgeführt werden, die manchmal als Traum- oder Dämmerzustand beschrieben wird. Diese Bewusstseinsstörungen können übersehen werden, weil sie häufig sehr subtil in Erscheinung treten. Manchmal kann sich der Patient in einer rasenden Aktivität befangen fühlen, hilflos entlanggetragen wie in einem Traum. Die Orientierung zu Zeit, Ort und Person verschwindet.

Ein Patient des hier diskutierten Typs pflegte sich auf eine alkoholische und sexuelle Vergnügungstour von höchst bizarrem und gefährlich autodestruktivem Charakter einzulassen. Er pflegte in irgend einem Hotel zu enden, gebrochen, zerzaust und schmutzig. Wenn er die Ereignisse vor und während dieser Eskapaden zu rekonstruieren versuchte, hatte er Schwierigkeiten, genaue Zeiten und Ereignisabläufe zu fixieren. Es war bald offenkundig, dass sich seine Eskapaden in einem gestörten Bewusstseinszustand abspielten. ‚Es ist, als ob ich eine andere Person wäre oder in einem Traumzustand.' Dieser Mann war kein Epileptiker, noch gab es Hinweise auf irgendeinen anderen organischen Prozess, um diesen Zustand zu erklären, der *nicht von Dauer war.*" ([101], S. 91f. Übersetzung von der Verfasserin.)

Nach meinen Erfahrungen haben Borderline-Patienten auch häufig Techniken entwickelt, um unangenehme Erfahrungen mit Hilfe von selbsterzeugten tranceartigen Zuständen von sich fernzuhalten.

Der bereits häufiger erwähnte *Patient K.* gestand mir gegen Ende der Behandlung, dass er bereits als Schüler eine dann häufig praktizierte Methode entdeckt habe, wie man sich in langweiligen Unterrichtsstunden mit Hilfe einer Art Selbsthypnose in eine bessere Tagtraumwelt versetzen konnte. Ich war betroffen, als sich herausstellte, dass der stets ungewöhnlich pünktliche Patient die kurzen Wartezeiten vor der Sitzung häufig dazu benutzt hatte, mittels der gleichen Technik zwischen seiner alltäglichen Realität und den psychotherapeutischen Sitzungen eine Art Zäsur zu setzen, die es ihm ermöglichte, die therapeutische Beziehung zu mir fein säuberlich von seiner übrigen Realität getrennt zu halten, ohne dass er mir gegenüber dabei ein Gefühl der Unehrlichkeit entwickeln musste.

Fast [70] teilt eine ganz ähnliche Beobachtung mit. Danach entwickeln Borderline-Patienten unter der Psychotherapie häufig eine eigenständige „therapeutische Identität", die von der daneben fortbestehenden früheren neurotischen Identität dissoziiert wird, so dass der Analytiker mit dem neurotischen Ich des Patienten nur scheinbar in Kontakt tritt. – Andere Patienten benutzen statt oder neben solchen, oft mit Autosuggestion verbundenen Techniken die verschiedensten Arten von Drogen, die ihnen das konfliktlose „Übersteigen" in einen anderen Ich-Zustand ermöglichen.

In den Zusammenhang der dissoziativen Reaktionen gehören – obwohl von KERNBERG [149] nicht ausdrücklich erwähnt – mit Sicherheit auch *chronische Depersonalisation* oder *häufige schwere Depersonalisationserlebnisse* [vgl. 123]. Es scheint, als ob im Zustand der Depersonalisation die Gefühlsverweigerung an die Stelle der oben beschriebenen Bewusstseinstrübung rücke. Dabei wird gerade die chronische Depersonalisation leicht übersehen, weil der Patient den ihm gewohnten Zustand nicht benennen kann. Manchmal kann ein solcher Zustand indirekt aus dem Verhalten und der Sprechweise eines Patienten erschlossen werden. Manche Patienten sind bei vordergründig gleichbleibender freundlicher Zugewandtheit von einer Aura innerer Einsamkeit und Abgeschiedenheit umgeben, die ich im Falle einer weiblichen Patientin einmal für mich das „Schneekönigin-Syndrom" genannt habe. An die Möglichkeit einer chronischen Depersonalisation muss man auch denken, wenn ein Patient seine Gefühle dauernd mit hochabstrakten, geschraubten, manchmal angelesenen Ausdrücken belegt, oder wenn er von seinem Körper, von Teilen des Körpers oder von körperlichen und psychischen Funktionen in einer Weise spricht, als ob es sich um Objekte und Vorgänge in der Aussenwelt handele.

Besonders eindrucksvoll zeigt sich die Dissoziation in dem seltenen Phänomen der „multiplen Persönlichkeit", in welchem der Patient sich beispielsweise mit einem heimlichen imaginären „Spielgefährten" so identifiziert, als ob dieser ein Eigenleben als Person führe, die zeitweise die Gestalt des Patienten annimmt. Nach meinem Eindruck sind solche „alter egos" bei Borderline-Patienten möglicherweise häufiger, als man gewöhnlich annimmt (ebenso FAST [70]). Sie werden nur sorgfältig verborgen gehalten und es ist auch nicht die Regel, dass sich der Patient voll mit ihnen im Sinne einer echten „multiplen Persönlichkeit" identifiziert.

Eine meiner Borderline-Patientinnen offenbarte mir nach dreissig Analysestunden mit allen Anzeichen der Beschämung: „Ich habe meistens jemanden bei mir." Sie beschrieb dann einen Zwilling, den ihre Phantasie bereits in den ersten Lebensjahren kreiert hatte, und den sie mittlerweile als real neben sich gehend *erlebte,* auch wenn ihr verstandesmässig völlig klar war, dass die Figur nicht in der Realität existierte. Die Figur verkörperte alle ihre idealen Ich-Anteile, von denen die Patientin selbst sich völlig enblösst fühlte. Ohne ihren „Zwilling", dem sie einen eigenen Namen gegeben hatte, fühlte sie sich nicht lebensfähig.

Die *differentialdiagnostische Abgrenzung* dieser dissoziativen Phänomene von einer hysterischen Neurose, der sie üblicherweise zugeordnet werden, erfordert eine sorgfältige Würdigung der Gesamtpersönlichkeit des Patienten unter Einbeziehung struktureller Gesichtspunkte, die uns noch an anderer Stelle ausführlich beschäftigen werden. Abse [2] schlägt die Unterscheidung von „hysteriformen" und „hysteroiden" dissoziativen Reaktionen vor. *Hysteriforme* dissoziative Reaktionen sind als Ausdruck eines Triebkonfliktes auf einer symbolischen Ebene zweckgerichtet (z. B. Flucht in eine bessere Vergangenheit) und unter Hypnose reproduzierbar. Dagegen transzendieren die *hysteroiden* Dissoziationen den Rahmen einer hysterischen Neurose durch ihre archaische Qualität und ihre existenziellen Bedeutung für die Aufrechterhaltung einer prekären Ich-Integration. Sie sind Anzeichen für ein Borderline-Syndrom oder eine beginnende Psychose.

6. Depression,

wenn diese sich vorrangig mit ohnmächtiger Wut oder mit Gefühlen der Hilflosigkeit im Anschluss an den Zusammenbruch eines idealisierten Selbstbildes verbindet [149]. In dieser Borderline-Depression fehlen Schuldgefühle, Selbstvorwürfe und die Sorge um die eigene Person oder um Nahestehende [118, 149]. Anders als „echt" Depressive lösen diese Patienten wenig Hilfsimpulse beim Therapeuten aus, und sie scheinen oft auch keine Hilfe zu suchen [39]. Patienten, die eine unspezifische Erleichterung für ihre Angst in Akten körperlicher Selbstverletzung finden, oder die ihre Wut wahllos wechselnd gegen sich und andere abreagieren, gehören ebenfalls in diese Kategorie [121, 149]. Suizidale Handlungen, die praktisch ohne Depression im Zustand immenser Wut vollzogen werden, deuten auf ein Borderline-Syndrom [149]. Alle diese Züge lassen auf ein schlecht integriertes Über-Ich schliessen, wie es für Borderline-Patienten typisch ist. In den Borderline-Zusammenhang gehört nach KERNBERG [149] aber auch der Typus von Depression, der gerade durch ein extrem sadistisches Über-Ich ausgelöst wird und einen zersetzenden Effekt auf alle Ich-Funktionen ausübt, welcher vom Patienten als „depressive Depersonalisation" erlebt wird und den völligen Rückzug aus emotionalen Beziehungen zur Folge haben kann. HOCH & CATELL [135] finden dagegen bei ihren Patienten am häufigsten eine „sekundäre Depression" als Reaktion auf die langjährige Erkrankung.

7. Polymorph-perverse Sexualität

Hierunter fallen jene Patienten, bei denen mehrere perverse Züge gleichzeitig existieren. „Ein männlicher Patient aus dieser Gruppe zeigte beispielsweise heterosexuelle und homosexuelle Promiskuität mit sadistischen Elementen. Ein anderer, ebenfalls homosexueller Patient exhibierte gegenüber Frauen. Eine Patientin bot Homosexualität mit perversen und masochistischen heterosexuellen Zügen" [149]. HOCH & POLATIN [134] sowie HOCH & CATELL [135] beziehen sich auf das gleiche Phänomen, wenn sie von der *„Pan-Sexualität"* bei Borderline-Patienten sprechen. Pan-Sexualität als Borderline-Merkmal beschreibt auch jene Patienten, deren manifestes Sexualverhalten total gehemmt ist, deren bewusste Phantasien, vor allem die Masturbationsphantasien, jedoch multiple perverse Inhalte aufweisen, von denen die sexuelle Befriedigung abhängt [149]. „Je chaotischer und multipler die perversen Phantasien und Handlungen sind und je instabiler die Objektbeziehungen, die sich mit diesen Interaktionen verbinden, je eher muss das Vorliegen einer Borderline-Persönlichkeitsstruktur in Betracht gezogen werden" [149]. Das gleiche gilt für bizarre Perversionen, in denen sich primitive Aggressionen durchsetzen, oder in denen die genitalen Ziele durch die Ausscheidungsfunktionen (Urinieren, Defäkation) ersetzt werden [149]. Patienten mit einer stabilen sexuellen Devianz, vor allem wenn diese in konstante Objektbeziehungen eingebettet ist, fallen nicht unter diese Kategorie [149].

8. Episodischer Verlust der Impulskontrolle

Chronische, repetitive Impulsdurchbrüche, die ein hohes Ausmass an Triebbefriedigung mit sich bringen, welche ausserhalb der impulsbestimmten Episode als ich-dyston erlebt wird, und die mit einer immer gleichen Art des Steuerungsversagens einhergehen, können auf ein Borderline-Syndrom hinweisen [149]. Bestimmte Formen sexuell-perversen Verhaltens, Drogenabhängigkeit, Alkoholismus, episodische Fresssucht und Kleptomanie lassen sich unter diese Gruppe subsumieren. CHESSIK [41] spricht von einem bei Borderline-Patienten häufigen Zustand, in welchem diese Patienten wahllos alles in sich hineinstopfen, was ihnen erreichbar ist: Nahrungsmittel, Medikamente, Alkohol usw. Die Episode kann der Befriedigung eines ganz bestimmten Impulses dienen und ist in ihrem Ablauf dann meist vorhersagbar, oder aber dem Ausagieren einer diffusen inneren Spannung bei weniger strukturierten Patienten [149]. Charakteristisch ist in diesem Fall der Wechsel von Ich-Syntonizität innerhalb und Ich-Dystonizität ausserhalb der Episode als Manifestation des Handelns aus zwei verschiedenen Ich-Zuständen heraus, die für den Patienten nicht integrierbar sind.

Am Schluss dieser Reise durch die Psychopathologie sei nochmals daran erinnert, dass es unzulässig wäre, unter Verzicht auf eine Strukturdiagnose allein aus dem Vorliegen eines oder auch mehrerer dieser Symptome zwingend auf ein Borderline-Syndrom zu schliessen. Gehäuftes Auftreten dieser Symptome gleichzeitig oder in rasch wechselnder Reihenfolge ist jedoch geeignet, die Strukturdiagnose einer Borderline-Persönlichkeit zu stützen. Grundsätzlich wäre die hier dargestellte, aus dem klinischen Erfahrungsschatz gewonnene Symptomatologie auch aus einem *theoretischen* Gesamtzusammenhang heraus ableitbar, wonach Borderline-Patienten aufgrund ihrer mangelnden Fähigkeit zur Verdrängung und der eng damit verbundenen spezifischen Pathologie der Strukturen des psychischen Apparates unter Stressbedingungen mit dem verstärkten Einsatz von Spaltungsoperationen zu Abwehrzwecken reagieren, die auch die Ich-Funktionen, vor allem die synthetische Ich-Funktion und die Funktion der Realitätsprüfung, in Mitleidenschaft ziehen. Die Borderline-Symptome stellen demnach keine stabile Abwehrformation im

Sinne der neurotischen Kompromissbildung dar, sondern sind eher Meilensteine (oder auch letzte Ankerplätze!) einer mehr oder minder weitreichenden Ich-Regression [72]. Im günstigsten Falle pendelt sich dieses labile Gleichgewicht mit Hilfe dissoziativer Manipulationen auf einer Ebene ein, die das konfliktlose Nebeneinanderbestehen unvereinbarer Ich-Zustände ermöglicht. Zu diesen dissoziativen Manipulationen zählt auch die partielle Ausschaltung der kognitiven Funktionen, die uns jetzt beschäftigen soll.

II. Das Problem der formalen und inhaltlichen Denkstörungen

In der Frage, ob Borderline-Patienten formale Denkstörungen aufweisen bzw. aufweisen „dürfen", ohne sich damit als Psychotiker zu qualifizieren, sind die Meinungen kontrovers [112, 134, 135, 149, 224, 319]. Das mag mit der bereits erwähnten Unterschiedlichkeit in der Auswahl der Patienten zusammenhängen oder mit der Schwierigkeit, „Denkstörung" überhaupt entsprechend zu definieren [123]. Möglicherweise hat der Begriff auch einfach eine so enge Konnotation zu den Bleulerschen Primärsymptomen der Schizophrenie [24], dass seine mögliche Erweiterung auf andere Krankheitsgruppen zu sehr mit eingefahrenen psychiatrischen Denkschemata kollidiert. Man ist dann leicht zu übersehen geneigt, dass Borderline-Patienten regelhaft, sozusagen per definitionem, in Konfliktsituationen mit regressiven Ich-Veränderungen reagieren, die immer auch einen Abwehraspekt haben, und dass den Veränderungen der Denkfunktion weniger im Sinne eines passiven Zerfalls als einer aktiven Spaltung von Denkprozessen unter diesem Abwehraspekt eine besondere Bedeutung zukommt. Diese regressiven Veränderungen sind partiell; sie affizieren in erster Linie die konflikthafte Sphäre des Ich, und sie sind reversibel. Aus diesem Grunde wird die erste differentialdiagnostische Erwägung gegenüber einem Patienten mit formalen Denkstörungen lauten: Ist die Denkstörung als eine *vorübergehende* Reaktion auf umschreibbare Konflikte anzusehen, deren Abwehr mit Hilfe einer pathologischen Veränderung der Denkvorgänge erfolgt? Beschränkt sich die Denkstörung auf diesen konflikthaften Bereich, oder ist sie eher generalisiert? Wie reagiert der Patient, wenn er auf Widersprüchlichkeiten in seinem Denken angesprochen wird? – Ein Patient, der seine Widersprüche nach einer solchen Konfrontation für korrekturbedürftig hält, ist nicht psychotisch [72, 149, 152].

HOCH & CATELL [135] beschreiben für ihre Patientengruppe ein Raster formaler und inhaltlicher Denkstörungen, betonen dabei aber ausdrücklich, dass die dort aufgeführten psychopathologischen Auffälligkeiten in Quantität und Qualität *nirgends das Ausmass typisch schizophrener Denkstörungen annehmen.* Solange man sich diese Einschränkung vor Augen hält, scheint das Raster für diagnostische Zwecke gut brauchbar und soll deshalb hier wiedergegeben werden (vgl. [135], S. 23):

Störungen der Denk- und Assoziationsprozesse

1. Charakteristische Anzeichen für primärprozesshaftes Denken
2. Störungen der Gedankenkontinuität und des zielgerichteten Denkens
3. Störungen des Gedankenflusses
4. Störungen der Bewusstheit, Aufmerksamkeit, Antizipation und Konzentration
5. Schwäche im Prozess der Begriffsbildung

Inhaltliche Störungen des Denkens und der Assoziationen

1. Inhalt beherrscht von stereotypisierten, anachronistischen Begriffen und Einstellungen
2. Verzerrte Vorstellungen des Selbst, der Körper-Imago, der Welt und der Beziehungen zwischen diesen
3. Rigide und verzerrte Vorstellungen über die Bedeutung und den Gebrauch von Intellekt, Gefühl und Verhalten
4. Chaotische Vorstellungen über die Sexualität

Ich habe solche Denkstörungen in wechselnder Intensität und Ausprägung bei einer ganzen Reihe meiner Borderline-Patienten beobachten können, ohne dass einer dieser Patienten nach der mir bekannten drei- bis vierjährigen Katamnese eine manifeste schizophrene oder andere psychotische Erkrankung entwickelt hätte. Teilweise zeigten sich die Störungen bereits im Erstinterview, häufiger jedoch unter der Therapie. Sie sind regelmässig Zeichen eines sehr hohen Angstpegels und treten mit zunehmender Entängstigung des Patienten in den Hintergrund.

Patient K. zeigte in solchen Situationen folgendes „Repertoire": Fixierung der Gedanken an einen bestimmten Punkt, z. B. eine Frage von mir, die dann „wie ein Mühlrad in seinem Kopf kreiste", Gedankenbeschleunigung (mit hoher Geschwindigkeit vor seinem geistigen Auge ablaufende, von ihm nicht steuerbare, filmartige Bilderfolge, die nach einigen Minuten an einer beliebigen Stelle zum Stillstand kam), Kleben der Gedanken, „Abreissen" des Gedankenflusses usw. Dem Patienten selbst waren diese Erscheinungen seit langem vertraut und er hatte mit ihnen umzugehen gelernt wie mit einem chronischen organischen Leiden. – Der gleiche Patient, ein hochgebildeter und in seinem pädagogischen Beruf erfolgreicher Mann, hatte für den Bereich der Sexualität eine Art Privatlogik entwickelt, nach welcher Frauen beim Koitus ein Martyrium erlitten. Nach seiner Vorstellung nahmen Frauen dieses Martyrium aus „Barmherzigkeit" den Männern gegenüber in Kauf, die immer die „Täter" seien. In seiner Beweisführung spielte die Haarfarbe der beteiligten Männer und Frauen eine grosse Rolle; die Einordnung in „gut" und „böse" richtete sich nach solchen Kategorien. Da der Patient mit niemanden sonst über diese Vorstellungen sprach, hatte er sie niemals einer Korrektur unterziehen müssen und er war damit auch sozial nicht auffällig geworden. Mit den Widersprüchen zwischen seiner Privatlogik und der Realität konfrontiert, konnte der Patient nach einigen rechthaberischen Rückzugsgefechten das Vorhandensein dieser Widersprüche einräumen, meinte aber gleichzeitig, er „dürfe" nicht anders denken, weil er sonst vielleicht „alles" bei sich in Frage stellen müsste.

In dieser Möglichkeit zur Distanzierung unterscheidet sich der Borderline-Patient von Patienten mit psychotischen Wahnbildungen.

Im allgemeinen sind die Denkstörungen bei Borderline-Patienten jedoch von einer mehr subtilen Natur. RUDOLF [251] beschreibt in einem eindrucksvollen Beispiel, wie sich „mangelnde Denkgenauigkeit und fehlende logische Eindeutigkeit" [251] in einer schwer fassbaren Störung der zwischenmenschlichen Kommunikation niederschlagen:

„Ein 22jähriger Patient sitzt mir freundlich distanziert gegenüber und berichtet über sein Befinden. In diesem Zusammenhang kommt er auf seine Zahnschmerzen zu sprechen. Sein Bericht enthält, ineinander übergehend, drei Feststellungen: ‚Der Zahnarzt hat mir eine falsche Füllung gemacht. Davon habe ich eine Bleivergiftung bekommen. – Ich bin ja selbst schuld. Ich habe meine Zähne vernachlässigt, bis sie kaputt waren. – Ich bin immer regelmässig zum Zahnarzt gegangen.' Jeder Zuhörer ist darauf eingestellt, sich von den Aussagen seines Gegenübers einstimmen zu lassen. Genau das misslingt hier. Die erste Feststellung ist eine Anklage gegen den Zahnarzt. Der Patient stellt sich als Geschädigter dar. Der Gesprächspartner nimmt an, der Patient sei wohl auf den Arzt böse, gleich ob zu Recht oder zu Unrecht. Die zweite Feststellung des Patienten negiert zugleich die erste. Der Patient klagt sich selbst an. Der Therapeut darf als Gefühlshintergrund vermuten, der Patient sei wohl zu ängstlich gewesen, um sich rechtzeitig behandeln zu lassen. Offenbar hat er lieber Schaden genommen, als sich der unangenehmen Behandlung auszusetzen. Die dritte Feststellung negiert wieder völlig die zweite und stellt die erste in Frage. Offenbar ist der Patient aus Angst um seine Gesundheit regelmässig zum Zahnarzt gegangen, war also nicht selber schuld; aber ob deshalb der Arzt versagt hat, oder die Zähne ohnehin schlecht waren, bleibt offen.

Der ständige Wechsel des Standortes verwirrt den Zuhörer, der sich auf einen engen Bezug zum Patienten einlässt. Er hat das Gefühl, ‚jetzt verstehe ich überhaupt nichts mehr'. Verwirrung und Orientierungslosigkeit treten auf, wie beim Anblick einer optischen Täuschung, wo eine Treppe sowohl nach aufwärts wie nach abwärts führt, je nachdem wie man hinschaut" ([251], S. 112).

Hier ist die Denkstörung nicht so grob auffällig, aber auch nicht so ausgestanzt wie in unseren bisherigen Beispielen. Sie ist der unmittelbare Ausfluss einer nur partiell gelungenen Integration des Denkens und der affektiven Ausrichtung, die die gesamte Persönlichkeit und ihre zwischenmenschlichen Beziehungen einschliesst. Dieses merkwürdige, schwer fassbare „Schwimmen" im Sinne eines fehlenden Fixierungspunktes der Gedanken und Gefühle trifft man bei vielen, wenn nicht allen Borderline-Patienten. Das zitierte Beispiel von Rudolf vermag dabei vielleicht dem mit der Materie unvertrauten Leser eine erste Ahnung davon zu vermitteln, was geschähe, wollte man einen solchen Patienten zur freien Assoziation, wie sie im Rahmen des psychoanalytischen Standardverfahrens üblich ist, auffordern.

III. Die „Mini-Psychose"

Das Problem der formalen und inhaltlichen Denkstörungen bei Borderline-Patienten hat uns bereits an die Frage der differentialdiagnostischen Einschätzung einzelner Symptome herangeführt, die das Borderline-Syndrom nosologisch in die Nähe der Psychose rücken. In der Literatur herrscht allgemeine Übereinstimmung darüber, dass Borderline-Patienten, oder zumindest eine grössere Gruppe unter ihnen [118], zu kurzfristigen psychotischen Dekompensationen neigen. Nach Chessik [48] können sie punktuell sogar das Bild einer vollausgebildeten Psychose bieten. Von den typisch schizophrenen oder auch von manisch-depressiven Verläufen unterscheiden sich diese „Borderline-Psychosen" jedoch durch folgende Merkmale [123]:

1. Auslösung durch äussere Stressbedingungen
2. Reversibilität
3. Flüchtigkeit
4. Ich-Dystonizität
5. Mangelnde Systematisierung

Einzelne Autoren haben für diese flüchtigen psychotischen Erlebnisse im Rahmen des Borderline-Syndroms den Begriff der „Mini-Psychose" [224] geprägt. Mini-Psychosen bei Borderline-Patienten entfalten sich besonders häufig in der Übertragungssituation dann, wenn in der Therapie der zentrale Konflikt des Patienten berührt wird [243, 274, 299, 302]. Sie haben häufig Wiederholungscharakter [138]: Der Patient reagiert auf den angestossenen Konflikt mit dem gleichen infantilen Muster (z. B. mit magischen Omnipotenzerlebnissen), das ursprünglich der Bewältigung des Traumas hatte dienen sollen. Der Ich-Zustand, auf den der Patient im Rahmen dieses Abwehrmanövers regrediert, erlaubt dann einen Hinweis auf die zeitliche Lokalisierung der traumatischen Ereignisse in der genetischen Entwicklung [138]. HOLZMANN et al. [138] referieren ein kasuistisches Beispiel für eine solche vorübergehende psychotische Regression, das ich zur Veranschaulichung wiedergeben möchte.

„Ein 34jähriger verheirateter Musiklehrer hatte sich wegen Angstanfällen und Unterlegenheitsgefühlen, die ihn handlungsunfähig machten, einer Psychotherapie unterzogen. Die klinische Exploration und psychologische Tests zeigten eine Schwäche und Instabilität in seinen Objektbindungen. Er neigte zu projektivem Denken, aber nicht in einem psychotischen Ausmass. Der Patient war ungefähr 300 Stunden in Psychotherapie gewesen, als die Behandlung wegen der Abwesenheit des Therapeuten für 10 Tage unterbrochen wurde. In der ersten Stunde nach der Rückkehr des Therapeuten berichtet der Patient, dass er in der vergangenen Woche ein starkes und überzeugendes Gefühl gehabt habe, das Ergebnis bestimmter Ereignisse, z. B. ein Basketball- oder ein Kartenspiel (an denen er nicht notwendigerweise selbst teilnahm), durch die Macht seines Geistes kontrollieren zu können. Er musste sich nur auf die Art des von ihm gewünschten Ergebnisses konzentrieren. Tatsächlich fühle er sogar jetzt, dass er diese Macht habe. Sein Ton war leicht ängstlich, als er mit Scheu über diese Ideen sprach. Er glaubte voll an seine Macht. Die Überzeugung des Patienten, dass seine Gabe sowohl real als auch gefährlich war, veranlasste den Therapeuten zu der Äusserung, dass der Patient über ihren Besitz erschrocken war. Wie furchtbar, meinte der Therapeut, müsse die Verantwortung für eine solche Fähigkeit sein.

Später in der gleichen Stunde wiederholte der Patient diese Phantasie mit der folgenden spontanen Veränderung: Er müsse absolut sicher sein, dass das Ereignis seiner Intervention wert sei. Obwohl er z. B. kontrollieren könne, ob es drei oder sechs Zoll schneien würde, würde es nicht seiner Mühe wert sein, so etwas zu tun. Während der nächsten Stunde unterlag die Phantasie einer anderen Revision. Er müsse zu Gott um die Macht der Kontrolle von Ereignissen beten. Gott selbst mache in Wirklichkeit die Kontrolle; der Patient könne sie nicht aus eigener Kraft bewirken. Aber wenn er intensiv genug zu Gott bete, würde dieser den Patienten erhören und die Ereignisse zu dem Ergebnis führen, wie es der Patient sich wünsche. Als der Patient mit der Diskussion dieser Phantasie in der Stunde fortfuhr, fühlte er sich zunehmend ausserordentlich verlegen darüber und begann, den Glauben an seine Macht auf ein Mindestmass herabzuschrauben. Während der nächsten Stunde sprach er von seiner wachsenden Überzeugung, dass er die religiösen Lehren nicht mehr annehmen könne, nach denen Gott unsere Handlungen lenkt oder in uns ist und Buch führt über das, was wir tun. Sicher seien wir allein für unser Schicksal verantwortlich" (S. 229f. Übersetzt von der Verfasserin). HOLZMANN [138] konnte mit diesem Patienten in der Therapie später herausarbeiten, dass die Episode genau das Muster wiederholte, mit dem der Patient als kleines Kind die Gefühle der Hilflosigkeit und der Enttäuschung durch einen ablehnenden Vater kompensiert hatte.

Das vielschichtige Problem der differentialdiagnostischen Abgrenzung solcher „Mini-Psychosen" von genuinen psychotischen Erkrankungen kann hier allenfalls annäherungsweise ausgelotet werden. Nach meinem – vorläufig nicht beweisbaren – Eindruck ist der Verlauf einer solchen Episode zudem keineswegs unabhängig von der Art und Weise, wie ihr therapeutisch begegnet wird (vgl. hierzu auch [72], S. 152ff.). In vielen Fällen wird man erst ex post zu einer gültigen Beurteilung des Charakters der psychotischen Dekompensation kommen können, zumal wenn die Krankheitsanamnese keine entsprechende Vorgeschichte aufweist. CHESSIK [48] weist darauf hin, dass Spontanremissionen bei Borderline-Patienten in diesem Bereich relativ häufig seien, wobei diese Patienten seiner Erfahrung nach individuelle Mittel und Wege zu kennen scheinen, um sich selbst wieder aus der Psychose herauszukatapultieren, und sei es nur durch Abbruch einer für sie ungeeigneten Psychotherapie. Weder der hier aufscheinende therapeutische Optimismus noch die allgemeinen Schwierigkeiten, die sich einer sicheren Verlaufsprognose entgegenstellen, ändern jedoch etwas an der grundsätzlichen Notwendigkeit der antizipierenden Einschätzung des Psychose-Risikos und der differentialdiagnostischen Abgrenzung des Borderline-Syndroms von einer beginnenden Psychose, insbesondere wenn es um Fragen der einzuschlagenden Behandlungsstrategie geht, wozu auch die beim Borderline-Syndrom immer besonders schwerwiegende Indikationsstellung für eine Psychotherapie gehört[1].

IV. Die Einschätzung des Psychose-Risikos und die differentialdiagnostische Abgrenzung zu einer beginnenden Psychose

Um die Psychosegefährdung eines Patienten zu beurteilen, bedarf es vor allem einer sorgfältigen Würdigung seiner Fähigkeit zur *Realitätsprüfung* und der Qualität seiner *Objektbeziehungen.* An zusätzlichen Kriterien können in die unter *psychoanalytischen* Gesichtspunkten vorgenommenen differentialdiagnostischen Überlegungen einbezogen werden:

a) Das Ausmass der familiären Vorbelastung
b) Die zeitliche Lokalisierung schwerer frühkindlicher Traumata *während* oder *nach* der symbiotischen Entwicklungsphase
c) Das Verhältnis von Affekt und Verbalisationsvermögen
d) Die Beschaffenheit der „Ich-Grenzen"
e) Das Ausmass der „konfliktfreien Sphäre des Ich"
f) Das Regressionspotential des Patienten
g) Plötzliches Verschwinden schwerer neurotischer Symptome
h) Die Unmittelbarkeit des Zugangs zu primärprozesshaften Inhalten

Diese differenitaldiagnostischen Kriterien sollen nun einer inhaltlichen Klärung unterzogen werden.

[1] Die kürzlich erschienene Arbeit von SÜLLWOLD [295], die sich mit den uncharakteristischen Basisstörungen der Schizophrenie befasst (welche von der Autorin als umschriebene zerebrale Funktionsstörungen aufgefasst und in Analogie zu den hirnorganischen Psychosyndromen gesetzt werden), ist für die Differentialdiagnose von Schizophrenie und Borderline-Syndrom leider wenig ergiebig, da die Autorin schizophrene Patienten mit einer Kontrollgruppe von Gesunden vergleicht. Bei den sogenannten „Grenzfällen" fand sie ähnlich wie HOCH & CATELL [135] „psychotische Hintergrundsstörungen" von mittlerer oder leichter Ausprägung, ohne jedoch bis zu einer qualitativen Unterscheidung zwischen beiden Patientengruppen vorzustossen.

1. Ausmass und Qualität der Realitätsprüfung

FROSCH [101] versucht eine differenzierte Analyse der *Unterscheidungen im Realitätsbezug* zwischen Borderline-Patienten und Psychotikern, indem er die Einschränkung von *Teilfunktionen* des Realitätsbezuges bei diesen beiden Patientengruppen untersucht. Er unterscheidet zu diesem Zweck:

a) Die *Beziehung zur Realität* („relationship with reality") als der Fähigkeit, die äussere und innere Realität korrekt wahrzunehmen und in angemessener Form zwischen innen und aussen zu unterscheiden.
b) Das *Realitätsgefühl* („feeling of reality") als einem unmittelbaren Erleben der *Wirklichkeit* der äusseren und der inneren Welt. (Eine typische Störung des Realitätsgefühls findet man im Erlebnis der Depersonalisation, wo dieser Sinn für die Wirklichkeit teilweise oder ganz verlorengeht.)
c) Die *Fähigkeit zur Realitätsprüfung* („capacity to test reality") als der Möglichkeit, durch Beobachtung und logische Schlussfolgerung Störungen in den beiden ersten Bereichen des Realitätsbezuges zu korrigieren.

Während Borderline-Patienten ähnlich wie Psychotiker in ihrer „Beziehung zur Realität", also vor allem in der Fähigkeit, zwischen innen und aussen zu unterscheiden, und in ihrem „Realitätsgefühl" ernstlich beeinträchtigt sein können, unterscheiden sie sich von psychotisch erkrankten Patienten durch die relative Intaktheit und Verlässlichkeit der dritten Teilfunktion. Ein Borderline-Patient ist beispielsweise – wenn auch nicht immer sofort – in der Lage, sich zu vergewissern, ob eine bestimmte absonderliche Beobachtung von anderen geteilt wird, und sie anhand dieser Erfahrungen zu korrigieren [101].

2. Ausmass und Qualität der Objektbeziehungen

Bei der differentialdiagnostisch ebenso bedeutsamen *Wertung der Objektbeziehungen* eines Patienten kann man davon ausgehen, dass Borderline-Patienten in aller Regel zur Aufrechterhaltung von Objektbeziehungen nach einem gleichbleibenden, wenn auch möglicherweise in vieler Hinsicht problematischen, Muster in der Lage sind. Es fehlt der zunehmende soziale Rückzug, der vielen psychotischen Erkrankungen vorausgeht. Das Bedürfnis, sich in eine private Phantasiewelt zurückzuziehen, ist zwar oft vorhanden und wird auch ausgelebt; aber dieser Rückzug ist zeitlich begrenzt und die private Phantasiewelt existiert *parallel* zur sozialen Realität des Borderline-Patienten, in welcher er verankert bleibt.

Einer meiner Patienten *(Patient F.)*, der mit Sicherheit ein Borderline-Syndrom aufwies, hatte sich für seine nach einem stereotypen Muster ablaufenden Tagträume in der Woche jeweils die Zeit von Freitagabend bis Sonntagmittag reserviert und übte sich in rigider Selbstdisziplin in bezug auf die Einhaltung dieser Terminierung. Während der übrigen Woche war er an seinem Arbeitsplatz ein tüchtiger, gern gesehener Kollege, der viele Bekanntschaften, darunter auch eine lose Partnerbeziehung, unterhielt. Bezeichnenderweise bemühte sich der Patient in dem Augenblick um eine Therapie, als ihm im Zuge einer konjunkturellen Krise sein Arbeitsplatz, an den die meisten seiner sozialen Beziehungen geknüpft waren, nicht mehr sicher schien. Er spürte richtig, dass er mit dem Verlust dieser sozialen Verankerung von seiner Tagtraumwelt aufgesogen und in Gefahr geraten würde, in eine manifeste Psychose abzugleiten.

Selbstverständlich ist bei der differentialdiagnostischen Würdigung der Objektbeziehungen nicht nur deren Quantität, sondern vor allem auch deren Qualität heranzuziehen. „Echte", d.h. reziproke Objektbeziehungen sind an die Fähigkeit gebunden, den Anderen als ein eigenständiges Individuum mit eigenständigen Motiven, Wünschen und Bedürfnissen wahrzunehmen und zu respektieren. Sie setzen mit anderen Worten die Möglichkeit zur klaren Trennung von Selbst- und Objektrepräsentanzen voraus [145], und – was nicht dasselbe zu sein braucht – die Bereitschaft, die Tatsache einer solchen Trennung anzuerkennen [212]. Diese Fähigkeiten sind bei Borderline-Patienten regelmässig in weit stärkerem Mass herabgemindert als bei den meisten neurotischen Patienten [155]. Entsprechend häufig sind die Objektbeziehungen deshalb auch durch Projektionen und projektive Identifizierungen geprägt [149]. An eine Psychosegefährdung oder gar an eine beginnende Psychose wäre jedoch erst dann zu denken, wenn das narzisstische Element in den Objektbeziehungen eines Patienten derart überwiegt, dass die anderen für ihn nur mehr als äussere Übertragungsfiguren seiner regressiven Phantasien fungieren. In einem solchen Falle haben die mitmenschlichen Beziehungen ihre sozial tragende Funktion ebenso verloren wie in den Fällen, wo der Patient entgegen dem äusseren Anschein andere Menschen, zu denen er in Beziehung steht, innerlich wie *unbelebte* Objekte behandelt, oder wo er nur *Teile* von diesen Objekten besetzt. KERNBERG [155] beschreibt in einer Arbeit über die Fähigkeit des Sichverliebens einen Typus von Beziehungen, der sich auf dieser Ebene der Teilobjekte abspielt. In homosexuellen und heterosexuellen Beziehungen dieses Typus wird der Partner nicht als Gesamtpersönlichkeit wahrgenommen, sondern der Patient besetzt nur Teile von ihm (z. B. die Brüste oder das Gesäss), die dann zum Gegenstand sexuellen Begehrens werden. Die Reduktion eines Objektes auf seine Teile findet sich häufig in verschiedenen sexuellen Perversionen, kann aber durchaus auch in eine äusserlich intakte „Partnerbeziehung" eingebettet sein, die auf einer „Als-ob-Ebene" funktioniert. Ähnliches gilt für Beziehungen, die nur eingegangen oder aufrechterhalten werden können, wenn der Patient das Objekt vorher in seiner Phantasie dehumanisiert, indem er es etwa in ein Tier oder in ein unbelebtes Objekt „verwandelt". Mir wurde von einer Patientin berichtet, die sich in Gesellschaft nur bewegen konnte, wenn sie sich ihre Gesprächspartner vorher in Schweinsgestalt phantasierte. Ein anderer Patient, den LAING [179] vorstellt, berichtete von seiner Ehefrau in Formulierungen wie „*Es* lacht", „*Es* schimpft". LAING [179] beschreibt die „Angst vor der Versteinerung" („petrification") als eine psychotische Grundangst, der der Patient aktiv zu begegnen versucht, indem er andere in unbelebte Objekte verwandelt, bevor ihm dies selbst widerfährt. Wenn die Objektbeziehungen eines Patienten nicht nur gelegentlich, sondern mehr oder minder ausschliesslich von solchen Phantasien geprägt werden, ist dies ein prognostisch eher ungünstiges Kriterium und fast stets Indiz für ein erhöhtes Psychose-Risiko.

3. Zusätzliche differentialdiagnostische Kriterien

a) *Das Ausmass der familiären Vorbelastung durch psychotische Erkrankungen in der Familie des Patienten.* Ohne dass ich mich hier auf die zwischen den verschiedenen psychiatrischen Schulen geführte Diskussion um die Rolle der hereditären Komponente bei Psychosen in irgendeiner Weise einlassen möchte (vgl. z. B. [25]), sei doch betont, dass es gerade hier einer besonders sorgfältigen Würdigung des Gesamtbildes der Symptomatik und seiner strukturellen Einbettung bedarf, bevor man aus dem Vorliegen einer entsprechenden familiären Vorbelastung allzu pessimistische Rückschlüsse für den zu erwartenden Krankheitsverlauf zieht. Mir sind zuviele Patienten mit einem schizophrenen oder manisch-depressiven Elternteil begegnet, die sich ihr ganzes Leben lang verzweifelt gegen die Gefahr einer *Identifikation* mit diesem Elternteil wehrten, um ihrer tiefverwurzelten Angst vor dem gleichen Schicksal tragischerweise dann genau mit denselben (für den Patienten und den konsultierten Psychiater gleichermassen psychoseverdächtigen) Mechanismen zu begegnen, die der kranke Vater oder die kranke Mutter vorgelebt hatten. Die psychotische Dekompensation wirkte in diesen Fällen wie das Ergebnis einer „self-fulfilling prophecy", die Ausführung eines Lebensdrehbuchs, das andere für den Patienten geschrieben hatten, und dem er sich nur um den Preis existenzieller Schuld hätte entziehen können. In der modernen Skript-Analyse [223, 285] werden ganz ähnliche Gedankengänge aufgegriffen. Besonders hellhörig sollte man werden, wenn die angeblich hereditär vorherbestimmte und deshalb zu therapeutischem Pessimismus Anlass gebende psychotische Dekompensation oder die Angst vor einer solchen Dekompensation gerade in dem Lebensalter des Patienten auftreten, in welchem auch der psychotische Elternteil erkrankte. HILGARD [133] beschrieb dieses Phänomen als „Geburtstagsreaktion" („anniversary reaction"), in welcher der Patient eine unbewusste infantile Phantasie ausagiert, die zum Zeitpunkt des ursprünglichen Schicksalsschlages entstand und damals meist der Verleugnung des Verlustes oder der Bewältigung von Schuldgefühlen diente. Solche Phantasien können lauten: „Mit 32 Jahren wird ‚man' psychotisch", oder „Mutter wird in mir weiterleben", oder auch „Mir darf es nicht anders als Mutter ergehen". Wenn der Patient *rechtzeitig* mit diesen Phantasien konfrontiert wird und Hilfe bei der Bewältigung seiner Ängste und Schuldgefühle erfährt, kann er oft in einer nachgeholten Trauerarbeit sein Identifikationsproblem und die damit verbundenen pathologischen Phantasien bewältigen und damit sein Schicksal wenden [299].

b) *Die zeitliche Lokalisierung schwerer frühkindlicher Traumata in der symbiotischen oder postsymbiotischen Phase der Entwicklung.* Traumatische Störungen in der symbiotischen Entwicklungsphase (vor allem also in den ersten sechs Lebensmonaten) disponieren eher zu einer Psychose als Belastungen zu einem späteren Zeitpunkt, wo die archaischen narzisstischen Konfigurationen bereits fest etabliert sind [174], wo es also bereits zu einer ersten Trennung von Selbst- und Objektrepräsentanzen auf der Basis *ganzer* Objekte gekommen ist, und wo das Ich sich soweit strukturiert hat, dass es in der Lage ist, die für das Borderline-Syndrom typischen Spaltungsmechanismen *aktiv* zu Abwehrzwecken einzusetzen [149]. Solche frühen Belastungen sind manchmal explorierbar (z. B. längere Hospitalisierung, Fehlen von liebevollen Pflegepersonen); oft können sie jedoch nur indirekt aus Angaben des Patienten erschlossen werden, nach denen eine hochgradige Ambivalenz der Mutter gegenüber dem Neugeborenen vermutet werden darf. Dazu gehören beispielsweise einschneidende Erkrankungen der Mutter, die sich als Folge der Schwangerschaft oder Geburt interpretieren lassen, schmerzhaftes Stillen, erneute Schwangerschaft der Mutter während der ersten Lebensmonate des Kindes, schwere Belastung der elterlichen Ehe durch die Ankunft des Kindes usw. – Allerdings wäre es unzulässig, aus solchen anamnestischen Daten allein eine ungünstige Prognose für den Krankheitsverlauf zu stellen. Man wird die Lebensgeschichte des Patienten sorgfältig daraufhin überprüfen müssen, welche Möglichkeiten zur *Verarbeitung* seiner frühen Traumata der Patient in seiner weiteren Entwicklung gefunden hat. Das gilt auch für die Behauptung FEDERNS [72], dass eine Anamnese mit psychotischen Perioden echter Wahnvorstellungen und einem Verlust der Realitätsprüfung in früher Kindheit als Beweis für eine verborgene Psychose zu werten sei. Ausschlaggebend wird auch hier die Überlegung sein müssen, welche *nicht-psychotischen* Reaktionsformen auf psychische Stressbedingungen dem Patienten als Kompensationsmöglichkeit zur Verfügung stehen.

c) *Das Verhältnis von Affekt und Verbalisationsvermögen.* Überwältigende Affekte, für die der Patient keine adäquaten verbalen Ausdrucksmöglichkeiten besitzt, weil sie die präverbale Ebene nie transzendiert haben, entziehen sich der Bearbeitung durch den Sekundärprozess und tendieren deshalb zu primärprozesshaften Ausdrucksformen, mit deren Hilfe sich ein neues psychisches Gleichgewicht, dann allerdings auf einem psychotischen

Niveau, herstellen lässt. Dieser unheilvolle Prozess kann unterbrochen werden, wenn es gelingt, dem Patienten in der Psychotherapie die Möglichkeit des sprachlichen Ausdrucks für diesen Bereich seiner Persönlichkeit zu vermitteln [22, 181].

d) *Die Beschaffenheit der Ich-Grenzen.* Sind die Ich-Grenzen eines Patienten soweit gefestigt, dass sich die Neigung zur Fusion von Selbst- und Objektrepräsentanzen auf eine zentrale Konfliktzone, meist im aggressiven Bereich, beschränkt [149], oder ist die Durchlässigkeit der Ich-Grenzen von einer allgemeineren Natur?

Als typische Reaktion im Rahmen eines Borderline-Syndroms kann beispielsweise eine von WALLERSTEIN [299] berichtete Episode aus einer psychotherapeutischen Behandlung gelten, wo die Patientin auf dem Höhepunkt ihrer aggressiven Auseinandersetzung mit dem Analytiker mit dem Auto einen Kater überfuhr, von dem sie in diesem Augenblick sicher war, dass er das Gesicht des Analytikers hatte. Die Patientin hatte bereits früher einmal in Wut die Katze der Familie mit einem Gewehr erschossen und dann heimlich aus dem Auto in den Rinnstein geworfen. Dabei hegte sie die panische Befürchtung, dass ein Polizeiauto vorbeikomme und sie als Mörderin verhaftet werde. Im Augenblick intensiver Wut auf den Analytiker verschwimmen für die Patientin dann später wieder vorübergehend die Grenzen zwischen den Objekten und zwischen Objekt und Selbst: Der Analytiker wird zu einem negativen Teil dieses Selbst, zur Repräsentanz des gehassten mütterlichen Introjekts und wird in der Katze ermordet. Die Patientin empfindet dabei Vernichtungsängste und gleichzeitig Schuld wie über einen realen Mord. Sie kann sich von diesem Erlebnis aber schnell wieder distanzieren und es in der psychotherapeutischen Behandlung aufarbeiten.

Anders eine Patientin, die kurze Zeit nach der Vorstellung bei mir eine manifeste Psychose entwickelte: Diese Patientin schilderte, wie es ihr oft in Zeiten allgemeiner emotionaler Labilisierung passiere, dass ihr Gesicht im Spiegel mit dem einer anderen Person, an die sie gerade denke, verschwimme. Am häufigsten erblickte sie das Gesicht einer Tante, die für die Patientin die Funktion eines überwältigend bösen Objektes hatte (die Tante hatte sie im wahrsten Sinne des Wortes „verflucht", weil sie erwachsen geworden war). Die gleiche Patientin teilte mit ihrer Mutter die religiös gefärbte Überzeugung, dass die heilende Kraft der Mutter durch Handauflegung auf sie überströmen und ihre psychische Wiederherstellung bewirken könne. – Auch hier haben die Verschmelzungserlebnisse noch eher ephemeren Charakter. Sie zeigen aber bereits eine deutliche Tendenz zur Ausbreitung über ausgestanzte situative Zusammenhänge hinaus. Der Mythos von der Kraft, die von der Mutter auf die Tochter überströmt, deutet darauf hin, dass die Patientin niemals in ihrem Leben zu einer klaren Abgrenzung gegenüber dem primären symbiotischen Objekt gelangen konnte, das mit der Selbstrepräsentanz verschmolzen blieb, so dass die Trennung von diesem Objekt fast zwangsläufig die Gefahr der Selbstfragmentierung nach sich ziehen musste. Eine mit der Erreichung des Studienzieles eingetretene unvermutete Konkurrenzsituation mit der Mutter und der gleichzeitige Versuch der Patientin, sich von einem Tablettenabusus zu entziehen, bei dem die Tabletten eindeutig ein Substitut für das primäre Objekt darstellten, führten denn auch schliesslich zu einer psychotischen Dekompensation, in deren Verlauf sich die Patientin suizidierte.

Es gilt also zu prüfen, ob vorübergehende Fusionserlebnisse oder paranoide Reaktionen, die immer Zeichen von durchlässigen Ich-Grenzen sind, sich auf bestimmte Konfliktzonen beschränken, ob ein Zusammenhang zwischen der auslösenden Situation und der Aktualisierung dieses Konfliktes klar eruierbar ist, und ob der Patient zu diesen Erlebnissen bald wieder eine angemessene Distanz gewinnt. Im allgemeinen kann man davon ausgehen, dass Borderline-Patienten relativ klar geschiedene Selbst- und Objektrepräsentanzen besitzen [149], wobei sich allerdings die Anfälligkeit für Fragmentierungserlebnisse der verschiedensten Art in engen Zweierbeziehungen (zu denen auch die therapeutische Beziehung gehört!), wie überhaupt in regressionsfördernden Situationen entsprechend erhöht. *Die schwächste Stelle der Ich-Grenze liegt bei Borderline-Patienten regelmässig in dem Bereich, der mit aggressiven Konflikten zusammenhängt* [149]. Flüchtige paranoide Reaktionen, die bei sonst gut integrierter Gesamtpersönlichkeit im Zusammenhang mit Aggressions-Konflikten auftauchen, deuten demnach auf ein Borderline-Syndrom. Demgegenüber erfasst die psychotische Fragmentierung den Kern der Selbstrepräsentanz. In der schizophrenen Identifikation zum Beispiel ist der Patient überzeugt, dass er ein anderer Mensch „geworden" ist [146]. Fusionserlebnisse und projektive Identifizierungen, die eine Tendenz zur Ausbreitung ins Zentrum der Selbstrepräsentanz zeigen, können deshalb als Indiz für ein erhöhtes Psychoserisiko gewertet werden.

e) *Das Ausmass der konfliktfreien Sphäre des Ich* [127]. Die Fähigkeit, auch unter schwersten psychischen Stressbedingungen ein beobachtendes Ich aufrechtzuerhalten, das zur Entwicklung von Bewältigungsstrategien in der Lage ist, hängt wesentlich von dem Ausmass ab, in welchem ein Konflikt die verschiedenen Bereiche des Ich affiziert. Wo es nicht gelingt, dem gesunden Ich eine Sphäre auszusparen, in welcher wenigstens annähernd konfliktfreies Funktionieren möglich ist, sozusagen im Sturm einen ruhenden Hafen, entsteht eine umfassende Tendenz zur Ich-Regression, die nach rückwärts über die typischen neurotischen Fixierungspunkte [188] hinausführen kann. Patienten, die in diesen Sog geraten, schildern ihre innere Befindlichkeit als ein Gefühl von angsterfüllter Ausweglosigkeit, das sich dem Gesprächspartner, der sich wirklich mit dem Patienten einlässt, unmittelbar mitteilt. Die Angst ist von ganz anderer Qualität als beim neurotischen Patienten, der seinen Konflikt möglicherweise mit den gleichen Worten darstellt. Einer meiner Patienten kündigte eine bevorstehende (in diesem Falle allerdings vorübergehende) psychotische Episode Monate zuvor indirekt mit den Worten an: „Ich bin in eine Sackgasse geraten" und „Ich habe das Gefühl, dass der Raum um mich sich immer mehr verengt". Er wirkte dabei angsterfüllt und innerlich getrieben.

In diesen Fällen hat der Konflikt ein Ausmass angenommen, wo realitätsgerechtes Denken und Handeln *per se* zu konflikthaften Akten werden, oder wo der Patient sich allein durch seine Existenz und durch Triebwünsche, die diese Existenz sichern, in überwältigendem Ausmass schuldig fühlt. Jede therapeutische Intervention, die auf eine Veränderung zum Bessern zielt, verschärft dann möglicherweise den Konflikt und treibt den Patienten näher an die Psychose heran. Ob der Patient auf diesem Wege haltmachen kann, hängt nicht zuletzt davon ab, ob der Therapeut die Gefährdung rechtzeitig erkennt und Mittel und Wege findet, den Patienten in dieser Phase durch eine tragende therapeutische Beziehung aufzufangen.

f) *Das Regressionspotential des Patienten.* Der durch einen Konflikt erzwungenen Regression können mehr oder minder starke Regressionswünsche im Patienten entgegenkommen, die manchmal sogar ausdrücklich die totale Abkehr von einer als unerträglich empfundenen Realität beinhalten. Phantasien dieser Art gibt es bei vielen Borderline-Patienten, so dass im Einzelfall abzuschätzen ist, wie ich-synton diese Phantasien sind und was der Patient ihnen an gesunden Ich-Anteilen entgegenzusetzen hat. Wenn sich das Denken eines Patienten auf solche zunehmend ich-syntonen Phantasien einzuengen beginnt, sollte der Therapeut sich alarmiert fühlen und seine Interventionen ganz vorrangig auf den Regressionswunsch fokussieren. Der Ausgang bleibt in vielen Fällen ungewiss und hängt nicht zuletzt vom Geschick des Therapeuten ab.

HELMUT BACH [13] berichtet von einer Patientin, die sich aus einem katatonen Stupor befreien konnte, nachdem ein solcher Regressionswunsch mit ihr durchgearbeitet worden war. Einen weniger glücklichen Ausgang nahm die Geschichte einer mir bekannten Patientin, die kurz nach ihrer Hospitalisierung (die unter einer Borderline-Diagnose erfolgte) immer deutlicher den Wunsch äusserte, querschnittsgelähmt zu sein, um sich versorgen zu lassen und nie wieder handeln zu müssen. Trotz aller Bemühungen des therapeutischen Personals zog sie sich immer weiter zurück und erklärte schliesslich ohne einsehbaren Grund, dass sie ihre Ehe auflösen wolle. Wenig später stürzte sie sich während einer Beurlaubung in suizidaler Absicht aus dem Fenster in der Wohnung ihrer Schwiegermutter. Sie überlebte, zog sich bei dem Sturz aber makabrerweise genau die Verletzung zu, die sie sich bereits zu Beginn ihrer Hospitalisierung gewünscht hatte.

Mehrere meiner Borderline-Patienten äusserten in der Therapie mir gegenüber spontan den Wunsch, psychotisch zu werden. In ihrer Phantasie war die Psychose eine Möglichkeit, sich aller Verantwortung und der mit ihr zusammenhängenden Konflikte ein für allemal zu entledigen und endlich Ruhe zu finden. Die Versuchung tritt in den Hintergrund, wenn der Analytiker den Patienten wirklich davon überzeugen kann, dass es für ihn auch noch einen anderen Ausweg als die Flucht in die Psychose gibt, und wenn der Analytiker für den Patienten zum Garanten dieser Möglichkeit geworden ist.

g) *Das plötzliche Verschwinden schwerer neurotischer Symptome.* FEDERN [72] hebt hervor, dass neurotische Symptome im Rahmen einer fragilen Abwehr das letzte Bollwerk gegen den Ausbruch einer manifesten Psychose bilden können. Wenn solche neurotischen Symptome, die sonst meist erst einer langwierigen psychotherapeutischen Behandlung weichen, plötzlich verschwinden, bedeutet dies oft keine „Heilung", sondern den Zusammenbruch der Abwehr, der dann zum Ausbruch einer manifesten Psychose führt.

h) *Intuitives Akzeptieren und Übersetzen von Symbolen und widerstandsloses Verstehen primärprozesshafter Inhalte* [72]. Ein Patient, der einen unmittelbaren Zugang zu einer seelischen Tiefendimension hat, die beim normalen Individuum durch eine Abwehrsperre weitgehend vom bewussten Erleben abgeriegelt ist, schwebt in der Gefahr, bei weiterer Labilisierung seines psychischen Gleichgewichtes von den Inhalten seines Primärprozesses überschwemmt zu werden. Bei der Indikationsstellung für eine Psychotherapie unter Einbeziehung differentialdiagnostischer Erwägungen darf ein solcher Befund nicht mit „Introspektionsfähigkeit", die ein gutes prognostisches Kriterium für eine aufdeckend orientierte Psychotherapie darstellt, verwechselt werden. Selbstverständlich ist im Gegenteil, dass diese Inhalte nicht weiter gefördert werden dürfen (indem man den Patienten etwa einer unstrukturierten Interview- oder Testsituation aussetzt). Dem Primärprozess des Patienten ist vielmehr „Struktur" entgegenzusetzen, die seine Antithese darstellt. Dies geschieht erfolgreich nicht durch „Zudecken", wie oft missverständlich angenommen wird, indem der Therapeut etwa weghört oder abrupt das Thema wechselt, sondern indem er dem Patienten zur Entwicklung sekundär-prozesshafter Funktionen verhilft, die so lange vom Therapeuten verkörpert werden müssen, bis das Ich des Patienten sie in eigene Regie nehmen kann.

Ich habe der Frage der Einschätzung des Psychose-Risikos bei Borderline-Patienten und der differentialdiagnostischen Abgrenzung des Borderline-Syndroms von einer beginnenden Psychose an dieser Stelle absichtlich einen breiten Raum gewidmet, weil nach meiner Erfahrung der Erfolg einer Borderline-Therapie mit der diagnostischen Sicherheit des Therapeuten gerade in dieser Grenzfrage steht und fällt. Dabei bin ich mir im klaren, dass eine ganze Reihe für diesen Problembereich relevanter Überlegungen hier nur angeschnitten oder auch gar nicht erwähnt worden ist. Die Notwendigkeit dieser Beschränkung ist einmal durch den Rahmen der vorliegenden Arbeit gesetzt. Sie hängt aber auch mit der Tatsache zusammen, dass eine endgültige differentialdiagnostische Urteilsbildung eine wesentlich differenziertere Einbeziehung *struktureller* Gesichtspunkte erfordert, als dies unter der bisher angezielten vorrangig phänomenologischen Betrachtungsweise möglich ist. Einzubeziehen wäre vor allem die (hier vorweggenommene) Überlegung, inwieweit das psychische Gleichgewicht eines Patienten durch äussere Strukturgegebenheiten aufrechterhalten wird, deren gleichbleibendes Fortbestehen ihm ein relativ unauffälliges Funktionieren ermöglicht. Wenn fehlende innere psychische Strukturen über ein gewisses Mass hinaus durch stabilisierende Faktoren in der Aussenwelt (z.B. eine Partnerbeziehung) ersetzt werden, wird der Fortfall dieser äusseren Strukturen mit hoher Wahrscheinlichkeit eine psychische Desintegration nach sich ziehen, deren Ausmass und Reversibilität von vornherein nur schwer abzuschätzen ist [144]. Wir werden diese strukturell-funktionale Betrachtungsweise an anderer Stelle wieder aufgreifen und uns jetzt einem Problemkreis der Borderline-Diagnostik zuwenden, der sich mit den psychopathologisch sehr viel unauffälligeren „blanden" Formen des Borderline-Syndroms befasst.

V. Die blanden Formen des Borderline-Syndroms und der „Borderline-Dialog"

Nicht alle Patienten mit einem Borderline-Syndrom weisen die lärmende Symptomatologie auf, von der bisher die Rede war. Viele von ihnen suchen einen Arzt auf (häufiger einen Psychoanalytiker als einen Psychiater), ohne ihr Anliegen im eigentlichen Sinne namhaft machen zu können. Ihre Klagen wirken diffus und oft wie eine karikaturhafte Übersteigerung der Klagen des „modernen Menschen" [50, 306]; sie betreffen subtile, gleichzeitig quälende Gefühle der „Leere", der „Sinnlosigkeit", der Orientierungslosigkeit in einer undurchschaubaren und bedrohlichen Welt, der inneren Standortslosigkeit, des „Nichtwissens-wer-ich-bin". Hinzu kommen meist eine Reihe *uncharakteristischer Beschwerden:* Arbeitsstörungen, Kontaktängste, sexuelle Störungen (z.B. Impotenz oder Frigidität), Schwierigkeiten in Partnerbeziehungen, Bindungsängste, Angst vor einer Trennung, Schwierigkeiten mit Kollegen, Angst vor Autoritätspersonen usw.; ebenso diverse psychosomatische Beschwerden oder ein unterschiedlich lokalisiertes körperliches Krankheitsgefühl ohne organpathologischen Befund. Die Lebensgeschichte verrät oft Schwierigkeiten in der Berufsfindung; der Patient kann für eine Studien- oder Berufswahl kein eigenständiges Motiv benennen und hat Studium, Beruf oder Arbeitsplatz häufiger gewechselt oder zumindest den Versuch dazu unternommen. Er berichtet von wechselnden Partnerbeziehungen, die sich auf chaotische Dreiecks- oder Vierecksverhältnisse ausdehnen können, wobei das Ausmass seines emotionalen Engagements an diesen Beziehungen für den Zuhörer oft vage bleibt. Statt häufig wechselnder Partnerschaften trifft man auch auf langjährige Partnerbeziehungen, in denen sich ein repetitives Muster von Trennung und Wiederversöhnung eingespielt hat. Oder der Patient schildert ausgedehnt eine für ihn hochbedeutsame Beziehung, deren exzessive Ausgestaltung in seiner Phantasie in krassem Missverhältnis zu ihrem tatsächlich gelebten Anteil steht. Viele dieser Patienten sind sozial erfolgreich und gern gesehen im Kollegen- oder Freundeskreis. Aber die Erfolge verleihen ihnen keine Sicherheit und ein nagender Kontakthunger bleibt bestehen.

Ich habe eine Reihe von klinischen Falldemonstrationen solcher Patienten in einem grösseren Kollegenkreis miterlebt und dabei die immer gleiche Beobachtung machen können, dass der Patient eine in zwei Lager gespaltene Zuhörerschaft zurückliess: Die Gruppe aus dem ersten Lager äusserte in nicht zu überhörendem aggressivem Unterton, dass sie mit dem Patienten nichts anfangen könne; er sei unklar geblieben, „schwammig", habe „abgeblockt", sich nicht einlassen wollen, die Zuhörer an der Nase herumgeführt. Stereotyp meldeten sich Zweifel, ob der Leidensdruck des Patienten für eine Psychotherapie ausreiche. Zumindest sei ihm eine Frist einzuräumen, in der er sich klar werden könne, was er in einer Therapie denn nun eigentlich wolle. – Die andere Gruppe war voll mit dem Patienten identifiziert und empfand die Haltung der Kollegen als „Zynismus". Sie hatte im Gegenteil in dem Patienten einen ungewöhnlich starken Leidensdruck, Getriebensein und eine grosse Hilflosigkeit wahrgenommen und forderte sofortige Massnahmen. Die Kontroverse wurde von beiden Seiten mit grosser affektiver Beteiligung ausgefochten und endete meist damit, dass einer der Kollegen aus der zweiten Gruppe sich zur Übernahme der Therapie bereit erklärte, worauf ihm einige der „Zweifler" zu seiner besonderen therapeutischen Einsatzfreudigkeit gratulierten. – In der Mehrzahl dieser Fälle blieb ich über die weitere Entwicklung unterrichtet: Die Patienten enthüllten im engeren therapeutischen Kontakt durchweg eine schwere Borderline-Störung mit tiefreichender Identitätsproblematik; zwei von ihnen unternahmen kurz nach der Demonstration einen ernstgemeinten Suizidversuch; wo schliesslich eine längerfristige psychotherapeutische Behandlung eingeleitet wurde, nahm diese phasenweise einen krisenhaften Verlauf.

Der Ablauf der Falldemonstration lässt vermuten, dass der Patient seine Zuhörer auf zwei Ebenen angesprochen hatte, und dass ein Teil der Zuhörer sich von dem Patienten nur auf der Ebene der sprachlichen Mitteilung erreichen liess und die Annahme der averbalen Botschaft verweigerte. Offensichtlich ist die *Sprache* solcher Patienten allein aber nicht geeignet, dem anderen die wirkliche innere Befindlichkeit zu vermitteln. Sie ist fassadär und kann das „wahre Selbst" [179, 311] nicht kommunizieren. Stattdessen kommt ein Scheindialog zustande, der hilflos stockt, wenn ihm wirkliche Kommunikation abgefordert wird. Der Patient hat kein „Sprach-Ich" [8], das er in eine echte Gegenseitigkeit einbringen könnte. Diese Verarmung der Sprache um ihre wichtigste Funktion wird von DIERGARTEN [60] und KUHL [178] als typische Borderline-Sprachstörung bezeichnet. Der Borderline-Dialog spiegele eine Störung der frühen Mutter-Kind-Beziehung wider, wo die Mutter den echten Dialog mit dem Kind abgebrochen hat, bevor dieses ein eigenes Sprach-Ich entwickeln konnte [60]. Mutter und Kind wollen dann gar nicht mehr miteinander sprechen, „weil sie enttäuscht sind voneinander und sich nichts mehr zu sagen haben" [60]. Der Dialog „entgleist" [284] zu einem Sprachritual, und der Patient verinnerlicht diese falsche Sprache und wird „nicht lernen oder wagen, seine eigenen Bedürfnisse auszusprechen" [60]. Eine solche Sprache ist im Äusserungsakt selbst und im Sachbezug korrekt, aber gestört in ihrer *illokutiven* und *perlokutiven Funktion* [60][2]. Konkret äussert sich dies darin, „dass unklar bleibt, ob die Sprache des Borderline-Patienten verbindlich ist: Er steht häufig nicht zu dem, was er gesagt hat; darum wird seine Sprache als unecht empfunden und löst Reaktionen aus, die Kommunikation mit ihm abzubrechen oder zu entwerten, sich hintergangen oder nicht ernstgenommen zu fühlen" [60].

Wo der Kommunikationsstil eines Patienten diesen charakteristischen Effekt erzeugt, liegt der Verdacht auf ein Borderline-Syndrom immer besonders nahe. Gerade bei den blanden Formen des Borderline-Syndroms, die ohne sorgfältige strukturelle Ana-

[2] *Illokutiver* Akt: Der Sprechakt im Hinblick auf seine kommunikative Funktion. *Perlokutiver* Akt: Der Sprechakt im Hinblick auf die Konsequenzen der Aussage für den Adressaten (Duden, Bd. 5: Das Fremdwörterbuch, Mannheim 1974^3).

lyse der Gesamtpersönlichkeit nicht endgültig eingeordnet werden können, lassen sich aus solchen typischen Gegenübertragungsreaktionen erste diagnostische Hinweise gewinnen, die dann die Richtung weiterer diagnostischer Überlegungen bestimmen.

VI. Die Arzt-Patient-Beziehung als diagnostisches Instrument

ZETZEL [322] ist der Auffassung, dass die Diagnose eines Borderline-Syndroms endgültig erst aus der Reaktion geschlossen werden kann, die der Patient in einer therapeutischen Beziehung zeigt. Eine Reihe von Patienten, die im Zustand einer borderlineähnlichen Dekompensation erstmals beim Psychiater oder Psychoanalytiker vorstellig werden, können in der Therapie eine Arzt-Patient-Beziehung aufbauen, deren Verlauf deutlich zeigt, dass es falsch gewesen wäre, den Patienten auf Grund seiner Eingangssymptomatik als Borderline-Fall einzuordnen [322]. „Umgekehrt jedoch bietet der Borderline-Patient anfangs nicht immer Symptome, die die Diagnose eines Borderline-Status nahelegen. Scheinbar normale Individuen und viele Patienten, deren Präsentiersymptomatik neurotisch scheint, enthüllen ihre Borderline-Charakterzüge nur unter dem Verlauf einer Analyse oder verwandten therapeutischen Techniken" ([322], S. 868). Von da her wird der Modus der Arzt-Patient-Beziehung, die der Patient sich aufbaut, zu einem wichtigen, wenn nicht ausschlaggebenden diagnostischen Faktor. Ähnlicher Meinung sind MODELL [211] und FEDERN [72], der für diese Patienten in Zweifelsfällen eine mehrtägige psychoanalytische Probebehandlung empfiehlt, unter welcher vor allem die für das Borderline-Syndrom charakteristischen Denkstörungen mit Sicherheit manifest würden.

Im Vergleich zu neurotischen Patienten haben Borderline-Patienten zunächst ausserordentliche Schwierigkeiten, mit dem Analytiker ein stabiles Arbeitsbündnis einzugehen und jene vertrauensvolle Beziehung aufzubauen, die den Heilungsprozess trägt [149, 319, 322]. Gleichzeitig ist für lange Strecken der Therapie mit *charakteristischen Übertragungsmanifestationen* zu rechnen, zu denen nach der von ZETZEL [322] gegebenen Übersicht vor allem gehören: magische Erwartungen an die Therapie und die Person des Analytikers, vermindertes Unterscheidungsvermögen zwischen Phantasie und Realität, ausgesprochen aggressiv getönte Übertragungs-Episoden, Misstrauen und exzessive Ängste vor Zurückweisung.

Diesem Übertragungsverhalten entsprechen auf seiten des Analytikers ebenso *typische Gegenübertragungsreaktionen,* die sich vor allem durch ihre unterschwellig aggressive Tönung auszeichnen, und durch die wiederkehrende Tendenz, den Patienten „mit Anstand loszuwerden" [4, 35, 50, 98, 141, 150, 157, 213, 309]. Der Therapeut schützt sich mit dieser Reaktion unbewusst gegen die Überforderung durch die vage gespürten riesenhaft-illusionären Erwartungen des Patienten und gegen das Erlebnis der Ich-Entleerung [251], das der „Borderline-Dialog" leicht in demjenigen erzeugt, der wirklich versucht, sich mit dem Patienten einzulassen. Die aggressive Gegenübertragung ist ausserdem eine spontane emotionale Antwort auf das aggressive Potential des Patienten, und zwar unabhängig davon, ob der Patient diese Aggression offen zum Ausdruck bringt oder ob er sie verdeckt. Da Borderline-Patienten überdies ihre innere Einstellung gegenüber dem Therapeuten oft in einer einzigen Sitzung mehrmals wechseln und den Therapeuten dabei alternierend in die Rolle einer „guten" oder „bösen" Elternfigur [51] einsetzen, bleiben auch die durch dieses Übertragungsangebot ausgelösten Gegenübertragungsgefühle in charakteristischer Weise schwankend. Sie pendeln zwischen der Bereitschaft zu manchmal immensem therapeutischen Einsatz und therapeutischem Nihilismus hin und her und führen immer wieder zu der Versuchung, den Patienten „zu seinem eigenen Besten" vielleicht doch eher einer rein stützenden Therapie oder einer medikamentösen Behandlung (selbstverständlich bei einem anderen Kollegen) zuzuführen, oder ihm zunächst einmal eine „Kur" zu verschaffen [50].

Die Einbeziehung dieses für den Borderline-Patienten typischen Rasters von Übertragung und Gegenübertragung in die diagnostischen Überlegungen ist von besonderer Bedeutung dann, wenn es um die manchmal besonders schwierige *differentialdiagnostische Abgrenzung des Borderline-Syndroms von einer schizoiden oder einer narzisstischen Neurose* geht. Schizoide Patienten besitzen im Gegensatz zum Borderline-Patienten eine *stabile* Charakterstruktur, in der die schizoide Abwehrstrategie des Rückzugs und der Resignation ihren endgültigen Niederschlag gefunden hat [39]. Dem Schizoiden fehlt deshalb auch das Schillernde und Fluktuierende des Borderline-Syndroms, welches an der Oberfläche oft geradezu chaotisch anmutet. Ein schizoider Patient mit seiner starren Charakterpanzerung, seinen in typischer Weise herabgedrosselten oder vom Kontakt mit der Umwelt abgeschirmten Affekten und seiner chronischen Tendenz zum Rückzug bewirkt im Gegenüber deshalb auch eher neutrale Distanz als vorherrschende emotionale Reaktion, ganz anders als der Borderline-Patient, der den Therapeuten in den beschriebenen Strudel geballter affektiver Gegenübertragungsreaktionen hineinzieht.

Folgt man den von KOHUT [174] entwickelten Theorien, dann unterscheiden sich auch die narzisstischen Neurosen durch die spezifische Art der unter der Therapie entwickelten Übertragung und der provozierten Gegenübertragungsreaktionen beim Analytiker eindeutig von den Patienten mit einem Borderline-Syndrom. Nach den klinischen Erfahrungen von KOHUT [174] etablieren narzisstische Persönlichkeiten in der analytischen Situation relativ schnell stabile Übertragungsmuster, in denen die narzisstische Problematik dieser Patienten ihren Ausdruck findet. KOHUT [174] beschreibt die typisch narzisstischen Übertragungen als „Spiegelübertragung" und als „idealisierende Übertragung". Ähnlich wie ZETZEL [322] die Diagnose des Borderline-Syndroms von der Art der Übertragung abhängig machen möchte, die der Patient unter der Therapie herstellt, sieht auch KOHUT [174] in der Etablierung der narzisstischen Übertragung in der Analyse den ausschlaggebenden Faktor für die Diagnose einer narzisstischen Persönlichkeit bzw. einer narzisstischen Neurose. Den narzisstischen Übertragungen korrespondieren nach der Darstellung von KOHUT [174] ebenfalls typische Gegenübertragungsreaktionen beim Analytiker, die vor allem aus der Kränkung resultieren, vom Patienten nicht als Person wahrgenommen zu werden. KERNBERG [156, 157] hat darauf hingewiesen, dass der narzisstische Charakter, vor allem das von KOHUT [174] einem normalen kindlichen Entwicklungsstadium zugeordnete „Grössenselbst", sehr wohl der Abwehr eines zugrundeliegenden Borderline-Syndroms dienen könne, so dass die von KOHUT [174] vorgenommene grundsätzliche Trennung von narzisstischen und von Borderline-Patienten in vielen Fällen zu hinterfragen sei.

VII. Der Borderline-Patient in der psychologischen Test-Situation

Wo die lokalen Gegebenheiten dies ermöglichen, kann es im Einzelfall auch sinnvoll sein, die Diagnose eines Borderline-Syndroms durch psychologische Test-Ergebnisse abzusichern. Dies hängt mit der von vielen Autoren [78, 79, 81, 205, 208, 224, 229, 244, 259, 260, 276, 292, 300, 301, 328] berichteten Beobachtung zusammen, dass Borderline-Patienten in einer strukturierten Interview-Situation relativ selten durch die für die Erkrankung typischen formalen und inhaltlichen Denkstörungen auffallen, während diese in unstrukturierten psychologischen Test-Situationen, vor allem dem Rorschach-Test, unverhüllt aufscheinen. Eine gute Übersicht der hier relevanten psychologischen Testliteratur gibt GUNDERSON [123]. Danach zeigen Borderline-Patienten charakteristischerweise im Hamburg-Wechsler-Intelligenz-Test (HAWIE) ein normales Leistungsprofil, während die Rorschach-Protokolle die folgenden typischen Auffälligkeiten zeigen: „Fabulierendes", „kombinatorisches" und „konfabulatorisches" Denken [230, 244], Verbindung getrennter Begriffe aufgrund ihrer räumlichen oder zeitlichen Nähe anstelle von logischer Zuordnung, und eine objektiv schwer nachvollziehbare affektive Überfrachtung von Vorstellungen. RORSCHACH [244] hat als erster auf die Ähnlichkeit in den Testergebnissen von Borderline-Patienten und Schizophrenen hingewiesen, wie sie sich vor allem im Vorherrschen von Eigenbeziehungen, in der Überzeugung von der Wirklichkeit der Karten, in der zerfahrenen Sukzession, in der Variabilität der Deutungsqualität und in absurden und abstrakten Assoziationen manifestiert. SCHAFER [260] fand als wichtiges *Unterscheidungsmerkmal* im Testverhalten von Borderline-Patienten und Schizophrenen, dass Borderline-Patienten sich mit ihrem bizarren und verschrobenen Denken weniger unwohl fühlen als Schizophrene. Von einer Vergleichsgruppe gesunder kreativer Künstler, die von DE SLULLITEL und SORRIBAS [56] untersucht wurde, unterschieden sich Borderline-Patienten durch die unerfreulichen Inhalte ihrer Assoziationen (zitiert nach GUNDERSON [123]).

Auf die vielfältigen methodischen Probleme, die solche vergleichenden Untersuchungen aufwerfen, hat bereits BLEULER [23] hingewiesen. UCHTENHAGEN [296] warnt mit Recht vor allem vor der Gefahr einer unmittelbaren Ableitung von Verhaltensprognosen aus schizophrenieähnlichen Testbefunden. Ein solcher Befund könne allenfalls bedeuten, „dass der betreffende Proband die Möglichkeit zu schizophrenem Erleben und Verhalten in sich trägt, in den gewohnten Lebenszusammenhängen aber nicht erkennen lässt. Diese Möglichkeit manifestiert sich bei ihm unter einem spezifischen Stress, unter einem Schlüsselreiz, nämlich der Konfrontierung mit dem Rorschach-Test ... Die im Projektionstest aktivierten unbewussten Konflikte mobilisieren Ängste und wecken Abwehrkräfte, die sonst unter einer mehr oder weniger gut adaptierten Haltung verborgen bleiben, nicht in Wahn und Zerfahrenheit münden wie beim klinisch Kranken" ([296], S. 654f.).

Die Ergebnisse von Rorschach-Protokollen können also wichtige diagnostische und differentialdiagnostische Hinweise liefern oder auch der *zusätzlichen* Absicherung einer Borderline-Diagnose dienen, können diese aufgrund einer Vielfalt von Informationen über Symptomatologie, soziale Lebensumstände, Genese, Psychodynamik und Pathologie der psychischen Strukturen erstellte Diagnose aber niemals ersetzen [224].

FEDERN [72] macht darauf aufmerksam, dass die Rorschach-Testsituation, uneinfühlsam angewandt, bei stark labilisierten Borderline-Patienten eine psychotische Reaktion provozieren könne. Aus diesem Grunde sei im Einzelfalle sorgfältig abzuschätzen, ob dem Patienten eine derartige Belastung zuzumuten sei.

VIII. Probleme der Charakter-Diagnose

Die Diagnose eines Borderline-Syndroms allein informiert zwar über Ausmass und Qualität der Ich-Störung eines Patienten, nicht aber über deren individuelle Verarbeitung und Einbettung in die Charakterstruktur. Wenn man – wie dies heute meist geschieht – von der Annahme ausgeht, dass das Borderline-Syndrom sich prinzipiell mit jeder beliebigen Charakterstruktur verbinden kann [51, 108, 149], dann bedarf es einer zusätzlichen Beurteilung der Charakterpathologie, um das breite Spektrum möglicher Persönlichkeitszüge und Verhaltensstörungen für einen einzelnen Borderline-Patienten entsprechend einzugrenzen. Mit den verschiedenen Möglichkeiten der Zuordnung von Borderline- und Charakter-Diagnose wollen wir uns deshalb näher befassen. Da der Charakterbegriff neben deskriptiven Merkmalen immer auch strukturelle Gesichtspunkte mit einschliesst, verlassen wir damit gleichzeitig die Ebene unserer bisherigen, vorwiegend phänomenologischen Betrachtungsweise zugunsten einer ersten Einbeziehung jener strukturellen Zusammenhänge, die dem Borderline-Syndrom sein endgültig typisches Gepräge geben.

Unter den Autoren, die sich mit dem Zusammenhang von Borderline-Syndrom und Charakterstruktur befasst haben, ist lediglich Wolberg [319] der Auffassung, dass das Borderline-Syndrom *immer* im Verein mit ganz spezifischen Charakterzügen auftrete. Borderline-Patienten haben nach ihrer Ansicht stets einen „passiv-aggressiven" oder auch „passiv-femininen Charakter", wie ihn vor allem Wilhelm Reich [234] beschrieben hat. Hauptmerkmal dieses Charaktermusters ist das „Scheitern am Erfolg" [89]. Borderline-Patienten scheitern, weil ihr Erfolgsstreben wie ihre Autonomiebestrebungen überhaupt in erster Linie von unbewussten (nicht neutralisierten) *aggressiven* Triebderivaten gespeist werden, so dass der Eintritt des angestrebten „Erfolges" unbewusst als verbotener Sieg über ein verbietendes Objekt oder einen Rivalen erlebt wird, der der Realisierung eines Todeswunsches gleichkommt und entsprechende Angst vor Rache, vor allem in Form einer gesteigerten Kastrationsangst, provoziert. Der positive Ödipuskomplex erfährt im Rahmen dieser Konstellation eine Überbesetzung, mit der gleichzeitig homosexuelle Unterwerfungstendenzen unter den gefürchteten Rivalen abgewehrt werden. Der zwanghaft angestrebte „Erfolg" wird verhindert oder zunichte gemacht, indem sich die verdeckte passiv-feminine Identifizierung vorübergehend durchsetzt, häufig durch masochistisches oder offen homosexuelles Ausagieren [319]. Da die Aggression wegen ihrer Destruktivität und der daraus resultierenden gesteigerten Kastrationsangst nicht offen ausgelebt werden kann, nimmt sie passiv-aggressive Züge an. Salzmann [254] beschreibt die „passiv-aggressive Persönlichkeit" als ein Charaktermuster, in dem die Durchsetzung von Wünschen auf dem Wege der Kontrolle und Manipulation anderer durch passive, tatenlose Verhaltensweisen versucht wird. Diese Passivität wird von anderen als bedrängend und ränkehaft erlebt, daher das Etikett „passiv-aggressiv". Das passiv-aggressive Verhaltensmuster setzt sich auch im „Scheitern am Erfolg" durch, mit dem fast immer die Frustration von Erwartungen anderer verbunden ist.

Ich habe dieses Muster des „Scheiterns am Erfolg" zusammen mit passiv-aggressiven Charakterzügen bei den meisten meiner Borderline-Patienten gefunden, aber auch einige Fälle, in denen die destruktive Aggression in ganz anderer Weise verarbeitet wurde. Nach meinem Eindruck hängt die Formung der Aggression eng mit der Über-Ich-Entwicklung eines Patienten zusammen. Aus dem Vorherrschen passiv-aggressiver Charakterzüge darf in der Regel auf ein *relativ* gut entwickeltes und integriertes Über-Ich geschlossen werden, wo vor allem mit dem „Scheitern am Erfolg" auch Schuld und der Wunsch nach Wiedergutmachung erlebt werden kann [152]. Auf primitiveren Stufen der Über-Ich-Entwicklung kommt es jedoch durchaus zu impulsiv-aggressivem, sadistischen Ausagieren oder auch zum bewusst berechneten Ausleben aggressiver Regungen. Dieser Typus des Borderline-Patienten scheint mir am ehesten mit dem von WILHELM REICH formulierten Bild des „triebhaften Charakters" [233] beschreibbar. REICH fand bei „triebhaften Charakteren" den Fall einer totalen Isolierung des Ich vom Über-Ich [233] und das eng damit verwandte Phänomen der „Idealisierung" der Triebbetätigung, die gleichsam zu einem zweiten triebbejahenden Über-Ich führen kann [77, 233]. So gesehen, bedeutet die von WOLBERG [319] vorgenommene eindeutige Zuordnung des passiv-aggressiven Charakters zum Borderline-Syndrom eine unzulässige Skotomisierung. Richtiger ginge man davon aus, dass die Verarbeitung exzessiver Aggressionen ein spezifisches Problem des Borderline-Patienten darstellt, von dem die Charakterbildungen entscheidend mitgeprägt werden. Welche Form diese Charakterbildungen dann im individuellen Falle annehmen, wird von multiplen Determinanten beeinflusst, die eng mit der Persönlichkeitsentwicklung des einzelnen Patienten zusammenhängen, sodass eine *globale* Zuordnung bestimmter Charaktermerkmale oder gar eines in sich geschlossenen Charaktermusters zum Borderline-Syndrom allenfalls in Form von Häufigkeitsaussagen möglich ist.

Tatsächlich gibt es eine ganze Reihe solcher Feststellungen über die Häufigkeit, mit der verschiedene Charakterformationen zusammen mit dem Borderline-Syndrom in Erscheinung treten. Sie stützen sich bis jetzt durchweg auf klinisch-impressionistische Eindrücke und nicht auf systematische Beobachtung. WOL-

BERG [319] zum Beispiel fand neben den beschriebenen passiv-aggressiven Charakterzügen bei Borderline-Patienten am häufigsten „hysterische Persönlichkeiten", gefolgt von „hysterischen Persönlichkeiten in Kombination mit zwanghaften Charakterzügen". KERNBERG [149, 152] beobachtete bei Borderline-Patienten eine Häufung von „paranoiden", „schizoiden" und „hypomanischen", aber auch von „infantilen", „narzisstischen" und „antisozialen" Persönlichkeiten.

KERNBERG [151] unternimmt aber auch den weitergehenden Versuch, im Rahmen eines von ihm entwickelten, psychoanalytisch orientierten Klassifikationssystems für Charakterstörungen die „Borderline-Personality-Organization" den einzelnen Charakterstörungen in systematischer Form zuzuordnen. Die Charakterpathologie wird von ihm zu diesem Zweck entlang einem Kontinuum angeordnet, das von „Charakterstörungen höherer Ordnung" hin zu den „Charakterstörungen niederer Ordnung" reicht. Charakterstörungen höherer Ordnung zeichnen sich vor allem durch stabile Reaktionsbildungen aus, während der chaotische und triebhafte Charakter als eine Charakterstörung niederer Ordnung am unteren Ende des Kontinuums anzusiedeln wäre. Im oberen Bereich des Kontinuums überwiegen Verdrängung und andere „reifere" Abwehrmechanismen, während im unteren Bereich Spaltungsmechanismen von zunehmend primitiver Art die Charakterstörung prägen. Gegen das untere Ende dieser Achse hin wird von KERNBERG dann ein „Borderline-Feld" abgesteckt, in welchem etwa ein „infantiler Charakter mit Borderline-Struktur" zu finden wäre. Bestimmte Charakterstörungen, z. B. die „narzisstische Persönlichkeit", finden sich häufiger am unteren Ende des Kontinuums als andere, meist hochdifferenzierte Charaktermuster, zu denen beispielsweise die zwanghafte und auch die hysterische Persönlichkeit gehören würde. Grundsätzlich kann sich jedoch jede Charakterstörung innerhalb dieses Klassifikationssystems mit einer Borderline-Struktur verbinden, wie gerade das Beispiel der hysterischen Persönlichkeit zeigt: Hysterische Persönlichkeiten besitzen oft eine „Doppelschicht" [151] von Abwehrmechanismen, wobei die „reifere" Schicht die hysterische Fassade prägt, während die andere Schicht von den Abwehrstrategien des Borderline-Syndroms bestimmt wird, welches dann mit dem Zusammenbruch der höher entwickelten hysterischen Abwehrformation manifest wird. In ähnlicher Weise unterscheidet auch GIOVACCHINI [108] zwischen „Charakterstörungen", die sich durch einen rigiden Abwehrpanzer auszeichnen, und den „Borderline-Störungen", die im Gegenteil eine sehr labile Abwehr mit starker Regressionsbereitschaft zeigen.

KERNBERG [149, 151] stellt also ausdrücklich auf das Ausmass der *Ich-Pathologie,* insbesondere auf die Pathologie der Abwehrleistungen ab, wenn er Persönlichkeitsstruktur und Borderline-Syndrom einander zuordnet. Demgegenüber basieren Strukturdiagnosen, wie sie seit SCHULTZ-HENCKE [265] und KAREN HORNEY [139] vor allem in den neo-analytischen Schulen üblich sind, auf allgemeineren Annahmen über die *Neurosen-Struktur* als einem Gesamt „aufeinander bezogener, voneinander abhängiger neurotischer Erlebnis- und Verhaltensweisen" [266], die einem bestimmten neurotischen Grundkonflikt [30, 139] aufruhen. Die in unserem Zusammenhang aktuelle Frage müsste demnach lauten, ob es möglich und sinnvoll ist, das Borderline-Syndrom zu einer bestimmten Neurosen-Struktur und damit auch zu einem spezifischen neurotischen Grundkonflikt in Beziehung zu setzen. Meiner Meinung nach stösst ein solcher Versuch schon allein deshalb auf Schwierigkeiten, weil sich das Borderline-Syndrom durch eine charakteristische Verdichtung von ödipalen und präödipalen Konflikten [149] auszeichnet. Ein typischer neurotischer Grundkonflikt lässt sich auch deshalb schwer ausgrenzen, weil der neurotische Konflikt als ein Konflikt zwischen Trieb und Abwehr, also als ein Konflikt *zwischen* den Instanzen, definiert ist. Die typischen Konflikte des Borderline-Syndroms spielen sich aber im Ich des Patienten ab und zentrieren sich um die Identitätsdiffusion und die Gefahr der Fragmentierung. RUDOLF [251], der eine Beschreibung der „Krankheiten im Grenzbereich von Neurose und Psychose" mit neo-analytischen Kategorien, vor allem dem von SCHULTZ-HENCKE [265] eingeführten Begriff der „intentionalen Störung" unternimmt, spricht deshalb nicht umsonst von den „sogenannten untypischen Neurosen". Auch LOCH [197] hält es für fraglich, ob eine Psychologie des *neurotischen Konflikts* allein in der Lage ist, die Problematik der „Grenzfälle" angemessen zu erfassen. Die Zuordnung des Borderline-Syndroms zu einer Neurosen-Struktur kann deshalb nur sinnvoll sein, wenn man damit eine *zusätzliche* Aussage über die neurotischen Konflikte und Verarbeitungsweisen eines Patienten intendiert, der zu gleicher Zeit auf Borderline-Ebene funktioniert und dessen Erkrankung eben gerade deshalb den Rahmen einer typischen Neurose transzendiert.

IX. Die „umfassende" Diagnose [231]

„Die moderne Psychiatrie ist nicht mehr, wie dies früher der Fall war, an statisch aufgefassten ‚Zustandsbildern' interessiert, sondern mehr an dynamischen Prozessen" [231]. Mit diesen Worten beschreiben REDLICH & FREEDMAN [231] einen sich auch in der Psychoanalyse immer mehr durchsetzenden Trend [206, 221], die „Ein-Wort-Diagnosen" durch eine mehrdimensionale Betrachtungsweise abzulösen, die das Prozesshafte des Krankheitsgeschehens deutlicher hervortreten lässt. Von KERNBERG [152] stammen dezidierte Empfehlungen für die *Abfassung einer dergestalt erweiterten Diagnose im Hinblick auf das Borderline-Syndrom.* Dabei geht es ihm neben der Beschreibung der akuten Symptomatik und der auslösenden Faktoren vor allem um eine möglichst präzise Erfassung des pathologischen Charaktertypus eines Patienten. Die Diagnose würde dann beispielsweise lauten (vgl. [152], S. 597):

1. Depressive Reaktion mit verschiedenen Angstsymptomen;
2. Borderline-Syndrom bei einer infantilen Persönlichkeit mit paranoiden Zügen[3].

Nach der Auffassung KERNBERGS liefert eine so formulierte Diagnose neben der genauen Beschreibung des Krankheitsbildes unmittelbare Informationen über seine strukturellen und dynamisch-genetischen Aspekte. Aussagen über die Art der habituellen Charakterabwehr und den Grad der Persönlichkeitsstörung informieren über den jeweiligen Stand der Triebentwicklung, die spezifische Pathologie von Ich und Über-Ich und die Qualität der internalisierten Objektbeziehungen. Die Diagnose eines Borderline-Syndroms beinhaltet darüber hinaus un-

[3] KERNBERG verwendet in dem referierten Beispiel den Terminus „Borderline Personality Organization", den ich hier wegen seiner sprachlichen Schwerfälligkeit in der deutschen Übersetzung nicht wortgetreu wiedergegeben habe.

mittelbare Konsequenzen für die einzuschlagende Behandlungsstrategie. Gleichzeitig sind in der umfassenden Diagnose prognostische Kriterien impliziert, die die Indikationsstellung für eine Psychotherapie beeinflussen. KERNBERGS Argumentation für eine derart erweiterte und aussagefähige Diagnose ist überzeugend, so dass ihr die Einbürgerung in die hiesigen psychiatrisch-diagnostischen Gepflogenheiten zu wünschen wäre.

B. Das Borderline-Syndrom als Strukturproblem

I. Die „Borderline-Personality-Organization" [149] als Ausdruck einer spezifischen Pathologie des psychischen Apparates und seiner Instanzen

Der bisher umfassendste und gleichzeitig überzeugendste Versuch einer Beschreibung des Borderline-Syndroms unter strukturellen Gesichtspunkten stammt von OTTO KERNBERG [149, 150, 157]. Nach KERNBERGS Auffassung, die von vielen Autoren geteilt wird [12, 51, 65, 81, 99, 108, 112, 145, 211, 319, 322], lässt sich das Borderline-Syndrom ätiologisch auf eine spezifische Ich-Störung zurückführen, die wegen der Interdependenz der verschiedenen psychischen Strukturen den gesamten psychischen Apparat in pathogener Weise beeinflusst. Der Kern dieser Ich-Störung besteht in der Unfähigkeit zur Entwicklung reiferer Abwehrmechanismen im Sinne der Verdrängung, mit deren Hilfe inkompatible Vorstellungen und Affekte durch eine stabile Barriere von Gegenbesetzungen vom bewussten und vorbewussten Erleben ferngehalten werden. An ihre Stelle treten beim Borderline-Patienten archaische Spaltungsmechanismen, die sich vor allem um die Trennung von guten und bösen Selbst- und Objektrepräsentanzen zentrieren, und die vom Ich *aktiv* zu dem Zwekke eingesetzt werden, diese (vorbewussten) Repräsentanzen und die sich um sie kristallisierenden nicht-integrierbaren Ichzustände im bewussten Erleben voneinander zu separieren. Die Aufrechterhaltung der Spaltung realer Objekte in eine gute und in eine böse innere Repräsentanz und die damit korrespondierende analoge Spaltung der Selbstrepräsentanz ist nur um den Preis einer weitreichenden Realitätsverleugnung möglich. Das Ich des Patienten begibt sich auf diese Weise der Chance zur Entwicklung (oder zum Einsatz) derjenigen Ich-Funktionen, die beim normalen Kinde in der Begegnung mit der zunehmend deutlicher und adäquater erfassten äusseren Realität heranreifen. Vor allem können die Ich-Grenzen gegenüber dieser in konflikthaften Bereichen nur unscharf wahrgenommenen Realität nicht klar gezogen werden. Wegen dieser mangelnden Trennschärfe von Selbst- und Objektrepräsentanzen behält die Projektion der „bösen" Imagines in die Aussenwelt für den Borderline-Patienten eine vitale Bedeutung. Die Aussenwelt erhält auf diese Weise einen bedrohlichen Charakter, gegen den sich das Ich mit erneuter Verleugnung, mit Idealisierung der „guten" Objekte und mit einer Reihe magischer Kontrollmechanismen zu schützen sucht, unter denen die projektive Identifizierung einen hervorragenden Rang einnimmt. Die fortbestehende Spaltung in gute und böse Objekte und das damit verbundene Vermeiden von Ambivalenz gegenüber einem einzigen realen Objekt verhindert die phasenadäquate Legierung libidinöser und aggressiver Triebkomponenten, die ihrerseits die Voraussetzung zur teilweisen Neutralisierung dieser Triebenergien darstellt, welche dann dem Aufbau des Ich und der Besetzung seiner autonomen Funktionen [127] zur Verfügung stehen. Das Ich des Borderline-Patienten hat aus diesem Grunde nicht nur in seiner Auseinandersetzung mit einer als bedrohlich empfundenen äusseren Realität zu wenig Ressourcen an neutralisierter Triebenergie zur Verfügung; es kämpft mit dieser unzureichenden Ausstattung darüber hinaus auch mit andrängenden Triebimpulsen von unvermindert primitivem Charakter, vor allem archaischen aggressiven Impulsen, deren Destruktivität sich aus der mangelnden Synthese mit libidinösen Triebabkömmlingen herleitet. Diese nicht-neutralisierten Triebenergien finden teilweise Eingang in das geschwächte Ich und führen zur Sexualisierung und/oder Aggressivierung von autonomen Ich-Funktionen, was den adäquaten Einsatz dieser Ich-Funktionen zur Realitätsbewältigung im Rahmen des Individuationsprozesses wiederum entsprechend konflikthaft gestaltet.

Vor allem aber behindert die geschilderte Dynamik jene Entwicklungsschritte, die zur Bildung einer dauernden und stabilen Ich-Identität [67] vonnöten sind. Einer solchen Identitätsfindung steht einmal das unverbundene Nebeneinander „guter" und „böser" Selbstrepräsentanzen im Wege. Der Prozess kommt aber auch zum Stocken, weil die durch Spaltung aufrechterhaltenen guten und bösen Imagines der Erziehungspersonen keine oder eine nur unzureichende Korrektur an der Realität erfahren und deshalb keine reifen „selektiven Identifizierungen" [145] ermöglichen. Aus ähnlichen Gründen bleibt die Trennung zwischen wunschbestimmten und realistischen Selbstimagines [145] unvollkommen. Die schrittweise Verinnerlichung der idealisierten Elternimagines und der damit korrespondierende sukzessive Abbau infantiler Grössenphantasien [174] scheitert für den Borderline-Patienten an der Unmöglichkeit, Idealisierungen aufzugeben, die vorrangig zur Abwehr der ursprünglich den idealisierten Selbstobjekten geltenden exzessiven Aggressionen erhalten bleiben müssen. Unter solchen Umständen jedoch kann eine echte Autonomie von Ich-Ideal und Über-Ich und ihre Synthese zu einer die Triebabfuhr und die narzisstische Befriedigung gleichermassen regulierenden inneren Instanz [145, 174] nur begrenzt erreicht werden. Ich-Ideal und Über-Ich bleiben viel eher personifiziert und an äussere Objekte gebunden [149]. Das überhöhte Ich-Ideal spiegelt die unvermindert fortbestehende Idealisierung früher „guter" Elternimagines wieder, mit entsprechend unrealistischen Anforderungen an das Ich, denen dieses nur mit vernichtender Selbstkritik begegnen kann [174, 216, 319]. Die unversöhnt daneben fortbestehenden „bösen" Elternimagines bilden stattdessen den Kern des Über-Ich, das von daher eine rigide, oft sadistische Prägung erhält [128, 145, 232].

Exkurs: Das Problem des „Ich-Defekts"

Vor dem tieferen Einstieg in diese hier in komprimierter Form wiedergegebene Strukturproblematik des Borderline-Syndroms sind einige Überlegungen zu der Frage des sogenannten Ich-Defekts bei Borderline-Patienten am Platze, die mir für die therapeutische Einstellung gegenüber dieser Patientengruppe von besonderer Bedeutung erscheinen. Lässt sich die Borderline-Struktur in erster Linie als eine spezifische, aktive Abwehrleistung eines vielleicht gar nicht so funktionsschwachen Ich verstehen, oder ist sie im Gegenteil Ausdruck eines „schwachen, defekten" Ich? KERNBERG [149] selbst nimmt in dieser Frage nicht eindeutig Stellung. Seine Beschreibung der „Borderline-Personality-Organization" basiert zwar auf der durchgängigen Annahme, dass die Borderline-Struktur in praktisch allen ihren Aspekten eine aktive, wenn auch pathologische Abwehrleistung darstelle. Trotzdem attestiert er dem Borderline-Patienten gleichzeitig sogenannte *„unspezifische Manifestationen von Ich-Schwäche"*: mangelnde Angsttoleranz, Mangel an Impuls-Kontrolle, mangelnde Sublimierungsfähigkeit und eine Nähe des Denkens zum Primärprozess.

Andere Autoren heben im gleichen Zusammenhang vor allem die Unterentwicklung der synthetischen Ich-Funktion und die Beeinträchtigung der Funktion der Realitätsprüfung hervor oder sprechen ganz allgemein vom „defekten" Ich des Borderline-Patienten [12, 101, 108, 169, 322]. WOLBERG [319] hält dieser Auffassung entgegen, dass das Etikett des Ich-Defektes dem Borderline-Patienten gegenüber leicht eine ähnliche Funktion erfülle wie die Diagnose eines schizophrenen Defektzustandes für den psychotischen Patienten: Es vergrössere die Distanz zum Patienten, fördere den therapeutischen Nihilismus und degradiere den Patienten letztlich zum psychischen Krüppel, für den eine prothesenfabrizierende Sozialpsychiatrie weit eher zuständig sei als ein auf innere psychische Restitution bedachter Psychotherapeut. Was bei diesen Patienten wie eine niemals ganz gelungene Ich-Integration oder sogar wie eine konstitutionelle Ich-Schwäche anmute, stelle in Wahrheit ein hochdifferenziertes Muster von Abwehroperationen dar, welches – da die Abwehr eine Leistung des Ich ist – sogar ein relativ entwickeltes und starkes Ich voraussetze. Der Eindruck des Defektes werde vor allem dadurch hervorgerufen, dass diese Abwehr vielfach auch die kognitiven Funktionen und besonders die Funktion der Wahrnehmung affiziere. Die partielle Ausschaltung dieser Funktionen im Dienste der Abwehr werde aber nur notwendig, wenn diese Funktionen im Grunde intakt und der Patient somit in der Lage sei, konflikthafte Inhalte wahrzunehmen und bewusst werden zu lassen. Die Abwehrfunktion solcher „mangelnder Ich-Leistungen" beim Borderline-Patienten zeige sich allein schon daran, dass nicht alle Bereiche der Persönlichkeit gleichmässig von ihr betroffen seien, sondern dass eine „konfliktfreie Sphäre des Ich" [126] voll funktionstüchtig bleiben könne, deren Umfang davon abhängt, in welchem Ausmass der abzuwehrende Konflikt die verschiedensten Lebensbereiche durchdringt.

Ähnliche Überlegungen lassen sich für die von KERNBERG [149] postulierten sogenannten *unspezifischen Anzeichen von Ich-Schwäche* bei Borderline-Patienten anstellen. Die *mangelnde Angsttoleranz* zum Beispiel kann einmal als Folge einer „defekten" Abwehr verstanden werden: Angst kann weite Teile des psychischen Apparates überfluten, weil die angstbindende Kraft der bestehenden Abwehrstrukturen des Ich einschliesslich der neurotischen Symptome unzureichend ist. Gerade eine solche jederzeit abrufbare, generalisierte Angstreaktion kann ihrerseits aber auch für Abwehrzwecke eingesetzt werden, um andere inkompatible Affekte oder Vorstellungen zuzudecken (ein häufiges Manöver gerade bei Borderline-Patienten). Ähnliches gilt für entsprechend hohe Angstquanten, die – bei Borderline-Patienten ebenfalls häufig – den Charakter von Gefühlssurrogaten haben, etwa für die „libidinisierte Angst" [75], oder für die Angst, die eingesetzt wird, um „Leere" auszufüllen [319].

Über den angeblich auf eine unspezifische Ich-Schwäche hinweisenden *Mangel an Impulskontrolle* sagt KERNBERG [149] selbst: „Was an der Oberfläche wie ein einfacher Mangel an Impulskontrolle verbunden mit Ich-Schwäche aussieht, kann eine hochspezifische Abwehroperation widerspiegeln und das Auftauchen eines dissoziierten Identifikations-Systems ins Bewusstsein darstellen. In diesem Fall manifestiert sich die Spezifität dieser ‚mangelnden Triebbeherrschung' typischerweise durch die Ich-Syntonizität der Impulse, die während der Periode des triebhaften Verhaltens ihren Ausdruck finden, durch den Wiederholungscharakter in der Art des Steuerungsversagens, durch den fehlenden emotionalen Kontakt zwischen diesem Teil der Persönlichkeit des Patienten und dem Rest der Selbsterfahrung, und schliesslich durch die blande Verleugnung, die sekundär diesen dissoziierten Durchbruch abwehrt" ([149], S.661). Auch für die dem Borderline-Syndrom zugeschriebene und als typisch erachtete *Nähe des Denkens zum Primärprozess* bleibt es nach KERNBERGS eigener Auffassung „fraglich, ob diese Verschiebung der Primärprozessfunktion eine ‚non-spezifische' formale Regression des Ich darstellt, wie man in der Vergangenheit dachte. Es kann gut sein, dass die Regression auf das Primärprozessdenken das finale Ergebnis verschiedener Aspekte der ‚Borderline-Personality-Organization' ist" ([149], S.662). JACOBSON [143] und GREENSON [115, 116] beschreiben Abwehroperationen auf der Ebene des Primärprozesses, wo scheinbar unverhüllte Es-Derivate vom Patienten eingesetzt werden, um andere, ängstigendere Es-Inhalte abzuwehren.

Auf dem Hintergrund dieser Überlegungen erscheint es also zumindest irreführend, in eine strukturelle Analyse des Borderline-Syndroms, die sich auf charakteristische Abwehrformationen zentriert, gleichzeitig *nicht-spezifische* Anzeichen von Ich-Schwäche als ein eigenständiges Kriterium einzubeziehen. Sicher lässt sich nicht bestreiten, dass das Ich des Borderline-Patienten in bestimmten Bereichen „Schwächen" aufweist, die in dieser Form bei neurotischen Patienten oder bei gesunden Individuen allenfalls in Andeutungen zu finden sind, mit der Konsequenz, dass Borderline-Patienten beispielsweise in aller Regel nicht dem psychoanalytischen Standardverfahren ausgesetzt werden können. Die voreilige Zuschreibung eines nicht näher spezifizierten „Ich-Defekts" schneidet jedoch die unerlässliche Frage nach der *Funktion* solcher Ausfälle an einzelnen Ich-Leistungen ab und sollte deshalb mit äusserster Zurückhaltung gehandhabt werden. Es gibt immerhin zu denken, dass Borderline-Patienten seit *dem* Zeitpunkt in breiterem Rahmen als psychotherapierbar gelten, wo das Verständnis für die spezifischen Strukturprobleme dieser Patienten ihre oberflächliche Etikettierung als besonders schwer gestörte Neurotiker oder auch „latente Psychosen" ablöste. Das Kernstück dieser Strukturproblematik bilden die borderlinetypischen Abwehrstrategien, denen wir uns nunmehr im Detail zuwenden wollen.

II. Die Borderline-Struktur als Abwehrstrategie

Freud [87] kam bereits 1915 zu dem Schluss, „dass die Verdrängung kein ursprünglich vorhandener Abwehrmechanismus ist, dass sie nicht eher entstehen kann, als bis sich eine scharfe Sonderung von bewusster und unbewusster Seelentätigkeit hergestellt hat" ([87], S. 249f.). Zeitlich vor der Verdrängung liege die *Flucht*, die wirksam gegen eine innere Triebgefahr allerdings nur dann eingesetzt werden kann, wenn das Ich diese Triebgefahr wie ein *äusseres* Gefahrensignal behandle [87]. Später werde die Verdrängung von der bewussten Verurteilung einer Triebregung abgelöst. Die Verdrängung stellt in der Entwicklung der Abwehrmöglichkeiten des Ich also „ein Mittelding zwischen Flucht und Verurteilung" [87] dar, welches auf einer bestimmten Stufe der seelischen Organisation frühere Triebschicksale, von denen Freud in diesem Zusammenhang die Verwandlung ins Gegenteil und die Wendung gegen die eigene Person erwähnt, ablöst. Freud [87] formuliert damit erstmals die Hypothese einer Hierarchie von Abwehroperationen des Ich, die von primitiven, dem Fluchtmuster nachgebildeten Mechanismen über die

Verdrängung als dem Versuch, gefährliche Triebregungen vom Bewusstsein abzuweisen und fernzuhalten [87] bis hin zur reifen Urteilsverwerfung einer inkompatiblen Triebregung führt, wie sie nach abgeschlossener Über-Ich-Bildung möglich ist. Der Ansatz wurde später von WAELDER [298] aufgenommen, der die Struktur paranoider Ideen als eine zeitlich vor der Verdrängung liegende primitive Abwehrleistung des Ich untersuchte, und in jüngster Zeit von KERNBERG [149, 151], SADOW [252] und VAILLANT [297] im Gedanken einer „Theoretischen Hierarchie adaptiver Ich-Mechanismen" [297] bzw. einer „Ich-Achse in der Psychopathologie" [252] weiter ausdifferenziert.

Nach solchen Überlegungen liegen die borderline-typischen Abwehrstrategien auf dieser Achse in einem Bereich, wo das Ich aufgrund seiner erst schwachen strukturellen Differenzierung die Verdrängung noch nicht erfolgreich zur Abwehr von Triebgefahren einsetzen kann. Die Borderline-Struktur bildet sich in einer Entwicklungsphase, in welcher die klare Trennung von Primär- und Sekundärprozess, die eine entscheidende Voraussetzung für die Möglichkeit zur Verdrängung darstellt [145], noch nicht zustandegekommen ist, und wo psychischer Innen- und Aussenraum noch keine deutlich unterschiedenen Gegensätze darstellen. Bei ungestört verlaufender Ich-Reifung wird diese frühe Entwicklungsstufe allmählich transzendiert und die für sie charakteristischen primitiven Abwehrstrategien können durch höhere Ich-Leistungen abgelöst werden. Im Gegensatz hierzu kommt es bei Borderline-Patienten zu einer *Fixierung* auf die Abwehrformationen dieser frühen Entwicklungsstufe, und dies aus mannigfaltigen Gründen. Entscheidend ist, dass die frühen Abwehrstrategien für den Borderline-Patienten eine vitale Schutzfunktion besitzen, deren Erschütterung eine unmittelbare, existenzielle Bedrohung darstellt [51]. Der Patient klammert sich aus diesem Grunde an seine archaischen Abwehrreaktionen, mit der Konsequenz, dass entscheidende Entwicklungsschritte, die die Voraussetzung für die Fähigkeit zur Verdrängung bilden würden, unterbleiben: Einmal sind archaische „Fluchtmechanismen" immer mit einer partiellen Ausschaltung der Wahrnehmungsfunktion und der kognitiven Funktionen verknüpft, die deshalb nicht voll in den Dienst einer adäquaten Realitätsprüfung gestellt werden können. Zum andern steht die ständige Bereitschaft des Borderline-Patienten zu Panikreaktionen auf die Bedrohung seiner

Schutzmechanismen hin der Entwicklung von *Signalangst* [88, 91] im Wege, die die Voraussetzung für eine *selektive* Wahrnehmung von inneren und äusseren Gefahrensignalen darstellt, welche die Verdrängung in Gang setzen könnten. Schliesslich erfordert die mit der Verdrängung verbundene *Gegenbesetzung* einen „ständigen Kraftaufwand des Ich" [88], für den dem Ich des Borderline-Patienten wegen der mangelnden Synthese von libidinösen und aggressiven Triebderivaten, die relativ unmodifiziert und aufgespalten in die archaischen Abwehrstrukturen eingebunden bleiben, neutralisierte Triebenergie nicht in ausreichendem Masse zur Verfügung steht.

Die Borderline-Abwehr ist aber nicht nur hinsichtlich ihrer formalen Struktur von der Verdrängung und anderen, „höheren" Formen der Abwehr unterschieden, sondern auch hinsichtlich der spezifischen Gefahr, gegen die sie sich richtet. In seiner üblichen Verwendung innerhalb der Psychoanalyse bezieht sich der Begriff der Abwehr „auf Mechanismen, die gegen die Triebe und ihre inneren Repräsentanzen arbeiten" [199]. Demgegenüber richtet sich die Abwehr des Borderline-Patienten nicht nur gegen eine Triebgefahr, sondern unmittelbar gegen die Bedrohung seiner Ich-Grenzen, gegen die drohende Fragmentierung, die wie ein psychischer (oder auch physischer) Tod erlebt wird. MAHLER [199] hat deshalb vorgeschlagen, bei diesen Patienten nicht von Abwehrmechanismen, sondern von *Erhaltungsmechanismen* zu sprechen, und betont die andersartige Qualität der lebenssichernden Erhaltungsmechanismen gegenüber der „blossen" Abwehr einer Triebgefahr. Ähnlich unterscheidet ELLA SHARPE [279] zwischen einer „Trieb-Angst" und einer „Ich-Angst"; die Trieb-Angst könne erst bewältigt werden, wenn das Ich sich seiner Existenz sicher fühle. Borderline-Patienten kämpfen mit Hilfe ihrer Abwehrstrategien sozusagen auf beiden Fronten, wobei die Abwehrmechanismen, die gegen die drohende Ich-Auflösung eingesetzt werden, andere sein können als die Abwehrmechanismen, die sich gegen eine Triebgefahr richten.

Eine ganze Reihe von Autoren hat auf diesen doppelten Sektor in der Persönlichkeit von Borderline-Patienten aufmerksam gemacht [22, 112, 194]. SADOW [252] zeigt, dass diese Patienten zu verschiedenen Zeiten und unter verschiedenen situativen Belastungen im Gegensatz zu psychotischen Patienten auf praktisch *jeder* Ebene der „Ich-Achse" funktionieren können. KERN-

BERG [151, 152] spricht von einer „doppelten Schicht von Abwehrmechanismen", die besonders häufig bei Borderline-Patienten mit hysterischen Persönlichkeitszügen anzutreffen sei, wobei die reiferen Abwehrmechanismen eine darunter liegende Borderline-Struktur überlagern und verdecken. Diese höheren Schichten bleiben jedoch brüchig; infolgedessen reagieren Borderline-Patienten auf eine Überlastung ihrer entwickelteren Strukturen mit einer charakteristischen *Ich-Regression,* die auf die Borderline-Ebene zurückführt und die Ich-Störung manifest werden lässt. Diese ständige Bereitschaft zur „Ich-Regression im Dienste der Abwehr" [109] unterscheidet den Borderline-Patienten vom Neurose-Kranken, der in der Lage ist, seine Konflikte in relativ *stabilen* Kompromissbildungen zu einer, wenn auch pathologischen, Lösung zu bringen. Die Abwehrmanöver auf Borderline-Ebene sind von anderer Art; wir wollen sie in den folgenden Kapiteln systematisch untersuchen.

1. Der zentrale Abwehrmechanismus der Borderline-Struktur: Die Spaltung

Die Möglichkeit einer „Ich-Spaltung im Abwehrvorgang" [96] wurde von FREUD bereits 1938 unter Heranziehung einer kurzen Krankengeschichte beschrieben, in welcher ein Knabe zwischen drei und vier Jahren die Entdeckung des Penismangels bei der Frau und die dadurch vor allem im Zusammenhang mit der eigenen Masturbation geweckte Kastrationsangst in der Weise erfolgreich bewältigte, dass er zwei einander diametral sich widersprechende Lösungsversuche des Konflikts gleichzeitig unternahm. In der einen wurde die „Kastration" der Frau durch Einsatz eines Fetisches ungeschehen gemacht und damit die gefürchtete Kastration als Gefahr verleugnet. Der Knabe kann sich so ungestört weiter seine Triebbefriedigung in der Masturbation verschaffen, „aber gleichzeitig entwickelt er in vollem Widerspruch zu seiner anscheinenden Tapferkeit oder Unbekümmertheit ein Symptom, welches beweist, dass er diese Gefahr doch anerkennt" ([96], S. 61 f.).

„Der Erfolg wurde erreicht auf Kosten eines Einrisses im Ich, der nie wieder verheilen, aber sich mit der Zeit vergrössern wird. Die beiden entgegengesetzten Reaktionen auf den Konflikt bleiben als Kern einer Ich-Spaltung bestehen. Der ganze Vorgang erscheint uns sonderbar, weil wir die Synthese der Ichvorgänge für etwas Selbstverständliches halten. Aber wir haben darin offenbar Unrecht. Die so ausserordentlich wichtige synthetische Funktion des Ichs hat ihre besonderen Bedingungen und unterliegt einer ganzen Reihe von Störungen" ([96], S. 60).

Melanie Klein [186] hat den Begriff der Spaltung dann in den spezifischen Sinnzusammenhang gestellt, in dem er auch heute noch allgemein in der psychoanalytischen Terminologie verwendet wird. Bereits das Neugeborene reagiere auf die Erfahrung von Frustration und Aggression mit der Spaltung des mütterlichen Objekts (oder auf dieser Stufe besser: Teilobjekts) in eine „gute" und in eine „böse" Mutterbrust. Die Spaltung der Objekte in eine gute und eine böse Repräsentanz wird als der normale Abwehrvorgang dieser ersten Entwicklungsstufe angesehen, die Melanie Klein [168] als die „paranoid-schizoide Position" bezeichnet. Spätestens in der zweiten Hälfte des ersten Lebensjahres erreiche das Kind dann die „depressive Position", wo die Mutter als ganzes Objekt mit „guten" und frustrierenden (d.h. „bösen") Eigenschaften wahrgenommen und die Spaltung allmählich durch das Erleben von Ambivalenz, Trauer, Schuldgefühlen und Wiedergutmachungstendenzen gegenüber diesem jetzt gleichzeitig guten *und* bösen Objekt abgelöst wird. Wenn die Erfahrungen der depressiven Position zu schmerzlich oder zu bedrohlich sind, regrediert das Kind früher oder später auf die Abwehrmechanismen der paranoid-schizoiden Position, die dann aktiv zur Vermeidung von Ambivalenz und Schuldgefühlen eingesetzt werden. Die Spaltung hat damit einen grundlegenden Funktionswandel erfahren: Sie ist primär nicht mehr Ausdruck einer mangelnden Integrationsfähigkeit des Ich, wie sie für die früheste Entwicklungsstufe des Menschen charakteristisch und sozusagen „normal" ist. Vielmehr wird sie jetzt in zunehmendem Umfang von einem sich entwikkelnden Ich *aktiv* zur Abwehr traumatisierender Erfahrungen auf späteren Stufen der Entwicklung eingesetzt. Kernberg [149] beschreibt diese „aktive Spaltung" als den zentralen Abwehrmechanismus bei Borderline-Patienten, auf dessen pathologischen Folgeerscheinungen sich die Borderline-Struktur aufbaut.

Im Anschluss an Melanie Klein [168] hebt Kernberg [149] dabei vor allem die Rolle der Spaltung für die Aufrechterhaltung der Trennung zwischen einem „guten" und einem „bösen" Objekt hervor, die wegen des exzessiven Ausmasses der auf das böse

Objekt projizierten Aggression für den Borderline-Patienten vitale Bedeutung hat. Die Spaltungsoperationen von Borderline-Patienten gruppieren sich aber keineswegs ausschliesslich entlang dieser Trennungslinie von „gut" und „böse". LE COULTRE [55] beschreibt eine analoge Aufspaltung der mütterlichen Repräsentanz in eine „schützende prä-ödipale" und eine „gefährliche ödipale" Mutter. Für den narzisstischen Sektor der Persönlichkeit stellt KOHUT [174] typische „vertikale Abspaltungen" der archaischen narzisstischen Konfigurationen (des „Grössenselbst" und der „idealisierten Elternimago") dar, die mit dem übrigen Teil der Gesamtpersönlichkeit nicht in Kontakt treten. GREEN [112] sieht die vielfältigen Auswirkungen der Spaltung unter anderem im „Schutz einer geheimen Zone des Nicht-Kontaktes, wo das Subjekt absolut allein [14, 68] und sein wahres Selbst geschützt ist [311, 314], oder aber einen Teil seiner Bisexualität verbirgt [317], bis zu Angriffen auf die Prozesse der Bindung im Denken [22, 61]" ([112], S. 514). Für GREEN [112] zentriert sich die Spaltung des Borderline-Patienten nicht so sehr auf die Trennung von guten und bösen Objekten, als vielmehr auf die Spaltung in ein abwesendes (idealisiertes) und ein „beherrschend präsentes", eindringendes (gehasstes) Objekt. Zum Schutz gegen das beherrschend präsente Objekt wird zusätzlich ein Abwehrmechanismus eingesetzt, der für GREEN [112] auf der gleichen Ebene wie die Spaltung liegt: Die radikale Entziehung der Besetzung im Sinne einer „fast physisch" gemeinten „primären Depression", wodurch „ein Zustand der Leere, des Nichtseins und des Nichts intendiert wird" ([112], S. 514). Man kann diesen Zustand, der möglicherweise mit den gängigen Begriffen der Depersonalisation und Derealisation nicht hinreichend umschrieben ist und einem psychischen Totstellreflex entspricht, wo der Analytiker sich mit einem von Objekten leeren Raum identifiziert fühlt oder ausserhalb dieses Raumes ist [112], auch als einen ins Absurde gesteigerten Extremfall der Spaltung verstehen. Spaltung ist immer durch eine Verweigerung von Besetzung charakterisiert, die hier bis zur totalen Verweigerung der Besetzung des psychischen Selbst, des Körpers und der äusseren Objekte eskaliert. ROSCHO [249] gibt in diesem Zusammenhang eine interessante Erklärung der Depersonalisation: In der Depersonalisation nehme das Subjekt sich aus einer beobachtenden Position heraus in einer Weise wahr, als ob es ausserhalb seiner selbst stehe. Gleichzeitig sei es von sich als *erlebendem* Subjekt abgeschnitten. Die Spaltung in ein wahrgenommenes und ein erlebendes Subjekt diene der Rückversicherung des eigenen Existierens, wenn das Individuum von seinen symbiotischen Wünschen überwältigt werde und mit seinem erlebenden Teil vorübergehend mit dem symbiotischen Objekt verschmelze.

Das Gemeinsame aller dieser Spaltungsoperationen besteht darin, dass sie im Gegensatz zu „reiferen" Abwehroperationen keine *endgültige* Verdrängung der unerwünschten Inhalte ins Unbewusste zuwegebringen. Das Abzuwehrende bleibt vielmehr vorbewusst und muss durch ständige Manipulation von einem Zusammentreffen mit anderen Segmenten des psychischen Erlebens ferngehalten werden. Das Ich entwickelt zu diesem Zweck Methoden, mit deren Hilfe bewusste oder vorbewusste Inhalte je nach Bedarf „verleugnet" werden können und der Anschein erweckt wird, „als ob" etwas, was im Grunde nach aussen oder innen hin wahrnehmbar wäre, nicht existiere. Solange dies gelingt, wird Angst vermieden. Im weiteren Verlauf dieser Entwicklung können sich über diesen so separat gehaltenen Segmenten, also z. B. über den Vorstellungsrepräsentenzen vom „guten" und vom „bösen" Objekt und den diesen entsprechenden Selbstrepräsentanzen, ganze (untereinander völlig unvereinbare) Identifikationssysteme aufbauen, die wechselnd oder durchbruchshaft gelebt, aber nicht integriert werden können, da ihr Zusammentreffen die auf dieser Ebene ohnehin prekäre Selbst-Integration ernstlich gefährden würde. So verstanden, sind Spaltung und Identitätsdiffusion eng miteinander verbunden [149].

Klinisch manifestiert sich die Spaltung regelmässig als „wechselnder Ausdruck von komplementären Seiten eines Konflikts, kombiniert mit blander Verleugnung und mangelndem Betroffensein über den Widerspruch in diesem Verhalten und in der inneren Erfahrung des Patienten" [149]. Besonders deutlich zeigt sich dieser Wechsel von Besetzung und Besetzungsentzug gegenüber nicht vereinbaren Ich-Zuständen in dem wiederkehrenden selektiven Verlust der Impulskontrolle, der sich als episodischer Durchbruch primitiver Impulse manifestiert, die während der Dauer dieses Durchbruchs ichsynton erlebt werden [149].

Ein 33jähriger Patient, Rechtsreferendar, wird zur psychiatrischen Begutachtung vorgestellt, weil er in den vergangenen 15 Jahren mit zunehmender Häufigkeit sozial auffällige und teilweise verbotene Handlungsweisen an den Tag legte, die seine polizeiliche Festnahme und die Einleitung eines Verfahrens zur Folge hatten. Von 1963 bis 1975 war Herr X allein insgesamt 19 mal erkennungsdienstlich behandelt worden, u. a. wegen Personalienverweigerung, Ausweislosigkeit, Widerstands gegen die Staatsgewalt, Verdacht des Diebstahls und Betrugs usw. Aktenauszug: „Herrn X wird vorgeworfen, am Tage seiner polizeilichen Festnahme bei der Haftrichterin R. erschienen zu sein und dort gedroht zu haben, ein Feuer zu legen. Er schliesse auch ein Menschen gefährdendes Grossfeuer nicht aus. Er sei bei der Untersuchungsrichterin erschienen, um einen Haftbefehl gegen sich zu erwirken. Er bestehe auf der Inhaftierung, um endlich eine beschleunigte Erledigung der gegen ihn geführten Verfahren zu erreichen ... Sollte er nicht inhaftiert werden, werde er die vor der Richterin ausgesprochene Drohung wahrmachen und eine Straftat begehen, die ein Verbrechen zum Gegenstand der Ermittlungen haben werde. Herr X wiederholte dann noch seine Drohung, ein Feuer zu legen, wenn er nicht in Haft behalten werde."

In der gutachterlichen Befragung schildert der Proband, wie es bei ihm seit der Pubertät wiederkehrend zu tagelang anhaltenden Zuständen innerer Unruhe, verbunden mit sexueller Erregung komme, bei denen er schliesslich „etwas unternehmen" müsse. Er verspüre dann den für ihn selbst nicht verständlichen Drang, wegzulaufen und sich in eine gefährliche Situation zu begeben. In Situationen der grössten Gefahr, vor allem beim Verfolgtwerden durch die Polizei, erlebe er eine starke sexuelle Erregung. Wenn die Polizisten ihn dann schmerzhaft packten, komme es zur Ejakulation. Er sei während dieser Episoden oft stunden- oder tagelang nicht klar bei Bewusstsein, komme erst hinterher zu sich, sei dann in einer Art Katerstimmung und vor allem sehr deprimiert. Er habe sich dabei wohl noch in der Hand, dass er nicht etwa einen Brand stifte oder ähnliches Unheil anrichte. Sein Triumph bestehe vielmehr gerade darin, sozusagen „unschuldig" festgenommen zu werden. Den Zustand selbst könne er jedoch nicht unterdrücken. Er brauche die Bedrohung und Überwältigung durch „starke Bullen", um auf seine Weise aus diesem Spannungszustand herauszukommen.

In den diversen, mit Herrn X geführten Gesprächen zum Zweck der psychiatrischen Begutachtung war besonders eindrucksvoll, dass der Patient eines Tages – nachdem er einen verlässlichen Rapport zum Gutachter hergestellt hatte – einen Zettel aus der Tasche zog, auf dem er seine psychische Verfassung und die mit ihr verbundenen Phantasien zu Beginn einer solchen Episode tagebuchartig notiert hatte (es handelte sich um sadomasochistische Phantasien des Geschlagenwerdens durch physisch starke Männer und um homosexuelle Unterwerfungswünsche). Der Patient sagte: „Ich könnte Ihnen das nicht berichten, wenn ich es nicht sofort aufgeschrieben hätte. Ich habe es jetzt aufgeschrieben, weil ich mich damit auseinandersetzen will. Wenn ich es nicht schwarz auf weiss vor mir hätte, könnte ich selbst nicht glauben, dass ich so etwas gedacht habe." Er verlas dann den Zettel wie einen Bericht über einen völlig fremden Menschen.

Während sich in diesem kasuistischen Beispiel ein vom übrigen Erleben abgespaltener Ich-Zustand einen Durchbruch verschafft, der sich um verpönte sadomasochistische und homosexuelle Impulse kristallisiert und den Ausdruck der (abgespaltenen) negativen Lösung des Ödipuskonflikts beinhaltet, zeigt ein anderer Patient – *Herr K.*, von dem bereits mehrfach die Rede war – in einer psychoanalytischen Sitzung unverhüllt sein sonst abgespaltenes Grössenselbst, wenn er bei der Erörterung seiner Beziehung gegenüber Frauen plötzlich die unverblümte *Überzeugung* äussert, er sei als einziger Mann dazu in die Welt gekommen, um an den Frauen das ihnen durch alle anderen Männer zugefügte Unrecht wiedergutzumachen.

Herr Y., ein 35jähriger, erfolgreich in einem beratenden Beruf tätiger Patient, der wegen Impotenz in der Ehe zu mir in die Behandlung kam, zeigte in der Psychoanalyse Spaltungsoperationen in manchmal geradezu groteskem Ausmass. So hielt er über mehr als hundert Sitzungen an der Überzeugung fest, dass sein Penis, von dem er zwar wisse, dass er ihn habe, nicht zu seinem übrigen Körper gehöre, und dass seine Frau ihn verlasse, wenn sie sich seinem Penis zuwende. Dann wiederum schilderte er das Gefühl, nur aus dem Kopf zu bestehen, der mit meinem Kopf eine Verbindung aufnehme. Er erlebte mich trotz meiner weitgehenden Zurückhaltung als ein „beherrschend präsentes Objekt" im Sinne GREENs [112], auf dessen Gegenwart er über eine lange Periode der Analyse mit einer Art Totstellreflex reagierte, währenddessen er wie aufgebahrt auf der Couch lag, so dass ich mich dabei ertappte, wie ich ihn heimlich zur Abwehr meiner aggressiven Gegenübertragung als „die Leiche" titulierte. Manchmal konnte er in solchen Situationen das Gefühl beschreiben, dass er als ein kleines Kernchen irgendwo in seinem Körper sitze und in diesem fremden Körper sprungartig den Standort wechsle. Einer seiner ersten Träume lautete: „Ich komme mit meiner Frau zu mir in die Eheberatung. Als ich (als Ehemann) kurz das Sprechzimmer verlasse, nütze ich (als Berater) die Gelegenheit und betrüge mich mit meiner Frau".

Ein letztes kasuistisches Beispiel soll zeigen, wie sich die Aufrechterhaltung der Spaltung in ein „gutes" und in ein „böses" Objekt auf die Objektbeziehungen der Patienten auswirkt. Für die Objektbeziehungen, die nach diesem Muster aufgebaut werden, ist eine strikte Schwarz-Weiss-Zeichnung charakteristisch, ohne die Möglichkeit des Zulassens von Zwischentönen. Gleichzeitig besteht eine gefährliche Neigung zur abrupten Verschiebung des Objektes von der einen in die andere Kategorie, wenn das idealisierte Objekt sich als enttäuschend erweist. Gefährlich für den Patienten ist diese Neigung deshalb, weil die Abwertung des Objekts häufig auch die unklar davon unterschiedenen Selbstrepräsentanzen mitbetrifft und den Patienten damit in eine schwere narzisstische Krise bringen kann [145].

Herr K. ist seit vielen Jahren verheiratet, und die Beziehung zu der anfangs romantisch idealisierten Ehefrau hatte sich anders entwickelt, als er sich dies ausgemalt hatte. Die Ehefrau machte ihm häufig Vorwürfe, die den Patienten an seinen empfindlichsten Punkten trafen. Er hatte in solchen Auseinandersetzungen bald eine Technik des „Abschaltens" entwickelt, wo er die Vorwürfe nicht mehr auffasste, sondern seine Ehefrau mit einer Art Staunen betrachtete, „wie einen Papagei, der im Käfig den Schnabel auf- und zumacht". Er konnte den Inhalt dieser Auseinandersetzungen, von denen er lediglich erinnerte, dass sie stattgefunden hatten, deshalb in der Analyse auch nicht mehr wiedergeben, und viele Sitzungen vergingen in einer mühseligen und fruchtlosen Rekonstruktion dessen, was sich vermutlich während der Zeit des „Abschaltens" ereignet hatte. Ich verstand diese Manipulationen des Patienten mit seiner Wahrnehmungsfunktion lange Zeit hindurch als Ausdruck seiner Angst vor der Aggression der Ehefrau und ihren narzisstischen Kränkungen, bis der Patient anlässlich eines analogen Ereignisses in der Übertragungsbeziehung schliesslich schildern konnte, um was es ihm mit seinem Besetzungsentzug tatsächlich ging. Er sagte mir: „Sie haben in meiner Vorstellung für mich eine ‚weisse Weste', und Sie müssen diese weisse Weste unter allen Umständen behalten, sonst könnten Sie nicht mehr meine Therapeutin sein. Wenn Sie etwas sagen, wodurch auf dieser Weste ein schwarzer Fleck entstehen könnte, kann ich Ihnen nicht mehr weiter zuhören, und ich kann mich auch nicht mit dem beschäftigen, was Sie vielleicht gesagt haben. Ich muss dann meine ganze Kraft dafür aufwenden, Sie von diesem Fleck wieder reinzuwaschen, indem ich nach einer Entschuldigung für Sie suche. Ähnlich geht es mir bei meiner Frau. Ich darf nicht zulassen, dass ihr Bild zerstört wird, indem ich mir ihre Kränkungen anhöre. Ich könnte mit diesem zerstörten Bild nicht weiterleben". – Herr K. war mit Zwangsgrübeleien in die Analyse gekommen, die sich mit dem sexuellen Vorleben seiner Ehefrau befassten. Die Grübeleien drehten sich endlos um die Frage, ob die Ehefrau als junges Mädchen von ihrem Geliebten vergewaltigt worden, also ein „Opfer" sei, oder ob sie sich freiwillig mit ihm eingelassen und sich damit in der Sicht des Patienten prostituiert habe. So wie der Patient diese weit zurückliegende Episode aus der Biographie seiner Frau schilderte, war einfach nicht zu übersehen, dass es sich um eine längerdauernde Liebesbeziehung gehandelt hatte. Der Patient konnte diese Erkenntnis nicht mit dem makellos a-sexuellen Bild von seiner Ehefrau in Übereinstimmung bringen und versuchte deshalb in quälenden Zwangsgrübeleien, die „Erkenntnis" rückgängig zu machen. Einmal entwickelte er in diesem Zusammenhang die Phantasie, dass er die „Eröffnung" seiner Frau in ihren Mund „zurückstopfen" müsse. In einer tieferen Schicht versuchte der Patient damit, die Spaltung seines Mutterbildes in eine „gute, a-sexuelle, symbiotische Mutter" und eine „böse, verräterische, ödipale Mutter-Hure" aufrechtzuerhalten und sein gutes, schützendes Mutterbild vor der für ihn unerträglichen Kontaminierung durch den ödipalen Konflikt zu bewahren.

Um solche Spaltungsoperationen aufrechterhalten zu können, sie sozusagen zu „institutionalisieren", bedarf es des Einsatzes zusätzlicher Mechanismen, die die Spaltung stützen und insofern den Charakter von Hilfsoperationen haben. Solche typischen Hilfsoperationen sind vor allem: *Idealisierung, Projektion* und *projektive Identifizierung,* die *Identifizierung mit dem Angreifer,* und *Omnipotenz und Abwertung der Objekte.* Eine elementare Rolle für die Aufrechterhaltung der Spaltung spielt die *Verleugnung.* In den gleichen Zusammenhang gehört auch die von GREENSON [115, 116] beschriebene *Deck-Abwehr,* bei der psychische Phänomene (z. B. eine Erinnerung) dazu benutzt werden, ein anderes psychisches Phänomen vom gleichen Typus zu „verdecken". Darüber hinaus kombinieren sich Spaltungsoperationen häufig mit dem Versuch, Elemente der *äusseren* Realität als Ersatz für fehlende innerpsychische Strukturen zu benutzen und diese Realität durch magische Kontrolle und „Agieren" zu verändern [113, 144].

Im folgenden soll uns zunächst die Frage beschäftigen, wie die typischen Hilfsoperationen der Spaltung beschaffen sind, und wie sie zusammen mit der Spaltung klinisch in Erscheinung treten.

2. Die Hilfsmechanismen der Spaltung

a) *Idealisierung.* Die Idealisierung von Objekten, besonders der Eltern, ist ein normaler und notwendiger Bestandteil der menschlichen Entwicklung; sie bildet die Voraussetzung zur Errichtung der Idealinstanzen im Ich [93, 174]. FREUD [86] beschreibt den der Idealisierung zugrunde liegenden Mechanismus als einen „Vorgang mit dem Objekt, durch welchen dieses ohne Änderung seiner Natur vergrössert und psychisch erhöht wird" ([86], S. 161). Idealisierung kann vielfältige Funktionen haben: Sie dient der (unrealistischen) Erhöhung des Objektes zum Zwecke der Wunscherfüllung, der eigenen narzisstischen Aufwertung (wenn es sich um ein „Selbst-Objekt" [174] handelt), der Wiedergutmachung (besonders hervorgehoben in der „depressiven Position" von MELANIE KLEIN [165, 166]), und dem Schutz vor eigenen zerstörerischen Impulsen (vor allem in der „paranoid-schizoiden Position" [168, 274]). Daraus lässt sich ersehen, dass es reife und weniger reife Formen der Idealisierung gibt, und dass sich der Idealisierung regelmässig ein Abwehraspekt beimischt, der verschieden stark ausgeprägt sein kann.

Kernberg [149] hebt die „*primitive* Idealisierung" als einen unerlässlichen Hilfsmechanismus der Spaltung hervor, wo äussere Objekte als ausschliesslich gut angesehen werden, um sicher zu gehen, dass sie einen gegen die bösen Objekte beschützen und nicht von ihnen zerstört werden können. Die primitive Idealisierung impliziere weder die bewusste noch die unbewusste Anerkennung von Aggression gegenüber dem idealisierten Objekt noch Schuld über diese Aggression und Interesse für das Objekt. „Sie ist also keine Reaktionsbildung, sondern eher die unmittelbare Manifestation einer *primitiven, projektiven Phantasie-Struktur,* in welcher es kein wirkliches Interesse für das Objekt gibt, sondern ein einfaches Nötighaben als Schutz gegen die umgebende Umwelt voll von gefährlichen Objekten" [149]. Kernberg spricht in diesem Zusammenhang auch von „prädepressiver Idealisierung". Ähnlich wie Kohut [174] betont er die negative Auswirkung solcher überidealisierter Objekte für die spätere Entwicklung von Über-Ich und Ich-Ideal, wobei er davon ausgeht, dass Borderline-Patienten im typischen Fall auf dieser Stufe der Idealisierung stehen bleiben und von dort her auch ihre omnipotenten Identifikationen beziehen.

Dass die Idealisierung bei Borderline-Patienten auch höher entwickelte und durchaus situationsspezifische Formen annehmen kann, wird besonders von Wolberg [319] hervorgehoben. Die Autorin zeigt am Beispiel von Freuds Krankengeschichte „Der Wolfsmann" [92] – für sie ein Borderline-Patient –, wie das Kind die Ablehnung durch die Eltern und ihre völlige Selbstbezogenheit verleugnet und die Eltern idealisiert, während es sich gleichzeitig selbst für sein Nicht-geliebtwerden tadelt und den Hass gegen die Eltern auf Geschwister und Kinderfrauen ablenkt. Für Wolberg [319] geht es bei der Idealisierung primär also nicht um die innere Fixierung einer „primitiven protektiven Phantasie-Struktur gegenüber der Welt überwältigend böser äusserer Objekte" [149], sondern um einen *gezielten Abwehrvorgang,* in welchem auf die von den Eltern oder einem Elternteil erlittene existenzielle Versagung sozusagen uno actu mit exzessiver Aggression und gleichzeitiger Idealisierung dieses Elternteils reagiert wird, während die mobilisierte Aggression auf andere Objekte abgelenkt wird. Die Projektion der Aggression wird notwendig, um die Idealisierung aufrechtzuerhalten; umgekehrt muss die Idealisierung bestehen bleiben, um ein für den Patienten lebensnotwendiges Objekt vor der Kontaminierung und Zerstörung durch diese Aggression zu schützen. So gesehen, erscheinen Idealisierung und Projektion von Aggression also unlösbar gekoppelt; sie ermöglichen in der beschriebenen Weise die Institutionalisierung der Spaltung von „guten" und „bösen" Objekten auch noch in den fortgeschritteneren Entwicklungsstadien, wo die zunehmende Fähigkeit zur Realitätsprüfung im Normalfall die archaische Aufspaltung der Welt in „gut" und „böse" allmählich modifiziert und schliesslich aufhebt.

b) *Projektion und projektive Identifizierung.* Die Projektion ist „eine Operation, durch die das Subjekt Qualitäten, Gefühle, Wünsche, sogar ‚Objekte', die es verkennt oder in sich ablehnt, aus sich ausschliesst und in dem Anderen, Person oder Sache, lokalisiert" ([182], S.400). Es handelt sich also um einen psychischen Prozess, in dem Selbstimagines die Züge von Objektimagines annehmen [145], während im Vorgang der Introjektion umgekehrt Züge der Objektimagines in die Selbstrepräsentanzen aufgenommen werden [145]. Beide Mechanismen haben ihre Wurzel in frühkindlichen Inkorporations- und Ausstossungsphantasien, wobei die begrenzte Fähigkeit des kleinen Kindes, zwischen der äusseren und der inneren Welt zu unterscheiden, das durchgängige Wirken introjektiver und projektiver Vorgänge begünstigt und zu drastischen Besetzungsverschiebungen zwischen Selbst- und Objektimagines führen kann [145]. Der Funktionswandel der Projektion von einer frühinfantilen Ausstossungsphantasie hin zu einem stabilen Abwehrmechanismus, mit dem die endgültige Externalisierung der abzuwehrenden inneren Gefahr erreicht werden kann, setzt also die klare Trennung von Selbst- und Objektrepräsentanzen voraus, die beim psychotischen Patienten nicht und beim Borderline-Patienten nur unvollkommen gelingt. Die Projektion von Borderline-Patienten unterscheidet sich aus diesem Grunde nicht nur in bezug auf Quantität, sondern auch hinsichtlich ihrer besonderen Qualität von der typisch neurotischen Abwehr, wo die Projektion auch vorkommt. Die Ich-Grenzen dieser Patienten bleiben – wie KERNBERG [149] betont – an ganz bestimmten Stellen durchlässig, und zwar vor allem im Bereich der projizierten Aggression. Diese (nicht-neutralisierte) Aggression sei von einer solchen Intensität, dass der Patient sich nicht endgültig von ihr distanzieren könne. „Das führt bei solchen Patienten zu dem Gefühl, dass sie sich selbst noch mit dem Objekt identifizieren können, auf welches die Aggression projiziert worden ist, und ihre fortbestehende ‚Empathie' mit dem nun bedrohlichen Objekt erhält und vermehrt die Furcht vor der eigenen projizierten Aggression. Deshalb müssen sie das Objekt kontrollieren, um es daran zu hindern, sie unter dem Einfluss der (projizierten) aggressiven Impulse anzugreifen; sie müssen das Objekt angreifen und kontrollieren, bevor (wie sie fürchten) sie selbst angegriffen und zerstört werden" ([149], S. 669). Die Projektion besitzt hier also den Charakter der „projektiven Identifizierung" [168, 248], in welcher das Subjekt aufgrund der fortbestehenden Empathie mit dem Objekt und der unscharfen Trennung von innen und aussen Züge des Objekts wieder in die Selbstrepräsentanz übernimmt. Es kommt auf diese Weise zu einer partiellen Wieder-Introjektion der projizierten Persönlichkeits-Anteile, die sich nun mit Zügen des Objektes mischen, welches ursprünglich das Projektionsziel war. Das Überwiegen projektiver Identifizierungen kann zusammen mit der Spaltung als das Hauptcharakteristikum der Borderline-Abwehr angesehen werden, die von daher ihre spezifisch pathologische Note bezieht [22, 149, 150, 319].

Die projektive Identifizierung verbindet sich oft mit Phantasien, in denen Teile des Selbst in den anderen „hineingepresst" werden, oder in denen das eigene Selbst von Teilen des Objekts durchdrungen wird. Rosenfeld [246, 247] beschreibt diesen Prozess als wiederkehrendes Phänomen in der Behandlung schizophrener Patienten. Er beobachtete bei diesen Patienten nicht so sehr die Projektion von Aggression auf den Analytiker, als vielmehr den Versuch, das „schlechte Selbst" in den Analytiker hineinzupressen, wo es dann zum Verfolger wird. „Die Intensität dieses Prozesses hängt von einem quantitativen Faktor ab, hauptsächlich davon, ein wie grosser Teil des Ich und der Triebkräfte von der Regression betroffen sind" ([246], S. 458). Ein kasuistisches Beispiel von Rosenfeld [245], das Searles [271] zitiert, zeigt, wie die projektive Identifizierung sich bei solchen schwer gestörten Patienten in Szene setzt:

„Der Patient lieferte selbst den Schlüssel zur Übertragungssituation, denn er liess erkennen, dass er sein beschädigtes Selbst, das die zerstörte Welt enthielt, nicht nur auf alle andern Patienten, sondern auch auf mich projiziert hatte, und auf diese Weise hatte er mich verändert. Doch anstatt sich durch diese Projektion erleichtert zu fühlen, wurde er noch ängstlicher, da er Angst vor dem hatte, was ich nun in ihn hineinlegte, und hierauf wurden seine introjektiven Prozesse schwer gestört. Eine schwerwiegende Verschlimmerung seines Zustandes war zu erwarten, und in der Tat liess seine klinische Verfassung in den nächsten zehn Tagen sehr zu wünschen übrig. Er begann, Nahrungsmitteln gegenüber immer misstrauischer zu werden und lehnte es schliesslich ganz ab, zu essen oder zu trinken ... Alles was er zu sich nahm, hielt er für schlecht, beschädigt und giftig (wie Fäkalien), so dass es für ihn sinnlos war, etwas zu essen. Wie wir wissen, führt die Projektion zur Re-Introjektion, weshalb der Patient auch das Gefühl hatte, er habe sie alle in sich, die zerstörten und bösen Objekte, die er auf die Aussenwelt projiziert hatte: und durch Husten, Würgen und Bewegungen von Mund und Fingern liess er erkennen, dass er mit diesen Problemen kämpfte ... Ich erklärte ihm, er habe nicht nur Angst davor, etwas Schlechtes könne in ihn hineingeraten, sondern auch davor, gute Dinge, sei es nun der gute Orangensaft oder positive Deutungen, in sich aufzunehmen, da er befürchte, diese Dinge könnten wieder Schuldgefühle in ihm erzeugen. Als ich das sagte, ging es wie ein Schock durch seinen ganzen Körper; er gab ein Stöhnen des Verstehens von sich, und sein Gesichtsausdruck veränderte sich. Am Schluss der Sitzung hatte er das Glas Orangensaft geleert, und das war die erste Nahrung, die er nach zwei Tagen zu sich nahm ..." ([271], S. 214f.).

Die Grundzüge dieses Mechanismus, in dem die Angst vor der Re-Introjektion der projizierten „schlechten" Anteile des Selbst eine hervorragende Rolle spielt, lassen sich – wenn auch meist ausgestanzter und in weniger dramatischer Form – ebenso in der psychotherapeutischen Behandlung von Borderline-Patienten beobachten.

Patient K., dessen Problem darin bestand, sich zwanghaft mit dem sexuellen Vorleben seiner Ehefrau beschäftigen zu müssen, hatte sich in den Bildern der beiden früheren Geliebten der Ehefrau zwei Projektionsfiguren geschaffen, die sowohl seine exzessiven anal-sadistischen Impulse verkörperten, als auch eine von Grund auf schlechte, sadistische Vaterrepräsentanz, die in krassem Gegensatz zu der bewusst erlebten Idealisierung des Vaters stand, und deren Eindringen in die Selbstrepräsentanz unter anderem deshalb verhindert werden musste, weil dieses schlechte Vaterbild auch alle diejenigen Züge enthielt, die die Mutter am Vater verachtete und derentwegen sie den Patienten (der „ganz anders wie der Vater" war) dem Vater vorzog. Wirklich „wie der Vater sein", hätte für den Patienten also bedeutet, die Liebe der Mutter zu verlieren, mit der er symbiotisch verflochten war.

Die „Bilder", die der Patient sich von den zwei früheren Geliebten machte (die er nie wirklich gesehen hatte), blieben schemenhaft und wurden immer wieder aufs neue eidetisch („wie in einem Filmstreifen") ausgestaltet. Der Patient betitelte sie „Der Schatten", „Der Russe", „Der bewusste Erste" (der die Ehefrau als junges Mädchen defloriert hatte, ähnlich wie der Vater der erste und einzige Sexualpartner der Mutter gewesen war). Der Patient fürchtete sich vor nichts mehr als vor einer möglichen Äusserung seiner Ehefrau, er sei „genau wie diese Männer". Er antizipierte dieses (nie wirklich ausgesprochene) Urteil ständig und war der Überzeugung, es würde ihm „den Todesstoss" versetzen. In einer psychotherapeutischen Sitzung nahmen diese beiden Projektionsfiguren im bildhaften Phantasieerleben des Patienten unvermutet die Form von Titelbildern zweier Bücher an: „Ein Russe in Uniform, Stiefeln und Helm, anstelle des Gesichtes einen weissen Fleck" und „Der schattenhafte, schwarze Umriss eines Mannes in einer unheimlichen Landschaft". Nachdem der Patient diese beiden Projektionsbilder aufgebaut hatte, registrierte er plötzlich in panischer Angst, wie der „Schatten" auf dem Buchtitel grösser zu werden begann und ihm wie mit einer Gummilinse herangezogen „auf den Leib rückte". Er hatte das Gefühl, der Schatten würde im nächsten Augenblick in ihn eindringen und mit ihm verschmelzen. – Später entwickelte er vorübergehend die bereits an anderer Stelle beschriebene Sensation, der „Russe" stehe als vage wahrnehmbarer Schatten hinter ihm und versuche, etwas „in seinen Kopf einzuhämmern". – Es lag nahe, diese Reaktionen des Patienten als Ausdruck seiner abgewehrten homosexuellen Wünsche zu interpretieren (was ich längere Zeit hindurch immer wieder erfolglos versuchte). Als mit dem Patienten durchgearbeitet werden konnte, dass er befürchte, die beiden gehassten Gestalten in sich wiederzufinden, liess die Intensität der Bilder allmählich nach. Ganz konnte der Patient die Projektion auch nach dreijähriger Analyse nicht zurücknehmen. Sie verlor jedoch ihren bedrohlichen Charakter, weil der Patient sich innerlich von seinen Phantasiefiguren distanziert hatte und nicht mehr befürchten musste, dass sie in ihn eindrangen. Aus der projektiven Identifizierung war eine Form der Projektion geworden, die stabilen Abwehrcharakter hatte und den Patienten vor der Überflutung durch anal-sadistische Impulse erfolgreich schützte.

Zuvor hatte Herr K. mehrfach geäussert, dass er an den beiden Männern „Rache nehmen" müsste. Er geriet während dieser Phantasien in heftige Erregung, riss sich den Hemdkragen auf und ballte die Fäuste. Es war, als ob er etwas vernichten müsste, dessen blosses Fortexistieren in der Welt (die beiden Geliebten der Ehefrau waren in Wirklichkeit längst verschollen) ihn ständig bedrohte. Er entwickelte phobische Mechanismen gegenüber Situationen, die in einer nur ihm selbst einfühlbaren Form an die Existenz der beiden Figuren erinnerten; gleichzeitig suchte er jedoch die „Begegnung", die ihm die Möglichkeit eines „Präventivschlags" gegeben hätte. Dieser Versuch zum Präventiv-Angriff auf die mit projizierter Aggression bzw. mit Teilen der negativen Selbstrepräsentanzen besetzten Objekte in der Aussenwelt wird von KERNBERG [149] als typisch für die projektive Identifizierung von Borderline-Patienten beschrieben.

c) *Die Identifizierung mit dem Angreifer.* Die projektive Identifizierung mit ihrer Neigung zur Re-Introjektion gleichzeitig gehasster und gefürchteter Objekte enthält Elemente, die für den

Abwehrmechanismus der „Identifizierung mit dem Angreifer" charakteristisch sind, wie er vor allem von A. Freud [82], K. Horney [140] und Heigl-Evers [131] beschrieben wird. Auf einer primitiven Entwicklungsstufe des Ich handelt es sich dabei um eine „Inkorporation des Aggressors" [138]; später kommt es zur „Identifizierung mit dem Angreifer", wenn das Ich sich dem Diktat von Über-Ich-Instanzen, die meist den Charakter rigider und sadistischer Vorläufer des Über-Ich haben, ausgesetzt fühlt, oder wo Anforderungen, die einem pathologischen Grössenselbst entstammen, das Ich überfordern. Die Abwehroperation der „Identifizierung mit dem Angreifer" auf dieser Stufe setzt also voraus, dass das Ich die Gebote und Verbote der Eltern und die mit ihnen verbundenen Idealbesetzungen zumindest teilweise internalisiert hat, die aus der Verletzung dieser Forderungen resultierende Selbstkritik jedoch nicht ertragen kann und die Schuld dafür deshalb in die Aussenwelt projiziert. Der Projektion der Schuld auf einen „Sündenbock" geht also eine Identifizierung voraus, die ihrerseits bereits Abwehrzwekken dient, dann aber weitere Abwehroperationen in Gang setzt. Nach der Auffassung von Wolberg [319] ist diese ursprüngliche (erzwungene) Identifizierung beim Borderline-Patienten immer pathologisch und leitet eine sadomasochistische Entwicklung ein, in welcher Selbsthass und Projektion der Hass- und Schuldgefühle einander abwechseln. Das Ausmass des Selbsthasses hängt dabei eng mit der Rigidität des Ich-Ideals zusammen, das bei Borderline-Patienten nur unvollkommen von den sich aus archaischen narzisstischen Grössenphantasien speisenden wunschbestimmten Selbstimagines geschieden ist [156, 157] und sich zudem an idealisierten äusseren Objekten ausrichtet, deren Idealisierung in einer Art circulus vitiosus um so höher geschraubt werden muss, je grösser der Hass ist, der ursprünglich dem (äusseren) Objekt galt, welches die pathologische Entwicklung in Gang setzte, und welches nun durch Idealisierung vor der Zerstörung durch diese Hassgefühle geschützt werden muss. Die sich an die vollzogene Identifizierung mit dem überidealisierten Objekt anschliessende innere Auseinandersetzung mit einem entsprechend unerreichbaren Ich-Ideal und den daraus resultierenden permanenten narzisstischen Kränkungserfahrungen erzeugt eine „Feindseligkeit gegen sich selbst, die schlechthin unerträglich ist" [131] und deshalb externalisiert werden muss. Nach Heigl-Evers kann diese Externalisierung auf zwei Weisen erfolgen: Der Hass kann im Wege der aktiven Externalisierung auf ein Aussenobjekt gerichtet werden, dem gleichzeitig das eigene Versagen vor den Idealansprüchen unterstellt wird. Oder aber der Hass wird dem Objekt unterstellt und man selbst wird dadurch zu dessen bemitleidenswertem Opfer, das in dieser Situation jedoch selbst moralisch gerechtfertigt ist und gegen den „Angreifer" nun eine moralische Attacke führen kann [131]. Das Wüten gegen den Schuldigen in der Aussenwelt muss automatisch wachsen, wo die Selbstwahrnehmung der eigenen Schuld oder des eigenen Versagens sich steigern will [82]. Es stellt eine Art narzisstischen Selbstschutzes dar, in welchen die von WOLBERG [319] als typisch für den Borderline-Patienten angesehenen sadomasochistischen Züge in der Form verwoben sind, dass das Individuum gleichzeitig als „armes Opfer" agiert und aus dieser Position heraus den „Angreifer" mit seinen sadistischen Ansprüchen tyrannisiert. ANNA FREUD [82] beschreibt einen ähnlichen Mechanismus, wenn sie feststellt: „Es ist möglich, dass manche Individuen auf dieser Zwischenstufe der Über-Ich-Bildung stehenbleiben und die Verinnerlichung des Vorgangs nie ganz zustande bringen. Sie bleiben dann in der Selbstwahrnehmung der eigenen Schuld besonders aggressiv gegen die Aussenwelt. Das Über-Ich benimmt sich in solchen Fällen gegen die Aussenwelt ähnlich schonungslos wie das Über-Ich der Melancholie gegen das eigene Ich" ([82], S. 125). Für ANNA FREUD stellt die „Identifizierung mit dem Angreifer" eine mögliche Zwischenphase hin zur Entwicklung paranoider Zustände dar.

d) *Omnipotenzgefühl und Abwertung der Objekte.* Der Rückzug auf narzisstische Grössenphantasien gegenüber einer Welt enttäuschender und bedrohlicher Objekte wird von vielen Autoren, darunter KERNBERG [149, 150, 157], WOLBERG [319] und GREEN [112], als ein wesentliches Charakteristikum der Borderline-Abwehr beschrieben. KOHUT [174] bezieht sich vermutlich auf den gleichen Mechanismus, wenn er von der „Reaktivierung des Grössenselbst" als Reaktion auf Frustrationen und Enttäuschungen durch ein idealisiertes Objekt spricht. In dem narzisstischen Universum, in welches dieser Rückzug führt, ist die Abhängigkeit von äusseren, bedürfnisbefriedigenden Objekten aufgehoben [120]. Der Patient kann diese Objekte also fallenlassen, sie abwerten, verachten [3] oder auch ihnen die Besetzung total entziehen. Der Mechanismus des völligen Besetzungsentzuges gegenüber einem enttäuschenden Objekt entspricht einer Entwicklungsphase, wo das heranwachsende Kind die *Objektkonstanz* im Sinne HARTMANNS [125] noch nicht erreicht hat. Vor Erreichung der Objektkonstanz wird ein äusseres Objekt nur solange besetzt, wie es eine bedürfnisbefriedigende Funktion für das Kind behält. Mit dem Wegfall dieser Funktion wird das Objekt irrelevant und deshalb ohne Trauer aufgegeben [145, 199, 202]. Die Objektbeziehungen von Borderline-Patienten funktionieren häufig nach diesem Muster [157]. Die Rücknahme der Besetzung kann aber auch defensiv zur Abwehr von Erfahrungen der Kränkung und Enttäuschung eingesetzt werden, und damit auch zum Schutz gegen die für den Borderline-Patienten besonders bedrohliche Erfahrung von *Ambivalenz* gegenüber einem Objekt. Das Objekt wird dann aus der Position der Omnipotenz heraus, auf die sich der Patient zurückgezogen hat, abgewertet und *verachtet.* Ein so verachtetes Objekt ist es nicht wert, dass man es hasst. Man kann es, wie mein *Patient K.* es einmal formulierte, „wie ein lästiges Staubkorn mit der behandschuhten Hand vom Jackenärmel schnippen". Omnipotenz und Abwertung der Objekte erfüllen für den Borderline-Patienten also gleich eine mehrfach defensive Funktion: Sie stellen einmal einen narzisstischen Selbstschutz, eine „Trostphantasie" [319] gegen Kränkungserfahrungen, vor allem gegen die Erfahrung des Nicht-Geliebt-Werdens (und möglicherweise auch gegen die noch kränkendere Erfahrung des Nicht-Lieben-Könnens) dar. Sie ermöglichen weiter die Aufrechterhaltung der Spaltung in gute und böse Objektrepräsentanzen, weil die Rücknahme der *libidinösen* Besetzung die Erfahrung von ambivalenten, d.h. gleichzeitig libidinösen und aggressiven Regungen, gegenüber dem ursprünglichen Liebesobjekt verhindert. Durch die Abwertung des Objekts wird darüber hinaus zwischen dem Subjekt und dem nunmehr nicht „nur guten" Objekt eine Barriere von Verachtung errichtet, die die volle Projektion der narzisstischen Wut auf dieses Objekt verhindert [3]. Der zur projektiven Identifizierung neigende Borderline-Patient vermeidet auf diese Weise, dass die Objekte zu gefürchteten und gehassten Verfolgern werden [149, 157].

3. Die Rolle der Verleugnung für die Aufrechterhaltung der Spaltung

Zusammen mit den bisher beschriebenen Hilfsmechanismen der Idealisierung, der projektiven Identifizierung, der Identifizierung mit dem Angreifer und der Omnipotenz und Abwertung der Objekte ist die Verleugnung der *Hauptabwehrmechanismus,* welcher die Spaltung aufrecht erhält. In ihren primitiveren Formen – und nur diese sollen hier besprochen werden – gehört sie so unabdingbar zur Spaltung, dass manche Autoren anstelle des Gegensatzpaares „Spaltung vs. Verdrängung", wie wir es hier verwenden, lieber von dem Gegensatz zwischen Verleugnung und Verdrängung reden [143, 282, 297], oder die Begriffe Spaltung und Verleugnung synonym gebrauchen [249]. Diese besondere Stellung der Verleugnung rechtfertigt, dass wir ihr in unserer Analyse der Abwehrstrategien des Borderline-Syndroms ein eigenes Kapitel widmen.

a) *Der Effekt der Verleugnung.* Wie die Spaltung wird auch die Verleugnung defensiv dort eingesetzt, wo die Fähigkeit zur Verdrängung fehlt, und zwar mit einem im Vergleich zur Verdrängung deutlich unterschiedenen Effekt: Verdrängung richtet sich auf *spezifische* Inhalte, impliziert also die Fähigkeit zur Selektion zwischen bedeutsamen (d.h. unlustvollen oder bedrohlichen) und indifferenten Stimuli. Im Vergleich hierzu entspricht die Verleugnung ihrer Tendenz nach eher einem „Totalausverkauf" [143]. JACOBSON [143] beschreibt diesen Effekt der Verleugnung sehr eindrucksvoll am Beispiel eines Patienten, dem es auf diese Weise gelang, nicht nur spezielle Schuldgefühle beiseite zu schieben, sondern Schuldgefühle als solche, und nicht nur verbotene Impulse, sondern Triebimpulse überhaupt [143]. Trotz dieser Tendenz zur Generalisierung erreicht die Verleugnung aber weniger als die Verdrängung: Sie kann eine inkompatible Vorstellung nicht ein für allemal vom Bewusstsein ausschliessen, sondern sie allenfalls vorübergehend ins Vorbewusste abdrängen. Ihre Wirksamkeit besteht darin, dass „das Ich auf ein Gefahrensignal hin mit dem sofortigen Versuch reagiert, das Signal selbst zu ignorieren" [143]. Verleugnung interferiert auf diese Weise in einem ungleich stärkeren Masse als die Verdrängung mit den Denkprozessen im ganzen, mit logischer Gedankenführung, mit der Möglichkeit zur Wahrheitsfindung und mit der Realitätsprüfung überhaupt [143]. Sie kann die Lernfähigkeit eines Individuums in einzelnen Bereichen praktisch völlig suspendieren.

Klinisch manifestiert sich die Verleugnung am häufigsten durch „*Vergessen*" als *der* charakteristischen Haltung gegenüber aktuellen Konflikten, welche innerhalb einer Psychotherapie die Form eines kaum überwindbaren Widerstandes annehmen kann.

So beschreibt JACOBSON [143] einen mittlerweile erwachsenen Patienten, der mit dreieinhalb Jahren ein schweres Kindheitstrauma (Autounfall der Mutter) erlitten hatte, für das komplette Amnesie bestand, obwohl die Mutter mit ihm häufiger über diesen Unfall gesprochen hatte. „Der Patient hatte entweder ‚nicht zugehört' oder ‚zugehört, aber nicht weiter nachgefragt' oder ‚es sofort wieder vergessen'" ([143], S. 82). – Meinem *Patienten K.* gelang es auf ganz ähnliche Weise, sich jedwede Sexualaufklärung – die seinen Traum von einem asexuellen, präödipalen Paradies mit der Mutter zerstört hätte – bis ins Erwachsenenalter hinein vom Leibe zu halten. An früherer Stelle habe ich bereits beschrieben, wie der gleiche Patient in Auseinandersetzungen mit der Ehefrau sich erfolgreich dadurch gegen unliebsame Erfahrungen immunisierte, dass er auf bestimmte (mühsam rekonstruierbare) Gefahrensignale hin reflektorisch die akustische Wahrnehmung suspendierte und der übrigen (äusseren und inneren) Realität gleichzeitig die Besetzung soweit entzog, dass er seiner Frau mit Staunen und einer Spur Amüsement zusehen konnte, wie sie „ähnlich einem Papagei im Käfig den Schnabel auf- und zumachte". Um nochmals mit JACOBSON [143] zu sprechen: „Anstatt sich mit dem speziellen Konflikt zu konfrontieren, der schmerzliche Gefühle hervorrief, pflegte er gleichzeitig die Aufmerksamkeit von den äusseren Reizen und den Reaktionen seines Inneren abzuziehen, um dann sofort und ohne Unterschied die Erinnerungen an alle inneren und äusseren Erfahrungen auszumerzen, die sich um den spezifischen, störenden Konflikt herumgruppierten" ([143], S. 82).

An diesem Beispiel wird deutlich, dass die Verleugnung nicht nur durch einfaches „Vergessen" im Sinne einer umfassenden Austilgung von Erinnerungsspuren aus dem Bewusstsein sozusagen *im nachhinein* funktioniert, sondern dass die Wahrnehmung der unerwünschten inneren und äusseren Realität zumindest teilweise bereits *während* des Ereignisses suspendiert werden kann. Ein solches Ereignis braucht nicht vergessen zu werden, weil es niemals voll ins Bewusstsein gelangte. Der Vorgang ist nur möglich auf dem Wege des Besetzungsentzuges, weshalb er sich regelmässig mit mehr oder minder ausgeprägten Entfremdungserlebnissen verbindet. Depersonalisations- und Derealisationsgefühle gehören ebenso in diesen Zusammenhang wie hysterische Dämmerzustände und andere, früher bereits beschriebene dissoziative Reaktionen.

In der Therapie kann sich diese Form der Abwehr mit einer auffallenden Bereitschaft für die „Annahme" von Deutungen verbinden. Je schneller man etwas „einsieht", umso schneller wird man vom Analytiker in Ruhe gelassen und kann „vergessen". Dieses, nach meiner Erfahrung bei Borderline-Patienten häufige Verhalten in der Psychotherapie unterscheidet sich trotz mancher gemeinsamer Züge von der Gefügigkeitshaltung des typischen Zwangsneurotikers oder des depressiven Patienten dadurch, dass es primär der Fernhaltung unerwünschter Stimuli dient. Unser *Patient K.* beschrieb diese Einstellung, die lange Zeit hindurch das Motto seiner Psychoanalyse bildete, in der ersten Stunde indirekt, indem er einer Projektionsfigur die Worte in den Mund legte:

„Er stopft sich Watte in die Ohren, um ungestört seine Arbeit machen zu können. Die Dinge können nicht an ihn herankommen, weil es ihn nicht betrifft. Nur die andern machen den Wirbel. Man gibt nach, um seine Ruhe zu haben ... Er ist wie ein Korken. Nimmt die Änderung der Situation nicht zur Kenntnis. Wie die Änderung des Wasserspiegels, die beeindruckt den Korken nicht."

Der Analytiker erreicht unter solchen Umständen nur die Fassade des Patienten. KERNBERG [149, 150] berichtet von ähnlichen Erfahrungen mit Borderline-Patienten, die über längere Phasen der Analyse den Eindruck erweckten, als ob sie im Rahmen eines wirklichen Arbeitsbündnisses an der Durcharbeitung ihrer Probleme interessiert wären, bis offenbar wurde, dass von den angeblich gewonnenen Einsichten wenig oder gar nichts integriert worden war. Der auf diese Weise beim Analytiker leicht induzierte Wechsel zwischen therapeutischem Optimismus und tiefem Pessimismus ist für die Gegenübertragung auf solche Patienten typisch und sollte sorgfältig analysiert werden, bevor man sich aus der Desillusionierung heraus zu einschneidenden Schritten, etwa einer Veränderung der Therapieform oder gar deren Abbruch, entschliesst.

b) *Die Angleichung von innerer und äusserer Realität zum Zweck der Verleugnung.* Zwischen Wahrnehmung, Verleugnung und Struktur der verleugneten Realität besteht ein enger Zusammenhang, den JACOBSON [143, 146] im Anschluss an LEWIN [183] untersucht. JACOBSON [143] geht davon aus, dass die Fähigkeit zur Verleugnung sich gleichlaufend mit der Fähigkeit zur Wahrnehmung der *äusseren* Realität beim Kinde entwickelt, dass Verleugnung sich also zunächst an der äusseren Realität, an äusseren Objekten einübt und durch vorübergehenden Abzug der Aufmerksamkeit von Teilen der Aussenwelt funktioniert. Als Beispiel möge ein Kind dienen, das sich die Augen zuhält und damit sich oder andere vorübergehend „zum Verschwinden bringt". Die *innere* Realität kann nach der Auffassung JACOBSONS nur dann erfolgreich verleugnet werden, wenn sie vom Individuum so behandelt wird, als wäre sie eine *äussere.* „Das Problem ist dann, wie die Verleugnung es bewerkstelligen kann, die innere Realität in gleicher Weise zu handhaben wie die äussere Realität" [143]. Nach JACOBSON geschieht dies durch eine partielle Regression der inneren Realität auf ein *„konkretistisches infantiles Stadium"* [143], wo das Kind den Unterschied zwischen innerer und äusserer Welt zwar bereits wahrnimmt, aber innere und äussere Objekte noch in gleicher Weise behandelt. Psychische Sachverhalte, also z.B. Gefühle oder auch begriffliche Vorstellungen, sind in diesem Stadium hypostasiert, d.h. ebenso dinglich und konkret wie äussere Objekte und können demnach wie diese „wahrgenommen" oder aber von der Wahrnehmung ausgeschlossen werden. Die Verleugnung setzt also eine Auflösung abstrakter psychischer Strukturen und deren „regressive Desymbolisierung" [207] zurück auf das Niveau konkretistischer Objekte beim Individuum voraus. Das gleiche Prinzip, psychische Phänomene so zu behandeln, als wären es konkrete Dinge, kann auch die interpersonellen Beziehungen beherrschen und erklärt die Leichtigkeit und Hartnäckigkeit, mit der sich Verleugnungstendenzen in diesem Bereich halten können [143].

So gesehen, wäre die Verleugnung also ein *zweistufiger Vorgang,* und man könnte vermuten, dass die beschriebenen regressiven konkretistischen Gebilde immer dort anzutreffen sind, wo der Prozess der Verleugnung zwar in Gang kam, aus irgendeinem Grunde (etwa durch das Eingreifen des Analytikers während der Sitzung) jedoch nicht abeschlossen werden konnte, sondern sozusagen in der ersten Phase steckenblieb. Man könnte ferner vermuten, dass der habituelle Einsatz der Verleugnung zu Abwehrzwekken, wie er für Borderline-Patienten charakteristisch ist, sich bei diesen Patienten mit einer Disposition (im Sinne einer ständigen Alarmbereitschaft) zur regressiven Desymbolisierung verbindet, oder anders ausgedrückt: Zur prophylaktischen Bereitstellung konkretistischer Objekte zum Zwecke des Besetzungsentzuges im „Ernstfall". In den Einfallsketten von Borderline-Patienten müssten dann im Vergleich zu anderen Patienten besonders in konflikthaften Bereichen anstelle abstrakter Schilderungen psychischer Sachverhalte gehäuft solche desymbolisierten, konkretistischen (und möglicherweise auch eidetisch wahrnehmbaren) Gebilde auftauchen. Diese Hypothese wird durch das mir zugängliche kasuistische Material von Borderline-Behandlungen bestätigt. Der oft ausgeprägt privatistische Charakter dieser Gebilde macht ihre Dechiffrierung in der Analyse zu einem mühsamen und gleichzeitig faszinierenden Unternehmen.

In einem Zusammenhang, wo ständig von der Konkretisierung abstrakter Sachverhalte zum Zwecke der Verleugnung die Rede ist, scheint es geboten, auch einmal eine Konkretisierung zum Zwecke der Veranschaulichung vorzunehmen. Ich möchte dies hier tun und zunächst am Beispiel unseres *Patienten K.* illustrieren, wie solche hypostasierten inneren Objekte oder Teilobjekte sich darstellen können und wie sie in die Abwehr bedrohlicher Inhalte, die sie gleichzeitig „verkörpern" und „verdecken", verwoben sind.

Der Patient beschreibt in der 166. Analysenstunde eine höhnende und tadelnde (innere) Stimme, die sich meldet, wenn er anfängt, auf eine Sache stolz zu sein. Nachdem alles darauf hinweist, dass hier eine elterliche, vorwiegend „väterliche" Kritik laut wird, die den Patienten nicht „hochkommen" lassen will, frage ich den Patienten, mit dem die problematische Rivalität mit dem Vater und die eigenen Selbstverkleinerungstendenzen bereits vielfach durchgesprochen sind: „Wessen Stimme ist das, die da laut wird?" Der Patient antwortet prompt: „Weiss ich nicht, aber ich kann sie Ihnen beschreiben: Etwa einen Kopf grösser als ich, dunkelhaarig, korrekt frisiert, trägt einen mittelblauen Anzug. Gesicht kann ich nicht erkennen. Das ist alles." Das Bild – vermutlich ein kindlich-konkretistisches Ich-Ideal-Fragment – steht (obwohl vom Patienten selbst im psychischen Innenraum lokalisiert) buchstäblich wie ein solides äusseres Objekt im Raum, und dieser ungerufene Dritte im Bunde lässt sich von mir so wenig weghieven, um den dahinter liegenden genetischen oder funktionalen Zusammenhang aufzudecken, wie eine reale Person, die den 190 cm langen Patienten um Haupteslänge überragte.

Und – weniger real, aber nicht minder konkret – in der 60. Analysenstunde nach dem vergeblichen Versuch, die vorangegangene Auseinandersetzung mit der Ehefrau zu rekonstruieren: „Da ist nichts. Das hämmert ein. Ohne Inhalt. Nur eine Filmvorstellung: eine Fläche in hellem, weisslichen Braun. Wie wenn auf dieser Fläche ein Punkt wäre, worauf das immer hinweist." Ähnlich konkretisieren sich für den Patienten die (abgewehrten) aufgespaltenen Aspekte der Vater-Imago und entsprechende eigene inkompatible Impulse in der plastischen Vorstellung des „Henkers", des „Uniformierten", des „Unheimlichen" usw. Die Katastrophenangst verdichtet sich im Bild des minutiös ausphantasierten Wartens auf das Hinrichtungskommando, in Galgen, einem plötzlich auftauchenden Bild von abgehackten Kinderhänden. Eine kindlich anmutende Gespensterwelt wird auf diese Weise lebendig, auf die der jetzt erwachsene Patient mit panischem Schrekken reagiert.

Ein anderer meiner Patienten mit eindeutiger Borderline-Struktur (*Patient Y.*), der sich unter der Analyse lange Zeit hindurch nur als „aus dem Kopf bestehend" fühlte, beantwortete meine Aufforderung, sich zu seinen Gefühlswahrnehmungen vorzutasten, regelmässig mit einer schlagartigen Regression auf eine Bildwelt, wo ein „Auge wie die Linse eines Mikroskops" an einem Pendel über seinem Bauch hin- und herschwang, ein Männerarm mit einem Knüppel in der Hand aus der Dunkelheit bedrohlich auftauchte, Geier ihm die Eingeweide aus dem in einer grossen Wunde geöffneten Bauch herausrissen. Einmal glaubte er, fast körperlich wahrzunehmen, wie eine weisse Maus sein Hosenbein hochkrabbelte und dann – die eigentliche Kastration blieb ausgestanzt – ihm den Penis abgebissen hatte. Meist tauchte der Patient ganz ohne mein Zutun von selbst problemlos aus dieser Regression wieder auf und wunderte sich – nunmehr wieder „ganz Kopf" –, was er da eben von sich gegeben hatte.

Die Verschiebung der Wahrnehmung und ihre Fixierung auf ein unbedeutendes Detail, das dann konkretistisch die Erinnerung an eine unliebsame Erfahrung verdeckt, liess sich bei meinem *Patienten K.* unter der Analyse einmal sozusagen in statu nascendi beobachten:

Der Patient hatte vor der Analysenstunde zusammen mit seiner Frau im Warteraum gesessen und sich einen Briefmarken-Katalog angesehen. Als ich ihn zur Sitzung abholen wollte, drängte sich eine andere Patientin dazwischen und verlangte kategorisch nach einem sofortigen Gespräch. Ich fertigte die Patientin in Gegenwart von Herrn K. vermutlich etwas energischer ab, als ich dies eigentlich beabsichtigt hatte, und begann dann mit der Sitzung. Diese kam jedoch nicht in Gang, weil der Patient unverrückt und aufdringlich das Bild einer Briefmarke aus dem Katalog vor Augen hatte, den er sich draussen angesehen hatte. Schliesslich stellte sich heraus, dass der Patient sich durch meinen unfreundlichen Umgang mit der anderen Patientin, den er so bei mir keineswegs gewohnt war, tief geängstigt fühlte. Er hatte diese Angst jedoch bei sich nicht wahrgenommen und konnte erst nach längerer analytischer Arbeit einen Zugang zu ihr finden. Anstelle der Wahrnehmung der Angst war das Bild der Briefmarke getreten, auf das der Patient wie hypnotisiert starrte. – Ähnlich strukturierte Abwehroperationen werden von FENICHEL [73, 74] und GREENSON [116] als typisch für die Konstruktion von Deckerinnerungen beschrieben, in denen die Wahrnehmung in der Weise „gefiltert"wird, dass die Erinnerung an ein unbedeutendes Detail das unliebsame Ereignis selbst „verdeckt".

Wer als Psychotherapeut bei der Behandlung von Borderline-Patienten mit solchen Phänomenen, besonders mit den vorher beschriebenen bizarren Konkretismen, konfrontiert wird, muss diese Erscheinungen mit hinreichender Sicherheit von psychosenahen oder psychotischen Manifestationen abgrenzen können. Als entscheidendes differentialdiagnostisches Kriterium wird hier von JACOBSON [143] hervorgehoben, dass die quasi-konkreten bildhaften Einheiten bei der neurotischen Abwehr, die durchaus in weiten Bereichen auf diesem Niveau fungieren kann, niemals ihren *psychischen* Charakter verlieren. Die Demarkationslinie zwischen innerer und äusserer Realität wird aufrechterhalten, während der psychotische Patient psychisch-abstrakte und physisch-konkrete Sachverhalte gleichsetzt, so dass innere oder projizierte psychische Gegebenheiten eine reale dingliche Qualität erhalten. Borderline-Patienten bewegen sich häufig auf einer Zwischenstufe: In aller Regel sind sie sich der innerpsychischen Natur ihrer Bilder voll bewusst, jedoch sind die Grenzlinien nicht immer und überall gleich scharf gezogen, besonders wenn in grösserem Ausmass projektive Identifizierungen die Abwehrstruktur prägen. Bei gleichzeitiger stärkerer eidetischer „Begabung" können die dem innerpsychischen Raum zugehörigen Bilder dann so „leibhaftig" [174] werden, dass der Patient für Augenblicke selbst der Illusion dieser Leibhaftigkeit erliegt. Solche halluzinatorischen Erlebnisse haben beim Borderline-Patienten jedoch praktisch immer einen ephemeren Charakter; sie bleiben im Übergangsstadium zwischen psychischem Innen- und Aussenraum verhaftet, und der Patient kann sich meist spontan wieder von ihnen distanzieren[1].

c) *Die Bedeutung der Wahrnehmungsfunktion.* Auf die auffallende Verschiebung der Kathexis auf den Bereich der Wahrnehmung und der Apperzeption bei Patienten mit vorwiegend durch Verleugnung charakterisierter Abwehr haben unabhängig voneinander ROSCHO [249] und JACOBSON [143] hingewiesen. JACOB-

[1] Zur Psychopathologie spontan-eidetischer Erscheinungen an der Grenze zwischen Sinnestäuschung und Halluzination vgl. STRELETZKI [294], SALTZMANN [253], ZIOLKO [326, 327], STÖRRING [291], ISAKOWER [142], KROH [176] und STERN [289]. Eine interessante kasuistische Falldarstellung mit „hypnagnogen Visionen" im Rahmen eines Borderline-Syndroms findet sich bei HOLFELD und LEUNER [137].

SON [143] erklärt dieses Phänomen mit der dauernden Einstellung der Aufmerksamkeit auf konkrete, d.h. vor allem auch visuell erfassbare, äussere Stimuli. ROSCHO [249] spricht von der „normalen Hyperkathexis" der Wahrnehmungsmodalitäten während der Trennungs- und Individuationsphase. In jener frühen Lebensphase bezieht das Kind aus seinem wachsenden Wahrnehmungsvermögen nicht nur ein elementares Gefühl von Sicherheit [256], sondern die Wahrnehmungsmodalitäten koppeln sich auch mit jener gesteigerten allgemeinen Funktionslust, die die Voraussetzung der Trennung des Kindes von der Mutter bildet [249]. Später verbindet sich die Regression auf diese Phase zwangsläufig mit einer *Entneutralisierung* der an die Wahrnehmung gebundenen Ich-Funktionen [249]. Die Erotisierung und Sexualisierung der Wahrnehmung führt nach den Beobachtungen von ROSCHO [249] dann oft zu einer diffusen Steigerung des Lebensgefühls, aus dem diese Patienten einen existenziellen Gewinn ziehen, der sich mit der abgewandelten Formel von DESCARTES beschreiben lässt: „Ich nehme wahr, also bin ich" ([249], S. 244).

Hinweise auf eine Sexualisierung des Schauens durchaus auch im Sinne von Schaulust finden sich in vielen mir bekannten Fallbeispielen von Borderline-Patienten, ohne dass diese Beobachtung meines Wissens bisher allerdings systematisch dem Borderline-Syndrom zugeordnet worden wäre. Lediglich GREENSON [116] hebt für seinen „Deck-Patienten" (screen-patient) – einen Patienten-Typus, der vorwiegend mit den anschliessend zu beschreibenden Deck-Abwehrmechanismen arbeitet und nach unserer Begriffsbestimmung zu der Kategorie der Borderline-Patienten gehört – die *prinzipielle* Rolle der exhibitionistischen und skoptophilen Bedürfnisse hervor, die er von der oralen Bedeutung des Auges für diese Patienten herleitet. Das Auge sei für diese Patienten ein einverleibendes, verschlingendes Organ. „Schauen" gebe diesen Patienten dann eine Gelegenheit zu partizipieren, nahe an ein Objekt heranzukommen und vor allem sich mit ihm zu identifizieren [116]. GREENSON [116] rückt damit stärker die bedürfnisbefriedigende Seite der visuellen Funktion in den Vordergrund, die wir bisher eher unter ihren Abwehraspekten beschrieben haben. Seine Beobachtungen erinnern an SCHILDER [262], der das Auge als eine Körperöffnung beschreibt, die den Eintritt der Welt in unser Inneres symbolisiere. In ähnlicher Weise hat auch SPITZ [283] auf die enge Beziehung zwischen oraler Befriedigung und frühen visuellen Erfahrungen beim Menschen hingewiesen. Der Säugling sehe beim Gestilltwerden unverwandt das Gesicht der Mutter an, und diese visuelle Erfahrung verschmelze unlösbar mit dem Gesamterlebnis. Wenn andere Formen der Bedürfnisbefriedigung (vor allem taktiler und oraler Art) fehlschlagen, kann das Kind auf diese Urerfahrung zurückgreifen, und es kommt zur Überbesetzung der visuellen Interaktionen: „Das Kind versucht durch das Anschauen der Mutter und das Angeschautwerden durch sie nicht nur die narzisstischen Befriedigungen zu bekommen, die der visuellen Modalität entsprechen, sondern es versucht auch die Enttäuschungen im Bereich des (oralen und taktilen) Körperkontaktes auszugleichen" ([174], S. 142). Später kann das Auge dann nach dem gleichen Muster als Vehikel für anal-sadistische Bemächtigungsimpulse dienen oder auch für phallisch-durchbohrende Tendenzen („mit Blicken durchbohren"). Mitentscheidend für diese Bevorzugung gerade der optischen Wahrnehmung scheint mir dabei die Tatsache, dass diese Bedürfnisbefriedigung über visuelle Eindrücke relativ unabhängig von einem gewährenden Objekt erfolgen kann und es dem Kind so ermöglicht, die Erfahrung von Enttäuschungen durch dieses Objekt auszugleichen oder zu vermeiden. Nach meinen eigenen Beobachtungen zeigen praktisch *alle* Borderline-Patienten diese Überbesetzung ihrer visuellen Wahrnehmungsfunktion in der einen oder anderen Weise, wobei eine Primitivisierung dieser Ich-Funktion im Sinne der Sexualisierung oder Aggressivierung unverkennbar ist. Es scheint, dass Borderline-Patienten die visuelle Wahrnehmung nicht nur in extremem Masse in den Dienst der *Abwehr* prägenitaler Bedürfnisse und Triebregungen stellen, sondern sie auch zum Zweck der *Befriedigung* dieser Impulse mit primitiven Besetzungen überladen. Dabei kann jeweils der Befriedigungs- oder der Abwehrcharakter des Sehens und Schauens im Vordergrund stehen.

KOHUT z. B. [174] beschreibt einen Patienten, dessen Mutter während seiner Kindheit chronisch krank und depressiv gewesen war. Dieser Patient „hatte Angst, den Analytiker anzuschauen, weil er fürchtete, ihn mit seinem Blick zu überlasten. Der Blick war nämlich Träger des Wunsches, von der Mutter gehalten und getragen zu werden (und wahrscheinlich auch an ihrer Brust zu saugen), und die Erfüllung dieses Wunsches könnte die kranke Mutter vernichten" ([174], S. 142 f.).

Mein *Patient K.* beschrieb unter der Analyse oft seine Überzeugung, man müsse ein Bild nur lange genug anschauen, alle Einzelheiten betrachten, sich sozusagen von der Oberfläche in den Hintergrund „hineinbohren", dann „müsse" man irgendwann zum „Sinn" des ganzen vorstossen. Als er danach anfing, die Bilder an der Wand meines Sprechzimmers, die persönliche Urlaubserinnerungen darstellten, in Augenschein zu nehmen, verspürte ich ein sehr starkes Unbehagen und das Gefühl, mich zur Wehr setzen zu müssen. – Der gleiche Patient betrachtete auch mit Vorliebe und grosser Ausdauer unbelebte Gegenstände, vor allem Gebäude, weil diese „sich dem Blick nicht entziehen". Man könne sie anschauen, bis es genug (bis man satt) sei. Öffnen und Schliessen bzw. Zuhalten der Augen hatte für diesen Patienten eine magische Bedeutung, die ich erst später erfasste: Für ihn bedeutete Schauen, „sich in den andern hineinfressen oder hineinbohren", sich des andern total zu bemächtigen, ihn zu zerstören. Er konnte sich deshalb schlecht den Blicken anderer aussetzen, hatte das ständige Bedürfnis, sich zu verstecken, und vermied in der Behandlung lange Zeit hindurch den Augenkontakt. In der Sitzung drückte er häufig seine Finger gegen die Augenlider, so als ob er etwas, was aus den Augen komme, zurückpressen wolle. Auf den Wechsel des analytischen Settings vom Liegen zum Sitzen, das mir wegen unerwünscht starker Regressionstendenzen notwendig erschien, reagierte dieser Patient mit einer für mich unerwarteten und zunächst unverständlichen Panik, die sich bis zu einer kurzdauernden psychotischen Episode zuspitzte. Die Möglichkeit, mich anzusehen, bedeutete eine so grosse Versuchungssituation für seine oral-aggressiven und anal-sadistischen Impulse, dass er verstärkt in die Regression getrieben wurde, anstatt seine Realitätsprüfung – wie erwartet – im vis-à-vis wiederzugewinnen.

FOX [80] beschreibt in einer kasuistischen Studie über das „Körperbild eines Photographen", wie für diesen (Borderline-)Patienten die Kamera multiple Funktionen als „einverleibendes Organ", das Bilder „festhalten" konnte, und als Phallus, der in die Bilder „eindrang", besass. Die Kamera war auch eine Vagina, die alles aufnehmen konnte, was der Patient begehrte, eine Art „Urhöhle" [283], in welche er die Welt einsaugen und in Form von „Bildern" horten konnte, Bilder, in denen die Welt nach seinem Geschmack organisiert und umgestaltet worden war. – Bei den von mir behandelten Borderline-Patienten spielte das Hobby des Fotografierens allein in drei Fällen eine grössere Rolle, wobei die Patienten Stunden damit verbringen konnten, eine Szene in allen Einzelheiten so zu arrangieren, dass sie „richtig" war, d.h., genau den Phantasie-Vorstellungen des Patienten entsprach. – Bei einer Patientin, die eine Borderline-Struktur mit einer extrem schizoiden Charakterprägung aufwies, war Fotografieren auch ein in Träumen wiederkehrendes Thema. Es ging dabei stets um den Versuch, ein gutes Mutterbild oder eine gute Selbst-Imago mit der Kamera festzuhalten, sie zum unverlierbaren Besitz zu machen, ein Versuch, der lange Zeit hindurch misslang, weil das Objekt sich im Traum dem Fotografiertwerden entzog oder vorher eine Bezahlung verlangte.

Für die technische Handhabung der Psychotherapie von Borderline-Patienten ergeben sich aus dieser Primitivisierung und

Überladung der visuellen Wahrnehmungsfunktion mehrfache Konsequenzen: Einmal darf nicht übersehen werden, dass die Selbstdarstellung dieser Patienten in der Analyse in weit stärkerem Ausmass der Befriedigung exhibitionistischer Bedürfnisse dient, als man dies von neurotischen Patienten, auch solchen mit vorwiegend narzisstischer Persönlichkeitsstruktur, gewohnt ist [158]. Auch das häufige „Bildern" in der Analyse, das unter seinem Abwehraspekt eine wichtige Schutzfunktion für den Patienten besitzt, kann gleichzeitig eine intensive Befriedigung prägenitaler Strebungen darstellen, die mit dem Schauen verknüpft sind. Häufig geschieht dies unter dem Deckmantel „libidinisierter Angst" [75], die sich wegen dieser Verknüpfung von Abwehr- und Befriedigungsfunktion zu einem ausgesprochen schwer handhabbaren Übertragungswiderstand gestalten kann. Für den Analytiker ist es wichtig, dass er diese oft sehr subtilen Übertragungsbefriedigungen erkennt und sie aufdeckt, wenn sie den Fortgang der eigentlichen analytischen Arbeit zu hemmen beginnen. Auch bei der Wahl des Settings – Sitzen oder Liegen – muss immer die Überlegung miteinbezogen werden, was das Sehen des Analytikers für den Patienten bedeutet [46]. Obwohl im allgemeinen empfohlen wird, Borderline-Patienten im Sitzen zu behandeln, kann gerade die Möglichkeit, den Analytiker anzuschauen, für bestimmte Patienten eine schwer ängstigende und mit anwachsender Übertragung immer bedrohlichere Versuchungssituation für den Durchbruch prägenitaler, vor allem destruktiver Triebregungen bedeuten, oder auch die Verschmelzungswünsche des Patienten derart stimulieren, dass er in die Gefahr einer psychotischen Regression gerät, wenn er die Behandlung nicht vorher abbricht [46].

4. Die „Deck-Abwehr" [116]

a) *Das Wesen der Deck-Abwehr.* Der Ausdruck „Deck-Abwehr" (screening defense) stammt von GREENSON [116], der damit die für eine umschreibbare Patientengruppe typische Abwehrkonstellation bezeichnet, welche unter anderem durch die mangelnde Fähigkeit zur Verdrängung und den Ersatz der Verdrängung durch „Verdecken" (screening) charakterisiert ist. GREENSON [116] selbst lehnt die Bezeichnung „Borderline-Patienten" wegen ihrer Vielschichtigkeit und Unschärfe für diese Patientengruppe ab;

seine strukturelle Analyse dieses Patiententypus stimmt jedoch so weitgehend mit der hier versuchten mehrdimensionalen Begriffsbestimmung des „Borderline-Patienten" überein, dass wir seine Beschreibung der Deck-Abwehr getrost als einen wichtigen Aspekt der Borderline-Struktur übernehmen können.

„Verdecken" ist *eine* Variante des Abwehrverhaltens von Borderline-Patienten neben anderen Abwehrmechanismen, die der Aufrechterhaltung der Spaltung dienen. Mit der Verleugnung bestehen gewisse Gemeinsamkeiten, die JACOBSON [143] veranlassten, das „Verdecken" als einen Spezialfall der Verleugnung abzuhandeln. Insbesondere psychotische Patienten machen nach dem Zusammenbruch ihrer psychischen Strukturen häufig von der Möglichkeit Gebrauch, *Es-Inhalte mittels Es-Inhalten* abzuwehren [143]. Diese primitivste Form des „Verdeckens" kann jedoch auch bei Borderline-Patienten vor allem in Zeiten erhöhter Labilisierung beobachtet werden und manifestiert sich dann in aller Regel durch das überraschend offene und unzensierte Auftauchen von Inhalten z.B. offen inzestuöser oder homosexueller Natur, die im allgemeinen tiefliegenden Schichten der Persönlichkeit entspringen und deshalb – wenn überhaupt – üblicherweise erst nach einer längeren Analyse und unter Überwindung erheblicher Widerstände zugänglich werden. Das auf diese Weise unverblümt zutage tretende und zur Deutung einladende Material erweist sich fast stets als ein Abwehrmanöver im Rahmen eines letzten verzweifelten Strukturierungsversuches am Rande einer psychotischen Episode und sollte deshalb durch den Analytiker nicht angetastet werden.

Die von GREENSON [116] beschriebene Deck-Abwehr stellt eine höher organisierte und stabilere Form des Verdeckens dar, die jedoch mit der vorher dargestellten Abwehr von Es-Inhalten durch Es-Inhalte ein *fundamentales gemeinsames Strukturprinzip* aufweist: „Psychische Erscheinungen einer bestimmten Klasse werden benutzt, um Phänomene der gleichen Klasse zu leugnen oder ihnen zu widersprechen, z.B. eine Erinnerung gegen eine Erinnerung, ein Affekt gegen einen Affekt, eine Wahrnehmung gegen eine Wahrnehmung" usw. [116]. GREENSON [116] gebraucht den Ausdruck „Deck"- (also z.B. Deck-Erinnerung, Deck-Affekt), um sich auf alle diese psychischen Phänomene zu beziehen. Dabei sind diese Deck-Abwehrgebilde entweder nach dem *Muster des Filters* oder nach dem *Muster der*

Reaktionsbildung strukturiert [73, 116]. Im Falle des Filters werden z. B. aus einer Deckerinnerung unliebsame und besonders schmerzliche Elemente herausgesiebt und nur die harmlosen erhalten auf diese Weise Zugang zum Bewusstsein. Im zweiten Fall wird analog der Reaktionsbildung die entgegengesetzte Vorstellung oder der entgegengesetzte Affekt überbesetzt. Der „Deck-Charakter", wie GREENSON ihn beschreibt, ist auf die exzessive Verwendung solcher Abwehrmanöver angewiesen, um damit seine mangelnde Fähigkeit zur Verdrängung (oder auch zur „echten" Reaktionsbildung) zu unterstützen. „Die Deckbildung versucht auszuflicken, was die Verdrängung nicht bewerkstelligen konnte" [116].

b) *Deck-Abwehr und Agieren.* Charakteristisch ist, dass diese Form der Abwehr ständig agiert werden muss [116]. Unter „Agieren" wollen wir hier im Anschluss an FENICHEL [76] ein Handeln verstehen, das unbewusst eine innere Spannung erleichtert und durch die Ablenkung von Triebimpulsen eine teilweise innere Entlastung bringt. Die gegenwärtige Situation, die auf irgendeine Weise assoziativ mit dem abzuwehrenden Inhalt verknüpft ist, fungiert als Gelegenheit für die Abfuhr ungenügend verdrängter Energien; die Besetzung ist von diesen Energien auf das gegenwärtige Derivat verschoben, und diese Verschiebung macht die Abfuhr möglich [76]. Will man Agieren von anderen Formen neurotischer Aktivitäten abgrenzen, dann scheint im Zusammenhang mit dem Agieren das Merkmal der „Aktion" hervorstechend. Nach GREENACRE [113] handelt es sich dabei um einen wohlorganisierten Handlungsablauf, der durch den Einsatz verschiedener Abwehrmechanismen bzw. Deckbildungen ichsynton geworden ist, und der mit der Übertragung die ungenügende Differenzierung zwischen Gegenwart und Vergangenheit, die mangelnde Lernbereitschaft und die Neigung gemeinsam hat, rigide Reaktionsmuster an die Stelle adäquater Reaktionen auf aktuelle Stimuli zu setzen.

Die agierte Deck-Abwehr verlagert sich in den psychischen Aussenraum und wird dort „in Szene gesetzt". Die Wahl eines Ausdrucks aus der Theatersprache ist nicht zufällig: Sowohl GREENSON [116] als auch GREENACRE [113] betonen die Neigung dieser Patienten zur Dramatisierung, die von beiden Autoren mit der besonderen visuellen Empfindlichkeit [113] bzw.

dem seiner Natur nach visuellen Charakter der Deckerinnerung [116] in Verbindung gebracht wird. Für GREENACRE prädestiniert das Überwiegen visueller Erinnerungsspuren in Verbindung mit der Tendenz zur Dramatisierung dazu, „immer wieder eine *totale Erfahrung oder eine Episode* zu reproduzieren und weniger einen kleinen Teil von ihr als eine symbolische Repräsentation auszuwählen. Die erinnerte Erfahrung kann dabei einen neuen Ausdruck oder eine neue Form finden, behält aber ihre ursprüngliche Organisation in einem bemerkenswerten Ausmass" ([113], S. 456).

Abwehr mit Hilfe magischen Handelns und *imitative Annäherung* [113] sind zwei wesentliche Merkmale der Deck-Aktivität. Eine Sache in einer dramatischen und/oder imitativen Weise so darzustellen, *als ob* sie wahr wäre, ist für diese Patienten auf eine magische Weise gleichbedeutend mit „eine Sache wahr machen" [113]. GREENACRE [113] datiert dieses Verhaltensmuster ins zweite Lebensjahr, eine Periode, in welcher die motorische Entwicklung der Entwicklung der Sprache vorauseilen kann und wo deshalb das motorische Ausagieren von Inhalten, denen die Übersetzung in sprachliche Vorstellungen verwehrt ist, eingeübt wird. Bei ihren erwachsenen „Acting-out"-Patienten fand GREENACRE [113] folgerichtig fast stets Störungen in der sprachlichen Kommunikation, wie wir sie hier als charakteristisch für den „Borderline-Dialog" beschrieben haben.

Einer meiner Borderline-Patienten liefert ein so eindrucksvolles Beispiel für dieses Ausagieren einer Deckerinnerung auf dem Wege des magischen Handelns und der imitativen Annäherung, dass ich es kurz referieren möchte:

Der in vieler Hinsicht als bedrohlich und überwältigend empfundene Vater des Patienten liess in seiner Familie keine andere Meinung neben der seinen gelten. Während der Pubertät fand der Patient trotzdem eine Möglichkeit, insgeheim gegen den Vater anzutreten. Der Vater war Gegner des Nazi-Regimes und sympathisierte im Zweiten Weltkrieg mit dem Feind, während der Sohn, der Hitlerjugend angehörend, sich innerlich mit der Sache der Deutschen identifizierte. Die niemals verbalisierte Auseinandersetzung zwischen Vater und Sohn wurde in der Form ausgetragen, dass beide jeden Tag den Frontverlauf in verschiedenfarbigen Fähnchen absteckten. – Deckerinnerungen des Patienten aus der Zeit der ödipalen Phase deuten darauf hin, dass dieses „Soldatenspielen" mit dem Vater neben der aggressiven unbewusst auch eine libidinöse Tönung besass: Das gemeinsame Spiel mit Soldatenfiguren mit dem Vater „im Herrenzimmer" sechsjährig und die damit assoziierten Gefühle („wunderbare Geborgenheit" und „Gaskrieg") sind der Prototyp einer Deckerinnerung, in welcher sich die Ambivalenz zwischen positiver und negativer Ödipuslösung manifestiert. Als mittlerweile 40jährigen Mann finden wir den Patienten mit einem „Hobby" beschäftigt, in welches seine ganze Freizeit und seine knapp bemessenen privaten finanziellen Mittel einfliessen: Er rekonstruiert mit grosser Geschicklichkeit und minutiöser Genauigkeit im Modellbau die Armee und das Waffenarsenal der Deutschen im Zweiten Weltkrieg. Ziel ist die grösstmögliche Originaltreue und Vollständigkeit der Sammlung. Um dies zu erreichen, wälzt der Patient z.B. alte Zeitschriften, um herauszufinden, wer ein bestimmtes Flugzeug geflogen hat. Die Zahl der Knöpfe am Ärmelaufschlag der Uniform, den Rang eines Soldaten anzeigend, wird mit der Lupe aufgemalt, denn jede Figur muss „so echt wie möglich" sein. Misslungene, d.h. nicht originalgetreue Stücke, werden weggeworfen, wobei der Patient mit dem Misslingen eines solchen Stückes sein gesamtes Selbstwertgefühl in Frage gestellt sieht. Zwischen dem Gelingen des „Hobbys" und allgemeinem Lebenserfolg besteht ein magisch anmutender Zusammenhang. Tagtraum: „Ein Museum mit diesen Rekonstruktionen ausfüllen und dann als Museumsführer Leute darin herumführen". Alles in heimlicher, aber erbitterter Konkurrenz mit einem andern Bastler, der seine „Militaria" ähnlich wie der Patient selbst in Schaufenstern ausstellt, aber „immer eine Spur besser ist".

Das „Hobby" hat (neben einer Reihe anderer Funktionen) den Charakter einer agierten Deckerinnerung, in welcher libidinöse, narzisstische und Abwehr-Bedürfnisse gleichzeitig befriedigt werden. Nach GREENSON ist diese Kombination typisch für Deck-Aktivitäten und erklärt ihren imperativen und repetitiven Charakter [116]. Es mutet wie ein „Zwang zum Erinnern" [74] an, wie der Versuch, mit ungeheurer Zähigkeit und Ausdauer eine Kindheitsszenerie in toto wiederherzustellen, *von der nichts untergehen darf.* Die Wendung nach rückwärts, sozusagen à la recherche du temps perdu, die sich in diesem Verhalten durchsetzt, wird uns später noch bei der Darstellung der für Borderline-Patienten typischen Pathologie der inneren Objekt-Repräsentanzen und der damit verbundenen „Unfähigkeit zu trauern" beschäftigen.

c) *Die „Deck-Identität".* Die Beschreibung der Deck-Abwehr des Borderline-Patienten wäre nicht vollständig ohne einen Hinweis auf den von GREENSON formulierten Begriff der *Deck-Identität.* Nach GREENSON [115, 116] kann eine bestimmte Identifikation die Funktion haben, eine darunterliegende schmerzvollere Identifikation zu „verdecken" und damit gleichzeitig die Tatsache zu verleugnen, dass diese stattgefunden hat. Alle Patienten, die

Greenson in diesem Zusammenhang beschreibt, waren mit einer gehassten Elternfigur identifiziert, wollten diese schicksalhafte Tatsache aber nicht wahrhaben und gestalteten ihr ganzes Leben weitgehend als einen Versuch, der stattgehabten Identifikation zu widersprechen. „Sie versuchten, jede Ähnlichkeit mit dem gehassten äusseren Objekt zu verleugnen, indem sie Charakterzüge und Verhaltensweisen ausbildeten, die in unmittelbarem Gegensatz zu den entsprechenden Eigenschaften der gehassten Elternfigur standen" ([115], S. 203), hauptsächlich jenen, die die „gute Elternfigur" an der „bösen Elternfigur" ablehnte [115]. Der innere Kampf zwischen der „guten" und der „bösen" Identität schien dabei den Kampf der äusseren Elternfiguren innerpsychisch nachzubilden. „Alle diese Patienten versuchten, dem gleichgeschlechtlichen Elternteil eher auszuweichen als sich mit ihm als einem wirklichen Objekt auseinanderzusetzen. Sie besassen ein klischeehaftes Bild dieses Elternteils, das durch die Erfahrungen des täglichen Lebens nicht korrigiert wurde" ([115], S. 209). Die Patienten lebten, *als ob* sie sich ausschliesslich mit dem „guten Elternteil" identifiziert hätten [115], was dem, was sie nach aussen darstellten, den typischen Als-ob-Charakter verlieh. Dabei deutete alles darauf hin, dass hinter dieser Fassade eine tiefe Regression auf die Ebene nicht integrierter, überwältigend böser Teilobjekte stattgefunden hatte, wo das Ich nicht mehr zwischen dem introjizierten Objekt und dem Selbst unterscheiden kann [115]. „Diese Patienten konnten nicht unterscheiden zwischen ‚dem Elternteil ähnlich sein' oder ‚selbst der Elternteil zu sein'. Als Ergebnis dieser Fragmentierung oder Entdifferenzierung des internalisierten Objekts muss das Ich die frühen Identifikationen bekämpfen, weil diese primitive Art der Identifikation mit dem Gefühl einhergeht, dass der Patient verschlungen wird oder seine Identität verliert, was beides gleich unerträglich ist" ([115], S. 216). Die Deck-Identität muss deshalb mit allen Mitteln in einem verzweifelten Kampf verteidigt werden. Sie erhält dabei unweigerlich Züge einer Hyper-Identifizierung mit der guten Eltern-Figur, die in diesem Prozess immer stärker idealisiert werden muss. Die Ansprüche des Ich-Ideals steigen mit und werden immer unerfüllbarer, mit den verheerenden Rückwirkungen auf das narzisstische Gleichgewicht, die aus diesem vergeblichen Nachhinken hinter einem seine Forderungen ständig höher schraubenden Ideal resultieren müssen. Borderline-Patienten sind tief in diesen Kampf verstrickt, der auch von BELLAK beschrieben wird [18, 19]. BELLAK konnte mehrere Patienten beobachten, die wechselnde Rollen ausagierten, wobei das eine Mal die Identifikation mit dem einen, dann wieder die mit dem anderen Elternteil die Oberhand zu gewinnen schien [19]. Er führt das Verhalten auf eine Konkurrenz verschiedener Identifikationen bei mangelhafter Synthese der Ichkerne zurück, kommt also zu ähnlichen theoretischen Schlussfolgerungen wie GREENSON.

5. Der Versuch zur Veränderung der Realität (Externalisierung)

JACOBSON [144] beschreibt eine Lösungsstrategie für innerpsychische Konflikte, mit der sich Borderline-Patienten ähnlich wie psychotische Patienten vor einer Auflösung ihrer Ich- und Über-Ich-Strukturen und vor einer regressiven Entdifferenzierung und Desintegration schützen, die zu einem manifesten psychotischen Zusammenbruch führen würde. In einem derartigen Konflikt mache das Ich zunächst ausserordentliche Anstrengungen, „um in der Aussenwelt Hilfe zu finden oder sie zu zwingen, ihm in seinem hoffnungslosen Kampf mit den Triebdrohungen beizustehen" [144]. Die Patienten halten oder klammern sich zu diesem Zweck nicht nur an der Aussenwelt fest, sondern *versuchen sie zu verändern* [144].

JACOBSON nimmt an, dass eine grosse Gruppe unter den Borderline- und unter den psychotischen Patienten „den grössten Teil ihrer Energie an sorgfältig ausgewählte Arbeiten, menschliche Objekte und Aktivitäten bindet und besessen an ihnen festhält" [144]. Alle diese Strukturen ermöglichen es dem Patienten, äussere Objekte in unerträgliche oder wünschenswerte, aber nicht annehmbare Teile seines eigenen Selbst zu verwandeln, die er auf diese Weise kontrollieren und beherrschen kann [144]. Es handelt sich dabei um eine Form des Umgangs mit der Realität, die eine hochgradige Konkretisierung und Personifizierung von Impulsen, Empfindungen und Charakterzügen zur Voraussetzung hat, wie sie sich in neurotischem Verhalten nicht findet [144]. Die Neigung, Objekte in Teile des Selbst oder Teile des Selbst in Objekte umzuwandeln, mache es diesen Patienten unmöglich, reife, zwischenmenschliche Beziehungen zu entwickeln [144].

Unsere bisher referierten kasuistischen Beispiele enthalten zahlreiche Hinweise, wie Borderline-Patienten versuchen, sich der Realität in der Weise zu bedienen, dass äussere Objekte Funktionen zugewiesen bekommen, die die innere psychische Struktur dieser Patienten entweder nicht übernehmen kann oder die diese Struktur soweit entlasten, dass ihre Integration gewährleistet bleibt. Das Schattenboxen unseres Patienten K. mit den beiden früheren Geliebten seiner Ehefrau, deren Wiederbelebung in der Phantasie des Patienten nur dem Zweck zu dienen schien, die eigenen sadistischen Impulse „draussen" zu bekämpfen und in Schach zu halten, kann paradigmatisch für die Abwehr von Triebregungen stehen, die nicht von innen gesteuert werden können. Ein anderer Patient, der ebenfalls bereits vorgestellt wurde, benutzte die Polizei in wiederholt erzwungenen Festnahmen, um sich von unerträglichen masochistisch-homosexuellen Triebspannungen zu entlasten und sich einem sexualisierten sadistischen Über-Ich-Substitut zu unterwerfen. Nach meinen eigenen Beobachtungen werden besonders häufig auch autodestruktive Tendenzen in die Aussenwelt verlagert, um der Gefahr von impulsiven Suizidhandlungen auszuweichen. Ein mir bekannter Patient, für den sich unerträgliche Konflikte um seine Männlichkeit rankten, derentwegen er sich hasste und verabscheute, hinderte sich an der Realisierung seiner massiven Suizid- und Homizidphantasien lange Zeit allein dadurch, dass er die massgeblichen medizinischen Instanzen zu einer Geschlechtsumwandlung zu bewegen versuchte. Er konnte von seinem Begehren Abstand nehmen, als mit ihm in einer (relativ kurzen) Psychotherapie das Problem, das seine Männlichkeit für ihn darstellte und der Hass auf die Mutter, der sich vor allem anderen daran knüpfte, durchgearbeitet worden war.

CHESSIK [45] beschreibt den Versuch zur Veränderung der Realität als Lösungsstrategie für innerpsychische Konflikte im Anschluss an ANNA FREUD [82] als „Externalisierung". Der Borderline-Patient baue sich innerhalb und ausserhalb der psychotherapeutischen Beziehung unter einem ständigen Wiederholungszwang *seine* Realität auf und versehe sich auf diese Weise mit einem äusseren Setting, das ihm – nach einer Formulierung von GIOVACCHINI [105] – den Gebrauch adaptiver Techniken ermögliche, die er sich in seiner frühen Kindheit angeeignet hat. Zu diesem Zweck wird die Realität vorselektiert und entsprechend ausschnitthaft wahrgenommen [32]. Gleichzeitig werden äussere Objekte dahingehend manipuliert, dass sie zur Validierung der Projektion benutzt werden können [32]. GIOVACCHINI [105] weist darauf hin, dass diese Form der Externalisierung nicht ohne weiteres mit masochistischen Anpassungstechniken verwechselt werden dürfe. Der Patient kann vielmehr einer „guten" Umgebung, die der von WINNICOTT [315] beschriebenen gesunden mütterlichen Umgebung ähnlich wäre, nicht trauen. Das

Ausbleiben von Frustrationen ist für den Patienten so unausweichlich mit der Erwartung von Enttäuschung verbunden, dass er es vorzieht, seine Beziehungen, auch die zum Therapeuten, nach einem Muster aufzubauen, in welchem er sich anzupassen gelernt hat. „Wenn der Analytiker nicht frustrierend ist, wird das psychische Gleichgewicht des Patienten über den Haufen geworfen. Um das Gleichgewicht seines Ich wiederherzustellen, versucht der Patient, den Analytiker zum Repräsentanten einer (schlechten) Welt zu machen, die ihm vertraut ist" [105], und in die er sich sozusagen selbst einsperrt. Das subjektive Erleben, das sich mit diesem Sein in einer gleichförmig frustrierenden Welt verbindet, haben viele meiner Patienten in dem Bild beschrieben, dass sie „ihre Zuchthausstrafe absitzen" müssten, aus der kein Entrinnen möglich sei. Ein Patient sprach von dem Gefühl der Erleichterung, das ihn in dem Moment befiel, als er sich klar darüber wurde, dass es keine Hoffnung auf eine Veränderung zum Besseren für ihn gab, dass es jetzt also nur mehr auf „Durchhalten" ankäme. Die Erleichterung kam aus dem Erlebnis, den „Kampf aufgeben zu dürfen, weil er sinnlos war". Der gleiche Patient verliess nach einem halben Jahr die Therapie, weil „das Schlimmste für ihn wäre, wieder anzufangen zu hoffen".

CHESSIK [45] beschreibt die existenzielle Angst und Verzweiflung, die Gefühle von Hoffnungslosigkeit und Sinnlosigkeit einer Existenz in einer derart zu einem Ghetto deformierten Umwelt am Beispiel KIERKEGAARDS und NIETZSCHES: „Beide berühmten Schriftsteller – sie lassen sich nur schwer als Philosophen einordnen – illustrieren auf vielfältige Weise die Kombination des unbewussten Bedürfnisses nach Externalisierung als Anpassungsmechanismus und der bewussten Inanspruchnahme durch existenzielle Angst und existenzielle Verzweiflung. Darüber hinaus ist in einer solchen Situation ein sich selbst verstärkender Zirkel involviert, denn offensichtlich wird ein Mensch, der als Folge der Externalisierung von der Welt nur wiederholte Fehlschläge in zwischenmenschlichen Beziehungen und ein Gefühl von Verfolgung oder Ablehnung und Verlassenwerden durch alle anderen Menschen erlebt, in seinen Lebenserfahrungen und seinem Lebensmuster reichlich Anlass finden, sich innerlich auf morbide Weise mit dem Sinn seines Lebens, mit einem Gefühl von Verzweiflung und der Bedeutungslosigkeit all seiner Bemühungen zu beschäftigen, und mit einem tiefen Bedürfnis – das sich oft als Chaos und Agitiertheit in seinem Verhalten zeigt –, irgendeinen Weg aus dem Dilemma und der von ihm erlebten universellen existenziellen Agonie herauszufinden" ([45], S. 766). Die daraus resultierende „Melancholie", die CHESSIK [45] ausdrücklich von dem gleichlautenden psychiatrischen Terminus abgehoben sehen möchte, beschreibt er mit den Worten KIERKEGAARDS:

„Ich fühle mich so leblos und so völlig ohne Freude, meine Seele ist hohl und leer, dass ich mir nicht einmal mehr ersinnen kann, was sie befriedigen könnte – oh, sogar nicht einmal die Seligkeit des Himmels.

Es ist furchtbar, wenn ich auch nur einen einzigen Augenblick lang an den schwarzen Abgrund denke, der von ganz früher Zeit an Teil meines Lebens war. Die Furcht, mit der mein Vater meine Seele erfüllte, seine eigene schreckliche Melancholie, und all die Dinge in diesem Zusammenhang, die sich nicht einmal niederschreiben lassen.

Von Kind auf war ich unter der Herrschaft einer ungeheuren Melancholie, deren Tiefe ihr einzig angemessenes Mass in der gleichermassen ungeheuren Geschicklichkeit findet, die ich besass, sie unter einer augenscheinlichen Heiterkeit und joie de vivre zu verstecken."

Die festgefügten Vorstellungen von einer Welt, in der sich alle schlechten Erfahrungen wiederholen, und aus der es kein Entrinnen gibt, finden ihren Niederschlag in den Selbst- und Objektrepräsentanzen des Borderline-Patienten, deren typische Pathologie uns jetzt beschäftigen wird.

III. Die Pathologie der Selbst- und Objektrepräsentanzen

1. Die Beschaffenheit der Selbstbilder und die Durchlässigkeit ihrer Grenzen

KERNBERG [149, 157] weist darauf hin, dass die bei Borderline-Patienten durch Spaltung voneinander getrennt gehaltenen kontradiktorischen Ich-Zustände eng mit frühen pathologischen Objektbeziehungen korrelieren, die in relativ unmodifizierter Form weiterbestehen. „Im typischen Fall enthält jedes dieser dissoziierten Ich-Segmente ein bestimmtes primitives Objektbild, das sowohl mit einem komplementären Selbstbild verbunden ist als auch mit einer bestimmten affektiven Disposition, die zu jener Zeit bestand, als die jeweilige Internalisierung sich ereignete" ([149], S. 672). Für diese primitiven Objektbilder ist charakteristisch, dass es sich um zutiefst unrealistische Vorstellungen von „ganz guten" (idealisierten) und „ganz bösen" Objekten handelt, die nur unzureichend von der Selbstrepräsentanz geschieden sind. Die Qualität der Objektbilder greift also auf die Selbstrepräsentanzen über, in denen regelmässig ein megalomanes Grössenselbst neben einem abgewerteten, verwerflichen Selbstbild existiert, mit dem sich Gefühle des Unwerts und der Ohnmacht verbinden, und für das GRUNBERGER [120] den Begriff der „Mikromanie" geprägt hat. Wegen dieser Durchlässigkeit ihrer „Selbstgrenzen" [184] besteht bei Borderline-Patienten eine unverhältnismässige Furcht, in der engen Beziehung zu einem andern Menschen beherrscht, kontrolliert und überwältigt zu werden [184]. Der Patient kämpft ständig mit inadäquaten Mitteln um seine Individualität, um die Grenzziehung zwischen sich und dem andern, wofür ihm als letzte Möglichkeit oft nur der abrupte Rückzug aus der Beziehung zur Verfügung steht.

Eine andere Strategie, die von Borderline-Patienten häufig zur Sicherung ihrer Selbstgrenzen angewandt wird, beschreibt ROSNER [250]: Der Patient benötige einen anderen Menschen als „Gegenkraft", gegen die er sich stemmen muss, um sein eigenes Selbst erleben zu können. Die Trennung von einem solchen Objekt bekommt dann eine lebensbedrohliche Qualität. „Das Ich wird zwischen dem Selbst und dem andern in einer symbiotischen, sado-masochistischen Operation gespalten. Ohne den andern (Elternteil oder Analytiker), der als Spiegel oder Gegenkraft dient, fühlt sich der Patient zerstört. Der Patient erlebt keine unabhängige Ichkraft. Das Teil-Ich existiert nur, wenn es dem Rest des Ich (der im andern lokalisiert ist) Widerstand leisten kann. Infolgedessen können sich diese Patienten nicht voll äusseren Zielen hingeben – sie können Fertigkeiten und Kenntnisse nicht als Zeichen der Ich-Expansion erleben, weil diese nicht den Zweck erfüllt, das Teil-Ich mit dem anderen Teil-Ich zu vereinigen" ([250], S. 43). Die in der Analyse von Borderline-Patienten so häufige negative therapeutische Reaktion hängt öfters mit dieser Art von Identitätsgefühl zusammen, für welches der Analytiker als Widerpart vonnöten ist. Die Versuchung, sich mit den Zielen des Analytikers in positiver Weise zu identifizieren, bringt den Patienten in Gefahr, sein abgespaltenes sadistisches Teil-Ich zu verlieren, das er deshalb permanent im Analytiker wieder aufrichten muss.

Eine dritte Kategorie von Borderline-Patienten, die LEWIS [184] beschreibt, kann ihre Selbstgrenzen nur erleben, wenn sie mit einem idealisierten Objekt verschmelzen. Bei diesen Patienten tritt anstelle des Kampfes um die Trennung also das Bemühen um Fusion, das sich in Form eines ständigen Objekthungers manifestiert. Sie fühlen sich unvollständig und fragmentiert, wenn sie kein geeignetes Objekt zur Identifizierung (die für diese Patienten eine Verschmelzung bedeutet) finden, weil sie sich selbst nicht als ein autonomes Individuum perzipieren können (oder dürfen). Die Durchlässigkeit der Selbstgrenzen und der damit verbundene Mangel an „Ich-Gefühl" [72] macht die *Identifizierung* für den Borderline-Patienten ganz generell zu einem prekären Problem. Die Patienten hungern nach Identifizierung, um ihre innere Leere aufzufüllen, und fürchten sie gleichzeitig, weil sich für sie mit der Identifizierung die Gefahr des völligen Identitätsverlustes verbindet [115]. Zur Abwehr dieser Gefahr werden deshalb oft eine Reihe kontraphobischer Mechanismen entwickelt. Unter ihnen ist die oft beschriebene Trennung zwischen einem „wahren Selbst" und einem „falschen Selbst" für Borderline-Patienten besonders typisch [164, 179, 311]. Die Patienten entwickeln auf der Basis oberflächlicher Identifizierungen nach aussen hin eine Fassade angepasster Verhaltensweisen, hinter der sich das „wahre Selbst" so vollkommen verbergen kann, dass es keinen Kontakt zur Realität mehr findet. Es kommt auf diese Weise also zu einer Spaltung in zwei Selbstrepräsentanzen, die sich immer weiter auseinanderentwickeln. Das von der Realität abgeschnittene „wahre Selbst" verflüchtigt sich immer mehr zu einer für den Patienten oft kaum mehr fassbaren megalomanischen Phantasie, während die ursprünglich als Schutz des wahren Selbst intendierte „falsche" Fassade immer mehr Raum gewinnt und den Patienten dem unlösbaren Zweifel ausliefert, inwieweit er mit dieser äusseren Schicht seines Selbst nun wirklich identisch sei oder nicht [179]. Die von HELENE DEUTSCH [57] beschriebenen „Als-ob-Persönlichkeiten" funktionieren weitgehend auf dieser Ebene.

Es leuchtet ein, dass ein Patient auf der Basis derart konzipierter Selbstrepräsentanzen kaum ein Gefühl für sein eigenes historisches Gewordensein in der Zeit und eine entsprechende Zukunftsperspektive entwickeln kann. Wer sich nicht mit seiner Vergangenheit identisch fühlt und sich nicht in die Zukunft hinein entwerfen kann, wird aber auch seinen jeweiligen eigenen Standort gegenüber einer sich verändernden Umwelt nur schwer bestimmen können. Gerade diese Fähigkeit bildet aber eine unabdingbare Voraussetzung für die Entwicklung einer stabilen Ich-Identität. Die Selbstrepräsentanzen des Borderline-Patienten bleiben deshalb auch im historischen Längsschnitt zersplittert und vage [184].

Die Entwicklung einer realistischen *Zeitperspektive* wäre darüber hinaus die Voraussetzung für die Fähigkeit, das Auseinanderklaffen von wunschbestimmten und realistischen Selbstimagines zu ertragen, weil die Hoffnung auf eine Überbrückung der Kluft in ferner Zukunft das Individuum in die Lage versetzt, sich mit den Insuffizienzen der Gegenwart abzufinden [145]. Wo diese Zukunftsaussicht fehlt, muss die Kluft auf andere Weise geschlossen werden. Beim Borderline-Patienten geschieht dies regelmässig durch eine magische Wunscherfüllung, in der die *wunschbestimmten Selbstbilder mit den realistischen Selbstrepräsentanzen verschmelzen* [156, 157]. Die daraus resultierenden phantastischen Verkennungen der Realität ersetzen dem Borderline-Patienten den langen und mühseligen Weg, der in der Realität gegangen werden müsste, um sich dem Wunschbild tatsächlich anzunähern.

Das klinische Bild der *Identitätsdiffusion,* das sich aus allen diesen Erscheinungen ergibt, verstärkt sich durch die Schwierigkeit des Borderline-Patienten, die eigene Vorstellung über das Selbst mit der Vorstellung, die er bei andern darüber vermutet, zur Deckung zu bringen [184]. Gerade wegen der Durchlässigkeit seiner Selbstgrenzen neigt der Borderline-Patient dazu, sich gleichzeitig mit den eigenen Augen und denen der anderen zu sehen. Die verzweifelte Anstrengung, das eigene Selbstbild mit dem Fremdbild in Deckung zu bringen, mündet in die ständige Versuchung zur Übernahme des (projizierten) Fremdbildes, um auf diese Weise die Spannung zu vermindern. Die andern verlieren ihre Funktion als Spiegel, der das eigene Identitätsgefühl bekräftigt; sie verkörpern stattdessen eine permanente Bedrohung dieser prekären Identität, weil der Patient einen Zwang zur Anpassung erlebt, der von ihm das Opfer seiner ureigensten Individualität verlangt, die er deshalb sorgfältig manchmal sogar vor sich selbst verbergen muss, will er nicht ganz und gar zur Marionette der (phantasierten) Vorstellungen seiner Umwelt werden.

2. Die trianguläre Struktur der Objektrepräsentanzen

Da die äusseren Objekte wegen der fortbestehenden Spaltung beim Borderline-Patienten sich innerpsychisch immer in zwei gegensätzlichen Repräsentanzen abbilden, ist seine Beziehung zu den Objekten eine grundsätzlich trianguläre [112]. Mutter und Vater sind also immer in einer ödipalen (oder besser: pseudoödipalen) Struktur repräsentiert; „jedoch sind es weder die Geschlechtsunterschiede, noch ihre Funktionen, die diese beiden Objekte zutiefst voneinander unterscheiden" [112]. Die Unterscheidung erfolgt vielmehr entlang der Trennungslinie „gut" und „böse" und führt auf diese Weise lange vor Erreichung der eigentlich ödipalen Phase zur Aufspaltung der Elternimagines in einen guten und in einen bösen Elternteil oder in „gute à-sexuelle" und „böse sexuelle" Eltern ([275], S. 142) oder andere Phantasievorstellungen, die sich um das „gute" und das „böse" Objekt und *die Beziehungen zwischen beiden* ranken. Die oft beschriebene „Ödipalisierung" der Konflikte von Borderline-Patienten [116, 150] mit *der charakteristischen Einbeziehung eines Dritten in die duale Beziehung* [150] und der von KERNBERG [149, 150, 157] beobachteten Verdichtung von prägenitaler und genitaler Aggression dürfte in diesen ursprünglichen, aus der Spaltung resultierenden „Triangeln" ihre letzte und entscheidende Wurzel haben. Möglicherweise lassen sich auch die besonders von HEIMANN [132] und ROIPHE [241, 242] beschriebenen „frühen Vorläufer des Ödipuskonfliktes beim Kinde" aus Phantasien erklären, in denen das Kind versucht, zwischen dem guten und bösen Objekt eine (sexualisiert oder aggressiviert wahrgenommene) Beziehung zu konstituieren.

In den theoretischen Vorstellungen von GREEN [112] besitzen diese triangulären Objektrepräsentanzen darüber hinaus noch eine besondere Variante, die mir vor allem deshalb interessant scheint, weil sie geeignet sein könnte, das von Borderline-Patienten so stereotyp geklagte *Gefühl der Leere* zu erklären. Nach der Auffassung von GREEN [112] erfolgt die Aufspaltung der Objekte nicht nur nach der Qualität „gut" und „böse" sondern auch nach den Eigenschaften „abwesend oder nicht existent" (das idealisierte Objekt) und „beherrschend präsent" (das schlechte Objekt). Die beherrschende Präsenz kann zum Beeinflussungsgefühl des Wahns führen und die Unerreichbarkeit zur

Depression [112]. In jedem Falle werde das Denken mitbetroffen. Die Frage, warum dies so sei, wird von GREEN [112] in folgender Weise beantwortet:

„Weil es in beiden Fällen nicht möglich ist, die Abwesenheit zu konstituieren. In der Tat mobilisiert das als Eindringling stets gegenwärtige Objekt, das permanent den persönlichen psychischen Raum durchdringt, eine dauernde Gegenbesetzung, um gegen diesen Einbruch zu kämpfen, der die Ressourcen des Ich erschöpft oder erzwingt, sich seiner durch die Evakuierung auf dem Wege der expulsiven Projektion zu entledigen. Da es niemals abwesend ist, kann es auch nicht gedacht werden. Umgekehrt kann das unerreichbare Objekt, das niemals – oder jedenfalls nicht für eine zureichende Dauer – in den persönlichen Raum mitgenommen werden kann, ebenfalls nicht nach dem Modus einer imaginären oder metaphorischen Präsenz konstituiert werden. Dazu müsste es vom schlechten Objekt erst verjagt worden sein. Und ebenso wäre, wenn das schlechte Objekt den Platz räumte, der psychische Raum, der nur vorübergehend von dem guten Objekt eingenommen werden kann, gänzlich entvölkert. Dieser Konflikt führt zur vergöttlichenden Idealisierung eines guten, unerreichbaren Objekts (wobei das Ressentiment gegen dessen Nichtverfügbarkeit aktiv verkannt wird) und zur diabolischen Verfolgung durch das schlechte Objekt (das Festhalten an dieser Situation wird ebenfalls verkannt). Bei diesen Fällen kommt es weder zu einer manifesten Psychose, bei der die Projektionsmechanismen sich voll entfalten, noch zu einer ausgeprägten Depression, in der die Trauerarbeit geleistet werden könnte. Der erreichte Effekt ist die Lähmung des Denkens, die sich in einer negativen Hypochondrie des Körpers und besonders des Kopfes ausdrückt: Gefühl der Leere im Kopf, einer Lücke in der geistigen Aktivität, Konzentrations- und Erinnerungsunfähigkeit usw." ([112], S. 516).

Das schlechte Objekt kann unter diesen Umständen vom Patienten überhaupt nur aufgegeben werden, wenn der Analytiker ihm einen „durchlüfteten" [112] Raum zur Verfügung stellt, der „weder leer noch vollgepfropft" ist. Vermutlich bezieht sich BALINT]14] auf das gleiche Phänomen, wenn er für seine auf die „Ebene der Grundstörung" [14] regredierten Patienten vor allem einen „unaufdringlichen Analytiker" fordert, der dem Patienten „Zeit und Milieu" bereithält und seinem Erleben „als Zeuge beiwohnt", anstatt mit Deutungen oder gar Forderungen in ihn einzudringen.

Die pathologische Auswirkung derartiger Dreieckskonstellationen auf die Objektbeziehungen eines Patienten ist evident. In der von GREEN [112] beschriebenen Konstellation ist die Sehnsucht nach dem Liebesobjekt so unlösbar mit der Vorstellung von Unerreichbarkeit gekoppelt, dass der Patient sich häufig bereits bei dem Gedanken immobilisiert fühlt, das Objekt durch aktive Bemühungen in seine Reichweite zu bringen. In den Fällen, wo dann doch eine Beziehung zustande kommt, verliert das nunmehr präsente Objekt schnell seine idealen Qualitäten und wird in bedrohlicher Weise allgegenwärtig, sodass der Patient auf tragische Weise gezwungen ist, aktiv die lebensrettende Trennung herbeizuführen, um dann dem verlorenen Objekt mit unerträglichen Verlustgefühlen anzuhängen. In den „ödipalisierten" Dreieckskonstellationen *muss* der Patient praktisch einen „bösen" Dritten in die Beziehung hineinnehmen, wenn diese nicht unter seinen extremen Gefühlsumschwüngen zerbrechen soll. Die Beziehung bleibt dann solange tragfähig, wie der Patient sich beispielsweise mit dem Partner gegen einen bedrohlichen Dritten in der Aussenwelt (meist einen Eltern- oder Schwiegerelternteil) zusammenschliessen kann. Andernfalls steht der Patient vor der unlösbaren Aufgabe, zwei mit gegensätzlichen Gefühlsvalenzen besetzte Repräsentanzen des Partners miteinander zur Deckung zu bringen. Häufig spalten sich diese Repräsentanzen entlang der Trennung in eine „gute symbiotische" und eine „verräterische ödipale" Mutter. Wenn der Patient sich dann etwa in sexueller Absicht seiner „guten" Mutter-Frau nähern will, registriert er bei sich ein unerklärliches Umkippen der Gefühle. Die Beispiele, wo die Frau dann unvermutet als „Hure" beschimpft oder mit manchmal wahnartigen Eifersuchtsphantasien verfolgt wird, sind in der klinischen Praxis recht bekannt. Anders als bei echten ödipalen Konflikten sind es aber weder inzestuöse Ängste noch die Angst vor der Kastration durch eine verbietende Vater-Figur, die den Patienten bei der Ausführung des Sexualaktes hindern, sondern vielmehr die Angst vor den eigenen zerstörerischen Impulsen, die der ödipal-verräterischen Mutter (Ehefrau) gelten.

3. Das „eingefrorene Introjekt" [106] *und die Unfähigkeit zu trauern*

Ähnlich wie Green [112] beobachtete auch Giovacchini [106] bei seinen Borderline-Patienten eine Art „emotionaler Paralyse" [106], die er auf die Unfähigkeit dieser Patienten zurückführt, das einmal introjizierte Objekt aufzugeben. Borderline-Patienten haben an ihren frühen idealisierten Beziehungspersonen nicht die *schrittweisen* Enttäuschungen erleben können, die das Kind in die Lage versetzen, einen Teil der idealisierenden Libido von den elterlichen Imagines abzuziehen und sie zum Aufbau einer eigenen psychischen Struktur zu verwenden [174]. Die Enttäuschung am äusseren Objekt (bis hin zu seinem völligen Verlust) scheint vielmehr bei diesen Patienten so massiv und frustran verlaufen zu sein, dass das introjizierte Objekt sofort vor der riesigen Enttäuschungsaggression (im Sinne narzisstischer oder oraler Wut) abgeschirmt werden musste. Es kann dann – wie alle späteren, nach dem gleichen Muster verlaufenden Objektbeziehungen – nicht aufgegeben werden, weil die damit verbundene *Trauerarbeit* nicht geleistet werden kann. In der Trauerarbeit wird „jede einzelne der Erinnerungen und Erwartungen, in denen die Libido an das Objekt geknüpft war, eingestellt, überbesetzt und an ihr die Lösung der Libido vollzogen" [90]. Die von GIOVACCHINI [106] vorgestellten Patienten konnten diese mit der Trauerarbeit verbundene vorübergehende Überbesetzung der inneren Repräsentanz des verlorenen Liebesobjektes deshalb nicht vornehmen, weil dies einen Zustand zerberstender, nicht mehr integrierbarer Wut und damit die Gefahr der Ich-Fragmentierung heraufbeschworen hätte. Die Patienten reagierten stattdessen mit dem „Einfrieren des Introjektes" in einen Zustand „weder tot noch lebendig" [106]. Das Ergebnis war eine Fixierung der Ich-Entwicklung auf das Stadium psychischer Balance, wie es für den Zeitpunkt unmittelbar nach dem eingetretenen Objektverlust charakteristisch war [106].

Borderline-Patienten können nicht trauern, und sie wollen es auch nicht. Der wie eine „Schicksalsneurose" [58] anmutende Wiederholungszwang dieser Patienten ebenso wie ihr ausgeprägter Masochismus lassen sich auch als eine *Verweigerung der Trauerarbeit* verstehen [110, 195, 319]. Im Zuge dieser Trauerarbeit müssten innere Objekte und die mit ihnen verknüpften Erwartungen aufgegeben werden, und zwar zugunsten einer Realität, die dem Borderline-Patienten weithin unbekannt, unsicher und bedrohlich erscheint. Für ihn hiesse das, eine Veränderung zu akzeptieren oder gar zu erhoffen, die gerade für ihn bisher „in einem zu geringen Masse in einer Entfaltung der persönlichen Fähigkeiten und in einer Bereicherung der Lebenserfahrung bestanden hat, und in einem zu hohen Masse in einer ununterbrochenen Reihe von persönlichen Verlusten, in zunehmender Angst und Einsamkeit" [270]. „Er hat allen Grund anzunehmen, dass jede weitere Veränderung nur noch mehr Leiden mit sich bringen wird" [270]. So nimmt es nicht wunder, wenn Borderline-Patienten eine Beziehung zur Vergangenheit unterhalten, in welcher es primär darum geht, diese Vergangenheit zu idealisieren und wiederherzustellen. „Sie klammern sich an die Hoffnung auf eine bessere Vergangenheit und unterlassen das gleiche für eine bessere Zukunft" [116].

4. Das Übergewicht der inneren über die äusseren Objekte

Wo die Vergangenheit anstelle der Zukunft tritt, erfolgt unweigerlich eine Zurücknahme der libidinösen Besetzung *äusserer* Objekte zugunsten einer gefährlichen Überbesetzung des innerpsychischen Dramas [290], in welchem *innere* Objekte die Hauptakteure darstellen[2].

„Wenn dies der Fall ist, erwachsen dem Individuum aus der blossen Beziehung zu seinen inneren Objekten Angst und Qualen, Hochgefühle und Frustrationen" [290]. Nach STIERLIN ist dies der Punkt, wo die prinzipiell autonomiefördernde (d.h. von den Veränderungen der äusseren Realität unabhängig machende) Funktion der inneren Objekte in Entfremdung umschlägt, und wo das Individuum praktisch zum Gefangenen seiner inneren Objekte wird [290]. „Denn vom Standpunkt der wirklichen Welt gesehen, ist dieses innere Drama bloss ein Schattenboxen. Das Individuum ist sich selbst in die Falle gegangen. Es wird egozentrisch wie ein kleines Kind. Indem es sich seinem inneren

[2] In den in diesem Kapitel referierten Theorien über die Pathologie der Selbst- und Objektrepräsentanzen beim Borderline-Syndrom ist immer wieder von „inneren Objekten", „guten und bösen Objekten", „Introjekten" oder „inneren Objektbeziehungen" die Rede. Ich habe diese Terminologie weitgehend übernommen, möchte aber doch daran erinnern, dass es sich im Grunde niemals um reale Objekte handelt, die den psychischen Innenraum bevölkern, sondern um *innerpsychische Repräsentanzen dieser Objekte,* also um tiefverwurzelte Phantasievorstellungen. SCHAFER [261] hat mit Recht darauf hingewiesen, dass die heute noch vielfach übliche psychoanalytische Terminologie eine irreführende Hypostasierung dieser inneren Repräsentanzen beinhalte, die merkwürdigerweise genau der früher beschriebenen Neigung von Borderline-Patienten zur Hypostasierung und Konkretisierung innerpsychischer Phänomene entspricht und deshalb unbedingt (auch bei der Mitteilung von Deutungen in der Analyse) vermieden werden sollte.

Drama ausliefert, verliert es das Interesse an den äusseren Objekten. Indem es sich in sich selbst wie in eine Festung zurückzieht, verschanzt es sich gegen den möglichen Verlust dieser Objekte. Es macht sich immun gegenüber menschlichem Leiden, Kummer und Trauer, aber optiert sich damit auch aus dem gelebten Leben heraus. Und indem es sich auf solche Weise vom Leben zurückzieht, büsst sein Ich auch die Chance ein, sich durch Objektverlust zu wandeln und zu wachsen" ([290], S.88f.).

Ganz ähnlich spricht BYCHOWSKI von der „Unzerstörbarkeit der ursprünglichen Imagines im Ich-Feld mancher Menschen" [38]. Die intensive Aggression, die den verinnerlichten Objekten gilt, zwinge das Ich dazu, diese Objekte mit allen Mitteln zu bekämpfen. Da es sie aber nicht daran hindern kann, weiterzuexistieren und fortzuwirken, müssen die zerstörerischen Impulse ad infinitum weiteragiert werden. BYCHOWSKI [38] kann am Beispiel MARCEL PROUSTS eindrucksvoll zeigen, wie sich dieser Kampf mit einem unzerstörbaren Introjekt in Szene setzt:

> Die Werke von Proust enthalten ebenso wie seine autobiographischen Zeugnisse zahlreiche Hinweise auf die intensive Zärtlichkeit, mit der sich Proust bis weit ins Mannesalter an seine Mutter gebunden und von ihr abhängig fühlte. Jahre nach dem Tod der Mutter, „als seine fortgeschrittene Krankheit ihn die meiste Zeit ans Bett fesselte und ihm nur noch seltene Fahrten in die Stadt erlaubte, pflegte er auf diesen Besuchen ein Hotel aufzusuchen, das einer seiner früheren homosexuellen Partner unterhielt, und sich dort in homosexuelle Praktiken mit männlichen Prostituierten einzulassen, die der Hotelbesitzer ihm besorgte. Ein wichtiges Requisit dieser Orgien war ein Portrait seiner Mutter, dessen Entweihung zu einer vorbereitenden Zeremonie gehörte. Diese Hotelbesuche waren zu einer Sucht geworden, und Proust wusste, dass er nur durch sein eigenes Dahinschwinden davon befreit werden konnte" ([38], S.526f.).

BYCHOWSKI [38] sieht ein zentrales Motiv der Erlösungsvorstellungen in den östlichen Religionen in der Befreiung von den Introjekten. „In den Upanishaden heisst es, das Ich, das sich von inneren Bildern freigemacht habe, könne seine Bindung an die Maya, d.h. die grosse Illusion, verlieren, also den Glauben an die Existenz der äusseren Wirklichkeit" ([38], S.534). „Über verschiedene Zwischenstufen gelangt der indische Weise schliesslich zum Ideal des völlig befreiten, des ‚lebend Erlösten'. Ein solcher Mensch hat sich völlig aller Hüllen der Realität entkleidet, wir würden sagen, aller Introjekte entledigt; so kann er sein wahres Selbst als identisch mit dem Wesen des Alls erkennen" ([38], S.534).

Während die angestrebte Erlösung von den Introjekten in diesen religiösen Heilslehren in die Befreiung der All-Identität mündet, bedeutet sie für den Schizophrenen die „Weltuntergangskatastrophe" [84]: FREUDS Patient Schreber beschrieb diese „Weltuntergangsstimmung" kurz vor seinem endgültigen psychotischen Zusammenbruch, der sich auch als ein Verlust der inneren Objekte verstehen lässt: Um ihn herum nur mehr „flüchtig hingemachte Männer", nicht mehr eigentlich; er selbst als der einzige wirklich übrig gebliebene Mensch auf einem im Grunde bereits entvölkerten Planeten. Die Welt ist für ihn untergegangen, seitdem er ihr (bzw. ihren innerpsychischen Repräsentanzen) die Besetzung – man könnte auch sagen: seine Liebe – entzogen hat. Es ist nicht zuletzt die Angst vor diesem *totalen* Objektverlust, die den Borderline-Patienten veranlasst, verzweifelt an einem „bösen" Introjekt festzuhalten, das ihm wenigstens die Aufrechterhaltung seiner psychischen Struktur gewährleistet.

IV. Die affektive Ausstattung des Ich beim Borderline-Patienten

1. Die Abwehr der Depression in der paranoid-schizoiden Position

Die fehlende Durchdringung von libidinösen und aggressiven Triebabkömmlingen bei Borderline-Patienten bedingt nach der Auffassung von KERNBERG [149] eine allgemeine affektive Starre und eine Flachheit der Emotion, bei gleichzeitiger Neigung zur Eruption primitiver Gefühlszustände. Insbesondere mangele es diesen Patienten an der Fähigkeit zur Entwicklung von Gefühlen, die mit dem Erlebnis von Ambivalenz gegenüber einem Objekt zusammenhängen; dazu gehören neben der Möglichkeit, die Aggression durch gleichzeitig bestehende libidinöse Impulse zu modifizieren, vor allem Gefühle von Depression, Schuld, Besorgnis für den andern und das Bedürfnis nach Wiedergutmachung. Aufgrund meiner eigenen Erfahrungen mit Borderline-Patienten neige ich zu der Annahme, dass das, was bei diesen Patienten wie eine prä-depressive Fixierung auf der Ebene der paranoid-schizoiden Position [168] aussieht, in Wirklichkeit eher einer *permanenten Regression* auf die Abwehrkonstellation der paranoid-schizoiden Position entspricht, geboren aus der sich wiederholenden Erfahrung der Unmöglichkeit, die depressive Position mit Hilfe von Wiedergutmachung zu bewältigen. Alle mir bekannten Patienten aus dieser Gruppe zeigten eine existenzielle Abhängigkeitsproblematik, die allenfalls vorübergehend und mit wechselnden Erfolgen durch „Omnipotenz und Verachtung" (der typischen Abwehrform der paranoid-schizoiden Position [168]) verleugnet werden konnte. Vieles deutet darauf hin, dass diese Patienten in der depressiven Position, zu der sie vorgestossen sind, in der Beziehung zum inneren und äusseren Objekt „intensive Gefühle von Furcht, Verlust, Trauer, Sehnsucht" [275] in einem Ausmass erleben, welches zusammen mit der Unmöglichkeit der Wiedergutmachung die Flucht aus der Ambivalenz zurück in die Aufspaltung des Objekts in „gut" und „böse" erzwang. Später reagiert der Patient mit dem gleichen Fluchtmechanismus, wenn er sich mit der drohenden Wiederholung seines „depressiven Traumas" konfrontiert fühlt[3].

„Was die spätere von der früheren Anwendung dieser Mechanismen unterscheidet, ist die Tatsache, dass sie im Einklang mit dem besser integrierten Zustand des Ich hoch organisiert ist und gezielt gegen die Erfahrung von Schuldgefühl und depressiver Angst gerichtet werden kann" [275]. Die permanente Regression des Borderline-Patienten auf die Abwehrformen der paranoid-schizoiden Position entspricht also eher einer *kontraphobischen* Einstellung gegenüber emotionalen Erlebensweisen, die

[3] Nach J. RIVIERE [239] hängt die bei Borderline-Patienten so häufige *negative therapeutische Reaktion* eng mit dem Bestreben des Patienten zusammen, *sich und andere* vor den Gefahren der depressiven Position zu schützen. Sie beschreibt diese „Gefahr", deren Abwendung der Patient sogar seine eigene Genesung zu opfern bereit ist: „Der Inhalt der depressiven Position (wie Melanie Klein gezeigt hat), ist die Situation, in welcher alle geliebten Menschen *im eigenen Innern* tot und zerstört sind, alles Gute zerstreut ist, verloren, in Scherben, vergeudet und in alle Winde zerstreut; nichts ist im *Innern* geblieben als äusserste Verzweiflung. Liebe bringt Leiden, und Leiden bringt Schuld; die unerträgliche Spannung steigt, es gibt kein Entkommen, man ist unvorstellbar allein, ohne Beistand und Hilfe. Die Liebe muss sterben, weil die Liebe tot ist. Überdies gäbe es niemanden, der einen fütterte, niemanden, den man füttern könnte, und keine Nahrung in der Welt. Und mehr noch: Die magische Kraft in den weiterlebenden Verfolgern, die niemals ausgelöscht werden können – den Geistern – bliebe ungebrochen. Tod wäre die unmittelbare Folge – und man würde es vorziehen, von eigener Hand zu sterben, bevor eine solche Position Wirklichkeit werden könnte" (S. 313).

der Patient nur als traumatisch erinnern kann, und weniger einem grundlegenden „affektiven Defekt".

Auch Wolberg [319] sieht in dem paranoid getönten Erleben von Borderline-Patienten in erster Linie eine Abwehr gegen die Depression. In dieser Abwehr geht es darum, die in der depressiven Position erlebten Gefühle wieder „auszulöschen". An die Stelle der so extinktierten Gefühle müssen aber *Gefühlssurrogate* treten, wenn keine lebensvernichtende Leere entstehen soll. Die dem Borderline-Syndrom oft als typisch zugeschriebenen Gefühle der „Angst", der „Wut" und der „Anhedonie" eignen sich in hervorragender Weise für die Übernahme dieser Ersatzfunktion.

2. *Affekte und ihre Surrogate*

a) *Qualität und Funktion der Borderline-Angst.* Betrachten wir zunächst die Angst des Borderline-Patienten unter diesem Blickwinkel. Eine gängige Redewendung besagt, dass man Gefühle unter einer Decke von Angst „ersticken" kann. Überwältigende Angst löscht alle andern Gefühle vorübergehend aus und programmiert das Individuum auf blinden Gegenangriff oder aber auf Flucht bzw. Totstellreflex. Die Angst kann also als „Deck-Affekt" [116] fungieren oder aber als Füllsel einer Leere, welches dem Patienten das Gefühl des Lebendigseins garantiert [319]. Wo sie zur Abwehr anderer Gefühle eingesetzt wird, ist ihr ausserdem ein impliziter Verleugnungseffekt eigen: Angst (als Real-Angst) wird sinnvollerweise nur dort erlebt, wo ein gefürchtetes Ereignis noch nicht eingetreten ist. Die adäquate Gefühlsreaktion auf den Eintritt des Ereignisses wäre demgegenüber die Depression [323]. Fortbestehende Angst kann dem Individuum also suggerieren, dass ein Ereignis noch nicht stattgefunden hat, weil es sich ja noch vor ihm fürchtet.

Zetzel [323] betont, dass die Angstmanifestationen von Borderline-Patienten häufig die Qualität „primärer Angst" [323] (anstelle von Signalangst) haben. Freud [83, 91, 94] hielt das Geburtserlebnis für den Prototyp des traumatischen Erlebnisses, in welchem diese primäre Angst entwickelt wird. Später reagiere das Individuum mit primärer Angst auf analoge Situationen, in denen vor allem Hilflosigkeit gepaart mit überwältigender Erregung erlebt wird, und in der das Individuum sich nicht nur von allen guten Objekten verlassen fühlt, sondern sich von seiten aller bösen Objekte, seien sie äussere oder innere, dem Angriff und der Vernichtung ausgesetzt sieht [323]. ZETZEL [323] sieht in der Bereitschaft mancher Borderline- und psychotischen Patienten zu Angstreaktionen vom primären Typus eine Grenze der Analysierbarkeit: „Es kann sein, dass Patienten, die bei jedem Anstieg der Spannung zur Entwicklung von Angst mit den hemmenden Eigenschaften des primären Typus neigen, nicht nur von Anbeginn ihres Lebens an so behindert gewesen sind, dass sie nicht das Niveau der Ich-Entwicklung erreicht haben, auf dem sekundäre Angst entstehen konnte, sondern das sie auch in der analytischen Situation dazu neigen, dieses traumatische Erlebnis zu wiederholen, und zwar mit Manifestationen, die starken Zweifel wecken, ob sie überhaupt zu einer befriedigenden Entwicklung fähig sind" ([323], S. 54). Diese Art der Angstreaktion, die ich selbst nur bei einem einzigen meiner Patienten beobachtete, der sich in der Tat auch als nicht analysierbar erwies, sollte nicht verwechselt werden mit der bei Borderline-Patienten oft zu bizarren Gruseleffekten gesteigerten „libidinisierten Angst" [75], wo die Angst mit libidinösen Triebanteilen durchsetzt ist (eine Kombination, die sich häufig aus Urszenen-Beobachtungen herausbildet), die ihr eine erhebliche Befriedigungsqualität verleihen. Ein Patient, der diese libidinisierte Angst in der Analyse agiert, signalisiert dem Analytiker mit seiner dramatischen Angst: „Finger weg von dem, was die Angst verbirgt!", während er gleichzeitig unbewusst versucht, den Analytiker in sein Angsterleben hineinzuziehen und sich auf diese Weise mit ihm gemeinsam heimlich eine libidinöse, voyeuristisch gefärbte Befriedigung zu verschaffen. Weil diese libidinisierte Angst neben ihrer Abwehrfunktion oft die einzige Befriedigungsmöglichkeit des Patienten darstellt, kann sie besonders schwer aufgegeben werden und stellt bei Borderline-Patienten einen Übertragungswiderstand allerersten Ranges dar.

b) *Die Funktion der Wut.* Vieles von dem, was wir über die Rolle der Angst als Gefühlssurrogat und Deck-Affekt gesagt haben, lässt sich unmittelbar auf den Affekt der Wut übertragen. Nach überwiegender Meinung sind Ärger und Wut im Gefühlsspektrum des Borderline-Patienten auf charakteristische Weise vorherrschend [123]. Manche Autoren versuchen, dieses Phänomen mit einer konstitutionell gesteigerten aggressiven Triebkomponente bei diesen Patienten zu erklären (z.B. [209]), andere führen die exzessive Aggression eher auf das Erlebnis schwerer narzisstischer oder oraler Traumata in den ersten Lebensjahren zurück (z.B. [204]) oder nehmen eine entsprechende Kombination von Erb- und Umweltfaktoren an [150]. Wenn es aber frühe frustrierende Umwelterfahrungen sind, auf die das Kind mit Wut reagierte, warum besteht die Wut dann in dieser exzessiven und unmodifizierten Weise fort? Um diese Frage zu beantworten, genügt es meiner Meinung nach nicht, auf die mangelnde Legierung von libidinösen und aggressiven Triebregungen beim Borderline-Patienten [149] zu verweisen. Ich glaube vielmehr, dass hier neben der genetischen Erklärung auch eine *funktionale* Hypothese vonnöten ist: Die – aus welchen genetischen Traumata auch immer entstandene – Wut des Borderline-Patienten hat eine bedeutsame Funktion für die Aufrechterhaltung seines aktuellen psychischen Gleichgewichtes. Das Fortbestehen der Wut erscheint plausibel, wenn man davon ausgeht, dass das Wuterleben dem Borderline-Patienten gleichzeitig eine Möglichkeit

1. zur Spannungsabfuhr im Rahmen eines Ersatzgefühls (66a, 66b),
2. zur Abwehr anderer, ängstigenderer Triebregungen, und
3. zur eigenen narzisstischen Rechtfertigung

bietet. Diese funktionale Auffassung der Borderline-Wut wird – wenn auch kaum in systematischer Form – in der Literatur auf vielfache Weise belegt.

MILLER [210] beschreibt ähnlich wie BOWLBY [27], dass die Wut der Angst entgegenarbeitet, mit der Borderline-Patienten auf das Erlebnis einer Triebversagung durch ein bedeutsames Objekt vor allem deshalb reagieren, weil allein die Tatsache der Frustration beweist, dass das Objekt als getrennt und eigenständig existiert. Die so induzierte Angst kann beim Borderline-Patienten katastrophale Ausmasse annehmen und dann – so MILLER [210] – eine Ich-Regression einleiten, die nahe an die Gefahr der Ich-Fragmentierung heranführt. *Der Patient erlebt diesen Prozess so, als ob er das Resultat eines von dem frustrierenden Objekt gestarteten Angriffs wäre, und reagiert mit Wut auf dieses Objekt.* „Für den Borderline-Patienten gehen die Ich-Auflösung und die begleitende Regression so rapide vor sich, dass verfeinerte sublimatorische Prozesse, auch wenn sie verfügbar wären, wenig nützten. Die Wut jedoch stoppt die Regression, neutralisiert das Erlebnis und identifiziert den Gefühlszustand als etwas Vertrautes. Die realitätsprüfenden Mechanismen werden verschont und dies schützt zusammen mit der Aufrechterhaltung der Objekt-Besetzung in hohem Masse den Zustand der Objektbeziehungen" ([210], S. 160). In einem anderen Kontext, aber mit ähnlichen Ergebnissen, beschreibt BOWLBY [27], dass Kinder (und Erwachsene) auf Trennungserfahrungen zunächst mit Wut reagieren. Die Wut sei wesentlich auch als Sanktion für das verlassende Objekt gedacht und soll verhindern, dass sich ähnliche Erfahrungen wiederholen. Wut sei deshalb eigentlich nur sinnvoll, wenn der Verlust des Objekts nicht als endgültig angesehen werde. Daraus könnte man folgern, dass masochistisches Sich-Festklammern an der Wut und das häufige gedankliche „Wiederkäuen" der Enttäuschung auch der Verleugnung eines endgültigen Objektverlustes dient und das Individuum vor der mit dieser Erkenntnis verbundenen Panik schützt. Ich glaube, dass sich diese Hypothese vor allem für die *chronische Wut* von Borderline-Patienten erhärten lässt. In anderen Fällen kann es demgegenüber gerade die Wiederbelebung infantiler exzessiver Aggression sein, die die Gefahr einer nicht mehr steuerbaren Ich-Regression mit sich bringt [106] und deshalb vermieden werden muss. Wir werden später sehen, dass in solchen Fällen vor allem die *Anhedonie* das Wuterleben zurückdrängt und neutralisiert.

Die Wut des Borderline-Patienten hat darüber hinaus auch eine wichtige Rechtfertigungsfunktion. Sie ist ein narzisstischer Restitutionsversuch, mit dem der Patient den andern ins Unrecht setzt, um selbst „sein Gesicht zu wahren". MILLER [210] zeigt, wie das Misslingen dieses Rechtfertigungsversuches – etwa, weil das Objekt nicht mitspielt oder sich entzieht – die Wendung der Aggression gegen das eigene Selbst nach sich zieht und oft mit sofortigen impulsiven Suizidhandlungen beantwortet wird.

Da das Ausagieren der Wut unmittelbar gegenüber dem Objekt die Gefahr des Verlustes oder der Zerstörung des Objekts mit sich bringen würde, neigen Borderline-Patienten zur Verschiebung ihrer Feindseligkeit auf andere, weniger bedeutsame oder ihrer Natur nach unzerstörbare Objekte.

Die eigentlich dem Vater geltende Wut eines Patienten, den ich in der Kontrollanalyse kennenlernte, richtete sich deshalb auf den Polizeichef von Saigon; ein anderer Patient wiederum hatte nach dem gleichen Muster das Terrorregime in Chile im Visier. Mein *Patient K.* konnte sich in den psychotherapeutischen Sitzungen stundenlang in Verbalinjurien gegenüber Gebäuden ergehen, die er als äusserst „geschmacklos" empfand und deren Existenz „allein schon eine ungeheure Unverschämtheit" bedeutete. Solche Patienten können die Wut in der Zweier-Beziehung (auch in der Arzt-Patient-Beziehung) nicht tolerieren, weil sie einen Durchbruch ihrer destruktiven Aggression befürchten, der das Objekt, das für sie oft gleichzeitig auch eine lebenswichtige Schutzfunktion besitzt, vernichten würde. Einen interessanten Beitrag zu dieser Problematik verdanke ich dem Bericht eines Kollegen, der in die psychotherapeutische Behandlung eines Borderline-Patienten gestalttherapeutische Elemente einbezog. Als er den Patienten aufforderte, die oft besprochene Wut gegenüber dem Bruder in der Sitzung auszuagieren und zu diesem Zweck auf ein bereitligendes Kissen loszuschlagen, geriet der Patient in Panik und war erst bereit, die Sitzung fortzusetzen, als das Kissen aus dem Zimmer entfernt worden war.

WOLBERG [315] betont nachdrücklich, dass dieses Bedürfnis des Patienten nach Projektion und Verschiebung der Wut auf entferntere Objekte unbedingt zu respektieren sei und empfiehlt spezifische therapeutische Techniken zum Umgang mit der projizierten Wut, die später noch ausführlich dargestellt werden soll len (vgl. S. 207 ff.).

Nach meinen Erfahrungen ist die Bereitschaft zu exzessiver Enttäuschungsaggression bei vielen Borderline-Patienten so allgegenwärtig, dass stärkere libidinöse, besonders orale Bedürfnisse, sofort diese Enttäuschungsaggression ausklinken, bevor es noch zur Artikulation dieser Bedürfnisse, geschweige denn zu ihrer expliziten Frustration gekommen ist. Die häufige Erklärung, dass Borderline-Patienten bereits die Tatsache, dass ihre Bedürfnisse durch ein narzisstisches Objekt nicht automatisch wahrgenommen werden, dass sie sie also äussern müssten, als eine extreme Versagung erleben [120], scheint mir nur einen Teil der Wahrheit zu beschreiben. Die Koppelung von libidinösen Regungen (die häufig gar nicht mehr voll ins Bewusstsein dringen) und Enttäuschungsaggression mutet bei diesen Patienten so zwingend an, dass nach meinem Eindruck die Wut hier die Funktion einer *Enttäuschungsprophylaxe* bekommt. Wer anstelle seiner Bedürftigkeit sofort die Enttäuschungswut erlebt, kann nicht mehr enttäuscht werden. Er nimmt die in ihrer passiven Form besonders schmerzliche Erfahrung aktiv vorweg und wird auf diese Weise immun gegen tatsächliche Frustrationen und das mit ihnen verbundene Erlebnis der Ohnmacht und Abhängigkeit. Gleichzeitig verschafft die Wut dem Patienten ein Stück Spannungsabfuhr, die er über den Weg der libidinösen Bedürfnisbefriedigung (vermeintlich oder tatsächlich) nicht erreicht. Die Wut wird hier also zu einem *Ersatzgefühl* für libidinöse Triebregungen; sie nimmt in diesem Zusammenhang leicht den Charakter eines chronischen Ressentiments an, das als einziger Affekt erlebt wird und die Leere ausfüllt, die dort entsteht, wo libidinöse Regungen nicht mehr wahrgenommen werden.

Dass diese Wut einen Menschen buchstäblich am Leben erhalten kann, bewies mir mein *Patient F.*, der jeden Morgen nach dem Aufstehen einige Zeit damit zubrachte, Gott und die Welt im wahrsten Sinne des Wortes mit einem ungeheuren Hassgefühl zu verfluchen. Danach ging er an sein Tagwerk, das ihm schal und leer erschien, bis sein Hass beim abendlichen Sehen von Fernsehsendungen, in denen Menschen bei Katastrophen umkamen, wieder auflebte. Erst danach konnte er Ruhe finden und einschlafen. Ausserhalb dieser kurzen Augenblicke hatte er das quälende Gefühl, wie eine Marionette zu funktionieren, rannte gehetzt durch die Strassen, beherrscht von der Angst vor den „leeren Wochenenden", wo ihn ständig ein Gefühl totaler Sinnlosigkeit und eine Art Vorstellung vom „Nichts" zu überwältigen drohte.

c) *Anhedonie.* Chronische Wut und *Anhedonie* sind entweder eng gekoppelt, oder die Anhedonie tritt derart in den Vordergrund des subjektiven Erlebens, dass sie auch die Wut verdeckt. MILLER [210] ist der Auffassung, dass die bei Borderline-Patienten regelmässig anzutreffende Anhedonie immer auch eine Abwehrfunktion habe. Der Mangel an Lebensfreude und die damit verbundene allgemeine Empfindungslosigkeit schützen gegen überwältigende Affekte (Kränkung, Enttäuschung, Wut, Sehnsucht, Trauer, Trennungsangst, Schulderleben usw.), die den Patienten oder ein für ihn lebenswichtiges Objekt zu zerstören drohen. Das Ausmass der Anhedonie kann dabei leicht den Eindruck vermitteln, dass diese Patienten zu tieferen Empfindungen oder zu echtem Lebensgenuss gar nicht in der Lage seien. Bei genauerem Hinsehen zeigt sich jedoch meist, dass diese Patienten sich an ihre Empfindungslosigkeit klammern, weil sie nicht geniessen *dürfen* oder *wollen.* Spontanes Geniessen ist bedrohlich, weil es jäh unterbrochen und in alte Traumata hineinführen kann. Es würde aber auch bedeuten, diese Welt und die Menschen, die einen in sie hineingeführt haben, also besonders die Eltern, zu rechtfertigen. Gerade dies aber will der Borderline-Patient vermeiden, weil seinem chronischen Ressentiment damit der Boden entzogen wäre. Der bereits erwähnte *Patient F.*, dessen einzige wirkliche Befriedigung darin bestand, Gott und seine Eltern zu verfluchen, weil sie ihn in diese Welt hineingesetzt hatten, beschrieb seinen Zustand einmal als „*wunschlos unglücklich*" und traf damit sehr genau jenes Paradox, dem man bei Borderline-Patienten so häufig begegnet: Verzweifelte Klagen über einen Mangel an Lebensfreude und Möglichkeiten des Geniessens bei gleichzeitiger *Weigerung*, diesen Zustand zu hinterfragen, und sei es nur durch die Phantasie von einem besseren Leben. Unter der Analyse findet man hinter dieser tatenlosen Resignation oft unbewusste Vorstellungen von phantastischer eigener Grösse und einem narzisstischen Paradies. BARTOSCH [17] hat kürzlich darauf aufmerksam gemacht, dass das scheinbar masochistische Festhalten des eigenen Unglücks und die damit verbundene Weigerung, irgendetwas zur Veränderung dieses Zustandes zu unternehmen, dem Zwecke dienen könne, solche narzisstischen Phantasien vor der Gefahr ihrer Realisierung abzuschirmen. Die realisierte Grösse oder das realisierte narzisstische Glück sei niemals mit den narzisstischen Phantasievorstellungen identisch, müsse immer hinter ihnen zurückbleiben und bedeute deshalb den Zusammenbruch narzisstischer Hoffnungen, die den unbewussten Lebensmotor eines Patienten darstellen können.

Die unbewusste Verweigerung der emotionalen Reaktion auf Umweltreize, die sich als Anhedonie im bewussten Erleben niederschlägt oder auch in Gefühlen der Leere und Unwirklichkeit, wie sie in der Depersonalisation auftreten, kann eine anal-retentive Qualität annehmen; es scheint, als ob sich bei manchen Patienten der Prozess, in dem sie zunächst dem Objekt trotzig ihre Gefühle vorenthielten, sozusagen verselbständigt; die zurückgehaltenen Gefühle verschwinden dann auch aus dem subjektiven Erleben; indem sie der Patient sich selber vorenthält, sind sie dem Zugriff des Objekts ein- für allemal entzogen [112, 179]. Oft hinterlässt diese Entwicklung beim Patienten als einzige, dem Aussenstehenden wahrnehmbare Spur eine vage, alles durchdringende Trotzhaltung, die für den Patienten selbst nicht erlebbar ist; oder aber der Patient bleibt an seinen bewusst erlebten Trotz fixiert und bezieht aus ihm sein Gefühl des Lebendigseins.

d) *Ringen um Lebendigsein.* Borderline-Patienten ringen ständig um das *Gefühl des Lebendigseins,* um etwas, was die „Leere" in ihnen ausfüllen könnte [50, 319]. In der Therapie dieser Patienten erlebt der Analytiker dann, dass der Patient mit ungeheurer Hartnäckigkeit an seinen schmerzlichen Gefühlen der Angst, der Wut, der Enttäuschung, der Resignation oder des Trotzes festhält, eben weil ihr Verlust die totale Immobilisierung, das Nichts bedeuten würde [319]. Der Kampf um das Gefühl zu leben kann bei diesen Patienten Formen annehmen, die nach aussen wie gefährliche autodestruktive Manöver anmuten, während der Patient selbst sie als lebensrettend empfindet [54]. Manche dieser Patienten fügen sich selbst körperliche Verletzungen zu oder setzen sich besonders riskanten Situationen aus, weil sie sich nur im Schmerz und in der Todesangst ihres eigenen Existierens sicher sind [121]. Man darf derartige Aktionen also nicht eindeutig als masochistisches Agieren eines Strafbedürfnisses interpretieren, obwohl auch dieser Aspekt selbstverständlich eine Rolle spielen kann. Die Angst vor der Leere sollte in der Therapie von Borderline-Patienten frühzeitig angesprochen werden, z.B. mit der Frage: „Was wäre, wenn der Schmerz, die Wut usw. aufhörten?" Meist wird man dann erfahren, dass der Patient sich nicht einmal in der Phantasie einen Zustand jenseits von Leblosigkeit, Schmerz, Angst und Wut vorstellen kann, und ein erster Schritt in der Therapie wäre dann, die „Leere" mit solchen Phantasien aufzufüllen.

V. Die Pathologie von Über-Ich und Ich-Ideal

In unserer bisherigen Analyse der Borderline-Struktur haben wir uns mit der spezifischen Pathologie des Ich befasst, mit seinen Abwehrstrategien, der Pathologie der Selbst- und Objekt-Repräsentanzen und der damit korrespondierenden besonderen Qualität und der Funktion der Affekte. Im letzten Teil unserer Struktur-Analyse wollen wir uns nun der spezifischen Pathologie von Über-Ich und Ich-Ideal und den Wechselwirkungen zwischen diesen Instanzen und der Instanz Ich im psychischen Apparat zuwenden.

1. Die Affizierung des Über-Ich in der Borderline-Entwicklung

Das Über-Ich als eine autonome Instanz innerhalb des psychischen Apparates entsteht mit dem erfolgreichen Abschluss des ödipalen Konfliktes, also in einer relativ späten Phase der menschlichen Entwicklung [93, 128, 145, 232, 255]. Die endgültige Internalisierung der elterlichen Gebote und Verbote, mit welcher äussere Steuerungsmechanismen durch autonome innerpsychische Verhaltensregulationen abgelöst werden [145], geht Hand in Hand mit einer Depersonifizierung der verinnerlichten normativen Muster, der Integrierung dieser Muster ins Ich, die damit Ich-Syntonizität gewinnen, und der Ablösung der Signalfunktion der Kastrationsangst durch „Über-Ich-Angst" [145]. „Über-Ich-Autonomie" [145] in diesem Sinne hat zur Voraussetzung, dass die verschiedenen Ich-Funktionen ein gewisses Reifungsniveau erreicht haben, insbesondere, was die Fähigkeit zur Triebneutralisierung, zur Sublimation, zur angemessenen Selbstbeobachtung, zur *partiellen* Identifizierung mit den Eltern (im Gegensatz zu früheren primitiveren Identifizierungsweisen) und zur Realitätsprüfung vor allem auch im Sinne der Möglichkeit zur „Wertprüfung" (value testing) anbetrifft [128, 145, 232, 255]. Borderline-Patienten zeigen in der Regel eine Beeinträchtigung gerade im Bereich dieser Ich-Funktionen, und dies ist – zusammen mit der Unfähigkeit, das ödipale Liebesobjekt wirklich aufzugeben – der Grund, warum sie jenes Mass von Über-Ich-Autonomie nicht erreichen können, welches die Voraussetzung einer gesunden psychischen Weiterentwicklung und Reifung wäre. Anstelle eines autonomen Über-Ich findet man bei diesen Patienten deshalb mehr oder minder ausgeprägt sadistische Vorläufer des Über-Ich, in denen sich Phantasien aus frühen Objektbeziehungen reproduzieren [232], fortbestehende massive Kastrationsängste und eine mangelnde Internalisierung der elterlichen Ge- und Verbote, die niemals die Qualität einer echten, inneren „Stimme des Gewissens" [180] annehmen. „Diese Patienten können sich (grösstenteils) nur den von der Aussenwelt auferlegten aktuellen Beschränkungen unterwerfen, und dann nur unter dem Druck schwerer Angst und primitiver Furcht" [180]. „Der verinnerlichte Teil beschränkt sich meist auf eine sehr sadistische, grausame, archaische Selbstbestrafungsinstanz" [180].

Woher stammt diese in der Analyse von Borderline-Patienten immer wieder beobachtbare sadistische Qualität des Über-Ich bzw. seiner internalisierten Vorläufer? Diese Frage stellt sich berechtigterweise besonders in jenen (häufigen) Fällen, wo die realen Eltern der Patienten dem Kind gegenüber – was einschränkende Verbote und Sanktionen für deren Übertretung anbetrifft – eher tolerant, nachgiebig und verständnisvoll waren, also zumindest in ihrem manifesten Verhalten nichts von der Aggression und Brutalität an den Tag legten, die sich im Über-Ich des Kindes und auch noch des erwachsenen Patienten darstellt. HARTMANN [128] weist in diesem Zusammenhang darauf hin, dass das Über-Ich des Kindes nicht nur die Kritik *der Eltern* in sich aufgenommen habe, sondern dass dieses Über-Ich auch unmittelbar die Kritik widerspiegele, mit der *das Kind* während seiner präödipalen (und ödipalen) Entwicklung auf die Eltern reagierte. Ein Kind stehe immer vor dem Problem, wie es die Aggression, die sich mit der Kritik gegenüber den Eltern verbindet, unterbringe, ohne dafür unerträgliche Sanktionen in Kauf nehmen zu müssen. Das Kind habe im Grunde keine andere Wahl, als diese Aggression gegen sich selbst zu wenden. Dies geschieht auf zweierlei Weise: Neutralisierte Aggression kann die Energie für die Gegenbesetzung des Ich gegen gefährliche aggressive Triebregungen liefern, oder aber sie kann in weniger neutralisierter Form in das Über-Ich oder seine Vorformen einfliessen. „Vermutlich kann man annehmen, dass die Aggression, die das Über-Ich einsetzt – obwohl es nicht unmodifizierte freie Aggression ist – im allgemeinen noch näher an der ursprünglichen Triebenergie ist als die vollständiger neutralisierte Energie, die das Ich gebraucht" ([128], S.70). Die mangelnde Fähigkeit des Ich zur Neutralisierung hat einen ganz bestimmten Effekt auf das Über-Ich. Das grausame, überpunitive Über-Ich, das man in manchen Borderline-Erkrankungen (und Psychosen) findet, kann zumindest teilweise aus dieser Schwäche der Ich-Funktion zur Neutralisierung erklärt werden [128]. So gesehen, spiegelt das Über-Ich also weniger die reale Strenge der Eltern wieder als das Ausmass der nichtneutralisierten prägenitalen Aggression des Kindes, die dieses gegen die Eltern richtete. In ähnlicher Weise beschreibt JACOBSON [145] die Quellen der Kastrationsangst, die bei Borderline-Patienten ganz regelmässig (reifere) Über-Ich-Ängste ersetzt: „Kastrationsängste aber sind eindeutig irrationale Ängste vor bedrohlichen Elternimagines. Sie spiegeln die grenzenlose Grausamkeit des kleinen Kindes wider und gehören zu einer Art von Phantasieleben, das sich wirklich auf einer früheren Ebene aufhält, als es die Objektimagines des Kindes in diesem Stadium im allgemeinen tun" ([145], S.134). JACOBSON [145] betont auch, dass die Fähigkeit zur Neutralisierung vor allem der Aggression davon abhänge, dass die libidinösen die aggressiven Triebregungen überwiegen. Ein exzessives Ausmass an nicht-neutralisierter prägenitaler Aggression steht also der Entwicklung eines reifen und integrierten Über-Ich im Wege, das die frühen primitiven Objektbeziehungen, die den Charakter von Über-Ich-Vorläufern haben, ablösen könnte.

Ein Über-Ich wiederum, das sich um diese frühen Vorläufer kristallisiert, kann nicht voll in die Persönlichkeit integriert werden. „Primitive Vorläufer des Über-Ich von einer sadistischen Art, welche internalisierte böse Objektbilder repräsentieren, die zu prägenitalen Konflikten in Beziehung stehen, sind zu überwältigend, als dass sie toleriert werden könnten; sie werden deshalb in Form von bösen äusseren Objekten wiederprojiziert" [149]. Die Projektion hat in diesem Falle für den Patienten vitale Bedeutung und liefert einen Schutz vor der Auflösung des Ich unter unerträglichen innerpsychischen Spannungen. „Mit seinem Gewissen allein zu sein ist schrecklich", sagt NIETZSCHE, den HARTMANN [128] in diesem Zusammenhang zitiert. JACOBSON [144] rät deshalb, dass der Analytiker diese Über-Ich-Projektionen seines Patienten annehmen müsse, bis dessen Ich in der Psychotherapie soweit erstarkt sei, dass es die aus der Spannung zwischen Ich und Über-Ich resultierenden Schuldgefühle ertragen kann.

Ich selbst erinnere mich an eine Sitzung mit meinem *Patienten K.*, wo dieser eine ganze Reihe von Verurteilungen, die eindeutig seinem eigenen sadistischen Über-Ich entstammten, auf mich projizierte. Als ich diese Projektionen zurückwies und ihn darauf aufmerksam machte, dass er selbst es sei, der sich und sein Verhalten in diesem Augenblick missbilligte, reagierte der Patient zunächst mit Panik und dann mit einem Zustand von psychotisch anmutender Desorientierung. Er sah sich plötzlich allein gegenüber einem leeren Raum, in den er hineinzufallen drohte, und den er nur so beschreiben konnte: „Eine Maschinen-Atmosphäre; ein Apparat, der einen zermalmt, wenn man in ihn hineingerät, ein nicht mehr rückgängig zu machendes Kippen über eine Grenze, das Vernichtung bedeutet." – Der gleiche Patient brachte unter der Analyse auch einen Traum, in welchem sich die Ausgestaltung früher, bildhafter Repräsentanzen von (sexualisiert wahrgenommenen) Über-Ich-Vorläufern und ihre (ebenfalls sexualisierte) Beziehung zum Ich paradigmatisch darstellen:

„Ich liege am Boden. Über mir steht ein Mann mit einem riesigen Phallus, nackt, nur mit einem schwarzen Umhang bekleidet. Der Umhang erinnert an einen Pfarrer, einen Richter oder auch an Dracula." – Dieser Patient fühlte sich Zeit seines Lebens von bildhaft ausgestalteten Hinrichtungsphantasien bedrängt, in denen die Phantasiefigur eines Henkers eine wichtige Rolle spielte. Da diese Phantasien sich mit der üblichen analytischen Technik als nicht bearbeitbar erwiesen, forderte ich den Patienten einmal in der Sitzung auf, dem Henker die Frage zu stellen, warum er ihn hinrichten wolle. Der Patient antwortete sich dann selbst in der Rolle des Henkers: „Es gibt kein Warum. Es ist das Gesetz; dieses Gesetz ist unabänderlich. Es gibt für Dich kein Entrinnen." Und der Patient unterwarf sich – in seiner Rolle zurückgekehrt – ohne Widerrede diesem Spruch! Die Bedrohung gewann dann mehrere Monate hindurch für ihn eine solche Realität, dass er ein anfallsartiges Zwangsweinen entwickelte, das auch mehrmals in der Analyse auftrat und mit dem sich für den Patienten das Gefühl verband, er müsse mich um Gnade anbetteln.

Ein so strukturiertes Über-Ich hat einen lähmenden Effekt auf alle Ich-Aktivitäten und bewirkt jene ohnmächtige Wut und Anhedonie, die das Lebensgefühl von Borderline-Patienten chronisch prägen. Dagegen wäre es ein Irrtum, aus der Brutalität dieses Über-Ich auch auf eine entsprechende Kraft zur Durchsetzung seiner Forderungen zu schliessen. „Das brutale Über-Ich ist kein starkes Über-Ich, jedenfalls nicht immer" [128]. Entsprechend finden sich im Borderline-Syndrom weniger Schuldgefühle als eine dauernde Tendenz, sich um die Forderungen des Über-Ich „herumzumogeln" bzw. „sich nicht erwischen zu lassen".

Nicht immer ist das Über-Ich von Borderline-Patienten ausschliesslich an solche frühen sadistischen Imagines gebunden. Hartmann [128] betont, dass archaische Elemente des Über-Ich neben höheren Organisationsstufen weiterbestehen können, und dass das Über-Ich unter äusserem Stress sich regressiv verändern könne, indem es zur *Regression in der Art seiner Triebbesetzung* komme, wo dann frühe Objektimagines anstelle der späteren treten.

2. Die Qualität des Ich-Ideals und die Suche nach dem verlorenen Objekt

Das Über-Ich ist der Träger des Ich-Ideals [95, 128, 174]. Im Gegensatz zum Über-Ich, das aus der Kastrationsangst geboren wird, hat das Ich-Ideal seine Wurzeln im frühen Narzissmus und stellt einen Versuch zur Restitution dieses Narzissmus dar [86, 145, 174, 216]. Den archaischen sadistischen Imagines des Borderline-Über-Ich entsprechen im Bereich des Ich-Ideals überidealisierte Objektbilder, die nur phantastische Ideale von Macht, Grösse und Perfektion erzeugen können [149]. „Da beide Instanzen sich zu einer Substruktur vereinen, können sie einander in ihren Funktionen erheblich beeinflussen. Der Inhalt des Ich-Ideals kann von daher einen imperativen, zwanghaften Charakter erhalten" [180]. Es kann sich, ebensowenig wie die Vorläufer des Über-Ich, an dem Vorbild der Eltern oder deren realistischen Forderungen orientieren und dadurch allmählich in einer reifen Form verinnerlicht werden [128, 145, 149, 174, 216]. Von daher bleibt es – ähnlich wie die „Über-Ich-Kerne" – eher an konkrete *äussere* Objekte gebunden, deren Existenz und Wohlwollen die Aufrechterhaltung des narzisstischen Gleichgewichts garantieren [174]. Gleichzeitig behält dieses Ich-Ideal in weiten Bereichen seinen ursprünglichen Charakter einer wunscherfüllenden Instanz [128, 180, 216, 232], die das Lebensgefühl eines Individuums mit einer immerwährenden, manchmal fast mystisch anmutenden Verheissung tönt, wie das verführerische, lockende Lächeln der Mona Lisa [216]. MURRAY [216] beschreibt dieses Lebensgefühl am Beispiel eines seiner Patienten: „Dauernd mit ihm, wie eine schwache undeutliche Melodie, war das Gefühl der erhofften Rückkehr zum verlorenen Shangri-La mit der verlorenen Mutter der Kindheit" ([216], S. 486). Diese Hoffnung, ja das Wissen um die Rückkehr eines Objektes, das alle Hoffnungen verkörpert, kann so groteske und gleichzeitig anrührende Formen annehmen, wie im Falle meines *Patienten K.,* der sich im Alter von 23 Jahren nach langen inneren Vorbereitungen zu seinem ersten Bordellbesuch aufmachte (eine Szene, die er mir aufgrund einer tiefen Scheu nur schriftlich in einer dreissigseitigen lyrischen Beschreibung berichten konnte), um dort dem „Geheimnis der Weiblichkeit" zu begegnen, wie ein Jüngling, der sich anschickt, den Schleier der Sais zu lüften.

Die Hoffnung auf die Rückgewinnung des verlorenen Objekts, dem alle Träume gelten, verbindet sich für diese Patienten mit dem Gefühl einer unaufgebbaren narzisstischen „Anwartschaft" (entitlement, [216]), die durch nichts in Frage gestellt werden kann, denn sie ist synonym mit dem Recht und der Möglichkeit zu leben.

Die drängende Qualität dieses Erlebens gegenüber dem „wiedergefundenen" Objekt wird aus den Schilderungen von MURRAYs Patienten deutlich, der sich der mangelnden Realität und „ausserweltlichen Qualität" seiner Gefühle durchaus gewahr war [216]. Er sagte: „Mabel (seine Geliebte) ist nicht das, was ich in ihr sehe. Sie ist weitgehend ein Symbol für etwas. Da ist eine mystische, transzendentale, romantische Qualität in meinen Gefühlen, die schlichtweg nicht real ist. Aber aus eben diesem Grunde *muss ich sie haben*! Leben ohne sie ist nicht vorstellbar. Ich kann an nichts anderes denken. Einmal hatte die Kirche für mich Qualitäten dieser Art und gab mir friedvolle Erfüllung, aber nun ist alles auf Mabel konzentriert" ([216], S. 489).

Mit ganz ähnlichen Worten beschrieb mein *Patient K.* die Befürchtungen, die sich für ihn mit dem möglichen Tod seiner Mutter verbanden: „Sie verkörpert für mich etwas, was ich nicht beschreiben kann, etwas was gewesen ist, ein Symbol für etwas, das den Sinn meines Lebens ausmacht, und das mit ihr untergehen wird. Ich glaube, ich werde nicht weiterleben können, wenn sie nicht mehr existiert, einfach weil dieses Symbol dann aufgehört hat zu existieren."

In der Anamnese von Borderline-Patienten wird man regelmässig – wenn auch manchmal sehr versteckt – Spuren dieser unaufhörlichen Suche nach dem verlorenen Objekt entdecken, und man wird dann auch sehen, dass die Borderline-Dekompensation in vielen Fällen die Folge einer Episode ist, in welcher dieses Objekt für kurze Zeit tatsächlich für den Patienten fassbar wurde. Die Dekompensation folgt dem unvermeidlichen Erlebnis, dass die endlich wiedergefundene symbiotische Beziehung mit diesem Objekt sich nach kurzer Zeit „triangulär" [112] gestaltet, sei es, dass die „gute Mutter" sich wieder in die „Mutter der Trennung" [201] verwandelt, sei es, dass sie sich im ödipalen Sinne als „verräterisch" erweist, indem der Patient sie mit einem (wirklichen oder phantasierten) Rivalen teilen muss. Auf dem Hintergrund der damit wiederbelebten kindlichen Traumata wird die Ausweitung von als dual konzipierten Beziehungen zum ödipalen Triangel für den Borderline-Patienten regelmässig zu einem unlösbaren Konflikt und zu einer unerträglichen narzisstischen Kränkung, die den Zusammenbruch des an dieses Objekt geknüpften Ich-Ideals nach sich zieht und die Borderline-Dekompensation einleitet. Viele maligne regressive Tendenzen und suchtartige Entwicklungen des Borderline-Syndroms können hier ihre Wurzel haben.

Die Tragik des Borderline-Patienten besteht also nicht zuletzt darin, dass der Urteilsspruch des Über-Ich unentrinnbar, und die Hoffnungen, die sich mit dem Ich-Ideal verbinden, unerreichbar sind. Beide (ineinander verwobenen) Aspekte werden in unübertroffener Weise in den Romanen von KAFKA „Der Prozess" und „Das Schloss" literarisch in Szene gesetzt. Josef K. versucht vergeblich, sich seiner Hinrichtung durch eine bis zuletzt im Grunde anonyme Instanz zu entziehen, und als Landvermesser K. wartet er bis zu seinem Tode vergeblich auf den Eintritt in das „Schloss", der immer greifbar nahe scheint und um den mit aller Kraft sich zu bemühen deshalb bis zuletzt sinnvoll bleibt.

Mir stellt sich an dieser Stelle die Frage, ob das Begriffssystem der traditionellen Psychoanalyse wirklich ausreicht, die sich hier andeutenden unentrinnbaren menschlichen Verstrickungen adäquat zu beschreiben. KOHUT [175] hat darauf aufmerksam gemacht, dass die traditionelle Psychoanalyse sich zwar ausgiebig mit dem „schuldigen Menschen", kaum jedoch mit dem „tragischen Menschen" befasst habe. Ich meine, dass diese Bemerkung uns immer noch auf „Konfliktlösung" eingeschworenen Psychoanalytikern zu denken geben sollte.

C. Die Genese des Borderline-Syndroms

I. Unspezifische Grundannahmen über Entwicklungsstörungen im ersten Lebensjahr

Die Frage, welche *spezifischen* pathogenen Bedingungen in der Kindheit zu einer Borderline-Entwicklung führen, hat bis jetzt noch keine eindeutige Antwort gefunden. Eine Reihe von Autoren bezweifelt sogar, dass es eine solche spezifische Genese des Borderline-Syndroms überhaupt gebe [65, 81, 211, 322]. Meist wird jedoch stillschweigend oder explizit vorausgesetzt, dass das Borderline-Syndrom aus *einer frühen und tiefgreifenden Störung der Mutter-Kind-Beziehung* resultiere (z.B. [69, 171, 220, 286]), die sich niemals zu jener unerlässlichen tragend-symbiotischen Form ausgestaltet habe, die das Fundament der Ich-Entwicklung, insbesondere der Differenzierung von Selbst und Objekten [145] darstellt und einem Kind „Urvertrauen" [67] vermittelt. Dem Säugling habe es in den ersten Lebensmonaten an der notwendigen stützenden Umgebung [holding environment, 315] gefehlt; die Pflegeleistungen der Mutter seien nicht in Übereinstimmung mit den Bedürfnissen des Kindes gewesen, oder aber das Kind war nicht in der Lage, die Fürsorge der Mutter für sich emotional zu nutzen [199, 284]. Aufgrund mangelnder Empathie von Seiten der Mutter habe das Kind jene Strukturen nicht entwikkeln können, die ein Individuum in die Lage versetzen, schmerzliche Realitäten, insbesondere auch die Tatsache des Getrenntseins, zu akzeptieren [212]. Khan [160] meint, dass das Versagen der Mutter als „Reizschutz" beim Kind zu einem kumulativen Trauma [160] geführt habe. Die Folge davon sei, dass das Kind während der Loslösung und Individuation nicht auf ein gutes internalisiertes Mutterbild zurückgreifen könne, sondern anstelle dieses guten und schützenden mütterlichen Introjektes in sich lediglich ein Muster von schlechten Erfahrungen vorfinde. Ähnlich betont Green [112], dass dem Borderline-Patienten ausreichende Erinnerungsspuren früher Befriedigungserlebnisse fehlen, auf denen er Sicherheits- und Identitätsgefühl aufbauen und auf die er in der Regression zurückgreifen könnte. Nach der Meinung von GIOVACCHINI [108] liegt das Trauma des Borderline-Patienten „lange vor der Differenzierung von Selbst und Objekten": Die Mutter könne das Kind nicht befriedigen, weil sie sich ganz generell durch die Pflegeaufgabe überfordert fühle und an Minderwertigkeitsgefühlen leide, die mit einem amorphen Selbstbild verbunden sind. MASTERSON [204] sieht ähnlich wie ODIER [219] das ausschlaggebende genetische Trauma des Borderline-Patienten in frühen Trennungserfahrungen, die für das Kind den Charakter unmittelbarer Todesgefahr hatten. Als Folge dieser Erlebnisse klammere sich das Kind an die Mutter und verzichte auf Verselbständigung, um seine „Sicherheit" nicht erneut zu riskieren. Die Mutter ihrerseits reagiere mit „Ridding behavior" [199] auf die Verselbständigungsversuche des Kindes: „Borderline-Mütter" dürften ihr Kind nicht loslassen, sondern müssten es aus Abwehrgründen festhalten. Die Loslösungsversuche des Kindes stellten für diese Mütter eine Bedrohung dar, auf die sie mit abruptem libidinösem Rückzug reagierten [204], regelmässig in Wiederholung ihrer Kindheitserfahrungen mit ihren eigenen Eltern [319]. CHESSIK [50] weist vermutlich mit Recht darauf hin, dass mit solchen Hypothesen vorsichtig umgegangen werden sollte, um eine Neuauflage des (in vieler Hinsicht schädlichen) Konzepts von der „schizophrenogenen Mutter" zu vermeiden.

Von anderen Autoren wird die Mutter weniger als klammernd-schwach charakterisiert, sondern eher als „eindringend" [21] oder „beherrschend präsent" [112]. Angesichts der eindringenden Mutter müsse das Kind seine eigenen Motivationen weitgehend aufgeben. Es passe sich an, indem es seine eigenen Bedürfnisse nicht mehr zum Ausdruck bringe [21]. In ähnlicher Weise beschreiben LAING [179] und WINNICOTT [311] die Entstehung des „falschen Selbst" und seine Dissoziation vom eigentlichen, vom „wahren Selbst". CHESSIK [50] fasst die in der Literatur vielfach versuchte Charakterisierung der Mütter von Borderline-Patienten folgendermassen zusammen: „Die Mütter von Borderline-Patienten wurden als intelligent und überfütternd beschrieben, und als Mütter, die ihre Ängste und die emotionale Verarmung ihrer Persönlichkeit hinter einer pseudo-gebenden Haltung erfolgreich verbergen konnten. Diese Haltung verbindet sich mit einer strengen und fast grausamen, oft nicht verbalisierten Forderung, dass das Kind gemäss ihren Erwartungen heranwachsen solle" ([50], S. 26). Es sei diese Kombination von Überfütterung und pseudo-gebender Haltung mit dem verborgenen Schwall von Forderungen, der im Kind jenes innerliche Chaos erzeuge, das später als Borderline-Syndrom in Erscheinung trete.

Hieraus ergibt sich bereits, dass die Borderline-Störung genetisch nicht einem spezifischen traumatischen Ereignis zugeordnet werden kann, sondern ein prozesshaftes Geschehen umfasst, in welchem sich vor allem die Entfaltung der *Autonomiebestrebungen* des Kindes in besonderer Weise konflikthaft gestaltet. Dieser Konflikt kommt *nach* der symbiotischen Phase zum Tragen, spielt sich also im zweiten und dritten Lebensjahr des Kindes ab. In diesem Zeitraum der Entwicklung, der auch als „Phase der Loslösung und Individuation" [299] beschrieben worden ist, ist das Ich des Kindes bereits stark genug, die ursprünglichen archaischen Spaltungsmechanismen *aktiv* zur Bewältigung traumatisierender Erfahrungen einzusetzen, insbesondere auch gegen die Gefahr eines erneuten Verlustes bereits gewonnener Individualität durch ein Zurückfallen auf das symbiotische Entwicklungsstadium und die damit verbundene Wiederauflösung der gerade gebildeten Ich-Strukturen. Die wichtigsten Theorien, die das Borderline-Syndrom in diesem Sinne *spezifisch* als das Ergebnis einer pathologischen Erlebnisverarbeitung während der Phase der Loslösung und Individuation auffassen, stammen von KERNBERG [149], MAHLER [201], WOLBERG [319] und SEARLES [269].

II. Das Borderline-Syndrom als eine spezifische Entwicklungsstörung des zweiten und dritten Lebensjahres

1. Die genetische Theorie von KERNBERG

Eine Übergangsstellung zwischen den Autoren, die das Borderline-Syndrom ganz allgemein als eine Reaktion auf frühe orale Traumata auffassen, und denjenigen, die die spezifische Genese in späteren Entwicklungsphasen ansiedeln, nimmt KERNBERG [149, 157] ein. KERNBERG geht von der Annahme aus, dass frühe orale Traumata (die er nicht weiter spezifiziert), im Kinde eine exzessive Enttäuschungsaggression auslösen, welche im Rahmen einer phasenadäquaten Entwicklung nicht zu bewältigen ist. Die

Borderline-Entwicklung ergibt sich für KERNBERG dann aus der spezifischen Art und Weise, in der das Kind dieser Aggression zu begegnen versucht. Wegen des ungeheuren Drucks der prägenitalen Aggression komme es zu einem vorschnellen Durchlaufen der prägenitalen Entwicklungsphasen (sozusagen zu einer „Flucht nach vorne") und damit zu einer frühzeitigen Aktualisierung des ödipalen Konfliktes, in den dann das gesamte Ausmass der ungelösten prägenitalen Aggression mit einfliesse. Die Folge ist die für das Borderline-Syndrom charakteristische Verdichtung von prägenitaler und genitaler Aggression, die – da sie unweigerlich auf den ödipalen Rivalen projiziert wird – wiederum eine ins Riesenhafte gesteigerte Kastrationsangst auslöst, welche die adäquate Lösung des ödipalen Konfliktes unmöglich macht.

Diese von KERNBERG ohne nähere Erklärung angenommene „vorzeitige Ödipalisierung" der prägenitalen Konflikte verblüfft zunächst, weil dem Kind hier scheinbar eine instinktbedingte Möglichkeit zum mehr oder weniger schnellen Durchlaufen vorgezeichneter, durch die jeweilige Triebentwicklung definierter Entwicklungsphasen zugeschrieben wird, die in dieser Form sicherlich angezweifelt werden muss. Anders, wenn man davon ausgeht, dass das in seinen Loslösungsbestrebungen durch eigene symbiotische Wünsche oder durch entsprechende Wünsche von seiten der Mutter behinderte Kind frühzeitig einen Dritten (in der Regel den Vater) in die duale Beziehung einbezieht, der dann als „Trennungsriegel" [1, 215, 307] fungiert, und auf den es einen Teil seiner Enttäuschungsaggression umlenken kann. Vielfach wird der Dritte auch zum Garant der heimlichen Hoffnung, dass die von der Mutter frustrierten oralen Wünsche nun durch ihn befriedigt werden. Damit sind dann bereits typische Dreieckskonflikte konstituiert, deren sexualisierte (d.h. „ödipalisierte") Wahrnehmung man entweder auf im Kind angelegte ödipale Urphantasien [132, 167, 241, 242] oder aber auch auf die mangelnde Triebneutralisierung in jenen frühen Entwicklungsphasen zurückführen kann. In manchen Fällen mögen auch reale Urszenen-Erlebnisse zur „Ödipalisierung" der prägenitalen triangulären Beziehungen beitragen. In jedem Falle stören ödipale Ängste die Beziehung zur präödipalen Mutter, deren ödipale Beziehung zum Vater als „Verrat" erlebt wird, der zusätzliche Aggressionen mobilisiert.

Die Weiterentwicklung dieser verfrühten ödipalen Konstellationen wird dann beim Knaben und beim Mädchen unterschiedlich verlaufen. Dem männlichen Kind begegnet in dieser Situation im Vater ein Rivale, der als Projektionsfigur für exzessive prägenitale und genitale Aggression fungiert, und auf den der Knabe mit überwältigender Kastrationsangst reagieren muss. Diese Kastrationsangst verstärkt die Tendenz, sich diesem übermächtigen Vater in passiv-homosexueller Weise zu unterwerfen, eine Tendenz, die sich zusätzlich aus den von der Mutter auf den Vater umgelenkten oralen Erwartungen speist. Es kommt also zu einer Verstärkung des negativen Ödipus-Komplexes: Der Knabe entwickelt eine „feminine Position" [132], die als ein Versuch verstanden werden kann, sich dem Vater sexuell zu unterwerfen, um der Kastration zu entgehen und um von ihm die oralen Befriedigungen zu erhalten, die von der gefährlichen, frustrierenden Mutter versagt werden [149]. Dies ist die typische Konstellation, wie man sie in der vorwiegend oral determinierten männlichen Homosexualität findet [149], welche beim Borderline-Patienten eine erzwungene Ersatzlösung darstellt und nicht mit „echter" Homosexualität verwechselt werden darf [319]. Die Gefahr des Wiederauflebens oraler Frustration und Aggression als Konsequenz des homosexuellen Sich-Einlassens ist immer gegenwärtig. Der negative Ödipus-Komplex muss aus diesen Gründen oft besonders hartnäckig abgewehrt werden. Bei männlichen Borderline-Patienten findet man deshalb häufig einen forcierten positiven Ödipus-Komplex, der in erster Linie der Abwehr der tieferliegenden negativen Ödipus-Lösung dient, welche als existenzielle Bedrohung erlebt wird [149]. „Andere Lösungen der Gefahr, die durch die vorzeitige Verdichtung von prägenitalen und genitalen Zielen entsteht, kann man in der Entwicklung irgendeines der polymorph-perversen infantilen Züge bei Borderline-Patienten finden, besonders jenen, die den Ausdruck von Aggression erlauben" [149].

Beim Mädchen ist eine ähnliche Entwicklung meines Erachtens sehr viel häufiger unter dem Etikett der „Hysterie" beschrieben worden. Die überwiegend orale Determinierung der sexuellen Konflikte von hysterischen Patientinnen gilt unter den meisten Psychoanalytikern als gesichert [2, 64, 203]. Im Grunde handelt es sich auch hier um den Mechanismus der Umlenkung oraler Wünsche von der enttäuschenden Mutter auf den Vater; der Einsatz erotisch-sexueller Verführungstechniken zu diesem Zweck entspricht in diesem Falle weitgehend der kulturellen Norm und verfestigt sich zu einem stabilen Verhaltensmuster insbesondere dann, wenn der väterliche Partner die schmeichelnden Verführungskünste der Tochter im Übermass bestätigt oder heimlich als eigene sexuelle Befriedigung geniesst [97]. Auch das Mädchen muss das Wiederaufleben der oralen Traumatisierung und der damit verknüpften Enttäuschungsaggression in der Beziehung zum Vater fürchten. Die oft zitierte „Rache" der Hysterika am Vater oder einer späteren Ersatzfigur entspricht vermutlich nicht so sehr einem aus dem „Penisneid" geborenen Kastrationsbedürfnis, sondern der Enttäuschung riesenhafter oraler Hoffnungen, deren Garant der mächtige Vater gewesen war. Beim Mädchen dient die Forcierung des positiven Ödipuskomplexes also vorwiegend auch der Vermeidung des Verzichtes auf verlorene orale Befriedigungsmöglichkeiten. Die negative Ödipus-Lösung, in welcher sich die Tochter mit dem Vater identifiziert und mit ihm die Konkurrenz um die Mutter aufnimmt, kann unter einer ganz ähnlichen Zielsetzung erfolgen: Wenn die symbiotische, oral befriedigende Mutter nicht erreichbar ist, dann vielleicht die Mutter als sexueller Besitz, wobei das Vorbild des Vaters diese Möglichkeit ins Blickfeld des Mädchens rückt. Auch bei dieser „phallischen" Identifizierung geht es dann nicht um den Besitz des Penis als eines Symbols staunenswerter männlicher Überlegenheit, sondern als eines Symbols auf das Anrecht zum Besitz der Mutter [145]. Weibliche Borderline-Patienten zeigen mit grosser Regelmässigkeit diese – häufig als Hysterie eingeordnete und damit auch abgetane – Verdichtung von prägenitalen und genitalen Konflikten, wobei nach meiner Erfahrung bei diesen Frauen das subjektive Erleben der sexualisiert wahrgenommenen oralen Bedürftigkeit stärker im Vordergrund steht als bei den männlichen Patienten, die diese Wünsche eher abwehren und vordergründig deshalb mehr aggressiv getönte Triebkonflikte darbieten.

2. Die genetische Theorie von Mahler

Nach der Auffassung von Mahler [201] ist das Borderline-Syndrom das Ergebnis einer Störung im Prozess von Loslösung und Individuation, die sich speziell während der „Phase der Wiederannäherung" [199, 200] ereignet. Diese Phase der Wiederannäherung umfasst den Zeitraum etwa vom 18. bis zum 36. Lebensmonat. Sie schliesst sich an die „Übungsphase" [199, 200] an, während der das Kind vor allem mit Hilfe seiner zunehmenden Beherrschung der Motorik mit grosser Entdeckungslust seinen Aktionsradius erweitert, immer in einer optimalen Entfernungsmodalität zur Mutter, deren schützende Verfügbarkeit es während seiner Forschungsreisen in die Realität fraglos voraussetzt. Gegen Ende der „Übungsphase" (also um die Mitte des zweiten Lebensjahres) hat das narzisstische Entzücken des Kindes über diese neu gewonnenen Fähigkeiten – seine Liebe zu sich selbst und seine potentielle Objektliebe – ihren Höhepunkt erreicht. Dieses „obligatorische Entzücken" [200] der Übungsphase findet seine Bestätigung in der entzückten, selbstverständlichen Bewunderung, die das Kind in der Erwachsenenwelt erregt, insbesondere bei der durchschnittlich „ihm ergebenen" [312] Mutter [200]. Parallel zu den motorischen Fähigkeiten entwickeln sich in der Übungsphase mit ihren narzisstischen Gratifikationen jedoch auch die kognitiven Fähigkeiten des Kindes, und die damit zunehmende Realitätsprüfung versetzt dem Narzissmus des Kindes gegen Ende der Übungsphase den entscheidenden Schlag.

„Das Kleinkind erkennt nach und nach, dass seine Liebesobjekte getrennte Individuen mit eigenen, individuellen Interessen sind. Allmählich und unter Schmerzen muss es auf die Vorstellungen von seiner eigenen Grösse und auf die Beteiligung an der Allmacht von Vater und Mutter, an die es noch immer wahnhaft glaubt, verzichten" ([200], S. 620). Diese narzisstische Enttäuschung leitet die „Phase der Wiederannäherung" ein, während derer das Kind ein gesteigertes Bedürfnis nach der Nähe der Mutter verspürt und nun auch beginnt, aktiv um sie zu werben. Der Umschwung fällt mitten in die „anale Phase" der objektlibidinösen Entwicklung; das Hinstreben zur Mutter nimmt von daher leicht auch die Färbung eines Machtkampfes an, in dem das Objekt gezwungen werden soll, sich unverändert den narzisstischen Bedürfnissen des Kindes anzupassen [120]. Auch die von MAHLER beschriebene wachsende „Ambitendenz" [200, 201] gegenüber der Mutter dürfte eine ihrer Wurzeln in den für die anal-sadistische Phase überhaupt charakteristischen Ambivalenzen der objektlibidinösen Entwicklung haben. Die Wiederannäherung an die Mutter in der zweiten Hälfte des zweiten Lebensjahres ist also durch Machtkämpfe und Ambitendenz getrübt; sie wird aber auch gebremst durch die „Angst vor dem Wiederverschlungenwerden", vor dem Verlust der gerade gewonnenen Individuation durch eine allzu rückhaltlose Rückwendung zur Mutter und das Eintreten in ihren symbiotischen „Bannkreis". Hin- und hergerissen zwischen Trennungsangst, Sicherheitsstreben und Angst vor Wiederverschlungenwerden, muss das Kind seine optimale Nähe zur Mutter bestimmen lernen. In diesem Konflikt wird viel – wenn nicht alles – davon abhängen, ob die Mutter in der Lage ist, das sich entfernende und wiederannähernde Kind in gleicher Weise liebend zu akzeptieren, sich ihm also unverändert emotional und auch physisch zur Verfügung zu halten. Die Wiederannäherungsversuche des Kindes müssen dagegen den Charakter der Arglosigkeit verlieren, wenn das Kind die Mutter bei der Wiederannäherung emotional verändert (oder vielleicht gar nicht mehr) vorfindet. Das Kind erlebt dann, dass es gefährlich ist, die Mutter aus den Augen zu lassen, sich von ihr zu entfernen; es verliert die basale Rückendeckung [198], ohne die ein angstfreies Pendeln zwischen der Mutter und der Welt der Objekte unmöglich ist. Das Kind reagiert auf das Erleben des „Fallengelassenwerdens" oder des „Nicht-angenommen-werdens" in der Wiederannäherung mit Enttäuschung und Aggression; an die Stelle des „Vorherrschens libidinöser Valenz" [201], das nach MAHLER eine unabdingbare Voraussetzung für die Bewältigung der Konflikte der Wiederannäherungsphase darstellt, tritt das Übergewicht aggressiver Triebderivate, die zur endgültigen Abwendung des Kindes von der Mutter oder aber zu einer sadomasochistischen Verklammerung mit ihr (oft fälschlich als fortbestehende Symbiose eingeordnet) führen. Je grösser der Hass und die Enttäuschung an der realen Mutter werden, desto hartnäckiger hält das Kind aber am Bild einer „ganz guten, spendenden, symbiotischen Mutter" fest, die es verloren hat und nach der es in dauerndem sehnsuchtsvollen Hinstreben sucht. *In der Fixierung an diesen Gefühlszustand und den mit ihm verbundenen Phantasien sieht MAHLER* [201] *die eigentliche Genese des Borderline-Syndroms.* Das Borderline-Syndrom hat seine Wurzeln nach dieser Auffassung also in einer *Störung der Subphase der Wiederannäherung,* deren erfolgreiche Bewältigung den Prozess der Loslösung und Individuation des Kindes zu einem vorläufigen Abschluss bringen könnte. Die Folge ist eine Fixierung an die Erlebensweisen dieser Phase, ein Steckenbleiben auf halbem Wege zwischen werbender Wiederannäherung an ein geliebtes Objekt und der enttäuschten Abwendung von ihm. Borderline-Patienten gehören „zu den Patienten, die die ewige Sehnsucht des Menschen nach der ‚guten symbiotischen Mutter' sowohl demonstrieren als auch unbewusst agieren, wie um sich anzuklammern, mit ihr vereint, bei ihr ‚sicher' zu sein" [201]. Die gesamte exzessive Aggression dieser Patienten gilt der „bösen Mutter der Trennung" [201], welche das Erleben des Fallengelassenwerdens und des Verbanntseins verkörpert. Die Spaltung zwischen diesen beiden Mutter-Imagines bleibt aufrechterhalten und prägt die späteren heterosexuellen Objektbeziehungen dieser Patienten, die „ewig auf der Suche" sind und immer wieder die Erfahrung machen müssen, dass die endlich gefundene „gute" Mutter-Frau sich in die „Mutter der Trennung" verwandelt. Die Patienten tun das ihre, um diesen Umschwung herbeizuführen, aus Angst vor Wiederverschlingung und/oder um die antizipierte Katastrophe nicht passiv abwarten zu müssen. Mahler [201] betont, dass weitere frühe Konstellationen von Variablen als Fixierungspunkte einer pathologischen Regression Borderline-Merkmale in die Persönlichkeit hineintragen können, ohne diese Variablen jedoch weiter systematisch in eine genetische Theorie einzuordnen.

Der Leser wird bemerkt haben, dass in der Auffassung von Mahler [201] über die Genese des Borderline-Syndroms viele Elemente enthalten sind, die wir bereits an anderer Stelle als charakteristisch für die Borderline-Struktur beschrieben haben: Die Spaltung des Mutterbildes, die Sehnsucht nach der „wunscherfüllenden Mutter", in der das Ich-Ideal dieser Patienten sich weitgehend personifiziert, das „eingefrorene Introjekt" [106], mit dem der Patient sich nicht identifizieren, von dem er sich aber auch nicht verabschieden kann, das Bedürfnis nach totaler Kontrolle über ein lebenswichtiges Objekt, das ohne diese Kontrolle für den Patienten eine bedrohliche Eigenständigkeit entwickelt [120, 210]; das basale Streben nach Sicherheit, das Borderline-Patienten an den Tag legen, ihre Enttäuschungsbereitschaft im Sinne der „Externalisierung" [45], und nicht zuletzt die Andeutung von Ichstärke, die darin liegt, mit den Konflikten der Wiederannäherungsphase durch den aktiven Einsatz der beschriebenen Abwehrmechanismen in einer Weise fertig zu werden, die dem Kind das psychische und physische Überleben garantiert. Es bedarf keiner grossen Phantasie, um die von Mahler [201] beschriebenen (prägenitalen) Konflikte der Wiederannäherungsphase in die ödipale Phase hinein zu extrapolieren: Die „Mutter der Trennung" wird dort zum Bild der „verräterischen ödipalen Mutter", und die Sehnsucht des Patienten richtet sich auf ein Mutterbild, das noch nicht von den ödipalen Konflikten und Enttäuschungen kontaminiert ist. Besonders bemerkenswert an der von MAHLER beschriebenen Entwicklung scheint mir jedoch die Tatsache, dass die den Borderline-Patienten so häufig attestierte „Liebesunfähigkeit" [34, 155, 212] sich ursprünglich auf die Erfahrung gründet, für die im Übermass vorhandenen kindlichen Liebesgefühle in der Realität keine „Adresse" zu finden, kein Objekt, an dem diese Gefühle sich entwickeln und heranreifen könnten. Das Kind und später der erwachsene Patient bleiben zur „Sehnsucht verurteilt", einer Sehnsucht, die sich oft kaum sichtbar artikuliert, während die realen Objektbeziehungen des Patienten dünn, oberflächlich und emotional starr erscheinen.

SEARLES [269] kam im langjährigen psychotherapeutischen Umgang mit chronisch schizophrenen Patienten erstaunlicherweise zu Schlussfolgerungen über die Genese der psychotischen Störungen, die den von MAHLER [201] formulierten Annahmen über die Entstehung der pathologischen Fixierungspunkte für die Borderline-Regression in vieler Hinsicht ähnlich sind, auch wenn die Akzente anders gesetzt sein mögen. Die Hypothesen von SEARLES [269] sind meiner Ansicht nach auch für die Genese des Borderline-Syndroms in einer Weise überzeugend, dass ich sie hier referieren möchte, zumal sie geeignet sind, das Bild vom „aggressiven" Borderline-Patienten ins rechte Gleichgewicht zu rücken und die therapeutische Einstellung gegenüber diesen Patienten entscheidend zu modifizieren.

3. Die Schlussfolgerungen von SEARLES

SEARLES [269] ist der Meinung, dass es nicht so sehr Angst, Hass und wechselseitige Ablehnung sind, die die Beziehung des schizophrenen Patienten zu seiner Mutter in ihren tiefsten Wurzeln prägen; vielmehr sei die *Liebe zur Mutter* bei diesen Patienten das intensivste und zugleich am tiefsten verdrängte Gefühl. Die Angst vor dieser Liebe stellt für Searles den hauptauslösenden Faktor der psychischen Erkrankung dar, eine Angst, die sich in ihrer Entstehung und ihrer Qualität von der schizoiden „Angst vor der Nähe" aus Furcht vor der Verschmelzung in vieler Hinsicht unterscheidet. SEARLES selbst beschreibt diese „Liebe":

„Meine Erfahrung in der Psychotherapie chronisch-schizophrener Patienten hat mich davon überzeugt, dass in der Beziehung des Patienten mit seiner Mutter die grundlegenden Gefühle, jene, die mehr als alle andern die Struktur der Beziehung und die Entwicklung der Krankheit des Patienten bestimmen, *positiver Natur* sind – Schwärmerei, Bewunderung, Mitleid, Fürsorge, liebende Loyalität und Hingabe. In dieser Beziehung, die von vielen psychodynamisch orientierten Forschern als zentral bedeutend in der Ätiologie der meisten Fälle von Schizophrenie angesehen wird, habe ich gefunden, dass es nicht der oft betonte gegenseitige Hass und Ablehnung und selbstsüchtige Abhängigkeit sind, die ihr Fundament darstellen, sondern viel eher echte Liebe füreinander – Liebe, die zum grossen Teil durch intensive Verleugnungsmechanismen im Unbewussten gehalten wird, und Liebe, die einen äusserst entstellten Ausdruck findet – aber nichtsdestoweniger Liebe. Weiter habe ich gefunden, dass es für den Patienten unentbehrlich ist, des Vorhandenseins dieser Liebe zwischen seiner Mutter und ihm selbst gewahr zu werden, um zu einer gesunden Selbstachtung und einer grundlegenden Auflösung seiner schizophrenen Krankheit zu kommen ([269], S. 569, übersetzt von Verf.).

Die Liebe, von der SEARLES hier spricht, hat mit Abhängigkeitswünschen, Gefüttertwerden, Verhätscheltwerden, also mit oraler Befriedigung im weitesten Sinne, kaum etwas gemeinsam. Dem Kind geht es in dieser Phase (die SEARLES in das zweite Lebensjahr und später datiert, wo die Mutter deutlich als getrenntes Objekt wahrgenommen wird) nicht um Geliebtwerden, sondern darum, selbst in seinem Liebesgefühl und seiner Bewunderung für die Mutter akzeptiert zu werden. Es will mit seiner Liebe und seinem (nunmehr bewussten) Wunsch, wie diese „herrliche" Mutter zu sein, willkommen geheissen werden. Das gesamte Searlessche Konzept gründet sich auf die Überzeugung, „dass die mächtigste Triebkraft in menschlichen Wesen, einschliesslich schizophrener Patienten und ihrer Mütter, nichts so Negatives ist wie das Bemühen, Angst zu vermeiden, sondern viel eher das Bemühen, sich in einer liebenden, konstruktiven Weise Ausdruck zu verschaffen" ([269], S. 571). Genau dieses Bemühen ist es, was bei diesen Patienten ins Leere stösst, weil die Mutter aus eigenen Beschränkungen heraus nicht in der Lage ist, diese Gefühle ihres Kindes anzunehmen [vgl. 108, 201, 204, 319]. Die Gründe hierfür sind mannigfaltiger Natur: Solche Mütter haben regelmässig als Kinder selbst die Erfahrung machen müssen, mit ihren Liebesgefühlen bei der Mutter Angst und Ablehnung hervorzurufen; sie sind wie diese zutiefst davon überzeugt, dass ihre eigene Liebe destruktiv und unwert ist, sei es, weil sie so früh verdrängt werden musste, dass sie ungenügend von anderen archaischen Impulsen, z. B. vom Hass, differenziert werden konnte, sei es weil sie als unverlässlich und deshalb letztlich „schlecht" empfunden wird, sei es, weil die Idealisierung durch das Kind die ohnehin niedrige Selbstachtung der Mutter ins Wanken bringt [269].

Wo die liebende Zuwendung der Mutter als Antwort auf die Liebe des Kindes sich in emotionalen Rückzug verwandelt, bleibt das Kind in einem Zustand zurück „voll von Liebe und ohne ein Objekt, über das es diese Liebe ausgiessen könnte" [269]. „Man könnte diesen Zustand mit dem einer stillenden Mutter vergleichen, die kein Kind hat, in welches sie erleichternd die Milch aus ihren geschwollenen Brüsten verströmen könnte" ([269], S. 575). „Es gibt eine Art von Angst in menschlichen Wesen, deren Existenz ich bisher nicht vermutet hatte: Die Angst, sich voll von Liebe zu fühlen und kein Gegenüber zu haben, um diese Liebe auszudrücken" ([269], S. 575). Ein Kind, das diese Erfahrung machen muss, erlebt eine tief einschneidende Zäsur in seiner Welterfahrung und in seiner Ich-Entwicklung. Was vorher gut war, ist jetzt plötzlich böse; es bleibt in einer Phase schwärzester Desillusionierung, emotionaler Verunsicherung, Selbstentwertung und Verzweiflung stecken. Denn das Kostbarste, was es zu geben hätte, wird nicht nur als unwert und gefährlich zurückgewiesen, sondern es stellt die Existenz des Liebesobjektes selbst in Frage [269]. Übrig bleiben zwei Menschen – Mutter und Kind – die beide Angst vor ihrer gegenseitigen Liebe haben und für diese Gefühle deshalb die unkonventionellsten, nach aussen hin eher Hass oder Gleichgültigkeit anzeigenden, Ausdrucksformen finden.

Die Bedeutung der *Introjektion der Mutter* im Verlauf dieser Krise beschreibt SEARLES in eindrucksvoller Weise:

„Die Kindheitsenttäuschung beinhaltet, dass die Mutter wegen ihres niedrigen Selbstwertgefühls und ihrer Angst zu lieben, das Kind gerade dann verfehlt, wenn es am nötigsten hätte, sie als bewundernswert und der Nacheiferung würdig wahrzunehmen. Sie reagiert auf seine Verehrung mit gesteigerter Angst und vermutlich mit einer Lockerung ihrer prekären Ich-Integration. Das Kind sieht sich auf diese Weise mit einem Objekt für seine Identifikationsbestrebungen konfrontiert, das wenig Selbstwertgefühl besitzt und in irgendeiner Form ich-fragmentiert ist, und das Kind identifiziert sich mit ihm, mit verheerenden Folgen für sein eigenes heranreifendes Ich.

Es introjiziert sie nicht primär aus Angst oder Hass, sondern aus echter

Liebe und Besorgnis für die Mutter, die es bei der genauen Inaugenscheinnahme, die die ‚Verliebtheits'-Phase mit sich bringt, nicht als eine Person vorgefunden hat, die bewundernswert stärker ist als es selbst, sondern bemitleidenswert verkrüppelt, als jemand, der verzweifelt Entlastung von der Bürde seiner eigenen Persönlichkeitsschwierigkeiten benötigt. Das Kind introjiziert sie hauptsächlich in der Anstrengung, sie zu retten, indem es ihre Schwierigkeiten, ihr Kreuz, auf sich nimmt ([269, S. 576, übersetzt von Verf.).

Es nimmt sie auf diese Weise ‚mit sich', weil es nicht weiterwachsen kann und diese ich-fragmentierte, hilfsbedürftige Mutter dabei sozusagen auf der Strecke zurücklassen [269]. In der Analyse enthüllt sich später die Krankheit des Patienten in ihrer tiefsten Schicht ‚als das liebende Opfer seiner ureigensten Individualität für das Wohlergehen der Mutter, die echt und altruistisch und mit der tiefen Bewunderung geliebt wird, wie sie unter den gewöhnlichen Umständen des menschlichen Lebens nur ein kleines Kind aufbringen kann" ([269], S. 570, übersetzt von Verf.).

Ich selbst verdanke ganz wesentlich SEARLES [269] meine Hellhörigkeit gegenüber den stereotypen Klagen von Borderline-Patienten über ihre innere „Leere", die sich oft eng mit dem subjektiven Erlebnis koppelt, zu wirklicher Liebe nicht fähig zu sein, und ich konnte an mir selbst beobachten, wie sich die therapeutische Einstellung (und damit auch der therapeutische Erfolg!) gegenüber einem Menschen wandelt, wenn man sich durch den angeblichen „Defekt in der Liebesfähigkeit" nicht mehr den Blick auf die tiefe Enttäuschung versperrt, die dieser Mensch in seinen Liebesgefühlen schon als ganz kleines Kind erfahren hat (alle meine Borderline-Patienten hatten diese Kindheitserfahrung hinter sich gebracht). Wie wichtig dieses Wissen um die von SEARLES [269] beschriebenen Zusammenhänge für den Psychotherapeuten, der mit Borderline-Patienten umgeht, sein kann, stellt sich mir besonders nachdrücklich am Beispiel einer 30jährigen Patientin dar, die bei mir wegen einer Psychotherapie vorstellig wurde. Diese Patientin mit eindeutiger Borderline-Struktur war von dem Erlebnis ihrer grundsätzlichen Liebesunfähigkeit so durchdrungen, dass sie ihre beiden Kinder bald nach der Geburt an Pflegemütter „abgegeben" hatte, weil sie ihnen das Schicksal ersparen wollte, das sie selbst als Kind mit ihrer eigenen „liebesunfähigen" Mutter erlebt hatte. Die Kindheitsanamnese dieser Patientin spiegelte die von SEARLES [269] beschriebenen Enttäuschungserfahrungen und die Angst vor der destruktiven Qualität der Liebe bei Mutter *und* Kind in geradezu paradigmatischer Weise wieder. Bezeichnenderweise hatten alle begutachtenden Psychiater und Psychologen die Patientin in ihrem Entschluss, die Kinder wegzugeben, bestätigt: Die Entscheidung zeuge von einem „reifen" Eingeständnis der eigenen emotionalen Unzulänglichkeit als Mutter, die – da die Patientin sie selbst überzeugend darstellte – nicht mehr weiter hinterfragt worden war.

4. Die genetische Theorie von Wolberg

Nach der Auffassung von Wolberg [319] setzt die Borderline-Entwicklung genetisch an dem Punkte ein, wo ein Elternteil zwar unbewusst, aber in jedem Fall *aktiv* in die Persönlichkeitsentwicklung des Kindes eingreift und sie ganz oder teilweise umkanalisiert, um das Kind als Übertragungsobjekt für eigene abgewehrte neurotische Strebungen zu missbrauchen. Das im Vorfeld dieses Vorganges bereits aufs höchste suggestibilisierte Kind übernimmt die bereitgestellte Rolle, um zu überleben. Dies geschieht im Wege der *Identifikation*, welche in dem Bezugsrahmen von Wolberg immer einen *pathologischen* Abwehrvorgang darstellt. Die Identifikation und alle mit ihr verbundenen oder ihr nachfolgenden Abwehrmanöver dienen der Verleugnung der schmerzlichen Tatsache, als eigenständiges Wesen von dem betreffenden Elternteil nicht akzeptiert worden zu sein, und der Abwehr der durch die erzwungene Identifizierung mobilisierten eigenen Aggression. Im Zuge dieser Identifikation wird in aller Regel derjenige Teil der elterlichen Neurose übernommen, den Vater oder Mutter bei sich am stärksten ablehnen und deshalb am tiefsten verdrängt haben. Aus diesem Sachverhalt heraus ergibt sich ein weiterer zwingender Grund, warum die Tatsache der Identifikation und ihr Inhalt *von der bewussten Wahrnehmung ferngehalten* werden müssen. (Wolberg sieht hier die Erklärung der Tatsache, dass Borderline-Patienten gerade die Wahrnehmungsfunktion in so auffälliger Weise in ihr Abwehrverhalten einbeziehen: Sie *durften* nicht registrieren, was augenfällig war, um das psychische Gleichgewicht eines Elternteils nicht zu gefährden.)

Unbewusst findet der Vorgang seinen Niederschlag in der „Identifikationsphantasie" des Patienten, die zur Abwehr der zusammen mit der Identifizierung mobilisierten intensiven Angst entwickelt wird. Die Identifikationsphantasie lässt sich nach

Wolberg [319] durch tiefenpsychologische Exploration bei allen Borderline-Patienten nachweisen; sie bildet auch den Hauptinhalt der Träume und der für das Borderline-Syndrom typischen fluktuierenden Wahnbildungen. In ihr ist in der verdichteten und gleichzeitig entstellten Form, nach der sich auch die Träume aufbauen, die „Wahrheit" über die Eltern-Kind-Beziehung festgehalten. Der Inhalt der Identifikationsphantasie ist dabei grundsätzlich sadomasochistischer Natur, weil der ihr zugrunde liegende Vorgang ein sadomasochistischer ist. Mit der erzwungenen Identifikation wird also auch die *sadomasochistische Entwicklung* in Gang gesetzt, die nach Wolberg [319] das Erleben des Borderline-Patienten vor allen anderen Wesenszügen charakterisiert und seine Objekt-Beziehungen pervertiert. In der Therapie von Borderline-Patienten sei deshalb das wichtigste und letzte Ziel, die Identifikationsphantasie mit allen ihren Verzweigungen aufzudecken und die pathologische Identifizierung auf diese Weise rückgängig zu machen.

Beispiele für solche Identifikationsphantasien lassen sich in unserem kasuistischen Material in beliebiger Anzahl finden. Verfolgungsideen, in denen der „Verfolger" die aggressive Latenz eines Elternteils gegenüber dem Kind verkörpert, gehören ebenso hierher wie die sadomasochistisch gefärbten homosexuellen Phantasien von männlichen Borderline-Patienten, in denen diese die latente Homosexualität des Vaters und/oder seine sadistischen Impulse stellvertretend für diesen ausleben. Das Motiv der Stellvertretung lässt sich auch häufig für das dissoziale Ausagieren von Borderline-Patienten nachweisen. Ebenso braucht die Phantasie, allein nicht lebensfähig zu sein, nicht immer unbedingt nur den Ausdruck von Hilflosigkeit und Abhängigkeitswünschen des Patienten darzustellen. In Wirklichkeit ist es oft ein Elternteil, der ohne die Abhängigkeit des Patienten nicht existieren kann, und der dann unbewusst die entsprechende Phantasie im Patienten induziert.

In dieser Auffassung der Borderline-Erkrankung (bzw. der Psychose) als einer stellvertretenden Übernahme pathologischer Persönlichkeitsanteile der Eltern begegnen sich auch die auf den ersten Blick so unterschiedlichen genetischen Theorien von Wolberg [319] und Searles [269]. Ihr grundlegender Unterschied liegt darin, dass Searles die Introjektion der kranken Mutter als eine Folge der Liebe und Loyalität des Kindes gegenüber dieser Mutter verstanden wissen will, während WOLBERG diese Introjektion als erzwungen ansieht: Das Kind *muss* die ihm angesonnene Rolle übernehmen; es trifft damit eine Überlebensentscheidung. Die beiden Auffassungen brauchen sich nicht grundsätzlich auszuschliessen. Die Enttäuschung an der vergötterten Mutter, die die Idealisierung zurückweist, und der Verzicht auf Autonomie, aus welchen Gründen auch immer er ursprünglich geleistet wurde, werden immer eine *reaktive* Aggression auslösen, die das Kind je nach den Fähigkeiten seines Ich und dem Ausmass der erlittenen Kränkung in mehr oder minder pathologischer Weise verarbeiten muss. In jedem Falle ist die sadomasochistische Deformierung der Beziehung zur Mutter oder auch zum Vater im Laufe dieses Prozesses noch kein schlüssiger Beweis für die Tatsache, dass die Beziehung von Anfang diese und *nur* diese Qualität besass.

III. Das Borderline-Syndrom als eine Folge des Verzichts auf Autonomie

Die genetischen Theorien von KERNBERG [149], MAHLER [201], SEARLES [269] und WOLBERG [319] konvergieren also trotz der vordergründlichen Unterschiedlichkeit des theoretischen Ansatzes in wesentlichen Punkten: Der pathologische Fixierungspunkt für die spätere Borderline-Entwicklung wird in das *zweite/dritte* Lebensjahr verlegt, wo das Kind die Mutter bereits als ein deutlich von ihm getrenntes Objekt wahrnimmt und wo seine Autonomiebestrebungen in der analen Phase einen Höhepunkt erreicht haben. Das Kind scheitert mit diesen Autonomiebestrebungen, weil ihm diese Autonomie von einem Elternteil, meist der Mutter, die das Kind als eine narzisstische Erweiterung ihres eigenen Selbst missbraucht, aktiv verwehrt wird, und weil nicht zu bewältigende Kränkungen und Enttäuschungen in dieser Phase es an seiner Weiterentwicklung hindern. Wenn man mit ZANDER [321] von *phasenspezifischen Kränkungen* sprechen will, so ist es beim Borderline-Patienten sicherlich diese *Beschneidung der eigenen Autonomie*, die Erfahrung, als eigenständiges Individuum mit eigenen Wünschen und Bedürfnissen nicht existieren zu können oder zu dürfen, die die tiefsten narzisstischen Wunden hinterlässt und die Selbstachtung dieser Patienten am nachhaltigsten mindert. Die Erfahrung der Unfähigkeit zur Entfaltung der eigenen Individualität verbindet sich untrennbar mit dem subjektiven Erleben, dass die eigenen Wünsche und Impulse für das Kind selbst und für seine Liebesobjekte eine so zerstörerische Qualität besitzen, dass sie nicht gelebt werden dürfen. Das Erleben der eigenen Impulswelt fällt dann einem Tabu anheim, das so elementare Bedürfnisse wie den Wunsch, Liebe zu geben und zu empfangen, den Wunsch nach Bewunderung, Habenwollen, aggressive Triebregungen und expansive Bedürfnisse allgemein und auch das sexuelle Antriebserleben mitumfasst. Diese generelle Tabuisierung von Lebensäusserungen, die auf Autonomie abzielen würden, ist von anderer Qualität als die Hemmungen und Verdrängungen des Neurotikers. Sie ist gekoppelt mit der Frage „Darf und kann ich Ich sein?", mit der Frage also nach der eigenen Existenzberechtigung überhaupt. Solche Patienten vermeiden folgerichtig in ihren sprachlichen Äusserungen Formulierungen wie „Ich will!" und ersetzen sie stereotyp durch ein „Ich muss!"; sie artikulieren damit nicht nur ihr durchgängiges Lebensgefühl der Fremdbestimmung, sondern vermeiden auch das Erlebnis des Getrenntseins, das sich für sie mit überwältigender Angst vor der damit verbundenen Verlassenheit, aber auch vor dem eigenen „Ich-Gefühl" [39] verbindet. Manche Borderline-Patienten haben sprachliche Ausdrucksformen entwickelt, die es ihnen ermöglichen, das magische Wort „Ich" überhaupt zu vermeiden: Sie sprechen stattdessen von sich in der dritten Person, von „man" oder verwenden bevorzugt die grammatikalische Form des Passivs, was ihrer Sprache etwas Abstrakt-Gestelztes verleiht: Statt der einfachen Feststellung „Ich denke" gebraucht der Patient dann beispielsweise Umschreibungen wie „Der Gedanke ist ...", „man denkt", „es wird gedacht", oder er relativiert die Feststellung: „Es könnte sein, dass ich denke ...", „ich denke vielleicht", „ich glaube, ich denke" usw. Die Sprache verrät die tiefe Angst vor der eigenen Autonomie, den Zweifel an der Berechtigung autonomer Lebensäusserungen und die Identitätsdiffusion. Hinter dieser Fassade verbirgt sich regelmässig der tief narzisstische Anspruch auf das „Recht zu leben". Der Anspruch hat den Charakter einer unabdingbaren „Anwartschaft" [216] auf die Wiederherstellung kindlicher Allmacht und Grösse, weil der Verlust des kindlich-narzisstischen Universums niemals durch lustvolle Erfahrungen mit der Welt der

Objekte kompensiert werden konnte, oder – um mit GRUNBERGER [120] zu sprechen – weil die narzisstische Restitution auf dem Wege der objektlibidinösen Befriedigung misslungen ist.

D. Die Therapie des Borderline-Syndroms

I. Die Notwendigkeit zur Abwandlung der psychoanalytischen Technik

Überblickt man die immer mehr anwachsende Literatur zum Thema der Therapie von Borderline-Patienten, so lassen sich mit CHESSIK [48] *vier Grundrichtungen* unterscheiden:

a) Die erste Richtung, die von SCHMIDEBERG [264] repräsentiert wird, empfiehlt für Borderline-Patienten eine vorrangig „stützende" und vor allem an rehabilitativen Gesichtspunkten orientierte Psychotherapie. Unter dieser Zielsetzung werden massive direktive und pädagogische Massnahmen vorgeschlagen, mit starkem Akzent auf Realitätsprüfung und äusserer Anpassung des Patienten.

b) Einige wenige Autoren, darunter BOYER und GIOVACCHINI [29], halten das unmodifizierte psychoanalytische Standardverfahren auch bei Borderline-Patienten für das therapeutische Mittel der Wahl.

c) Eine dritte Gruppe von Autoren [16, 193] empfiehlt eine aufdeckend orientierte Psychotherapie mit besonderer Betonung auf der „korrektiven emotionalen Neuerfahrung". Dem Patienten müsse eine bessere mütterliche Umgebung nicht nur symbolisch, sondern durch aktive Massnahmen des Analytikers zur Verfügung gestellt werden, damit er sein spezifisches Kindheitstrauma bewältigen und in der Analyse sich neu orientieren könne.

d) Die vierte Richtung schliesslich, die sich immer mehr durchsetzt, hält bei Borderline-Patienten eine *psychoanalytisch-orientierte Psychotherapie* für indiziert, in welcher das psychoanalytische Standardverfahren entsprechend den besonderen Bedürfnissen dieser Patienten durch die Einbeziehung von „Parametern" [150, 157] modifiziert wird.

Rein stützende psychotherapeutische Massnahmen haben sich bei Borderline-Patienten auf Dauer als wenig erfolgreiche erwiesen [48, 150]; der forcierte Einsatz pädagogischer Massnahmen kann zudem leicht „Als-ob-Persönlichkeiten" produzieren, die sich anpassen, um den Psychotherapeuten zufriedenzustellen oder vor ihm Ruhe zu bekommen [48]. Von zweifelhaftem Wert erscheinen auch jene psychotherapeutischen Techniken, in denen dem Patienten vorwiegend eine korrektive emotionale Neuerfahrung durch die Befriedigung infantiler Bedürfnisse und Wünsche vermittelt werden soll. CHESSIK [43, 47, 48, 50], KERNBERG [150], SEARLES [267] und KNIGHT [169] haben auf die Gefahr derartiger psychotherapeutischer Interaktionen mit Borderline-Patienten hingewiesen, die sich zwangsläufig auf der Ebene des Primärprozesses abspielen und zu unentwirrbaren emotionalen Verstrickungen zwischen Patient und Analytiker führen können. Befriedigungserlebnisse dieser Art bewirken im günstigsten Falle eine *vorübergehende* Beruhigung des Patienten; sie können aber auch – ebenso wie das unmodifizierte psychoanalytische Standardverfahren – gerade bei Borderline-Patienten einen regressiven Prozess einleiten, der sich dann als nicht mehr steuerbar erweist. Aus diesen Gründen gilt heute eine *psychoanalytisch orientierte Psychotherapie,* in welcher die Technik der klassischen Psychoanalyse durch relativ genau beschreibbare Parameter abgewandelt wird, als das Mittel der Wahl für die Behandlung des Borderline-Syndroms.

Warum bedarf es im Falle des Borderline-Patienten überhaupt einer solchen Modifizierung des psychoanalytischen Standardverfahrens? Zur Beantwortung dieser Frage sollte man sich vergegenwärtigen, dass Psychoanalyse im strikten Sinne neben der Abstinenz des Therapeuten vor allem die Entwicklung einer voll ausgeprägten regressiven Übertragungsneurose voraussetzt, die durch *Interpretation* aufgelöst werden kann [117, 150]. Der (analysierbare) neurotische Patient erfährt in der Übertragungsneurose also eine *Wiederbelebung* seiner *verdrängten* infantilen Wünsche, die unter der Analyse ins Bewusstsein treten und nach einem längeren Prozess des Durcharbeitens, der durch die Deutungen des Analytikers in Gang gehalten wird, allmählich aufgegeben werden [117]. Im Gegensatz zu diesem (idealen) neurotischen Patienten ist das infantile Material beim Borderline-Patienten nicht verdrängt, sondern befindet sich – wenn auch möglicherweise in abgespaltenem Zustand – an der Bewusstseinsoberfläche und ist dort durch bestimmte Stimuli, wie sie in einer dichten therapeutischen Beziehung per se gegeben sind, jederzeit abrufbar. Die Psychopathologie des Borderline-Syndroms liegt per definitionem gerade in der Unfähigkeit zur Verdrängung archaischer Konflikte und Erlebensweisen, die mit der Unfähigkeit des Ich korrespondiert, diese primitiven Strukturen zu assimilieren. Borderline-Patienten beginnen die Psychotherapie also bereits in einem Zustand pathologischer Regression oder – in den besser kompensierten Fällen – mit einer unmittelbaren Bereitschaft zu regressiven Reaktionen von Borderline-Charakter [26]. Jedes therapeutische Setting, das durch mangelnde Strukturierung, ausgeprägte Passivität des Analytikers und Aufforderung zur freien Assoziation die ohnehin geringen „gesunden" Abwehrmöglichkeiten des Patienten weiter schwächt, verstärkt automatisch diesen regressiven Sog, und zwar lange bevor der Patient in ausreichendem Masse ein beobachtendes Ich entwickeln konnte und allgemein in seinem Ich soweit gestärkt ist, dass es ihm möglich wäre, die andrängenden Inhalte adäquat zu integrieren. Dies muss zum verstärkten Einsatz gerade jener pathologischen Abwehrmechanismen – vor allem der Spaltung und der projektiven Identifizierung – führen, die ursächlich für die Pathologie des Ich verantwortlich zeichnen, und damit eine weitere Schwächung dieses Ich zur Folge haben [150]. Der auf diese Weise in Gang gesetzte circulus vitiosus dürfte die häufigste Ursache sein, warum manche unsachgemäss geführten Psychotherapien von Borderline-Patienten in einer nicht mehr reversiblen psychotischen Reaktion des Patienten enden. Solche unheilvollen (von mir in ihrer statistischen Häufigkeit nicht zu überblickenden) Therapie-Resultate sprechen grundsätzlich jedoch nicht gegen eine Psychotherapierbarkeit des Borderline-Syndroms, sondern zunächst einmal gegen die Eignung der angewandten psychotherapeutischen Methode.

II. Die besondere Struktur der therapeutischen Beziehung

Bevor wir uns speziellen Fragen der psychotherapeutischen Technik im Umgang mit Borderline-Patienten zuwenden, erscheint es geboten, sich die besondere Struktur der Arzt-Patient-Beziehung, die diese Patienten in der Psychotherapie aufbauen, in grossen Zügen zu vergegenwärtigen. Tatsächlich lassen sich bei aller

Breite der individuellen Variationen *typische Merkmale* dieser Beziehung angeben, die für das Borderline-Syndrom in einer Weise charakteristisch sind, dass einige Autoren [72, 158, 211, 322] die endgültige Diagnosestellung sogar vom Verlauf einer Probeanalyse abhängig machen wollen (ähnlich, wie dies übrigens KOHUT [174] für die narzisstischen Neurosen vorschlägt). Solche borderline-typischen Merkmale der Arzt-Patient-Beziehung betreffen das Übertragungsangebot, mit dem der Patient in die therapeutische Beziehung eintritt, die Übertragung auf den Analytiker während der Psychotherapie, den Inhalt des angebotenen Materials, die spezifischen Ängste des Borderline-Patienten in der Therapie, besondere Formen von Abwehr und Widerstand und schliesslich die Gegenübertragungsreaktionen, die der Patient bei seinem Analytiker provoziert.

1. Der Einstieg des Patienten in die Psychotherapie

Borderline-Patienten begegnen ihrem Therapeuten von Anfang an mit übergrossem, wenn auch oft verhehltem Misstrauen [42, 150], während sie gleichzeitig magische Heilserwartungen auf ihn richten [304]. Hinter diesen illusionären Erwartungen steht die tief verborgene Hoffnung, im Analytiker jenes Objekt zu finden (oder wiederzufinden), das „alle Hoffnungen verkörpert" [216] und mit dem eins zu sein die Schmerzen der Vergangenheit aufhebt oder ihnen einen nachträglichen Sinn gibt. Mindestens ebenso stark ist aber die Überzeugung des Patienten, dass sich am Analytiker die schlechten Erfahrungen der Vergangenheit wiederholen werden, dass es ganz besonders für ihn keine Rettung gebe, und dass der Analytiker möglicherweise kraft seiner Macht und Kompetenz imstande sei, allen Menschen zu helfen, nur ihm nicht, dem Patienten [45]. Dieses Bündel von Übertragungseinstellungen verknüpft sich für den Borderline-Patienten mit der Unfähigkeit, sein Anliegen an den Analytiker, das für ihn die Qualität einer existenziellen Dringlichkeit besitzt, zu artikulieren [51, 108]. Meist kann der Patient dieses Anliegen nicht einmal vor sich selbst benennen; trotzdem ist er unbewusst der tiefen Überzeugung, dass der mit Allmacht ausgestattete Analytiker ihm dieses existenzielle Anliegen erfüllen, seinen unbenennbaren Hunger stillen könnte, wenn er nur wollte [163, 304]. Da der Analytiker (in der Phantasie des Patienten) offenbar aber nicht bereit ist, die ihm verfügbaren Ressourcen dem Patienten zur Verfügung zu stellen, muss er mit allen Mitteln dazu gezwungen werden. Für den Patienten verknüpfen sich mit diesem Ansinnen an den Therapeuten Gefühle einer in diesem Stadium der Therapie nicht hinterfragbaren „narzisstischen Anwartschaft" [216]; würde diese bestritten, hiesse das für den Patienten, dass ihm das Recht zu leben abgesprochen werden soll [5].

Die so strukturierten Phantasien des Borderline-Patienten gegenüber dem Analytiker und der Psychotherapie sind zu Beginn der Therapie oft unbewusst oder werden vom Patienten zwar vage gespürt, aber hinter kühler Distanz verborgen. Häufig besitzen sie aber auch bereits in diesem Stadium den Charakter von ich-syntonen Erwartungen, die sich in infantil-klammernden Verhaltensweisen niederschlagen, in direkt geäusserten Wünschen an den Analytiker, zu denen auch der Wunsch nach genitaler Befriedigung gehören kann, und in einer intensiven Phantasietätigkeit, die um die Person des Analytikers als Mittelpunkt kreist [108, 189, 228]. Dem Patienten fehlt ein ausreichend entwickeltes beobachtendes Ich, das es ihm ermöglichen würde, sich mit einem Teil seiner Persönlichkeit von diesem intensiven Übertragungsgeschehen zu distanzieren. Stattdessen wird er in einer oft rapide verlaufenden Regression in den Strudel seiner Übertragungsgefühle hineingezogen, ohne dass es zur Herstellung eines verlässlichen Arbeitsbündnisses zwischen Patient und Analytiker gekommen wäre, das diese Regression tragen könnte.

2. Die Entwicklung der Übertragung

Unter der Therapie produzieren Borderline-Patienten sehr schnell primärprozesshaftes Material, ohne dass diese Inhalte (in denen beispielsweise inzestuöse oder homosexuelle Phantasien unverhüllt zutage treten) eine nennenswerte Barriere von Widerstand zu überwinden hätten [72, 143, 150]. Patient und Analytiker fühlen sich von diesem Material überschwemmt; die Aufmerksamkeit des Patienten verlagert sich im Verlauf dieses Prozesses zunehmend auf diese archaische innere Realität und wird in entsprechendem Masse von seinen realen Konflikten und Aussenbeziehungen abgezogen [150]. Es kommt zu fluktuierenden Besetzungen des Analytikers mit archaischen, in ihrer Qualität stark schwankenden Selbst- und Objekt-Imagines. Der Analytiker wird dann oft während einer einzigen Sitzung beispielsweise zu einer allmächtigen, guten Figur, die den Patienten vor der verfolgenden Umwelt schützt, um kurze Zeit darauf unvermittelt selbst zum Verfolger zu werden, von dem der Patient sich möglicherweise sogar physisch bedroht fühlt [72, 105, 304].

Bei meinem *Patienten K.* z. B. präsentierten sich diese archaischen Selbst- und Objektrepräsentanzen innerhalb weniger Sitzungen in den folgenden Bildern, die der Patient in raschem Wechsel auf mich projizierte, um sich dann selbst teilweise wieder mit ihnen zu identifizieren: King-Kong als die Verkörperung brutaler Männlichkeit hält eine Frau als ein zappelndes Etwas in den Händen, das er jederzeit zerquetschen könnte; eine Frau, die vergewaltigt werden soll und zu diesem Zweck auf einem Foltertisch angebunden ist (das Bild kippt später um und der Analytiker wird zum Repräsentanten der Henkersgestalt, die man um Gnade anbetteln muss); die gleichzeitig auftauchenden, unvereinbaren Bilder einer hohen, mit Autorität ausgestatteten, unberührbaren Frauengestalt (die Analytikerin), und die verführerische, dumme Kindfrau (als Projektion auf eine Sekretärin der Klinik, die dem Patienten auf dem Gang begegnet). Die Kindfrau, die Zärtlichkeitsimpulse auslöst und die man beschützen möchte, während eine andere Frau als Verfolgerin diese Idylle bedroht; das Bild einer entidealisierten („ungewöhnlich kleinen") Frau, vom Koitus mit Männern beschmutzt und derangiert; die mütterliche Frau, der der Patient sich als kleiner Zwerg an die Brust schmiegt; und die Frau, die vor dem Patienten als Zuschauer einen geheimnisvollen Schleiertanz aufführt, bis unter dem Schleier sichtbar wird, dass sie während des Tanzes den Koitus mit einem Mann ausführt, der dem Patienten in vielen Punkten gleicht.

In der 70. Analysenstunde befasst sich der Patient mit dem Thema der Ödipussage, aus der für ihn die Infamie der Götter deutlich wird, die in ihrer Allwissenheit die Tragödie hätten verhindern können und ihr stattdessen „zu ihrer eigenen Belustigung" zusehen. Der Patient erklärt kategorisch: „Ich lehne das Stück ab!",um dann dazu mit immer heftigerem Affekt die Gestalt der Sphinx zu assoziieren, die dem Menschen Rätsel aufgebe und sie für ihre Unwissenheit bestrafe, anstatt sie von dieser Unwissenheit zu befreien. Als ich den Fehler mache und den Übertragungsgehalt dieses Bildes anspreche, schlägt der Wutaffekt des Patienten unvermittelt in massive Angst um: Der Patient erlebt mich für wenige Augenblicke als Wesen mit einem Raubtierkopf, das sich bereit macht, ihn von hinten anzuspringen. Später berichtet er, er habe in diesem Augenblick meine Stimme völlig verändert wahrgenommen, im wahrsten Sinn des Wortes bedrohlich.

Die Übertragung in dieser Phase der Analyse wird – wie sich an der zuletzt beschriebenen Sequenz aus einer therapeutischen Sitzung paradigmatisch zeigt – vor allem durch den Mechanismus der *projektiven Identifizierung* bestimmt [22, 149, 150, 157, 319]. In diesem Prozess verwischen sich für den Patienten die Grenzen zwischen dem Analytiker und seiner eigenen Person; der Analytiker wird zum „Selbst-Objekt" des Patienten, dem der Patient alternierend die verschiedenen Teile seines eigenen Selbst, vor allem das „schlechte Selbst" [246], aufpfropft. Der Patient kann diese projizierten Anteile, insbesondere die projizierte Aggression, aber nicht endgültig aus seiner Kontrolle entlassen. Von daher wird es für ihn lebenswichtig, den Analytiker in einer unbarmherzigen und totalen Weise zu kontrollieren [149, 150]. Würde er dem Analytiker eine Existenz als eigenständiges, von ihm getrenntes Objekt einräumen, liefe er Gefahr, dass der Analytiker die in ihn hineinverlagerten Anteile des „guten" Selbst mit sich fortnähme und sich mit dem (auf ihn projizierten) „bösen" Anteil des Selbst gegen den Patienten wendet [22, 245, 246, 247].

Parallel mit diesen projektiven Identifizierungen übernimmt der Analytiker für den Borderline-Patienten die Rolle einer Elternfigur, meist in einer frühen, primitiven Repräsentanz. Dieser „Übertragung" fehlt der typische „Als-ob"-Charakter, wie man ihn in der Analyse von neurotischen Patienten antrifft. Borderline-Patienten reagieren auf den Analytiker nicht in der Weise, *als ob* er bestimmte Eigenschaften von Vater oder Mutter hätte, sondern als ob er *wirklich* dieser Elternteil wäre. Würde man einen solchen Patienten etwa fragen: „Könnte es sein, dass Sie mich in dieser Situation wie früher Ihre Mutter erleben?", bekäme man die Antwort: „Ja, und zwar deshalb, weil Sie wie meine Mutter sind!" [150]. Die Übergänge von diesem subjektiven Erleben des Patienten hin zu einer vorübergehenden totalen Verkennung der Person des Analytikers sind fliessend. Dies ist auch der Grund, warum Borderline-Patienten nach allgemeiner Erfahrung [101, 150, 319] leichter eine *Übertragungspsychose* entwickeln als eine typische Übertragungsneurose. Diese „Übertragungspsychose" beschränkt sich regelmässig auf die therapeutische Beziehung, beeinträchtigt also nicht das Funktionieren des Patienten in der übrigen Realität. Der – vorübergehende – Ausfall der Realitätsprüfung gegenüber dem Analytiker stellt trotzdem eine der schwierigsten Klippen in der Therapie von Borderline-Patienten dar, die nur überwunden werden kann, wenn der Analytiker die ausser Kraft gesetzten Ich-Funktionen des Patienten längere Zeit hindurch stellvertretend für diesen mitübernimmt und bereit ist, den Patienten ohne Veränderung in der eigenen emotionalen Einstellung während dieser Phasen der Therapie zu „tragen" [299].

3. Die Ängste des Patienten

Eng mit dem Übertragungsgeschehen verknüpft sind die Ängste des Patienten, die beim Borderline-Syndrom ebenfalls eine typische Prägung besitzen. Allem anderen voran steht dabei die Angst vor der Destruktivität der eigenen Gefühle, und zwar sowohl der Liebesgefühle als auch – dies ganz besonders – der immensen Aggression. Borderline-Patienten haben meist eine Vorerfahrung von der Art, dass ihre Liebes- und Hassgefühle für einen Elternteil (oder auch ein Familiengefüge) massiv bedrohlich waren und deshalb zerstörerisch und „schlecht" sind. Da die Liebesgefühle und -wünsche überdies tatsächlich einen gierigen, verschlingenden Aspekt haben, und die Aggression häufig den Charakter archaischer Wut besitzt, werden diese Ängste ständig aufs neue genährt. Der Patient kann sich deshalb in aller Regel nicht oder nur unter schwersten Befürchtungen gestatten, diese intensiven Liebes- und Hassgefühle in der therapeutischen Zweierbeziehung auszuleben, weil dies in seiner Phantasie die Zerstörung des Analytikers und (da der Analytiker für den Patienten zu einem lebenswichtigen Objekt geworden ist) damit auch die Zerstörung des Patienten zur Folge hätte. Er ist von daher fast gezwungen, einen Teil dieser Übertragungsgefühle „abzuspalten" und auf ein drittes Objekt ausserhalb der therapeutischen Beziehung zu verlagern [149, 150, 189].

Die Angst des Borderline-Patienten vor der „Nähe" zum Analytiker speist sich aber auch noch aus anderen Quellen, die eng mit der Durchlässigkeit seiner Ich-Grenzen zusammenhängen. Der Borderline-Patient fürchtet das „Eindringen" des Analytikers, das für ihn gleichbedeutend ist mit dem Verlust der eigenen Identität. Aus diesem Grunde kann sich der Patient auch schwer mit dem Analytiker oder dem, was er als dessen Forderungen empfindet, identifizieren. Den „Forderungen" des Analytikers entsprechen (sich also z. B. dessen Deutungen zu eigen zu machen), hiesse, die eigene Individualität zu verlieren und ein anderer – der Analytiker – zu werden [250]. Aus seinem Objekthunger heraus neigt der Borderline-Patient gleichzeitig zur bedingungslosen Identifizierung, ein Dilemma, das die Psychotherapie dieser Patienten oft über lange Strecken paralysiert. Die Angst vor der Abhängigkeit vom Analytiker ist ebenso intensiv wie seine Angst, den Analytiker zu verlieren. Die Abhängigkeit vom Analytiker kann sich der Patient oft nur als einen Zustand bar jeder Hilfsquellen („resourceless dependency", [163]) vorstellen, während er sich gleichzeitig an den Analytiker als sein „gutes" Objekt klammert, dessen Verlust ihn schutzlos der verfolgenden Umwelt ausliefern würde. Wenn der Analytiker voll in die Rolle eines symbiotischen (guten) Objekts eingesetzt worden ist, wird er für den Patienten buchstäblich zu einer „Lebensquelle", deren Versiegen in der Phantasie des Patienten die psychische und physische Vernichtung bedeutet. Aus diesem Erleben heraus muss der Patient alles tun, um in der therapeutischen Beziehung einen status quo aufrechtzuerhalten, dessen Veränderung er sich nur als eine Veränderung zum Schlechten vorstellen kann [250, 270]. Er hat Angst vor der Veränderung an sich, vor der Notwendigkeit, sein eigenes Getrenntsein (vor allem vom Analytiker) zu akzeptieren, und vor der Autonomie, der er sich nicht gewachsen fühlt, von der er aber gleichzeitig vage spürt, dass der Analytiker sie ihm aufoktroyieren möchte. Gegen dieses Ansinnen muss er sich zur Wehr setzen, indem er dem Analytiker immer wieder aufs neue „beweist", dass er ohne ihn hilflos sei, nicht handeln, nicht einmal denken, geschweige denn leben könne.

Manche Autoren haben die Grundangst des Borderline-Patienten auch als eine Angst vor der Enthüllung des „wahren Selbst" in der Psychotherapie beschrieben [164, 179, 311, 314]. Die Bewahrung dieses wahren Selbst war diesen Patienten stets nur möglich gewesen, indem sie es durch eine „falsche" Fassade sorgfältig vor der Umwelt (und manchmal sogar vor sich selbst) verborgen hatten. Mit diesem „wahren" Teil ihres Selbst fühlen sie sich schutzlos, verwundbar, zerstörbar. Daneben besteht ein tiefes Bedürfnis, sich selbst auch mit diesem ureigentlichen Kern der Persönlichkeit zu kommunizieren. Die Unmöglichkeit dieser Kommunikation oder ihr Misslingen werden vom Patienten mit einem vagen Unbehagen beantwortet, das sich oft in der Angst zu lügen artikuliert, ohne dass der Patient genau sagen könnte, was er verschweigt. Wenn dieses Unbehagen auf den Analytiker projiziert wird, muss dieser den Vorwurf einstecken, dass er den Patienten nicht verstehe, nicht begreifen wolle, worum es dem

Patienten eigentlich gehe. Wirkliches Verstandenwerden aber wird vom Patienten zurückgewiesen, weil dieses „Entdecktwerden" sein wahres Selbst in unmittelbare Gefahr bringt. Diese vielfältigen Angstreaktionen verbinden sich beim Borderline-Patienten regelmässig mit einer mangelnden Angsttoleranz überhaupt [149], die mit der Unfähigkeit dieser Patienten zur Entwicklung einer (dosierten) Angstreaktion im Sinne der Signalangst zusammenhängt [323]. Die Patienten reagieren stattdessen häufig mit Angstüberflutung und Panik, die sie immobilisiert und ausserstande setzt, die Ängste in der Psychotherapie aus der Distanz eines beobachtenden Ich heraus durchzuarbeiten.

4. Formen des Widerstands und das Dilemma der Borderline-Therapie

Alle bisher beschriebenen Übertragungs- und Angstreaktionen des Borderline-Patienten lassen sich *auch* als Manifestation des Widerstands gegen die Psychotherapie verstehen. Sie machen den Patienten unfähig, auf verbale Deutungen des Analytikers adäquat zu reagieren, sie zu überprüfen und eventuell zu integrieren, oder aber wichtiges Material wird dem psychotherapeutischen Prozess überhaupt entzogen und auf diese Weise für die Deutung unzugänglich. Eine von vielen Autoren in diesem Zusammenhang als typisch hervorgehobene Form des Widerstands bei Borderline-Patienten ist die *Spaltung der Übertragung* und die *Erotisierung der Übertragung* [150, 189, 228]. Besonders KERNBERG [159] betont, dass Borderline-Patienten regelmässig ihre positiven Übertragungsgefühle auf den Analytiker hin kanalisieren, während der negative Anteil der Übertragung auf einen Dritten ausserhalb der therapeutischen Beziehung „abgespalten" wird. Die negative Übertragung und der mit ihr zusammenhängende gesamte Bereich der Aggression werden auf diese Weise häufig der analytischen Bearbeitung entzogen; die therapeutische Beziehung gestaltet sich dann „seicht" und auf eine schwer fassbare Weise steril, obwohl der Patient scheinbar eifrig mitarbeitet und ungewöhnlich schnell „Einsichten" zeigt.

LIPSHUTZ [189] beschreibt umgekehrt die Abspaltung der positiven Übertragung auf ein aussenstehendes Liebesobjekt, das zum Zentrum des Lebens des Patienten wird, und über das der Patient in der Psychotherapie nicht aufhört zu berichten.

Eine andere Spielart der Übertragung von Borderline-Patienten, auf die vor allem RAPAPORT [228] und RAMANA [225] hinweisen, ist die *Erotisierung,* hinter welcher sich oft (wenn auch keineswegs immer) intensive orale Abhängigkeitswünsche und die damit korrespondierenden Ängste verbergen. Sie manifestiert sich vor allem im stürmischen Verlangen nach genitalem Kontakt mit dem Analytiker[1].

„Die Zurückweisung dieses Wunsches wird vom Patienten als tiefe und ernsthafte Kränkung und Demütigung empfunden. Anstatt Deutungen zu akzeptieren, besteht er lieber auf seinem Verlangen nach Befriedigung. Empathie, Festigkeit in der eigenen Haltung, geduldiges Eingehen auf das Gefühl des Patienten, abgelehnt zu werden, ohne auf seine Forderungen mit Angst und Feindseligkeit zu reagieren, kann möglicherweise zu einer Lösung des Problems führen" [48].

In ihren dramatischeren Formen ist die erotisierte Übertragung *ein* typisches Beispiel für das sogenannte „Borderline-Manöver" [54], in welchem der Patient eine Notstandssituation konstruiert, um das bedrohliche Erlebnis der Entleerung oder Fragmentierung des Ich und der Identitätsdiffusion von sich fernzu-

[1] Ich vermute, dass die Erotisierung der Übertragung sich überwiegend oder ausschliesslich in der Beziehung zwischen einer weiblichen (jüngeren) Patientin und einem männlichen Analytiker abspielt. Jedenfalls sind mir in der Literatur und in Berichten aus Kollegenkreisen nur solche Fälle begegnet, ohne dass meines Wissens jemals ausdrücklich diskutiert worden wäre, dass es sich hier möglicherweise um ein geschlechtsspezifisches Problem handelt. Offenbar wiederholen diese Patientinnen in der Analyse ein früh eintrainiertes und in unserer Kultur positiv sanktioniertes Verhaltensmuster, das auf der Ideologie beruht, nach welcher insbesondere für Frauen Erfüllung in der sexuellen Hingabe mit Lebensglück schlechthin identisch ist [240]. In der tiefenpsychologischen Dimension mag dem die Phantasie entsprechen, vom Vater für die von der Mutter erlittenen oralen Entbehrungen auf dem Wege der sexuellen Erfüllung entschädigt zu werden. Das Mädchen richtet seine enttäuschten (oralen) Hoffnungen also auf ein *neues,* in hohem Masse idealisiertes Objekt, mit dem es die Vereinigung anstrebt. Demgegenüber erscheinen die genitalen Wünsche männlicher Patienten weniger stark emotional aufgeladen und vermutlich auch durch die Angst vor „Wiederverschlingung" [200, 201] durch das *ursprüngliche* symbiotische Objekt gebremst. Trotzdem scheinen mir gerade im Zusammenhang mit einer möglichen Geschlechtsspezifität der Übertragung noch eine Reihe von Fragen offen, darunter nicht zuletzt jene, warum dieses Problem bisher in der psychoanalytischen Literatur so stillschweigend übergangen wird.

halten. „Die Patienten ziehen dann Schmerz, körperliche Verletzungen, beinahe jeden schädlichen Stimulus vor, weil es offensichtlich gerade diese unangenehmen Empfindungen sind, die das Gefühl des Wirklichseins wiederherstellen. So gesehen, ist die Schaffung von Notstandssituationen ein Mittel, mit welchem der Borderline-Patient versucht, das Erleben des Selbst unter der Bedrohung einer Stresssituation festzuhalten. Er kann einen Kampf anzetteln, sich körperlich verletzen, sich in antisozialen Aktivitäten engagieren, schmerzhafte Reize an den Genitalien setzen, oder sich auf irgendeine waghalsige Handlung einlassen" ([54], S. 181). Ich selbst erinnere mich an einen Borderline-Patienten, der lange Zeit hindurch jede Sitzung mit einer neuen Hiobsbotschaft über eine dramatische Verschlechterung seines Ergehens eröffnete, mit der spürbaren (unbewussten) Intention, mich mit seiner Panik anzustecken. Derartige Borderline-Manöver haben für die Therapie einen doppelten Effekt: Sie erhalten dem Patienten das Gefühl des Lebendigseins und des Funktionierens auf dem Boden einer prekären Identität; gleichzeitig setzen sie den Analytiker lahm, der in solchen Situationen hauptsächlich damit beschäftigt ist, den Patienten zu beruhigen oder ihn am selbstdestruktiven Agieren zu hindern.

Lähmung des Analytikers und *Agieren* sind zwei Mechanismen, die der Borderline-Therapie ein charakteristisches Gepräge geben. Betrachten wir zunächst den Mechanismus des Agierens! Aus vielfältigen Gründen, die eng mit ihrer Ich-Pathologie zusammenhängen, neigen Borderline-Patienten dazu, ihre Phantasien und Impulse unmittelbar in Handlung zu übersetzen, unter Ausschaltung von Zwischenschritten wie Reflexion und antizipatorischem Denken im Sinn von Probehandeln. „Handeln" scheint dabei für diese Patienten eine magische Qualität zu besitzen [113]; es bedeutet Lebendigsein, Sicherheit, Ungeschehenmachen schmerzlicher Erinnerungen, Wiederbelebung dieser Erinnerungen mit dem Ziel einer positiveren Neuerfahrung, Vereinigung mit dem symbiotischen Objekt, Vermeidung von Trauer und von Schuldgefühlen und magische Veränderung der Realität in einem (vgl. S. 121ff.). Soweit es in der Therapie an die Stelle von „Erinnern und Durcharbeiten" [85] tritt, wird es in der traditionellen psychoanalytischen Literatur meist als Störfaktor verstanden, der unterbunden oder nach Möglichkeit durch Interpretation aufgelöst werden sollte [257]. In der Therapie von Borderline-Patienten darf „Agieren" jedoch nicht ausschliesslich in diesem Sinne als Widerstand verstanden werden. Die im präverbalen Stadium verhaftet gebliebenen Erinnerungen dieser Patienten *müssen* agierend in Szene gesetzt werden, bevor sie überhaupt in Vorstellungen fassbar und damit auch verbal mitteilbar werden. Das Agieren des Patienten hat hier also eine geradezu unentbehrliche Kommunikationsfunktion [22, 54, 114, 161, 162, 186]. Der Patient teilt dem Analytiker agierend die für ihn einschneidensten (kostbarsten oder schmerzlichsten) Erfahrungen seiner persönlichen Geschichte mit [186], und alles hängt für ihn davon ab, wie der Analytiker diese „Mitteilung" versteht und aufnimmt. Der Analytiker sieht sich in einer solchen Situation vor die manchmal fast unlösbare Aufgabe gestellt, die non-verbalen „Mitteilungen" des Patienten gleichzeitig verstehend zu akzeptieren und die Psychotherapie trotz oder gerade mit Hilfe des Agierens des Patienten in Gang zu halten, die für den Patienten oder seine Umwelt gefährlichen Auswüchse zu kontrollieren und möglicherweise seine eigenen traditionellen Vorstellungen über „Agieren" versus „Erinnern und Durcharbeiten" zu hinterfragen [186].

Der Versuch des Patienten, den Analytiker zu „lähmen", indem er ihn seiner professionellen oder persönlichen Identität beraubt, ihn sozusagen „depersonifiziert", kann in einem sehr spezifischen Sinne ebenfalls als eine Form des Agierens verstanden werden, in welchem sich die beschriebenen Widerstands- und Kommunikationsfunktionen kombinieren. Diese „Lähmung" des Analytikers gegenüber einem Borderline-Patienten meint qualitativ noch etwas anderes als die wohlbekannten Phänomene der „Entmachtung" oder „Depotenzierung" des Analytikers, wie sie in der Therapie neurotischer Patienten auftauchen. Der Borderline-Patient muss mit allen Mitteln – nicht zuletzt auf dem Wege des Agierens – versuchen, den Analytiker *als Person* unschädlich zu machen, weil er sich von einem derart eigenständigen lebendigen Objekt gleichzeitig in unerträglicher Weise getrennt und bedroht fühlen würde [150, 210, 211, 319]. Auf dem Hintergrund der Phantasie, dass in der Dyade nur einer der Partner wirklich die Möglichkeit und das Recht zu leben hat, wird die Immobilisierung des Analytikers für den Patienten zu einer existenziellen Notwendigkeit. Gelingt dies nicht, geht der Patient in bestimmten Phasen der Therapie regelmässig seinerseits in eine Art emotionalen Totstellreflex, der sich dann vor allem in Gefühlen der *Depersonalisation* manifestiert. In der Depersonalisation kann der Analytiker den Patienten allenfalls als denkendes Wesen, nicht aber als totale Person erreichen, und die therapeutische Beziehung wird durch diese Art von „Kontaktlosigkeit" in quälender Weise paralysiert. Oft teilt sich dieses Gefühl von Ich-Entleerung dem Analytiker mit oder provoziert in ihm eine kaum überwindbare Somnolenz [51], die Schuldgefühle gegenüber dem Patienten nach sich zieht. Nach meiner Erfahrung erweist sich in einer solchen Situation (die über Monate anhalten kann!) die Vorstellung als hilfreich, dass es gerade diese Gefühle von Leere, Isolation und Verlorensein sind, die das Daseinsgefühl des Patienten oft von früher Kindheit an bestimmt haben, und die er nun erstmals mit einem anderen menschlichen Wesen – dem Analytiker – teilt.

Vom schützenden Totstellreflex des Patienten hin zu ausgeprägter Selbstdestruktivität besteht oft ein fliessender Übergang. Ein Körper, dem die libidinös-narzisstische Besetzung soweit entzogen wurde, dass er nicht mehr als zum Selbst gehörig erlebt wird, kann zerstört werden, ohne dass der Patient dies im eigentlichen Sinne als „Selbstvernichtung" erlebt. In seiner Phantasie hat die Beseitigung des „Fremdkörpers" im Gegenteil oft eine das Selbst bewahrende, lebensrettende Funktion. Diese paradoxe Umkehrung des Selbsterhaltungstriebes ist einer der Gründe für das oft hohe und gleichzeitig schwer einschätzbare Suizidrisiko in der Therapie von Borderline-Patienten [43, 50, 121, 141, 148, 193]. Eine andere Quelle dieses Suizidrisikos liegt in der Neigung des Patienten, den Analytiker abzuwehren, indem er ihn extrem abwertet [3], wobei diese Abwertung die Qualität einer archaischen expulsiven Reaktion besitzt [145]. Wegen der gleichzeitig bestehenden Unschärfe in der Trennung von Selbst- und Objektrepräsentanzen besteht die Gefahr, dass diese Abwertung unvermittelt von der Objekt- auf die Selbstrepräsentanz übergreift und der Patient folgerichtig dieses nunmehr verächtliche, schmutzige, wertlose Selbst in einem impulsiven Akt ausradiert [145]. Hier scheint sich die These von Kernberg [150] zu bestätigen, nach welcher gerade die Abwehrmechanismen, die ursprünglich zum Schutze des Ich etabliert wurden, dieses Ich später oft in einschneidender Weise schwächen und gefährden. Es wäre sicherlich verfehlt, diese aus einem ständigen Schwanken zwischen „Sein oder Nicht-Sein" erwachsende Selbstdestruktivität des Borderline-Patienten ausschliesslich als masochistisches Agieren zu verstehen oder als einen besonders hartnäckigen Widerstand gegen mögliche Einsichten und die daraus resultierenden positiven Veränderungen in der Therapie. Ich glaube vielmehr, dass das Pendel im Patienten erst eindeutig zugunsten des Seins, des Lebenwollens in einer neu zu erobernden Welt, ausgeschlagen haben muss, bevor ein therapeutischer Prozess im üblichen Sinne überhaupt in Gang kommen kann. Bis zu diesem Punkt ist es oft einzig „der Analytiker oder irgendeine Verlängerung von ihm, die zwischen dem Patienten und dem Tod stehen; und manchmal muss er (der Analytiker) danebenstehen oder einfach dasein, während der Patient sein Leben in seine eigenen Hände nimmt und ein lebendes menschliches Wesen wird – oder eine Leiche" [192].

Aus diesem permanenten Kräftespiel zwischen der Hoffnung und ihrer Negation resultiert auch die häufig zu beobachtende *negative therapeutische Reaktion* [152] in der Therapie von Borderline-Patienten. Die Veränderung zum Besseren scheint bei diesen Patienten über mögliche Schuldgefühle hinaus eine diffuse Angst vor dem Verlust icherhaltender äusserer Strukturen auszulösen [250], so als ob die äussere Realität mit der leisesten Wendung zum Guten ihre vertraute Identität verlöre und den Patienten in diesen Zusammenbruch der identitätsgarantierenden Kontinuität mit hineinzöge. Khan [163], Green [112] und Giovacchini [108] haben darauf hingewiesen, dass vielen Borderline-Patienten jene Erinnerungsspuren früher Befriedigungssituationen fehlen, die in der Therapie eine Wiederbesetzung erfahren und die Basis einer optimistischen Zukunftsperspektive bilden könnten. Diese Patienten kennen ausschliesslich *ihre* (enttäuschende) Welt, jenseits derer anstelle von Hoffnung nur ein bedrohliches Vakuum existiert [45, 105]. Der therapeutische „Fortschritt" führt dann in dieses Vakuum hinein, aus dem der Patient mit allen Mitteln umzukehren trachtet, weil er sich bar jeder Möglichkeit fühlt, den mühsam eroberten „leeren" Raum zu füllen und sich in ihm einzurichten. Was sich dann äusserlich als Widerstand gegen die Therapie und als negative therapeutische Reaktion manifestiert, ist für den Borderline-Patienten ein lebensrettender „Erhaltungsmechanismus" [199], auf den der Patient solange nicht verzichten kann, bis er in der Identifikation mit dem (hoffentlich geduldigen!) Analytiker soviel verlässliche gute Neuerfahrungen gesammelt hat, dass es ihm möglich wird, sein fixiertes Weltbild allmählich entlang diesen Neuerfahrungen vorsichtig und tentativ zu modifizieren.

Das *Dilemma der Borderline-Therapie* besteht also vor allem darin, dass der Borderline-Patient in ihr therapie-blockierende Abwehrmanöver aufgeben muss, die für ihn den Charakter lebensrettender „Erhaltungsmechanismen" [199] haben. Der „Widerstand" des Borderline-Patienten resultiert vorrangig aus seiner „Ich-Angst" ([94], S. 193ff.) und weniger – wie beim neurotischen Patienten – aus der Angst, die mit seinen Triebkonflikten zusammenhängt [279]. Es bedarf deshalb einer oft sehr langen und risikoreichen therapeutischen Strecke, um das Vertrauen des Patienten in den Analytiker und in das eigene Ich soweit zu stärken, dass der Patient seine „Erhaltungsmechanismen" Stück für Stück aufgeben und im echten Sinne einen „Neubeginn" [14] wagen kann. Der Erfolg eines solchen Unternehmens hängt entscheidend davon ab, inwieweit der Analytiker in der Lage ist, dieses therapeutische Dilemma zusammen mit dem Patienten durchzustehen, ohne dabei von seiner eigenen Angst und von intensiven Gegenübertragungsreaktionen im Zusammenhang mit dem Erlebnis von Ohnmacht und Hilflosigkeit überwältigt zu werden.

5. Die Gegenübertragung des Analytikers

Den typischen Übertragungsmanifestationen des Borderline-Patienten in der Therapie entsprechen auf seiten des Analytikers ebenso typische Gegenübertragungs-Reaktionen, die von einer Reihe von Autoren mit grosser Einheitlichkeit beschrieben werden [29, 50, 150, 157, 213, 309, 319]. Diese „Fallstricke" der Gegenübertragung lassen sich im wesentlichen unter fünf Stichpunkten zusammenfassen:

1. Die aggressive Gegenübertragungsreaktion auf den Patienten [150, 213, 309, 319],
2. Die Degradierung des Patienten und der Versuch, ihn „abzuschieben" [29, 50, 319],
3. Die masochistische Unterwerfung unter den Patienten [319],
4. Die Angst des Analytikers vor dem eigenen Identitätsverlust [150, 309],

5. Die Wiederauflage der ursprünglichen pathogenen Beziehung zwischen dem Patienten und einem Elternteil in der Psychotherapie [150, 319].

Aus dieser globalen Übersicht wird deutlich, dass sich die typischen Gegenübertragungsmanifestationen des Analytikers in der Borderline-Therapie weitgehend aus ähnlich archaischen Abwehr-Reaktionen speisen, wie sie auch die Krankheit des Patienten ausmachen, und diese geradezu spiegelbildlich reflektieren [150]. Am Beispiel der immer wieder hervorgehobenen aggressiven Gegenübertragungsreaktion auf den Borderline-Patienten lässt sich dies exemplarisch darstellen. Die aggressiven Gefühle des Analytikers gegenüber seinem Patienten dienen (ganz analog zur „Borderline-Aggression") überwiegend der Abwehr der eigenen Depression, die aus dem Erleben von Ohnmacht, Hilflosigkeit und mangelnder Möglichkeit zur Wiedergutmachung gegenüber dem Patienten resultiert [213]. Sie sind gleichzeitig eine Folge der projektiven Manöver des Patienten, in denen der Patient Teile seines „schlechten Selbst" auf den Analytiker projiziert, die dann gleichsam aus dessen eigenem Innern wieder auftauchen [150]. Wenn der Analytiker dies nicht schnell erkennt und den Patienten wieder als deutlich von ihm getrenntes Objekt in der Aussenwelt etabliert, verstrickt er sich in die projektiven Identifizierungen des Patienten und verliert jene optimale therapeutische Distanz, die es ihm ermöglichen würde, die zwischen ihm und dem Patienten ständig ablaufenden Prozesse der Projektion und Re-Projektion zu überblicken und dem Patienten in angemessener Weise zu verdeutlichen. Stattdessen kommt es zum *Agieren* der aggressiven Gegenübertragung, vor allem durch aggressive Deutungen [5], durch die Einführung scheinbar zwingender edukativer und prohibitiver Massnahmen, und durch die Tendenz, den Patienten „zu seinem eigenen Besten" irgendwohin „abzuschieben" (z.B. in eine Kur oder in eine anders geartete Therapie bei einem „besser qualifizierten Kollegen" [50]. ADLER [4] und FRIEDMAN [98] beschreiben dieses Muster als eine notorische Gegenübertragungsreaktion des therapeutischen Personals einer psychiatrischen Station gegenüber hospitalisierten Borderline-Patienten.

Borderline-Patienten reagieren auf ihre eigenen aggressiven Gefühle oft mit der „Abwertung des Objekts" [3, 149, 150]. In der

Gegenübertragung des Analytikers findet dieser Mechanismus seine Entsprechung in der heimlichen inneren Degradierung des Patienten. „Die Therapie von Borderline-Patienten rührt oft an den moralischen Kern des Therapeuten, weshalb dieser dazu neigt, dem Patienten innerlich eher mit Verachtung zu begegnen als mit psychodynamischem Verständnis" [319]. WOLBERG [319] meint, dass die Gegenübertragungsreaktionen des Analytikers nicht so intensiv wären, wenn er seinen Borderline-Patienten als Person und weniger als „Unperson", als fragmentiertes, halbentwickeltes menschliches Wesen einer niedrigeren Ordnung betrachten würde, eine Einstellung, die vermutlich eine direkte Wiederholung der Einstellung der Eltern gegenüber dem Patienten bedeutet. Weil Borderline-Patienten in ihrer Symptomatologie manches mit schizophrenen Patienten gemeinsam haben, findet die Degradierung des Patienten häufig in diagnostischen Etiketten einen (scheinbar legitimen) Niederschlag, in denen von einem genetischen Defekt, von „allgemeiner Ich-Schwäche" oder von einer „latenten Schizophrenie" die Rede ist [319].

Der Analytiker verbirgt dann seine Ohnmachts- und Rachegefühle gegenüber dem Patienten hinter der rationalisierenden Überzeugung, dass einem so schwer gestörten, verkrüppelten Patienten ebensowenig zu helfen sei, wie man (nach einer weit verbreiteten Meinung) Schizophrene erfolgreich therapieren könne. Wenn er diese verunglimpfenden Überzeugungen in verbaler oder auch non-verbaler Form dem Patienten kundtut, und der Patient im Grunde der gleichen Meinung ist, gestaltet sich die Behandlung schwierig und wird in der Regel scheitern [319]. „Wenn man dagegen das Verhalten des Borderline-Patienten und möglicherweise auch die Psychose als eine Form der Abwehr ansieht, wo Projektion und Wahn sozusagen das letzte strategische Abwehrmanöver sind, dann wird man sich nicht durch die Verwandtschaft von Borderline-Syndrom und Schizophrenie gehandikapt fühlen" [319]. WOLBERG betont, wie wichtig es in diesem Zusammenhang sei, dass der Analytiker ausreichend technisches Wissen über den Umgang mit der Übertragungssituation in der Borderline-Therapie zur Verfügung habe.

Die oft sadistisch getönten Forderungen des Borderline-Patienten nach allumfassender Kontrolle des Therapeuten können im Analytiker den Wunsch provozieren, sich diesen Forderungen in masochistischer Weise zu unterwerfen. Das sadistische Kontrollbedürfnis des Patienten verbirgt sich dabei häufig hinter infantil-klammernder Abhängigkeit und ist für den Analytiker deshalb nicht immer sofort durchschaubar. Wolberg [319] sieht in den immensen Abhängigkeitsbedürfnissen von Borderline-Patienten weniger einen Ausdruck von „Ich-Schwäche" als eine *Verweigerung* der Autonomie, mit welcher der Patient aus Wut einen anderen zwingen will, das für ihn zu tun, was er eigentlich für sich selbst tun sollte (und könnte!). Die Wut hat ursprünglich den Eltern gegolten, die dem Kind die Autonomie verweigerten, und stehe jetzt im Dienst der Rache. „Was wie Unfähigkeit aussieht, ohne die Führung des andern zu funktionieren, gründet sich in Wirklichkeit auf ein Rachemotiv und auf Sadismus" [319]. Wirkliche Symbiose in dem Sinne, wie ein Kind von seinen Eltern abhängig ist, hat mit Sadismus nichts gemeinsam. Der Erwachsene dagegen agiert auf eine *angeblich* symbiotische Weise und verführt den anderen damit, ihn für schwach und undifferenziert zu halten, weil er ihn bestrafen möchte und sich an ihm für das rächen, was er in der Kindheit entbehrte. „Er will andere zwingen, ihn zu erhalten" [319]. Obwohl Wolberg an anderer Stelle durchaus auch die tiefe Furcht des Borderline-Patienten vor der Autonomie und die damit verbundenen Schuldgefühle würdigt, schlägt sie doch grundsätzlich vor, das Konzept der „Ich-Schwäche" durch das Konzept des „Sadomasochismus" zu ersetzen. Am Beispiel einer kurzen Sequenz aus einer Borderline-Therapie schildert sie eindrucksvoll, wie dieser Sadomasochismus durch die Abhängigkeitswünsche des Patienten hindurch am Werk ist:

Eine Patientin versichert in der Sitzung ihrer Analytikerin: „Ich bin Sie!" und „Wenn ich weggehe, muss ich einen Teil von Ihnen mit mir nehmen". Wolberg „übersetzt" dann, was diese Patientin mit ihrer Aussage latent mitteilt. „Die Aussage beinhaltet Verschiedenes: Sie (die Patientin) ist passiv-abhängig; sie ist masochistisch; sie will mir die Verantwortung aufbürden für das, was mit ihr geschieht, und nicht sich selbst oder ihren Eltern; sie will mir schmeicheln, mich verführen, mich kontrollieren, mich aus meiner analytischen Rolle herausbringen; und sie will mich in ihre sadomasochistische Phantasie einbeziehen. Sie will mir die Last aufladen, ihr Agieren zu kontrollieren. Sie will mich einschüchtern, und sie will mich lächerlich machen und mich hassen und mich beschwichtigen. Sie erzählt mir auch, dass sie ein abgelehntes Kind war, und dass ihre Eltern ihr gegenüber übermässig feindselig waren" ([319], S. 83f., übersetzt von der Verfasserin).

Das gesamte Manöver ist unbewusst vom Patienten nach dem

Muster des masochistischen Triumphes auf die Induktion von *Schuldgefühlen im Analytiker* hin angelegt, ähnlich wie der Patient früher von seinen Eltern durch Schuldgefühle abhängig gehalten wurde, bis er „den Spiess umdrehte" und nun seinerseits das bewährte Machtmittel in der Rache gegen die Eltern einsetzt: „Ich bin so, wie Ihr mich haben wolltet; nun sorgt für mich und entschädigt mich!" Der Analytiker sollte sich nicht dem Optimismus hingeben, dass er der Elternrolle, die ihm der Patient ansinnt, entgehen könnte [150]. Er wird unweigerlich die Verpflichtung in sich spüren, für diesen aus eigener Kraft scheinbar so wenig lebensfähigen Patienten die volle Verantwortung zu übernehmen, ihn zu lenken und gleichzeitig für alle erlittene Unbill zu entschädigen. Er wird auch merken, dass der Patient ihm keine andere Wahl lässt, dass er festgenagelt und zum ausführenden Organ des Patienten werden soll. In die Gegenübertragung des Analytikers müssen sich dann zunehmend Schuldgefühle mischen, und zwar aus zweierlei Gründen: Der Analytiker fühlt sich schuldig, weil er die unbewusst übernommenen rigorosen Verpflichtungen nicht erfüllen kann, und weil er auf dieses Ohnmachtserlebnis und das Gefühl des Erpresstwerdens mit Aggression gegenüber dem Patienten reagiert, die seine professionelle Identität als wohlwollender Therapeut untergräbt. Wenn diese Schuldgefühle in der Gegenübertragung nicht rechtzeitig erkannt und analysiert werden, kommt es leicht zu „Sühnehandlungen" gegenüber dem Patienten, zu einer masochistischen Unterwerfung unter dessen Forderungen, mit übertriebener Schonung des Patienten bei gleichzeitig unterdrücktem Ärger, den der Patient unbewusst spürt, und auf den er mit verstärkten Kontrollbedürfnissen reagiert. Der damit eingeleitete unheilvolle Zirkel kann die therapeutische Situation völlig paralysieren und zu endlosen Therapien führen oder aber zu einem plötzlichen Abbruch, dann nämlich, wenn sich der aufgestaute Ärger des Analytikers unvermutet doch in eruptiver Weise Bahn bricht.

Kernberg [150] warnt vor solchen chronischen Gegenübertragungsreaktionen in der Therapie von Borderline-Patienten, die vor allem mit der Reaktivierung früher, konfliktgeladener Beziehungen im Analytiker zusammenhängen. Borderline-Patienten ziehen den Analytiker oft in den regressiven Sog ihrer Übertragungsmanifestationen hinein und untergraben auf diese Weise seine stabile und reife Ich-Identität. Im Analytiker tauchen dann regressive Phänomene in Form von Abhängigkeitswünschen, narzisstischen Omnipotenz- und Verschmelzungsbedürfnissen und aggressiven Impulsen auf, Phänomene, die er kontrollieren muss und für ein besseres Verständnis des Patienten nützen. Dieser Prozess, in welchem der Analytiker notwendigerweise in engem emotionalen Kontakt mit dem Patienten steht, vermehrt seinen inneren Stress [150, 157]. Gleichzeitig kann die dauernde negative regressive Übertragung dieser Patienten die Selbstachtung und die Selbstvorstellung des Analytikers in einer Weise unterminieren, dass seine Ich-Identität in ihrem Kern in Frage gestellt wird [150]. Es kommt dann zur Wiederbelebung bereits aufgegebener Abwehrformen und neurotischer Charakterzüge im Analytiker, und die Persönlichkeitsstrukturen von Analytiker und Patient vermengen sich in einem stabilen, nicht auflösbaren Knoten von Übertragung und Gegenübertragung [150].

In ähnlicher Weise spricht WINNICOTT [309] von der Wiederbelebung archaischer Ich-Ängste im Analytiker unter der Borderline-Therapie. Der spezifische Typus dieser Gegenübertragungsangst wird in einem von WINNICOTT [309] referierten Beispiel besonders deutlich, so dass ich es in seiner ursprünglichen Ausführlichkeit wiedergeben möchte:

„Vor einiger Zeit hatte ich tagelang das Gefühl, dass ich schlechte Arbeit machte. Gegenüber jedem meiner Patienten machte ich Fehler. Die Schwierigkeit lag bei mir; sie hatte teilweise private Gründe, hing aber hauptsächlich mit einem Kulminationspunkt zusammen, den ich in der Beziehung zu einer ganz bestimmten psychotischen (Forschungs-)Patientin erreicht hatte. Die Schwierigkeit klärte sich auf, als ich einen Traum hatte, wie er manchmal auch als ‚Heilungstraum' bezeichnet wird ...

Der Traum hatte zwei Phasen. In der ersten Phase befand ich mich in der Galerie eines Theaters und schaute auf die Menschen weit drunten im Parkett. Ich hatte grosse Angst, so als ob ich mein Bein verlieren würde. Die Angst war mit dem Gefühl assoziiert, das ich auf der Spitze des Eiffelturms gehabt habe: Wenn ich meine Hand über den Rand legte, würde sie hinunter auf das Pflaster fallen. Dies wäre gewöhnliche Kastrationsangst.

In der nächsten Phase des Traumes bemerkte ich, dass die Leute im Parkett ein Theaterstück sahen, und ich war jetzt durch sie hindurch mit dem Geschehen auf der Bühne verbunden. Eine neue Art von Angst entwickelte sich nun. Was ich wusste war, dass mein Körper überhaupt keine rechte Seite hatte. Das war kein Kastrationstraum. Es war das Gefühl, diesen Teil des Körpers nicht zu besitzen.

Als ich aufwachte, bemerkte ich, dass ich auf einer sehr tiefen Ebene verstanden hatte, was meine Schwierigkeit zu jener Zeit war. Der erste Teil des Traums repräsentierte die üblichen Ängste, wie sie im Hinblick auf unbewusste Phantasien meiner neurotischen Patienten entstanden sein mögen. Ich wäre in Gefahr, meine Hand oder meine Finger zu verlieren, wenn diese Patienten sich für sie interessieren würden. Mit dieser Art von Angst war ich vertraut, und sie war vergleichsweise erträglich.

Der zweite Teil des Traumes jedoch bezog sich auf meine Beziehung zu der psychotischen Patientin. Diese Patientin verlangte von mir, dass ich zu ihrem Körper überhaupt keine Beziehung haben solle, nicht einmal in der Phantasie; es gab keinen Körper, den sie als den ihrigen anerkannte, und wenn sie überhaupt existierte, konnte sie sich nur als Geist erleben. Jede Bezugnahme auf ihren Körper erzeugte paranoide Ängste, weil die Behauptung, dass sie einen Körper habe, bedeutete, sie zu verfolgen. Was sie von mir benötigte, war, dass ich nur einen Geist haben solle, der zu ihrem Geist spräche. Auf dem Höhepunkt meiner Schwierigkeiten am Abend vor dem Traum war ich gereizt gewesen und hatte ihr gesagt, dass das, was sie von mir wollte, wenig mehr als Haarspalterei wäre. Das hatte eine verheerende Wirkung, und die Analyse brauchte viele Wochen, um sich von meinem Ausrutscher zu erholen. Wesentlich war jedoch, dass ich meine eigenen Ängste verstand. Diese Angst war im Traum durch die Abwesenheit meiner rechten Körperhälfte repräsentiert, während ich versuchte, eine Beziehung zu dem Stück zu bekommen, das die Leute im Parkett beobachteten. Diese rechte Seite meines Körpers war die Seite, die ich dieser speziellen Patientin zuwandte, und sie war deshalb von ihrem Bedürfnis affiziert, sogar eine imaginäre Beziehung unserer Körper absolut zu verleugnen. Diese Verleugnung produzierte in mir jenen Typus von psychotischer Angst, der viel weniger erträglich war als gewöhnliche Kastrationsangst. Wie auch immer man den Traum sonst noch interpretieren könnte, das Ergebnis seines Träumens und Erinnerns war, dass ich diese Analyse wieder aufnehmen und sogar den durch meine Reizbarkeit angerichteten Schaden wieder gutmachen konnte, die ihren Ursprung in einer reaktiven Angst hatte, deren Qualität meinem Kontakt mit einer Patientin ohne Körper angemessen war" ([309], S. 71, übersetzt von der Verfasserin).

Ich habe dieses Beispiel so ausführlich referiert, weil es Art und Ursprung der Ich-Ängste des Analytikers in der Borderline-Therapie verdeutlicht und gleichzeitig eine mögliche Form des Umgangs mit diesen Ängsten aufzeigt. Unabdingbare Voraussetzung für die Bewältigung von Hass und Angst gegenüber dem Patienten ist in jedem Falle, dass der Analytiker diese Gefühle bewusst erlebt und sich mit ihnen konfrontiert [309]. Jede nicht bewusste Angstreaktion des Analytikers muss im Patienten den Glauben an die magische, destruktive Qualität seiner Aggression verstärken. Die Furchtlosigkeit des Analytikers im Umgang mit den eigenen Angst- und Hassgefühlen vermittelt dem Patienten dagegen vielleicht zum erstenmal in seinem Leben die Erfahrung, dass Hass als ursprüngliche menschliche Lebensreaktion das gute

Objekt nicht zerstört, sondern es im Gegenteil zu einem menschlichen Wesen mit Vorzügen und Schwächen macht, das damit erst wirklich erreichbar wird [163, 309].

Nach meinen Erfahrungen teilen auch in der Borderline-Therapie in bestimmten Phasen Analytiker und Patient die von SEARLES [269] für die Psychosentherapie beschriebene Grundangst, dass der Hass die Liebe endgültig überwiege und damit die Welt der guten Objekte ein für allemal auslösche. Wenn der Analytiker in dieser Krise stellvertretend für den Patienten und trotz eigener Ängste an der sicheren Überzeugung von der Überwindbarkeit des Hasses festhalten kann, vermittelt er dem Patienten jene grundlegende Neuerfahrung, mit deren Hilfe die bisher gespaltenen „guten" und „bösen" Objekte zueinander finden können.

III. Technische Parameter in der Borderline-Therapie

Nach so vielen Erörterungen über die Schwierigkeiten und gefährlichen Klippen der Borderline-Therapie muss sich zwangsläufig die Frage stellen, ob es denn nicht handhabbare technische Regeln für die Psychotherapie von Borderline-Patienten gebe, an denen der geplagte Analytiker sich orientieren könnte und Sicherheit für den Umgang mit den verschiedenen Übertragungsmanifestationen seiner Patienten gewinnen. In der Tat lässt sich eine Reihe solcher Regeln, die den Charakter von *Richtlinien* haben, resümeehaft aus den Auffassungen verschiedener Autoren, die sich zu dieser Frage geäussert haben, ableiten. In der Terminologie von KERNBERG [150] handelt es sich dabei um die sogenannten „Parameter", die in die Therapie eingeführt werden, um das psychoanalytische Standardverfahren den besonderen Bedürfnissen dieser Patientengruppe entsprechend zu modifizieren.

In der Borderline-Therapie ist alles zu vermeiden, was den relativ gesunden Anteil der Abwehr des Patienten weiter schwächt, die Durchlässigkeit seiner Ich-Grenzen erhöht, seine Aufmerksamkeit vermehrt auf primärprozesshaftes Material lenkt und eine pathologische Regressionsbereitschaft absichtlich fördert [65, 66, 71, 72, 99, 109, 150, 319, 322]. Das bedeutet nicht, dass der Borderline-Patient grundsätzlich nicht regredieren *darf* oder dass das Thema der Therapie sich steril um Fragen der Realität zu konzentrieren hätte, unter Aussparung aller „gefährlichen" Inhalte[2]. Tatsächlich wird man vielen dieser Patienten eine mehr oder minder umfassende Regression erlauben müssen (oder sie auch einfach tolerieren, weil der Patient sich in solchen Phasen herzlich wenig um die therapeutischen Intentionen des Analytikers kümmert). Mit dem regressionsfördernden Setting, wie es in der klassischen Psychoanalyse üblich ist, würde man dem Patienten aber stillschweigend ein *aktives* Angebot zur Abkehr von der Realität und zur regressiven Lockerung seiner ohnehin prekären Ich-Strukturen machen, das ihm in den meisten Fällen schlichtweg schadet. *Das Ziel der Borderline-Therapie liegt in der Beseitigung der Ich-Störung, in der Verbesserung der Funktionsfähigkeit des Ich des Patienten, und nicht in der weiteren Förderung regressiven unbewussten Materials.*

Um dieses Ziel zu erreichen, bedarf es einer *Strukturierung*

[2] Ich erwähne dies, weil mir ein solches Missverständnis bei der psychoanalytischen Beratung von psychotherapeutisch noch wenig erfahrenen, vorwiegend sozialpsychiatrisch-rehabilitativ arbeitenden Ärzten häufiger begegnet ist. Einige hatten sich im Umgang mit ihren schwer gestörten, oft psychotischen Patienten eine spezielle Technik angeeignet, die Berichte ihrer Patienten über psychotische oder psychoseähnliche Erlebnisse zu überhören oder unvermittelt das Thema zu wechseln, wenn der Patient auf diese für ihn sehr drängenden Inhalte zu sprechen kam. Vermutlich spürten diese Kollegen spontan die Gefahr, sich andernfalls zu stark gerade mit den psychotischen Erlebensweisen des Patienten zu identifizieren und damit tatsächlich in eine Art folie-à-deux mit dem Patienten zu geraten. Möglicherweise ist die Berufswahl des Psychiaters überhaupt häufig von der subtilen, bewusst schwer fassbaren Faszination am psychotischen Patienten bestimmt, der einen abgewehrten Persönlichkeitsanteil des Arztes offen auslebt. In der täglichen Berufsroutine *muss* der angehende Psychiater aber diese für ihn von der Faszination an der Psychose ausgehende Versuchung abwehren. Er negiert dann leicht den psychotischen Anteil im Patienten in ähnlicher Form, wie er es mit dem korrespondierenden eigenen Persönlichkeitsanteil tut, und setzt stattdessen alles daran, den Patienten möglichst schnell auf den rechten Pfad der Realität zurückzuführen. Für den Patienten mag dieses oft mit grossem therapeutischem Engagement geleistete Bemühen in vielen Fällen eine entscheidende, vielleicht sogar die einzig mögliche Hilfe bedeuten. Man muss sich aber klar darüber sein, dass es sich hier um eine für den Patienten und den Arzt in gleichem Masse *zudeckende* Therapie handelt, die vorrangig auf soziale Anpassung zielt und nicht auf eine innere Umstrukturierung der Persönlichkeit des Patienten.

der therapeutischen Situation durch umschreibbare *aktive* Massnahmen des Analytikers.

Dazu gehören:

- Variables, den jeweiligen Bedürfnissen des Patienten angepasstes Setting [72, 102, 319]
- Durchführung der Therapie *in der Regel* im Sitzen [46]
- Steuerung der inhaltlichen Mitteilungen des Patienten in die Richtung eines verbesserten Realitätsbezuges anstelle der Aufforderung zur freien Assoziation [29, 150, 319]
- Ausgiebige Information des Patienten über die Art seiner Krankheit [72], über den Sinn des jeweils gewählten therapeutischen Settings und des technischen Vorgehens des Analytikers, und über psychodynamische Zusammenhänge [72]
- Verbesserung des Arbeitsbündnisses durch Forcierung der positiven Übertragung (z. B. dadurch, dass der Analytiker eindeutig für den Patienten Partei ergreift) [42, 72]
- Schnelles Unterbrechen von Schweigepausen [29]
- Wiederkehrende *verbale* Bestätigungen, dass die Abstinenz des Analytikers keine Ablehnung des Patienten bedeute, und wiederkehrende *verbale* Versicherungen, dass der Analytiker die Integrität des Patienten respektiere [29]
- Keine Interpretation der positiven Übertragung [40, 72]
- Aufspüren der abgespaltenen und ausserhalb der Therapie agierten negativen Übertragung [150, 189]
- Sorgfältiges Aufspüren der am wenigsten konflikthaften Persönlichkeitsbereiche des Patienten, und Konzentration der Deutungen zunächst auf diese Peripherie [29, 319]; Deutung des depressiven Materials in der Regel *vor* dem paranoiden Material, des Masochismus *vor* dem Sadismus [29, 319]
- Statt genetischer Deutungen überwiegend Deutungen, die den Realitätsbezug des Patienten verbessern, insbesondere Deutung der pathologischen Abwehrmechanismen in ihrer destruktiven Auswirkung auf diesen Realitätsbezug [29, 65, 150]
- Freimütiges Mitteilen von Gegenübertragungsgefühlen, durch die der Analytiker für den Patienten als eigenständiges Individuum erlebbar wird; sofortige Richtigstellung der verzerrten, oft paranoid getönten Wahrnehmungen der Person des Analytikers (auch durch Beantwortung von Fragen) [29, 39,

52, 150, 177, 218]; alsbaldiger Abbau der illusionären Erwartungen gegenüber dem Analytiker, die sich an die primitive Idealisierung knüpfen [42, 163, 258]
- Kontrolle des Agierens des Patienten, gegebenenfalls durch strikte Grenzsetzungen [98, 99, 102, 121, 150, 319], oder auch durch eine vorübergehende Hospitalisierung [150]
- Notfalls massive Konfrontation des Patienten mit hartnäckig verleugneten Inhalten, insbesondere mit verleugneten realen Gefahren [5, 29]
- Wiederkehrende Bestätigung der grundsätzlichen Liebesfähigkeit des Patienten (und seiner frühen Bezugspersonen); Deutung der Verzerrungen, in denen sich diese Liebesbedürfnisse manifestieren, und Aufzeigen befriedigenderer Möglichkeiten für die Verwirklichung dieser Bedürfnisse [150, 269]
- Entzerren der Bilder von den frühen Bezugspersonen („Entteufelung" und „Entidealisierung") zu realen Menschen mit Vorzügen und Schwächen [36]
- Übersetzung des „Borderline-Dialogs" in wirkliche Kommunikation [29, 60, 178]
- Herausarbeiten der unbewussten Identifikationsphantasie [319], nach der der Patient seine „Schicksalsneurose" gestaltet, mit dem Ziel, die Fremdbestimmung durch eine sichere eigene Identität zu ersetzen

Aus diesen Parametern lassen sich schwerpunktartig drei Bereiche herauskristallisieren, die im folgenden ausführlicher dargestellt werden sollen: Das *Setting*, die *Deutungstechnik* und das *Problem der Grenzziehung* in der Borderline-Therapie.

a) *Fragen des Settings in der Borderline-Therapie.* Viele Borderline-Patienten bedürfen einer protrahierten Einleitungsphase, bevor sie in der Lage sind, im eigentlichen Sinne therapeutisch zu arbeiten [9, 42, 319]. Diese Einleitungsphase, die sich manchmal über Jahre erstrecken kann, dient der Entängstigung des Patienten, dem Abbau von Misstrauen und vor allem der Etablierung eines beobachtenden Ichs, mit dem sich ein tragfähiges Arbeitsbündnis herstellen lässt.

Im Gegensatz zu den meisten neurotischen Patienten kann diese Bündnisfähigkeit hier also nicht von vornherein vorausgesetzt werden; im Gegenteil: Die Borderline-Therapie kann auch als ein dauerndes Ringen verstanden werden, mit den gesunden Ich-Anteilen des Patienten in Kontakt zu treten und diese allmählich so weit zu stärken, dass der Patient Distanz zu den pathologischen Bereichen seiner Persönlichkeit gewinnen kann, um *dann* im Pakt mit dem Analytiker seine Störung zu bearbeiten. WOLBERG [319] ist der Ansicht, dass keine Borderline-Therapie erfolgreich abgeschlossen werden kann, bevor der Patient nicht – manchmal nach Jahren – spontan von sich aus den Entschluss äussert, dass er zusammen mit dem Analytiker, dem er vertrauen gelernt hat, seine Probleme durcharbeiten wolle. „Eine solche Anerkennung muss in bündiger und direkter Weise erfolgen, ohne beschwichtigende Note, sondern eher mit dem erklärten Wissen, dass der therapeutische Prozess mit einer angemessenen Zusammenarbeit von Patient und Therapeut zu einem erfolgreichen Ende gebracht werden kann" [319].

Nicht immer wird ein einziger Analytiker diesen Erfolg für sich verbuchen können. Borderline-Patienten tendieren häufiger dazu, *den Analytiker zu wechseln*, wenn Hass und Schuldgefühle gegenüber dem ersten Therapeuten ein entsprechendes Ausmass angenommen haben. Sie „fliehen" dann vor dem „bösen" Analytiker in den Schoss des „guten" neuen Therapeuten, bei dem sie ihre Aggression auf den nunmehr abwesenden früheren Analytiker relativ ungefährdet bearbeiten können [319]. „Rachegefühle und ein zwanghaftes Bedürfnis, den Analytiker herabzusetzen, schaffen manchmal unlösbare Probleme, weil sie zur Abwehr positiver oder liebender Gefühle dienen, die zu Beginn mit homosexuellen Übertragungsgefühlen verschmelzen, gegen die sich der Patient zu wehren versucht" [319]. Der Wechsel zu einem anderen Analytiker, meist entgegengesetzten Geschlechts, ist dann für den Patienten oft der einzige Weg, sich vor der Übertragungspsychose zu schützen. In allen diesen Fällen sollte der Patient in seinem Entschluss zum Therapeutenwechsel unterstützt werden; manchmal wird man diesen Wechsel auch empfehlen müssen [66, 99]. – Aus ähnlichen Motiven heraus verlangen Borderline-Patienten oft nach einer längeren „Pause" in der Therapie (oder sie bleiben der Therapie einfach fern, um nach Monaten oder Jahren unvermutet wieder vor der Tür des Analytikers zu stehen). Auch solche Unterbrechungen sollten vom Analytiker als eine notwendige Form der Abwehr des Patienten akzeptiert werden [319]. Viele Patienten wiederholen mit diesem Verhalten unbewusst ihren Wiederannäherungskonflikt [201] mit der Mutter. Sie *müssen* dabei die positive Neuerfahrung machen können, dass der Analytiker beständig bleibt und sich ihnen unverändert zur Verfügung hält, wenn sie den Versuch unternehmen, zu ihm zurückzukehren. Der Patient sollte ungestraft gehen können, begleitet von dem Zutrauen des Analytikers, dass er eine Weile auch ohne seine therapeutische Begleitung zurechtkomme, und er sollte bei seiner Rückkehr den Analytiker frei von Zweifeln finden, ob er den Patienten wieder „annehmen" wolle oder nicht. Viele Borderline-Patienten können über Jahre oder sogar Jahrzehnte hinweg ohne krisenhaften Einbruch existieren, in dem sicheren Wissen, dass der Analytiker für sie da wäre, wenn sie ihn wirklich nötig hätten [72].

Ähnliche Überlegungen gelten für die *Frequenz der Sitzungen* in der Borderline-Therapie. Viele dieser Patienten beziehen das für sie unerlässliche Gefühl der Sicherheit über lange Phasen der Therapie ganz überwiegend aus der steten Folge relativ dichter Sitzungen und reagieren auf Veränderungen oder Unterbrechung dieses Arrangements mit Panik und Aggression [33, 102]. Für eine mindestens ebenso grosse Gruppe unter diesen Patienten wäre eine solche dichte, unveränderliche Sitzungsfrequenz aber umgekehrt genau kontraindiziert. Die Verfügbarkeit des Analytikers bedeutet zwar auch für sie eine unverzichtbare Sicherheitsgarantie; gleichzeitig empfinden sie die Nähe des Analytikers aber als so überwältigend, dass sie eine Rückzugsmöglichkeit brauchen, die ihnen in Form grösserer Zeitabstände zwischen den Sitzungen (vorübergehend oder während der gesamten Dauer der Therapie) angeboten werden sollte. Die Bedürfnisse des einzelnen Patienten in den verschiedenen Therapie-Phasen müssen unter diesem Aspekt des Gleichgewichts von Nähe und Distanz besonders sorgfältig abgeschätzt werden. ZETZEL [322] kommt aus ähnlichen Überlegungen heraus zu der Empfehlung, Borderline-Patienten mit maximal einer Sitzung pro Woche zu behandeln. Mit dieser Beschränkung der Sitzungsfrequenz soll vor allem auch der Gefahr einer zu massiven Regression entgegengewirkt werden. Obwohl ich selbst den Wert solcher globalen Regeln bezweifle, bin ich doch der Meinung, dass der Analytiker bei der Festlegung der Stundenfrequenz am Anfang genau bedenken sollte, wie intensiv er sich mit dem Patienten einlassen möchte. Gerade bei Borderline-Patienten gerät man sonst leicht in die

Rolle des Zauberlehrlings, der die Geister, die er rief, nicht mehr los wurde. Besonders für den angehenden Therapeuten, der noch wenig Erfahrung mit Borderline-Patienten gesammelt hat, kann das von ZETZEL [322] vorgeschlagene einwöchige Sitzungsintervall deshalb eine sinnvolle Richtschnur darstellen, sofern nicht zwingende Bedürfnisse des Patienten dem entgegenstehen.

Soll der Borderline-Patient während der Therapie liegen oder sitzen? Mit CHESSIK [46] bin ich der Meinung, dass auch diese Frage nicht unabhängig von der jeweiligen Bedürfnislage des Patienten und dem Erfahrungsstand des Analytikers beantwortet werden kann. In der einschlägigen Literatur wird meist die Durchführung der Therapie im Sitzen befürwortet, um den Realitätskontakt des Patienten zu verbessern und einer unerwünschten Regression vorzubeugen. Sitzen allein ist aber kein Allheilmittel für einen gestörten Realitätsbezug, ebensowenig wie das Liegen auf der Couch zwangsläufig tief in eine (maligne) Regression führen muss. CHESSIK [46] schildert an umfangreichem kasuistischem Material, wie manche Borderline-Patienten beispielsweise ein unstillbares Verlangen nach dem visuellen Kontakt mit dem Analytiker empfinden, um ihn auf diesem Wege zu introjizieren, und deshalb das Liegen auf der Couch als Verlassenheit, Leere und Deprivation empfinden, während andere gerade diese oral-aggressiven Einverleibungstendenzen in einer Weise fürchten, dass sie erst in der vom Analytiker abgewandten liegenden Haltung überhaupt therapeutisch arbeiten können. Für viele Borderline-Patienten vom schizoiden Typus, die sich den Analytiker viel eher als professionellen Computer denn als warmes menschliches Wesen wünschen [46], ist der intime Kontakt mit dem Analytiker im Gegenübersitzen überdies ganz generell oft weniger angstreduzierend, als vielmehr ein weiterer intensiver Stimulus für die Nähe-Ängste des Patienten. In solchen Fällen kann es sinnvoll sein, das therapeutische Setting zu verändern und zumindest einen Versuch zu unternehmen, den Patienten im Liegen weiter zu behandeln.

CHESSIK [46] rät Anfängern von der Verwendung der Couch bei Borderline-Patienten mit der Begründung ab, dass es einer beträchtlichen therapeutischen Erfahrung bedürfe, um den therapeutischen Prozess unter „Couch-Bedingungen" in der Kontrolle zu behalten. Insbesondere verstärke das Liegen auf der Couch bei Borderline-Patienten die Tendenz, den Erfahrungsinhalt der Sitzungen von der übrigen Realität zu separieren. Jeder Versuch des Patienten, den Analytiker im Übergang vom Liegen bis zum Verlassen des Sprechzimmers in ein Gespräch zu verwikkeln, sei unter diesem Gesichtspunkt deshalb als ein günstiges prognostisches Anzeichen zu werten.

Hinsichtlich der Art und Weise, in der eine Borderline-Therapie *beendet* werden soll, werden in der Literatur recht unterschiedliche Standpunkte vertreten. FEDERN [72] z.B. glaubt, dass eine Borderline-Therapie endlos lange zu dauern habe, während FRIEDMAN [99] die Auffassung vertritt, die Therapie sollte von seiten des Analytikers beendet werden, wenn der Patient keine Fortschritte mehr zeigt und sich stattdessen häuslich mit der therapeutischen Situation einzurichten beginnt. Nach meinen eigenen Erfahrungen kann es in Einzelfällen tatsächlich notwendig werden, zusammen mit dem Patienten eine klare Grenze für die Dauer der Therapie ins Auge zu fassen. Eine solche Regelung wird überdies auch häufig durch die gegenwärtig bestehenden kassenrechtlichen Bestimmungen diktiert. Bei „endlosen" Therapien habe ich dagegen oft gefunden, dass der Analytiker sich unbewusst mit der Phantasie des Patienten, er sei allein nicht lebensfähig, identifiziert hatte, oder aber für den Patienten ein unangemessen hohes Therapieziel verfolgte. In manchen Fällen bestand das unbewusste Arrangement zwischen Analytiker und Patient auch in der gemeinsamen Verweigerung der Trauerarbeit, an deren Stelle ein Gefühl von Zeitlosigkeit getreten war. Ich meine, dass Borderline-Therapien in der Regel innerhalb eines angemessenen Zeitraumes beendet werden können, wenn der Analytiker diese Problematik bei sich bearbeitet hat, und wenn das Band zum Patienten nicht völlig durchtrennt wird. Die wenigsten Borderline-Patienten erreichen in der Therapie jenes Ausmass von Autonomie, das sie in die Lage versetzen würde, ohne jedwede äussere Sicherheitsgarantie zu existieren. Das Wissen, im Notfall den Analytiker wieder aufsuchen zu können, und sei es nur zu einem kurzen Gespräch, kann diesen Patienten jenes notwendige Minimum an Sicherheit vermitteln, zu deren Symbol der Analytiker in der Therapie geworden ist.

Viele Borderline-Patienten können aus einer *Gruppentherapie* grossen Nutzen ziehen. Das Setting der Gruppentherapie ermöglicht es diesen Patienten vor allem, ihre aufgespaltenen unvereinbaren inneren Imagines auf die verschiedenen Mitglieder

der Gruppe zu projizieren. Auf diese Weise wird für den Patienten der Stress der Einzeltherapie reduziert, insbesondere die aggressiven Projektionen auf den Therapeuten zuzulassen und dabei gleichzeitig die für ihn existenziell bedeutsame Beziehung nicht zu gefährden. Die Gruppe bietet ein weites Feld für Spaltungsoperationen unter der Kontrolle des Therapeuten; sie erhält auf diese Weise dem Patienten den Schutz der für ihn lebenswichtigen Abwehrmechanismen, die deshalb auch über eine lange Phase der Therapie nicht angetastet werden sollten [319]. Livingston [195] und Glatzer [110] weisen auf die günstigen Bedingungen hin, die das Gruppensetting besonders für die Bearbeitung des Masochismus bietet. Die Deutung der masochistischen Mechanismen durch Mitglieder der Gruppe sei weniger kränkend und für den Patienten annehmbarer, wenn sie nicht vom Therapeuten kommt, der oft eine präödipale Hexen-Imago verkörpert [110]. Die Auflösung des Masochismus in der Trauerarbeit sei überdies eine ihrem Wesen nach *zwischenmenschliche* Erfahrung; in der Gruppe könne die Trauer deshalb besser geleistet werden, weil sie von vielen andern geteilt und damit getragen werde [195]. Der *offen-aggressive* Borderline-Patient stellt in der Gruppe allerdings ein Problem dar, weil er leicht die Gegenaggressionen der gesamten Gruppe auf sich zieht und in eine fixierte Feindrolle gerät. Der Fortschritt der gesamten Gruppe kann auf diese Weise blockiert werden, wenn es dem Therapeuten nicht gelingt, diese negative Rollenfixierung zu verhindern [319]. In vielen Fällen wird es notwendig sein, der Gruppentherapie eines Borderline-Patienten eine längere Phase von Einzeltherapie vorzuschalten, oder Einzeltherapie mit Gruppentherapie zu kombinieren [319]. Der häufige Einwand gegen eine solche Kombination, dass das doppelte Therapieangebot den Patienten sozusagen zum Agieren zwischen den Fronten verleite, kommt in der Borderline-Therapie in dieser Form nicht zum Tragen. Die Entlastung der Einzeltherapie durch eine Erweiterung des Projektionsfeldes in der Gruppe ist im Gegenteil zumindest für eine lange Phase der Therapie erwünscht, weil sie die Gefahr der Übertragungspsychose vermindert und dem Patienten Gelegenheit zu einer vorsichtigen Neuorientierung im Schutze seiner Abwehrmechanismen bietet.

b) *Die Deutungstechnik.* In der Borderline-Therapie dient die

Deutung bevorzugt der Verbesserung des Realitätsbezugs des Patienten und weniger der Förderung zusätzlichen unbewussten Materials. EISENSTEIN [65] beschreibt mehrere Beispiele dieses speziellen technischen Vorgehens, das sich vom therapeutischen Umgang mit neurotischen Patienten in vieler Hinsicht unterscheidet:

„Eine ängstliche oder misstrauische Haltung gegenüber der Behandlung wird bei Borderline-Patienten ganz anders gehandhabt, als dies bei einem gewöhnlichen neurotischen Patienten der Fall wäre. Wenn der Patient zum Beispiel fragt: ‚Ist das ein Diktaphon auf Ihrem Schreibtisch?', unterstützt der Therapeut die Realitätsprüfung, indem er den Patienten einlädt zu sehen, wie das Gerät funktioniert, anstatt aus dem Interesse heraus, Material durch freies Assoziieren zu der Frage zu gewinnen, das Aufrühren paranoider Ängste zu riskieren" ([65], S. 306, übersetzt von der Verfasserin).

Häufig stellen die Phantasien des Patienten einen Rückzug aus der Realität dar. In diesem Falle sollte der Therapeut sein Interesse nicht diesen Phantasien, sondern der realen Lebenssituation des Patienten zuwenden [65]. Auch dafür gibt EISENSTEIN [65] ein illustratives Beispiel:

„Eine Frau, die in den meisten Hinsichten ‚neurotisch' erschien, in Wirklichkeit aber eine Borderline-Patientin war, berichtete eines Tages eine Phantasie, in welcher sie auf einem Pferd in die Wälder ritt, abstieg, sich einen Gummi-Penis anlegte und Geschlechtsverkehr mit einem anderen Mädchen hatte. Sie enthüllte anschliessend andere homosexuelle Phantasien, aber diese Preisgabe beunruhigte sie nun bis hin zur Panik. Die massive Angst, die durch ihre Diskussion provoziert wurde, drückte sich in Diarrhöe-Attacken aus, die über viele Wochen anhielten.

Wenn wir nun annehmen, dass dieses Material von einem gewöhnlichen neurotischen Patienten gebracht worden wäre, der auf diese Affekte durch ein vorheriges Durcharbeiten seiner Ängste vorbereitet worden war, so hätte die Ventilierung einer solchen Phantasie einen weiteren kathartischen Effekt gebracht und hätte durch die weiteren freien Assoziationen des Patienten integriert werden können. Bei einem offen psychotischen Patienten könnte die Phantasie umgekehrt vorübergehend als legales Angebot der psychotischen Realität des Patienten akzeptiert werden, etwa in der Form: ‚Was wollen Sie mit dem Penis?', wobei der Therapeut zeitweilig sozusagen der Wahnpartner des Patienten wird. Bei Borderline-Patienten jedoch wird die Phantasie am besten zur Verbalisierung der aktuellen Unzufriedenheit der Patientin mit der Realität ihrer Weiblichkeit genutzt. Man könnte die Patientin zum Beispiel fragen: ‚Was hat sie so unzufrieden gemacht, ein Mädchen zu sein?' Dies würde nicht nur den Strom homosexueller Ängste aufhalten, sondern auch zu genetischen Elementen führen, die der Patientin helfen könnten, den Grund für ihren Rückzug in solche Phantasien zu sehen und zu erleben" ([65], S. 310, übersetzt von der Verfasserin).

An diesem zweiten Beispiel wird besonders deutlich, wie man die Phantasien des Patienten (unter Umständen sogar seinen Wahn) *akzeptieren* kann, ohne damit gleichzeitig die Rückzugstendenzen des Patienten von der Realität zu bekräftigen oder diesen Rückzug aus der Faszination am Primärprozess heraus zusammen mit dem Patienten zu agieren.

Die von EISENSTEIN [65] in diesem Zusammenhang vorgeschlagene Förderung *genetischer Erinnerungen* dient der gleichen Zielsetzung. Genetisches Material sollte in der Borderline-Therapie in der Regel nur dann zur Interpretation herangezogen werden, wenn es der Entlastung des Patienten und dem besseren Verständnis seiner gegenwärtigen Lebenssituation und seines Leidens dient. Die Bedeutung der *Entlastungsfunktion* genetischer Deutungen besonders während der ersten Phasen der Therapie ist kaum zu überschätzen. Solche Interventionen können beispielsweise lauten:

„Wer so gekränkt worden ist, muss den Menschen misstrauen und sie hassen."

„Sie haben gelernt, sich durch Leiden vernehmbar zu machen, weil niemand sonst auf ihre Bedürfnisse geachtet hätte."

„Das Verhalten, das Sie jetzt so quält (z. B. eine Depersonalisation), hat seinen Sinn: Es hat Ihnen einmal das Überleben ermöglicht."

„Sie haben gespürt, dass Ihre Mutter Ihre Selbständigkeit nicht ertragen hätte, und deshalb haben Sie auf sie verzichtet."

„Sie haben sich so sehr vorgenommen, nicht wie Ihr Vater zu werden, dass Sie heute alles vermeiden, was in Ihrer Vorstellung mit Männlichkeit zusammenhängt."

„Sie können ihren Anspruch auf die Fürsorge der Mutter (des Therapeuten) nicht aufgeben, weil Sie sich Ihres Rechts auf diese Fürsorge nie sicher sein konnten und deshalb immer noch darum kämpfen müssen."

In solchen Interventionen erfährt der Patient, dass der Analytiker ihn so, wie er ist, akzeptiert; dass seine Leidensgeschichte verstanden wird; dass sein Leiden einen Sinn hat; dass nicht alle seine Motive schlecht waren, und dass der Analytiker ihm die Durchsetzung seines Rechts zu leben zugesteht. Mit dem Abbau der Schuldgefühle und der permanenten „narzisstischen Zufuhr" jedoch reduzieren sich quasi beiläufig auch die Aggressionen und selbstdestruktiven Tendenzen des Patienten [173], so dass allmählich ein therapeutisches Klima entsteht, in welchem der Patient beginnen kann, seine Probleme wirklich durchzuarbeiten. Man könnte auch sagen, dass die Einbeziehung genetischen Materials in der Borderline-Therapie vorrangig der Ich-Stärkung des Patienten dient und *nicht* dem erlebenden Wiedererinnern traumatischer Kindheitserfahrungen. Über die Gefahr einer solchen Rückführung in die traumatische Genese sagt bereits RIEMANN: „Indem man sie (die Patienten) ihre Genese wiedererleben lässt, stürzt man sie oft in Zustände hoffnungsloser Resignation und existenzieller Ängste, was nicht nur sehr quälend, sondern auch gefährlich sein kann. Sie entwickeln dabei schwere Aggressionen, Widerstände usw., die man u. U. als zu ihrem Krankheitsbild gehörig liest und die man dann wieder analysiert, ohne vielleicht genügend zu bedenken, dass die frustrierende Methode daran einen provozierenden Anteil haben kann" ([236], S. 114).

Die Maxime der Entlastung des Patienten, der Festigung seines Realitätsbezugs und damit letztlich seiner Ich-Stärkung gilt in der Borderline-Therapie auch für den *Umgang mit den Träumen* des Patienten. WOLBERG [319] ist der Meinung, dass die Träume von Borderline-Patienten in erster Linie dazu benützt werden sollten, um die am wenigsten konflikthaften Persönlichkeitsbereiche, die Zonen der geringsten Abwehr des Patienten herauszufinden. EISENSTEIN [65] sieht den Nutzen der Träume vor allem darin, dass sie verborgene negative Einstellungen gegenüber der Therapie ans Tageslicht fördern können. Im übrigen schlägt er vor, dass der Analytiker der „verantwortungslosen" Flucht des Patienten in seine Träume entgegenwirken solle, indem er beispielsweise fragt: „Warum haben Sie das geträumt?" oder „Wie verstehen Sie diesen Traum?" Nach meinen eigenen Erfahrungen kann es von grossem Nutzen sein, wenn der Analytiker jene Träume *aktiv* deutet, in denen sich die *Ich-Angst* des Patienten Ausdruck verschafft, und dem Patienten dabei Ansätze zur Individuation im Traum als sein eigenes Produkt vor Augen führt. Einem Patienten, der in seinem Traum in der Gefahr ist, von einem Sumpf eingesogen zu werden, um Hilfe schreit oder nach einem rettenden Halt sucht, könnte man etwa sagen: „Sie trauen sich noch nicht zu, fest auf Ihren eigenen Füssen zu stehen, aber im Traum unternehmen sie immerhin den Versuch dazu." Alle anderen Formen des Umgangs mit Träumen, vor allem, wenn sie mit der Aufforderung zur freien Assoziation verbunden sind, sollten auf eine spätere Phase der Therapie verschoben werden [65].

Grundsätzlich sollte in der Borderline-Therapie gelten, dass die *Ich-Angst vor der Triebangst* bearbeitet wird [279]. Es ist eine Binsenweisheit, dass ein Mensch, der um sein Leben kämpft, sich im gleichen Augenblick wenig um seinen Hunger oder um seine sexuelle Befriedigung kümmert. Ebenso unsinnig wäre es, mit einem Patienten beispielsweise dessen sexuelle Phantasien zu bearbeiten, der von Ich-Angst geschüttelt ist und sich mit letzter Kraft gegen die Fragmentierung wehrt. Das Ansprechen von Triebwünschen in einer solchen Situation würde die Angst des Patienten, der sich ohnehin von seinen Trieben überwältigt fühlt, lediglich verstärken und ihn näher an die Dekompensation heranbringen. Ebenso sollte die Deutung der narzisstischen Allmachts- und Berechtigungsgefühle solange zurückgestellt werden, wie der Patient mit dieser narzisstischen Anwartschaft sein Überlebensrecht überhaupt verteidigt [33].

KERNBERG [150] sieht in der *frühzeitigen Deutung der pathologischen Abwehrmechanismen* des Patienten, welche die Funktionsfähigkeit des Ich reduzieren, eine Hauptaufgabe der Borderline-Therapie. Vor allem sei dem Patienten zu zeigen, wie diese pathologische Abwehr seine Realitätsbezüge stört und ihn auch am Aufbau einer konstruktiven Beziehung zum Analytiker hindert. Spaltung, projektive Identifizierung, primitive Idealisierung des Analytikers und Verleugnung seien gezielt anzusprechen, wobei KERNBERG [150] das grösste Gewicht auf die frühzeitige und konsequente Deutung der negativen Übertragung des Patienten legt. Die negative Übertragung *müsse* angesprochen werden, selbst auf die Gefahr hin, dass der Patient die Therapie abbricht oder sich in eine schwere Regression flüchtet, die eine vorübergehende Hospitalisierung notwendig macht. Es lohne sich eher, diese Risiken in Kauf zu nehmen, als dass die Therapie in einem emotional seichten, positiven Scheinklima versande. In diesem Punkt ist KERNBERG von einigen anderen Autoren [51] scharf widersprochen worden. Sie werfen KERNBERG eine Überbewertung der negativen Übertragung vor, durch die dem Patienten ein Cliché aufgedrückt würde, das der Empathie des Analytikers nicht immer dienlich sei. Ich selbst halte es für eine zumindest berechtigte Frage, ob das einseitige Insistieren auf der negativen Übertragung im Patienten nicht gerade jene Aggression erzeugt, die dann fälschlicherweise zum Hauptthema der Therapie gemacht wird. Trotzdem enthalten die Bemerkungen KERNBERGS zur Deutung der pathologischen Abwehrmechanismen bei Borderline-Patienten wertvolle technische Hinweise. Als Grundregel kann von ihm übernommen werden, dass die projektive Identifizierung als der am meisten ich-schwächende und regressionsfördernde Abwehrmechanismus dem Patienten sofort zu deuten ist [150]. Dasselbe gilt für die primitive Idealisierung des Analytikers, wobei dem Patienten die positiven Gefühle bestätigt werden sollten, die in dieser Idealisierung enthalten sind [150]. Die nachhaltigste negative Auswirkung der Verleugnung auf die Therapie besteht darin, dass der Patient häufig wichtige reale Lebensbereiche völlig aus der Therapie ausklammert. Diese verleugneten Themen müssen vom Analytiker aktiv in das therapeutische Gespräch eingebracht werden [150]. Für den Umgang mit den Spaltungsmechanismen des Patienten ist bedeutsam, dass es hier nicht darum geht, dem Patienten unbewusste Inhalte bewusst zu machen, sondern zwischen widersprüchlichen *bewussten* Inhalten eine Brücke zu schlagen [150]. KERNBERG [150] ist der Auffassung, dass die Deutung der Widersprüche des Patienten frühzeitig in Angriff genommen werden sollte, und er schreibt diesem Vorgehen eine immanente ich-stärkende Wirkung zu. Nach meiner Erfahrung reagieren manche relativ gut integrierte Patienten tatsächlich oft verblüffend schnell mit einem positiven „Aha-Effekt" auf eine solche Konfrontation. Bei schwerer gestörten Patienten kann ein so direktes und schnelles Vorgehen jedoch problematisch sein und unerwünschte regressive Prozesse auslösen. Man wird also gerade hier die Belastbarkeit des Patienten sehr sorgfältig einschätzen müssen, insbesondere seine Fähigkeit, sich mit ichdystonen aggressiven Inhalten zu konfrontieren.

Im Gegensatz zu KERNBERG ist WOLBERG [319] der Auffassung, dass die Ich-Du-Beziehung in der Therapie für den Borderline-Patienten viel zu belastend ist, als dass die Gefühle und Abwehrhaltungen des Patienten sofort unmittelbar auf der Übertragungsebene bearbeitet werden könnten. Insbesondere die Interpretation der negativen Übertragung sei in den früheren Phasen der Therapie nicht günstig. WOLBERG [319] schlägt stattdessen ein Vorgehen vor, das sie *„projektive Technik"* nennt. In dieser Technik werden dem Patienten seine Projektionen zunächst belassen, indem man mit ihm die Dynamik der „anderen" in seinen Phantasien und Träumen diskutiert. „Projektive Techniken gründen sich auf die Formulierung von FREUD, dass die Charaktere in Träumen und Phantasien Identifikationsfiguren sind, und dass sie Verhaltensmuster repräsentieren, die der Patient gegenwärtig ausagiert oder von denen er fürchtet, dass er sie ausagieren könnte" [319]. „Hier wird mit anderen Worten gesagt, dass der Patient, wenn er von anderen in der Sitzung spricht, seine Identifikation mit diesen anderen abwehrt, aber nichtsdestoweniger seine eigenen Eigenschaften beschreibt" [319]. „Indem wir zuhören, erkennen wir die projektive Bedeutung der Verbalisation und können sie für unser Verständnis des Dilemmas des Patienten nutzen" [319]. Zu diesem Zweck sollen Phantasien des Patienten sogar aktiv provoziert werden. Man kann dem Patienten zum Beispiel zeigen, dass in Augenblicken extremer Angst bei ihm eine Phantasie (über den anderen) entsteht, die sein weiteres Verhalten bestimmt. Diese Phantasie wird dann mit dem Patienten diskutiert, *ohne* dass man am Anfang darauf eingeht, dass der andere in dieser Phantasie Eigenschaften des Patienten hat. Wenn der Patient soweit ist, wird er dieses „Gerade-wie"-Phänomen von selbst erkennen [319].

Mein *Patient Y.* zog sich nach einer Phase intensiven Werbens regelmässig dann von seiner Partnerin zurück, wenn diese anfing, seine Gefühle zu erwidern. In der Therapie stellte sich heraus, dass in diesem Augenblick in ihm eine Phantasie entstand, die Partnerin warte nur darauf, bis er innerlich von ihr abhängig sei, um ihm dann „den Brotkorb höher zu hängen". Als ich diese von ihm bei Frauen vermuteten Motive einige Zeit mit ihm herausgearbeitet hatte, erkannte der Patient betroffen, wie er selbst durch seine jahrelange Impotenz in der Ehe seine Frau in eine ähnlich frustrierende Position gebracht hatte.

Andere Patienten müssen die Identifikation mit ihren Projektionsfiguren oft bis gegen Ende der Therapie abwehren. Dies galt z. B. für meinen *Patienten K.*, der sich in den früheren Geliebten der Ehefrau fast wahnhafte Projektionsfiguren für seine sadistischen und homosexuellen Impulse geschaffen hatte. Dieser Patient warnte mich zu Beginn der Therapie indirekt davor, diese Projektionen anzutasten. Er meinte, seine Frau könne ihn jederzeit mit einem Satz vernichten. Dieser Satz, den er nur unter grösster Angst verbalisieren konnte, lautete: „Du bist genau wie diese Männer!" Bei diesem Patienten wäre es völlig unmöglich gewesen, ihm seine eigenen sadistischen Impulse (die auch mir gegenüber deutlich waren) zu interpretieren. Stattdessen konnte der Patient mit der projektiven Technik allmählich seine Greuelphantasien, die sich um diese Projektionsfiguren rankten, reduzieren und damit eine realistischere Einstellung zu Fragen der Sexualität und zu Frauen überhaupt gewinnen.

In der Borderline-Therapie geht es immer darum, den *Bereich des geringsten Widerstandes* beim Patienten herauszufinden, und dieser Bereich des geringsten Widerstandes liegt bei einer Person, die zu wahnhaften und paranoiden Vorstellungen tendiert, immer in der Diskussion des Verhaltens *anderer* Personen [319]. Mit der projektiven Technik lassen sich viele Dinge gleichzeitig bewerkstelligen: Man kann mit ihrer Hilfe eine Situation genauer explorieren, die Dynamik einer interpersonellen Beziehung diskutieren, die Motive einer anderen Person durchdenken usw. [319]. Im Verlauf dieser therapeutischen Arbeit schält sich dann von selbst allmählich die Identifikationsphantasie des Patienten mit den neurotischen Anteilen seiner Eltern heraus und kann bearbeitet werden [319], ohne dass der Therapeut die Kritik des Patienten an seinen Eltern übernimmt. (Kritik an den Eltern ist immer Kritik am Patienten selbst, und zwar an demjenigen Persönlichkeitsanteil, den er durch das projektive Manöver abzuwehren versucht [36].) Durch die projektive Technik erfahren die inneren Imagines des Patienten eine Verlagerung in den psychischen Aussenraum und der Patient kann sich auf diese Weise mit ihnen auseinandersetzen. Indem er die Aggression anderer beschreibt, schafft er sich gleichzeitig ein Ventil, durch das seine eigenen Aggressionen sukzessive auf ein erträgliches Mass reduziert werden. Gleichzeitig erfährt er, dass der Analytiker diese Aggression toleriert und dass ihr keine magische Qualität anhaftet. Dadurch gewinnt er allmählich die Fähigkeit, die Aggression auch in der Ich-Du-Beziehung zum Therapeuten zuzulassen. Nach der Auffassung von WOLBERG [319] sollte es sich der Therapeut zur Regel machen, zu Beginn der Therapie zunächst die depressiven und masochistischen Anteile des Patienten, seine Angst vor der Selbstwerdung und die mit der Autonomie verbundenen Schuldgefühle und Aggressionen zu bearbeiten, während er gleichzeitig die sadistischen, paranoiden und homosexuellen Impulse des Patienten und seine archaische Wut mit der projektiven Technik handhabt. Damit wird insbesondere für den noch wenig erfahrenen Therapeuten eine Richtschnur aufgezeigt, in welcher sich m.E. technische Sicherungen für den Therapeuten und Risikoverminderung für den Patienten in optimaler Weise kombinieren. Im Zweifelsfalle sollte der Therapeut die projektive Technik solange gebrauchen, bis er sicher ist, dass der Patient in der Lage ist, die Projektionen zurückzunehmen und das intime Hier und Jetzt mit dem Therapeuten zu ertragen.

Eine der schwierigsten Klippen der Borderline-Therapie liegt in der *Handhabung der homosexuellen Phantasien* des Patienten. Die meisten Patienten reagieren auf das Auftauchen dieser Phantasien mit Panik und Flucht in die Regression. Hier liegt auch genau der Wendepunkt, an dem die meisten Übertragungspsychosen entstehen [243]. Der Analytiker sollte auf diese Krise innerlich vorbereitet sein und über einige technische Möglichkeiten zu ihrer Handhabung verfügen. Nach der Auffassung von EISENSTEIN [65] verlangt diese Situation vor allem eine entängstigende Aufklärung des Patienten über die Ubiquität homosexueller Impulse und über den Unterschied, homosexuelle Wünsche in sich wahrzunehmen und *wirklich* ein Homosexueller zu sein. Nach meiner eigenen Erfahrung liegt ein entscheidendes Moment in der *Desexualisierung* der homosexuellen Phantasien des Patienten durch frühzeitige Deutung. Häufig kann die therapeutische Arbeit ungehindert fortschreiten, wenn man dem Patienten zeigt, dass die homosexuelle Phantasie ein Ausdruck seiner Suche nach Identität ist, nach einem narzisstischen Spiegelbild, in dem er sich selbst als Mann oder als Frau begegnet, das er lieben und mit dem er sich vereinigen möchte, um sich selbst darin wiederzufinden. Der in einer solchen Situation meist von Selbsthass gepeinigte Patient kann auf diese Weise erkennen, dass er sich Selbstliebe im positiven Sinn nicht zugesteht und diese verpönten narzisstischen Wünsche deshalb auf einen anderen richtet. In offenkundigen Fällen von „Hemmungs-Homosexualität" [31] kann auch die forcierte Bearbeitung der Ängste vor dem anderen Geschlecht ein sinnvolles technisches Vorgehen sein. Wo die Homosexualität eine deutlich masochistische Tönung hat, wird man dem Patienten seine homosexuellen Phantasien als ein aus Angst und Hilflosigkeit geborenes Unterwerfungsmanöver deuten, um dann seine Furcht vor der Auseinandersetzung mit mächtigen oder brutalen Autoritäten weiter zu bearbeiten [65][3].

c) *Das Problem der Grenzziehung.* Das Problem der Grenzsetzung ist in der Borderline-Therapie deshalb relevant, weil Borderline-Patienten oft eine verminderte Steuerungsfähigkeit ihrer Trieb-

[3] Wertvolle technische Hinweise zum therapeutischen Umgang mit den homosexuellen Ängsten von Patienten und Deutungen dieser Ängste finden sich auch bei MORGENTHALER [214].

impulse aufweisen, weil sie ihre Konflikte sehr viel häufiger agieren statt reflektieren, und weil sie die Auswirkungen dieses Agierens oft hartnäckig vor sich und anderen verleugnen. Eine Reihe von Autoren sieht in der Einführung strukturierender, das Agieren des Patienten begrenzender Parameter eine unerlässliche Voraussetzung der Borderline-Therapie, die in gleicher Weise der Sicherheit des Analytikers und des Patienten dient und dem Patienten überdies eine positive korrektive Neuerfahrung vermittelt [4, 53, 98, 121, 150, 322]. Mit der Grenzsetzung übernimmt der Analytiker stellvertretend für den Patienten die Steuerungsfunktionen, die diesem (noch) fehlen. Borderline-Patienten setzen den Analytiker zu Beginn der Therapie oft in die Rolle einer Elternfigur mit unerschöpflichen Hilfsquellen ein, der alles für sie zum Besten wenden könnte, wenn er nur wollte [304], und der Analytiker identifiziert sich nicht selten mit dieser Phantasie [322]. Dies ist die Ausgangslage, von der aus der Patient seine aggressiven und autodestruktiven Manöver startet, um vom Analytiker auf diese Weise die vorenthaltene Hilfe zu erpressen. ADLER [4], WEISS [304] und FRIEDMAN [98] beschreiben unabhängig voneinander, wie dieser Mechanismus in vielen Fällen durch die Hospitalisierung des Patienten in Gang gerät, wenn Patient und Therapeut an diesen Schritt grosse Hoffnungen knüpfen, die psychiatrische Station ein gewährendes Klima zur Verfügung stellt und das therapeutische Personal sich mit den ihm vom Patienten angesonnenen Omnipotenzphantasien identifiziert. Die Patienten reagierten in diesen Fällen auf die Hospitalisierung mit einer rapiden Regression, die vor allem durch autodestruktives Agieren geprägt war (Tabletteneinnahme, Selbstverletzungen usw.). Der Prozess eskalierte, je intensiver das therapeutische Personal auf die appellative Hilflosigkeit des Patienten einging. Die Wende trat ein, als die Patienten vor die Alternative gestellt wurden, ihr Verhalten einzustellen oder aber die Station zu verlassen. Auf den Einwand einer Patientin, dass sie ihr selbstdestruktives Verhalten nicht steuern könnte, reagierte FRIEDMAN [98] mit der klaren, sachlichen Feststellung, dass sie auf der Station so behandelt würde, als ob sie es könnte. ADLER [4] berichtet von einer Patientin, die ihre Wiederaufnahme auf die Station mit Suiziddrohungen zu erzwingen suchte. Die Wiederaufnahme erfolgte nicht sofort, sondern wurde während eines Hausbesuchs vom Therapeuten von der Bedingung abhängig gemacht, dass die Patientin andere

Wege findet, um ihre Bedürfnisse gegenüber dem therapeutischen Personal auszudrücken. Eine Woche später erschien die Patientin zur Wiederaufnahme und war zu einer guten Kooperation mit ihren Therapeuten fähig. In allen beschriebenen Fällen hatte die Konfrontation zur Folge, dass die Patienten sich beruhigten und die Therapeuten ihre Gegenübertragung, die in einem Schwanken zwischen extremer Zuwendung und Bestrafungstendenzen bestand, unter Kontrolle brachten.

Die hier wiedergegebenen Beobachtungen an hospitalisierten Borderline-Patienten lassen sich unmittelbar auf die Situation in der Einzeltherapie übertragen. Auch hier dient die Grenzsetzung unmittelbar der Entängstigung von Patient *und* Therapeut. KERNBERG [150, 157] weist darauf hin, dass chronische Übertragungs-Gegenübertragungs-Verflechtungen meist aus dem Versäumnis des Therapeuten resultieren, *rechtzeitig* strukturierende und begrenzende Parameter in die Therapie einzuführen. Der richtige Weg bestehe darin, das heftige Agieren der Übertragungsgefühle des Patienten durch die Einführung solcher Parameter zunächst zu unterbinden und die Übertragung mit dem Patienten dann in dieser veränderten Situation durchzuarbeiten. Die übliche gewährende therapeutische Situation gebe vielen Borderline-Patienten eine vorher in diesem Umfang nie gekannte Gelegenheit, ihre Aggressionen gegenüber dem Therapeuten straflos zu agieren. Diese Patienten benutzen die therapeutische Situation manchmal in subtiler, manchmal auch in offen aggressiver Weise zur Befriedigung ihrer negativen Übertragungsgefühle. Die Therapie pendelt sich dann leicht auf dieses Agieren ein, sofern der Therapeut nicht rechtzeitig Gegenmassnahmen ergreift. Mit dem Patienten kann z.B. vereinbart werden, dass der Analytiker die Sitzung unterbricht, wenn er das Gefühl hat, dass der Patient seine Gefühle nicht mehr kontrollieren kann, anfängt, den Therapeuten zu beschimpfen, laut zu schreien oder in anderer Weise destruktiv zu agieren. Der Patient reagiert auf solche Massnahmen viel seltener mit Verlassenheitsängsten, als der besorgte und opferbereite Analytiker vielleicht meint. Letztlich bedeuten die vom Analytiker gesetzten Grenzen auch für den Patienten eine Sicherheit, die er mit gestärktem Vertrauen in den Analytiker quittiert. In seiner Fähigkeit, „Nein" zu sagen, wird der Analytiker gleichzeitig zu einem Modell für den Patienten, mit dem er sich in positiver Weise identifizieren kann [12, 29].

Im Umgang mit dem Agieren des Patienten innerhalb und ausserhalb der Therapie bewährt sich ausserdem eine von BELLAK [19] vorgeschlagene Technik, in welcher der Analytiker dem Patienten die vermutlich wiederkehrenden Formen seines Agierens *voraussagt* und für diesen Fall geeignete Verhaltensmassnahmen mit ihm bespricht. Diese Verhaltensmassnahmen können darin bestehen, dass der Patient bestimmte auslösende Situationen vorübergehend meidet oder verspricht, sich mit dem Analytiker in Verbindung zu setzen, wenn er bemerkt, dass seine Impulse (vor allem Suizid-Impulse) übermächtig werden. Sobald wie möglich sollten mit dem Patienten dann die Phantasien durchgesprochen werden, die in dem agierenden Verhalten ihren Ausdruck finden. Häufig scheitert der Analytiker jedoch mit solchen Deutungsversuchen an der hartnäckigen Verleugnung, mit der der Patient realen Gefahren gegenübertritt. In solchen Fällen empfehlen BUIE und ADLER [33] eine besondere Technik der Konfrontation, in welcher der Analytiker seiner Besorgnis um den Patienten in einer suggestiven Weise Ausdruck verleiht, die sich auch im Tonfall von sonstigen therapeutischen Interventionen deutlich unterscheidet. Einem Patienten, der aus Wut auf den Analytiker, von dem er sich im Stich gelassen glaubt, mit dem Auto Kopf und Kragen riskiert, kann man beispielsweise sagen:

„Der Weg, diese Gefahr zu vermeiden, besteht in der Bearbeitung Ihrer Gefühle und Ihrer Überzeugung, dass ich mich nicht um Sie sorge oder nicht existiere. Um Himmels willen, wann immer Sie so etwas zu glauben anfangen, wann immer sie anfangen, diese intensive Wut zu empfinden, die dem natürlicherweise folgt, rufen Sie mich an, sprechen Sie mit mir und finden Sie auf diese Weise heraus, dass ich wirklich existiere, dass ich nicht fortgegangen bin" ([33], S. 105, übersetzt von der Verfasserin).

Oder noch massiver: „Dieses Verhalten ist viel zu gefährlich, und Sie dürfen sich nicht erlauben, nochmals ein solches Risiko einzugehen. Sie hatten diese intensiven Gefühle, weil Sie glaubten, dass ich mich nicht um Sie kümmere. Immer wenn Sie so ein Gefühl haben und in der Gefahr sind, danach zu handeln, wenden Sie sich stattdessen an mich. Es wäre viel besser, viel sicherer, mit mir am Telefon zu sprechen. Bitte, tun Sie es, wann immer es nötig ist, zu jeder Tages- und Nachtzeit. Sehen Sie, dass ich existiere, und dass diese Beziehung wirklich ist" ([33], S. 106, übersetzt von der Verfasserin).

Konfrontation und Grenzsetzung sollten immer aus einer sachlichen und gleichzeitig akzeptierenden Haltung dem Patienten gegenüber erfolgen. Gerade die hier vorgeschlagenen Therapieschritte beinhalten für den Analytiker eine Möglichkeit zum subtilen Agieren aggressiver Gegenübertragungsgefühle gegenüber dem Patienten. Diese Gefahr verlangt vom Analytiker in der Borderline-Therapie erhöhte Wachsamkeit gegenüber den eigenen Motivationen, aus denen heraus er gegenüber dem Patienten mit konfrontierenden Deutungen und grenzsetzenden Massnahmen operiert [5, 121].

IV. Die Einstellung des Analytikers zur Regression des Patienten

Das ganze bisher beschriebene technische Repertoire wird nicht verhindern, dass der Analytiker sich in der Borderline-Therapie zu Beginn oder im Verlauf der Behandlung häufig einem tief regredierten Patienten gegenüber findet. In diesem Falle wird der Ausgang der Therapie in ganz entscheidender Weise davon abhängen, inwieweit der Analytiker in der Lage ist, die Regression seines Patienten zu akzeptieren, angstfrei zu tolerieren und vielleicht sogar ein Stück weit zu teilen. CLIFTON [52] hat dieses Problem m. E. so treffend beschrieben, dass ich ihre Argumentation hier wörtlich wiedergeben will:

„Die Voraussetzung eines Ich, dessen reintegrative Fähigkeiten stark genug sind für eine vorübergehende Aufspaltung seiner Funktionen, kann vom grössten Teil unserer laufenden Patienten-Population nicht erfüllt werden. Hat die therapeutische Regression einen Platz in der Arbeit mit denjenigen Patienten, deren Ich bereits mit einem beinahe unerträglichen Druck im Umgang mit der Realität belastet ist? Wird die Regression destruktiv sein für das Wenige, was an Ich-Stärke übriggeblieben ist, oder kann sie therapeutisch sein?

Man hat uns geraten, und das oft weise, die therapeutische Situation so zu strukturieren, dass eine weitere Regression entmutigt wird. Oft kann eine im Grunde stützende Verfahrensweise den Borderline- oder den psychotischen Patienten über eine Krise hinwegtragen und zunehmende Veränderungen in seinem täglichen Funktionieren bewirken.

Manchmal schreitet jedoch die Regression trotz unserer Bemühungen fort oder erscheint nur zeitweilig zurückgehalten, um einen Therapeuten zu versöhnen, dessen Wünsche von dem hochsensitiven Patienten richtig erraten worden sind. In der Therapie mit ich-schwachen Patienten, wo zunehmend präventive Anstrengungen offensichtlich auf eine zunehmend regressive Bewegung treffen, kann das Verhalten des Patienten darauf hinweisen, dass die Erforschung seiner regressiven Tendenz *wesentlich* für seine Therapie ist, und dass er bereit ist, sich auf ein solches Wagnis einzulassen. In diesem Fall kann jede Anstrengung zur übermässigen Stützung seiner positiven Seite unter Ignorierung der mehr negativen und regressiven Aspekte als Ablehnung verstanden werden, als unsere Überzeugung, dass bestimmte sehr reale Komponenten der Persönlichkeit des Patienten nicht anerkannt werden können oder nicht in sein Leben oder das Leben anderer integriert. Der zur Selbsterforschung bereite Patient kann uns durch vermehrte regressive Verhaltensweisen zwingen, auf diese weniger gut integrierten Teile von sich hinzusehen, oder er kann aufgeben – sich als Versager betrachten, in die Isolation gehen und die Behandlung abbrechen.

Aus mindestens zwei Gründen kann der Gebrauch der Regression in der Psychotherapie nicht kategorisch für den neurotischen Patienten reserviert werden. Weil der Borderline- oder psychotische Patient ein konsistentes Selbstgefühl und damit eine Trennung von seinen primären Objekten erst aufbauen muss, kann erstens jedes echte Sich-Einlassen mit einem anderen menschlichen Wesen eine schnelle oder scheinbar spontane Regression beschleunigen.

Zweitens: Obwohl wir bei Patienten, deren Ich schon unter einem beträchtlichen Stress schwankt, keine Regression *induzieren* sollten, wie können wir uns weigern hinzugehen und zu schauen, wenn die Regression bereits die besondere Lebensart des Patienten ist, der Ort, an den er uns hinführt, um uns zu zeigen, wo er lebt? Wie kann ich als Therapeut ihn einladen, meine Welt zu besuchen und seine eigene aufzubauen, wenn ich nicht willens bin, mit ihm zu erforschen, *wo er ist* und *wo er gewesen ist?*" ([5], S. 274f., übersetzt von der Verfasserin).

Ich selbst habe mich beim Überlesen der Literatur und im Gespräch mit Kollegen oft gefragt, ob viele sogenannte maligne Regressionen nicht iatrogen induziert sind, weil einfach der Patient um *seine* Regression kämpft und diese mit allen Mitteln gegenüber einem streng realitätszugewandten Therapeuten durchzusetzen versucht. BALINT [14] beschreibt, dass der Patient in der Regression das Ziel habe, „erkannt" zu werden. Was aber geschieht, wenn der Therapeut ihm dieses existenzielle Anliegen verweigert? Der Patient kann in aller Regel seinen Wunsch nach „Erkanntwerden" nicht formulieren; stattdessen wird er verzweifelt versuchen, dem Therapeuten etwas abzuringen, was für ihn in dieser Situation benennbar und greifbar ist. An die Stelle des Erkanntwerdens können dann massive Wünsche nach Befriedigung an den Therapeuten gerichtet werden, deren Erfüllung – gesetzt den Fall, sie fände statt – nur neue Wünsche provozieren muss, weil der Analytiker die eigentlichen Bedürfnisse des Patienten nicht verstanden hat. Auf diese Weise kann tatsächlich die „suchtartige Spirale" [14] in Gang gesetzt werden, die die maligne Regression kennzeichnet [14], und der Therapeut sieht seine düsteren Vorahnungen und seine Skepsis bestätigt.

Man kann kaum nachdrücklich genug betonen, dass das Problem der Wunscherfüllung, das in diesem Zusammenhang immer wieder ausgiebig und kontrovers diskutiert wird, in der Mehrzahl der Fälle ein *Schein-Problem* ist. BALINT [14] betont, dass der Analytiker sich dem Patienten in der Regression als primäres Objekt „darbiete", sich vom Patienten mit primärer Liebe besetzen lasse, was nicht gleichbedeutend sei mit dem *Geben* primärer Liebe. Diese Unterscheidung ist von fundamentaler Bedeutung [14]. Der Wunsch nach Liebe, der in einem solchen Stadium praktisch immer mit starken Abhängigkeitswünschen gekoppelt ist, nimmt bei Borderline- und bei psychotischen Patienten vor allem deshalb so extreme und pathologische Formen an, weil der Wunsch nach Abhängigkeit von einer liebenden Mutter für diese Patienten nie in Erfüllung gegangen ist. Er ist von der Mutter verweigert worden. Da sich in diesem frühkindlichen Stadium aber die Einschätzung aller Gefühle und Handlungen nach dem Urteil der Mutter bildet, hat der Patient gelernt, seinen Wunsch nach Mutterliebe als verwerflich und schlecht zu betrachten [273]. SEARLES [267] stellt überzeugend dar, dass es in solchen Fällen ungemein wichtig ist, diese *Koppelung von Abhängigkeitsbedürfnissen, Schuldgefühlen und Selbsthass* aufzulösen. Er beschreibt sein technisches Vorgehen:

„Wenn einer meiner Patienten mir gegenüber Abhängigkeitsbedürfnisse äussert, halte ich es selten für angezeigt, zu versuchen, dieses Bedürfnis zu befriedigen, auch dann nicht, wenn ich ihm prompt mitfühlend begegne und wenn ich glaube, ich könnte, ohne allzu sehr von meinem Weg abzuweichen, diese Befriedigung ermöglichen. Meiner Meinung nach hilft es dem Patienten häufig wesentlich mehr, wenn ich ihn ermutige, sein Bedürfnis so vollständig wie möglich zu äussern oder wenn ich sein Bedürfnis mit einer kurzen Stellungnahme billige, wobei ich oft hinzufüge, dass ich unter den gegebenen Umständen durchaus begreife, warum er so fühlt.

Ich glaube, dass solche Reaktionen dem Patienten mehr nützen als eine Befriedigung seiner Bedürfnisse selbst: Denn auf diese Weise hilft man dem Patienten, sich von Schuldgefühlen, die seine Abhängigkeitsbedürfnisse unterdrückt haben, zu befreien. Das aber bewirkt, dass er diese Bedürfnisse nun klarer erkennen kann, dass er sie in das bewusste Funktionieren seiner Persönlichkeit integrieren kann, und dass er von nun an ihre Befriedigung bei Personen aus seiner täglichen Umwelt suchen kann" ([267], S. 33).

Eine solche Handhabung der Regression setzt voraus, dass der Analytiker seine eigenen Abhängigkeitsbedürfnisse bearbeitet hat und mit ihnen auf gutem Fusse steht. Borderline-Patienten sind ebenso wie psychotische Patienten von früh auf daran gewöhnt, abgewehrte unbewusste Inhalte ihrer wichtigen Bezugspersonen stellvertretend für diese zu agieren. Leider wird man nie erfahren, wieviele sogenannte maligne Regressionen in Borderline-Therapien dadurch entstanden sind, dass der Patient die Bürde der unbewussten Abhängigkeitsbedürfnisse seines Therapeuten übernahm, während dieser unbeirrt die „Realität" gegenüber seinem regredierten Patienten verteidigte. Bei SEARLES [268] finden sich eine Reihe eindrucksvoller Beispiele für ein solches „Acting out" als Reaktion auf die unbewussten Wünsche des Therapeuten oder als stellvertretende Äusserung dieser Wünsche.

Wir können an dieser Stelle auf die vieldiskutierte Frage, ob der Therapeut sich tatsächlich in eine symbiotische Beziehung mit seinem Borderline-Patienten einlassen dürfe oder gar müsse, nicht weiter eingehen (vgl. hierzu [42, 163, 192, 217, 218, 258, 313]). Ich halte auch die beschriebene Grundeinstellung des Analytikers gegenüber der Regression für bedeutsamer als eine solche Kontroverse, hinter der häufig bestimmte Reizworte (zu denen das Wort „Symbiose" zweifellos gehört) die schlichte Tatsache verdecken, dass der Analytiker bei *jedem* Patienten zur passagèren Identifizierung in der Lage sein muss, um seinen Patienten auch auf den latenteren Ebenen zu verstehen und schliesslich interpretieren zu können. Im Gegensatz zum Patienten kann er aber diese Identifikation (zumindest im Idealfall) jederzeit zurücknehmen, und er *muss* dies tun, wenn er seine professionelle Identität wahren und dem Patienten zu einem besseren Verständnis seiner selbst verhelfen will. – Von der Persönlichkeit und dem analytischen „Stil" des Analytikers wird es schliesslich auch weitgehend abhängen, wie stark er sich als Person in den therapeutischen Prozess einbringen und dem Patienten gegenüber zu erkennen geben will. CLIFTON [52] sieht ebenso wie eine Reihe anderer Autoren [29, 39, 51, 177, 309] in Mitteilungen des Analytikers über seine persönliche Befindlichkeit ein wichtiges Mittel, sich auch gegenüber einem regredierten Patienten immer wieder als ein eigenständiges Individuum abzugrenzen. Dass solche Mitteilungen reflektiert „im Dienste des Patienten" [309] erfolgen sollten, bedarf wohl keiner weiteren Erörterung.

V. Der Umgang mit der Übertragungspsychose

Trotz grösster Vorsicht des Analytikers kann in der Borderline-Therapie in manchen Fällen nicht vermieden werden, dass der Patient vorübergehend eine Übertragungspsychose entwickelt, in welcher seine Fähigkeit zur Realitätsprüfung suspendiert erscheint. Die typischen Übertragungspsychosen beschränken sich auf die therapeutische Situation, ohne die anderen Lebensbereiche des Patienten in nennenswerter Weise zu affizieren [150]. Eine Tendenz zur Ausbreitung und Verzweigung über die therapeutische Situation hinaus ist jedoch nicht immer völlig auszuschliessen. In solchen Fällen kommt es entscheidend darauf an, wie der Analytiker auf die psychotischen Produktionen seines Patienten reagiert. Man kann fast sicher sagen: Je grösser die Angst des Analytikers in einer solchen Situation ist, desto schlechter stehen auch die Chancen für eine erneut günstige Wendung der Therapie [40, 50]. Diese Wechselwirkung ist unabhängig davon, ob der Analytiker seine Angst offen zeigt oder sie hinter allen möglichen Aktivitäten, die der schleunigen Wiederherstellung der Realitätsprüfung seines Patienten dienen sollen, versteckt. Aus diesem Grunde ist auch die weitmöglichste Absicherung der Eingangsdiagnose von so grosser Bedeutung. Wenn im Analytiker angesichts der unerwarteten psychotischen Übertragungsreaktionen Zweifel aufsteigen, ob er vielleicht doch einen latent Schizophrenen behandelt, dessen Psychose nun unter (oder wegen!) der Therapie manifest wird, wenn er sich zusätzlich seine möglichen Kunstfehler vorzurechnen beginnt und die skeptischen Reaktionen seines Kollegenkreises antizipiert, wird er wenig Chancen haben, seinem Patienten in dieser Krisensituation hilfreich zur Seite zu stehen. Es ist zugegebenermassen nicht einfach, angesichts der Gefährdung des Patienten immer Gelassenheit zu wahren und die Übersicht über das therapeutische Geschehen zu behalten. Der Therapeut sollte es sich deshalb zur Regel machen, in solchen Fällen nach Möglichkeit einen erfahrenen und verlässlichen Kollegen zum Zwecke der Supervision zu Rate zu ziehen.

Darüber hinaus erfordert die Situation selten drastische Massnahmen, etwa in der Veränderung des Settings oder auch einer vorübergehenden Unterbrechung der Therapie [302]. Eine begleitende medikamentöse Behandlung in akuten Krisensituationen kann die Angst oder das Getriebensein des Patienten reduzieren und es ihm erleichtern, wieder die notwendige Distanz zu seinem Erleben zu gewinnen [150][4].

Manchmal kann auch eine vorübergehende Hospitalisierung notwendig werden, wobei die Verweildauer jedoch nicht über das unbedingt erforderliche Mass hinaus ausgedehnt werden sollte [4, 98].

In der Regel kann und sollte der Therapeut darauf vertrauen, dass der realitätsprüfende Teil des Ich des Patienten zwar vorübergehend in den Hintergrund getreten, aber nicht völlig zusammengebrochen ist, und dass es über kurz oder lang möglich sein wird,

[4] KERNBERG [152] weist auf drei wichtige Gesichtspunkte hin, die bei der Behandlung von Borderline-Patienten mit Tranquilizern zu beachten sind: 1. Die Dosierung sollte so hoch angesetzt werden, dass ein echter pharmakologischer Effekt und nicht nur ein Placebo-Effekt erzeugt wird. 2. Das Medikament sollte über längere Zeit hinweg in gleichmässiger Dosierung verabreicht werden, da andernfalls Schwankungen im Angstpegel des Patienten nicht mehr als Hinweise für Übertragungsimplikationen verwertet werden können. 3. Die unbewusste Bedeutung der Medikation als Teil der therapeutischen Beziehung muss scharf im Auge behalten werden. Gerade Borderline-Patienten neigen aufgrund ihrer Abwehrmechanismen dazu, die Einnahme von Medikamenten mit magischen Nebenbedeutungen zu beladen. Zum Beispiel kann die orale Gier des Patienten durch die Medikation soweit befriedigt werden, dass die mit ihr verknüpften Wünsche und Ängste in der Therapie nicht mehr in Erscheinung treten. Oder der Besitz des Medikamentes wird vom Patienten unbewusst als Möglichkeit zur magischen Kontrolle über den Analytiker erlebt [152].

Auf einige allgemeine Schwierigkeiten bei der medikamentösen Behandlung von Borderline-Patienten, die insbesondere mit der unterschiedlichen Bewertung des Effekts von Neuroleptika durch Arzt und Patient zusammenhängen, hat HAVENS [129] hingewiesen. Ich selbst habe mit der Kombination von analytischer Psychotherapie und neuroleptischer Langzeitbehandlung (durch einen mitbehandelnden Psychiater) in einigen Fällen sehr gute Erfahrungen gemacht. Insbesondere dürften sich Neuroleptika sinnvoll zur Prophylaxe einer floriden Übertragungspsychose einsetzen lassen. Mit dieser Auffassung treffe ich allerdings vermutlich auf den Widerspruch derjenigen Kollegen, die der Meinung sind, dem Patienten müsse seine Psychose „gestattet" werden, weil sie ein notwendiges Durchgangsstadium für den sich anschliessenden Neubeginn, sozusagen „das Tor zur Welt" [103], darstelle, oder weil sonst wichtiges Material für die Analyse unzugänglich bleibe. Sicherlich lässt sich in den meisten Fällen auch eine psychotische Episode für die Therapie fruchtbar machen. Mindestens ebenso sicher aber ist, dass jede psychotische Dekompensation ein nicht restlos abschätzbares Risiko enthält, das zur Sicherheit von Patient *und* Therapeut vermieden werden sollte, wenn sich die Möglichkeit dazu bietet.

mit diesem gesunden Ich-Anteil des Patienten wieder Kontakt aufzunehmen [107]. Selbst chronisch schizophrene Patienten können oft nach dem Abklingen eines Krankheitsschubs über ihr psychotisches Erleben in einer Weise berichten, als ob sie während der gesamten Episode als registrierender Beobachter neben sich gestanden hätten. Ebenso „hört" der Borderline-Patient in der Übertragungspsychose den Analytiker, auch wenn er seine Interventionen scheinbar im Moment nicht integrieren kann. Diese Interventionen werden sich auf das Ziel konzentrieren, das auslösende Moment der Übertragungspsychose für den Patienten verstehbar zu rekonstruieren [299] oder ihm die Wiederholungsfunktion seines Erlebens aufzuzeigen [138]. Mit solchen Bemühungen um Synthese zeigt der Analytiker dem Patienten, dass er ihn nach wie vor in der psychischen Ganzheit wahrnimmt, die dem Patienten selbst vorübergehend entglitten ist [107]. Überhaupt wird der Analytiker für seinen dekompensierten Patienten in dieser Situation die verschiedensten Hilfs-Ich-Funktionen übernehmen müssen [196, 313], zu denen vor allem auch die vorübergehende Annahme der Über-Ich-Projektionen des Patienten gehören kann [144]. Das Erlebnis, dass der Analytiker durch diese Projektionen nicht zerstörbar ist, ist für den Patienten eine existenzielle Neuerfahrung, auf der sich nach dem Abklingen der Übertragungspsychose ein neues, besseres Arbeitsbündnis etablieren kann [302].

Es ist eigentlich unnötig zu sagen, dass man einem Patienten Wahnvorstellungen, die per definitionem „unkorrigierbare Überzeugungen" [147] sind, nicht „ausreden" kann. Obwohl der Analytiker dies selbstverständlich weiss, wird er sich doch angesichts der nervenaufreibenden „Starrköpfigkeit" des Patienten manchmal unvermutet dabei ertappen, wie er dem Patienten in Rede und Gegenrede seine eigene Überzeugung von der Realität aufzuoktroyieren versucht. Korrekt reagiert man auf wahnhafte Produktionen des Patienten, indem man sie akzeptiert, ohne dabei einen Zweifel offen zu lassen, dass man seine Überzeugungen in diesem Punkte nicht teilt. Man kann dem Patienten etwa sagen: „Ich kann verstehen, dass Sie im Augenblick dieser Überzeugung sind, und ich kann diese Tatsache auch akzeptieren. Ich möchte Ihnen aber doch auch sagen, dass sich für mich die Dinge anders darstellen. Es wäre gut, wenn wir verstehen könnten, wie dieser Unterschied zustande kommt."

Der Analytiker befindet sich in einer guten Position, wenn er die psychotischen Übertragungsmanifestationen seines Patienten als eine Form der Abwehr verstehen kann, in der vor allem projektive Identifizierungen am Werke sind, und weniger als Zeichen eines Ich-Zerfalls, dem er mehr oder minder ohnmächtig gegenübersteht [302, 319]. Von einer solchen therapeutischen Einstellung getragen, wird das in diesem Kapitel bisher beschriebene technische Repertoire in den meisten Fällen ausreichen, um die Übertragungspsychose erfolgreich zu meistern (für weitere Hinweise zum Verständnis und zum technischen Umgang mit der Übertragungspsychose vgl. [103, 124, 138, 150, 191, 196, 235, 243, 246, 247, 271, 299, 302]). Darüber hinaus wird vieles der Intuition des Therapeuten überlassen bleiben, der in dieser Situation seine eigenen unbewussten Reaktionen besonders sorgfältig erforschen und vielleicht auch gelernt haben sollte, sich auf seine aus diesem Unbewussten sich speisende Intuition „wie auf einen Freund zu verlassen" [268].

VI. Die Prognose in der Borderline-Therapie

Der Analytiker, der eine Borderline-Therapie übernimmt, braucht sich damit nicht blind auf ein „Abenteuer" einzulassen. Wie in der Psychotherapie überhaupt (vgl. [130]), gibt es auch für Borderline-Patienten *prognostische Kriterien,* mit deren Hilfe innerhalb gewisser Wahrscheinlichkeitsgrenzen Voraussagen über den vermutlichen Verlauf einer Therapie getroffen werden können. KERNBERG [152] hat sich um die systematische Erarbeitung solcher prognostischer Kriterien für die Borderline-Therapie bemüht. Nach seiner Auffassung sind vor allem *fünf Punkte* in Betracht zu ziehen:

1. Die Charakterpathologie des Patienten,
2. Ausmass und Qualität der „Ich-Schwäche",
3. Ausmass und Qualität der Pathologie des Über-Ich,
4. Die Qualität der Objektbeziehungen,
5. Persönlichkeit und Können des Therapeuten.

Als weiteres Kriterium möchte ich hinzufügen:

6. Die Abhängigkeit des Patienten von spezifischen *äusseren* Strukturen.

Ad. 1. *Voraussagen aufgrund der Charakterdiagnose.* Nach KERNBERG [152] wird die Prognose entscheidend von der Charakterpathologie des Patienten beeinflusst und *nicht* von Art und Ausmass seiner neurotischen Symptome. Borderline-Patienten ohne neurotische Symptomatik haben im allgemeinen sogar eine schlechtere Prognose. Für die Beurteilung der Charakterpathologie ist ausschlaggebend, inwieweit die pathologischen Charakterzüge für den Patienten *Ich-Syntonizität* besitzen. Die von KERNBERG [152] erarbeiteten prognostischen Kriterien für einzelne Charakterstrukturen lassen sich wie folgt zusammenfassen:

Hysterische Persönlichkeiten mit ihrer typischen „Doppelschicht" von neurotischen und Borderline-Abwehrmechanismen, die sich in intensiven Verschiebungen im regressiven Niveau während der Therapiestunden niederschlägt, haben eine aussergewöhnlich gute Prognose. Auch *infantile Persönlichkeiten* sprechen in der Regel gut auf eine psychoanalytisch orientierte Psychotherapie an (klassische Analyse ist für sie gewöhnlich kontraindiziert).

Narzisstische Persönlichkeiten, die manifest auf Borderline-Ebene funktionieren, haben eine schlechte Prognose für psychoanalytisch orientierte Psychotherapie; zumindest bedürfen sie oft einer langen vorbereitenden Periode rein stützender Therapie, die sonst bei Borderline-Patienten wenig nützlich ist. Narzisstische Persönlichkeiten mit einem *latenten* Borderline-Syndrom sind dagegen – wenn überhaupt – am ehesten durch eine klassische Psychoanalyse behandelbar, wenn man sich nicht auf reine Kriseninterventionen beschränken will. Es kommt dabei immer auf den Grad der Ausprägung des pathologischen Narzissmus an. (Narzisstische Charakterzüge, die neben der Abwehr genitaler und prägenitaler Konflikte *zusätzlich* auch eine narzisstische Funktion im Sinne der Aufrechterhaltung der Selbstachtung besitzen, sprechen im Begriffssystem von KERNBERG [152] nicht für eine narzisstische Persönlichkeit im streng pathologischen Sinne.)

Dissoziale Persönlichkeiten haben eine sehr schlechte Prognose für die ganze Skala psychotherapeutischer Behandlungsmöglichkeiten. Differentialdiagnostisch ist die dissoziale Persönlichkeit jedoch (besonders im Falle von Adoleszenten) streng von dissozialem Verhalten, welches eine situative Reaktion darstellt, zu trennen. Bei der Behandlung von Patienten mit dissozialen *Verhaltensweisen* kommt der Beurteilung der Über-Ich-Pathologie besondere prognostische Bedeutung zu.

Paranoide Persönlichkeiten haben eine umso bessere Prognose, je eher die Behandlung (möglicherweise im Rahmen einer Hospitalisierung) so strukturiert werden kann, dass das Bedürfnis des Patienten nach omnipotenter Kontrolle die therapeutische Beziehung nicht deformiert. Für *schizoide Persönlichkeiten* ist die Prognose deshalb schlechter, weil die Behandlung solcher zurückgezogener Patienten für den Therapeuten einen ungeheuren Stress darstellt; aus diesem Grunde wird hier die Persönlichkeit des Therapeuten die Prognose in besonderem Masse beeinflussen.

Hypomanische Persönlichkeiten haben eine schlechte Prognose. Ausschlaggebend ist hier das Ausmass, in welchem der Patient Depression ertragen kann.

Chaotische, impulsive Charakterstörungen, zu denen KERNBERG [152] Patienten mit multiplen sexuellen Perversionen, mit heterosexueller und homosexueller Promiskuität und mit polymorph-perversen Zügen rechnet, haben eine mehr oder weniger befriedigende Prognose. Die Prognose ist umso besser, je chaotischer und vielfältiger die perversen Phantasien und Handlungen sind, und je instabiler die Objektbeziehungen, in denen sich die sexuellen Interaktionen abspielen (im Gegensatz zu Patienten mit einer stabilen sexuellen Abweichung und zugrundeliegender narzisstischer Persönlichkeit). Wenn die multiplen perversen Phantasien und Handlungen jedoch eine ganz allgemeine Unfähigkeit zum Eingehen stabiler Objektbeziehungen reflektieren, dann wird die Prognose aus eben diesem Grunde schlechter.

Zwanghafte Persönlichkeiten (ohne allzu stark ausgeprägte schizoide oder narzisstische Züge) haben eine gute Prognose. Mit einigen Einschränkungen gilt dies auch für die *depressiv-masochistischen Persönlichkeiten.* Je stärker sadistisch infiltriert die Charakterstruktur ist, umso schlechter die Prognose. Eine schlechtere Prognose haben auch Patienten mit einer Neigung zu chronischer Selbstschädigung. Je primitiver die Formen der selbstgerichteten Aggression sind und je diffuser die Entladungen, die wechselnd gegen das Selbst und gegen äussere Objekte gerichtet werden, desto schlechter die Prognose. Langfristige Hospitalisierung, die den Patienten am Ausagieren dieser Impulse hindert, kann die Aussicht auf einen Therapie-Erfolg entscheidend verbessern. Ähnlich positiv kann sich die Hospitalisierung bei Alkoholismus und Drogenabhängigkeit auswirken.

Die Charakterstruktur eines Patienten kann auch als eine *Kompromissbildung zwischen Ich und Über-Ich-Druck* angesehen werden. KERNBERG [152] beschreibt einige solcher pathologischer struktureller Kompromissbildungen, die bei Borderline-Patienten häufig anzutreffen sind und die Prognose entscheidend verschlechtern. Im *ersten Fall* hat sich das *Ich* des Patienten mit einer omnipotenten, sadistischen Über-Ich-Figur identifiziert; im Zuge dieser Identifikation hat es seine ursprünglichen Funktionen, die einen Konflikt mit dieser Über-Ich-Figur herbeiführen könnten, weitgehend aufgegeben. Hierunter fällt vor allem auch die Funktion der Wertprüfung. Es fragt nicht mehr, ob die Forderungen der Über-Ich-Figur gerechtfertigt sind und sozial vertretbar. Stattdessen gewinnt es die Freiheit, diese Forderungen nach aussen hin brutal und sadistisch zu vertreten.

Selbstzerstörung als Ich-Ideal ist eine *zweite Komplikation* im charakterologischen Bereich mit beinahe aussichtsloser Prognose. Bei solchen Patienten, die sich selbst verstümmeln, kann man eine echte Lust oder auch Stolz über die Macht zur Selbstzerstörung beobachten, ein Omnipotenzgefühl im Zusammenhang mit der Unabhängigkeit von äusserer Befriedigung, die symbolisch durch die lustvolle Selbstzerstörung bestätigt wird. Hinzu tritt häufig der masochistische Triumph über nahestehende Angehörige. Die negative therapeutische Reaktion, die solche Patienten zeigen, speist sich aus oralem Neid und dem Rachebedürfnis, aus dem heraus der Patient äussere Quellen von Liebe und Befriedigung zerstören muss und so über die lebensbejahenden Tendenzen des Therapeuten triumphiert [152, 157]. Die *dritte Komplikation* bilden Patienten, die sich selbst unbewusst mit einem extrem zerstörerischen Mutterbild identifiziert haben, so dass Besserung für sie bedeutet, sich von der Mutter zu trennen und sich damit zu zerstören. Solche Patienten können ihr relativ gutes Ausmass an Ich-Integration dazu benutzen, sich erfolgreich gegen alle Anstrengungen des Therapeuten in Richtung einer Veränderung zu wehren [152, 157].

Ad 2. *Die Beurteilung der Ich-Funktionen* unter prognostischen Kriterien ist bei Borderline-Patienten von eminenter prognostischer Bedeutung. Zu den die Prognose verschlechternden Faktoren zählen in diesem Zusammenhang nach KERNBERG [152] vor allem ein *generalisierter Mangel an Impulskontrolle, Mangel an*

Angsttoleranz und das *Fehlen von Sublimationsmöglichkeiten.* Das Vorherrschen primitiver Abwehrmechanismen über die „reiferen" Formen der Abwehr und initiale Manifestationen primärprozesshaften Denkens haben ebenfalls einen eher ungünstigen Einfluss auf die Prognose, sind aber gegenüber den erstgenannten Bereichen von sekundärer Bedeutung [152].

Ad 3. *Die Über-Ich-Pathologie des Patienten* spielt ebenfalls eine fundamentale Rolle bei der Beurteilung der Prognose [152]. Bei Borderline-Patienten findet man häufig Unregelmässigkeiten und Abweichungen in der Entwicklung des Ich im Vergleich zum Über-Ich [152]. Man kann bei ihnen manchmal eine höhere Ebene der Über-Ich-Organisation antreffen, als man dies nach dem Stand der allgemeinen Persönlichkeitsorganisation eigentlich erwarten würde [152]. Entscheidende Fragen sind, inwieweit das Über-Ich des Patienten als autonome Instanz in die Gesamtpersönlichkeit integriert worden ist, inwieweit der Patient die Existenz allgemeiner Werte über ihren reinen Befriedigungscharakter hinaus anerkennt, und inwieweit er Schuldgefühle, Depression und Wiedergutmachungstendenzen erleben und tolerieren kann [152]. Widersprüche im Wertsystem, die verschiedenen widersprüchlichen Identifizierungen entstammen und in dieser Form vom Ich des Patienten ohne weiteres toleriert werden, stellen eine ungünstige Ausgangslage für die Therapie dar, im Gegensatz zu denjenigen Patienten, die unter diesen Widersprüchen leiden. Wichtig ist in diesem Zusammenhang, dass in vielen Fällen einer pathologischen Über-Ich-Entwicklung auch die Fähigkeit des Patienten zum Erleben von „Signalschuld" reduziert ist [152, 323]. Solche Patienten reagieren nicht auf kleine, subtile Stimuli aus ihrer Umgebung, die bereits verhaltensmodifizierend wirken können; es braucht dann oft einen gewaltigen Druck, z.B. eine strenge Kritik, die wiederum häufig paranoid verzerrt wahrgenommen wird. Die Unfähigkeit zum Erleben von Signalschuld ist ein schlechter prognostischer Faktor [152].

Ad 4. *Die Qualität der Objektbeziehungen.* Es gibt erhebliche Unterschiede hinsichtlich der Qualität und des Ausmasses, in welchem Borderline-Patienten sich auf Beziehungen mit anderen Menschen einlassen (vgl. S. 60ff.). Stabilität dieser Beziehungen, so neurotisch sie auch sein mögen, ist ein gutes prognostisches Zeichen [152]. Prognostisch bedeutsam ist auch das Ausmass, in welchem Patienten gleichzeitig liebevolle und negative Gefühle gegenüber einem Objekt ertragen können, ohne in ihrer emotionalen Einstellung gegenüber diesem Objekt einfach von einem Extrem ins andere umzuschlagen [152]. Von der günstigen Prognose stabiler Objektbeziehungen ist diejenige Art von „Abhängigkeit" ausgenommen, die in Wirklichkeit eine chronische pathologische Unterwerfung unter ein äusseres Objekt darstellt, das eine primitive sadistische Über-Ich-Imago repräsentiert, die möglicherweise sogar Selbstzerstörung als ein Ich-Ideal verlangt [152]. Prognostisch am bedeutsamsten ist die Art und Weise, in welcher der Patient eine Beziehung mit dem Therapeuten eingeht.

Ad 5. *Die Rolle, die Persönlichkeit und das Können des Therapeuten für die Prognose einer Borderline-Therapie spielen,* ist neben KERNBERG [152] von vielen anderen Autoren hervorgehoben worden [51, 108]. Ich-starke Patienten können auch dann hart an ihren Problemen arbeiten, wenn Behandlung und Therapeut nicht gerade ideal sind [152]. Die Behandlung von Borderline-Patienten verlangt dagegen einen hochtrainierten Therapeuten, der in der Lage ist, die bei diesen Patienten indizierte modifizierte Form der psychoanalytischen Technik anzuwenden, der ausreichend Sicherheit und Selbstbewusstsein besitzt, um die negative Übertragung des Patienten durchzuhalten, und der zu echten Objektbeziehungen in der Lage ist und seine Feindseligkeit unter Kontrolle hat [152, 309]. CHRZANOWSKI [51] äussert Zweifel, ob ein Therapeut dem Patienten tatsächlich weit über jene Grenzen hinaus behilflich sein kann, die er selbst in der Bearbeitung seiner Persönlichkeitsproblematik, insbesondere in der Bearbeitung seines Narzissmus, erreicht hat. Die Prognose einer Borderline-Therapie verschlechtert sich entscheidend, wenn der Therapeut auf die Tendenz seines Patienten zur Ich-Fragmentierung mit eigenen entsprechenden Ängsten reagiert. Unter idealen Bedingungen kann der Therapeut seine persönlichen Charakterzüge und Gegenübertragungsreaktionen in kreativer Weise in seine therapeutische Technik integrieren [152]. Diese Therapeutenvariablen sollten in jedem Falle in realistischer Selbsteinschätzung bei der Beurteilung der Prognose einer Borderline-Therapie herangezogen werden.

Ad 6. *Die Abhängigkeit des Patienten von spezifischen äusseren Strukturen.* Nach meinen Erfahrungen ist eine Warnung angebracht, die Beurteilung der Prognose bei Borderline-Patienten vorwiegend auf das bisherige soziale Funktionieren abzustellen und aus dieser sozial intakten Fassade ohne weiteres auf eine gute Fähigkeit zur Lebensbewältigung allgemein, etwa im Sinne eines „Leistungstests" nach ALEXANDER [6], rückzuschliessen. Bei Borderline-Patienten sind Überlegungen angezeigt, inwieweit ein sozial integrierter Patient sich bisher auf Kosten *äusserer* Strukturen stabilisiert hat (etwa einer gut strukturierten Arbeitsplatz-Situation oder einer auf ihn zugeschnittenen Partnerbeziehung), die in Wirklichkeit ein Surrogat für fehlende innere Strukturen darstellen [144]. Der Therapeut sieht sich sonst beim (von ihm nicht zu kontrollierenden) Wegfall dieser Strukturen leicht für ihn ganz unerwartet einem schwer dekompensierten Patienten gegenüber, den er bisher für relativ ich-stark gehalten hatte, und der bis zu diesem Zeitpunkt auch gute Fortschritte in der Therapie zeigte. Die Einbeziehung dieser Überlegungen ist auch wichtig für eine realistische Zielsetzung der Therapie. Wenn sich zeigt, dass der Patient nur unter ganz bestimmten äusseren Bedingungen funktionsfähig ist, kann es besser sein, das Therapieziel von vornherein entsprechend zu begrenzen. Eine mögliche Form der Lösung wird dann häufig darin bestehen, den Patienten unter Zuhilfenahme sozialpsychiatrischer Massnahmen in ein ihm gemässes äusseres Setting zu integrieren und sich für Kriseninterventionen bereitzuhalten.

Zum Schluss soll nicht verschwiegen werden, dass der Wert solcher prognostischer Kriterien von verschiedenen Seiten [112, 187] angezweifelt worden ist: Die Voraussage des Therapieerfolgs hänge zu sehr von der theoretischen Grundeinstellung des Beurteilenden und einer Vielzahl seiner Persönlichkeitsvariablen ab, als dass man einer solchen Voraussage objektiven Aussagewert zubilligen könne. „Jede Beschränkung wird (zudem) regelmässig durchbrochen durch das Interesse am Patienten, vielleicht in einem geheimen Einverständnis, aber mit dem Wunsch, sich auf ein neues Abenteuer einzulassen" ([112], S. 509). Trotz all dieser Unwägbarkeiten glaube ich aber doch, dass die Heranziehung möglichst objektiver Kriterien bei der Einschätzung der Prognose gerade für den noch weniger erfahrenen Therapeuten wichtig und sinnvoll ist, wenn man diese Kriterien in erster Linie als Orientierungshilfen versteht, an denen sich unter anderem auch das Ausmass des eigenen therapeutischen Optimismus (oder auch der eigenen „Abenteuerlust") ablesen lässt, wenn man sich die Freiheit nimmt, sich für *seinen* Patienten darüber hinwegzusetzen.

Nachwort eines Borderline-Patienten

Anstelle der üblichen Zusammenfassung theoretischer Schlussfolgerungen möchte ich am Ende dieser an psychoanalytischer Theorie nicht eben armen Arbeit einen meiner Borderline-Patienten selbst zu Worte kommen lassen. Ich werde die Selbstschilderung dieses Patienten, für die ich während fast eines Jahres praktisch nur Zuhörer war, ohne den sonst üblichen Kommentar in ihrer ganzen Zwiespältigkeit und stummen Anfrage möglichst wortgetreu wiedergeben:

„Mir geht es gut, seit ich weiss, dass es für mich keine Zukunft gibt. Ich sitze mein Leben ab wie eine lebenslängliche Zuchthausstrafe, und ich bin dabei wunschlos unglücklich! Früher habe ich gelitten. Jetzt, wo ich keine Hoffnung mehr habe, kann mir niemand mehr etwas anhaben.

Gestern habe ich den Faust-Film gesehen. Ich habe mir gedacht, was dem Faust wohl erspart geblieben wäre, wenn er sich durch den sentimentalen Gesang in der Kirche nicht vom Selbstmord hätte abhalten lassen. Und der Pakt mit dem Teufel: ‚Könnt' ich zum Augenblicke sagen, verweile doch, du bist so schön!' Einen Menschen, der an dieser Welt wirklich etwas schön findet, soll doch der Teufel holen! Warum macht man darum so ein Geschrei?

Ich habe mir meine *eigene* Welt geschaffen. In diese Welt kann ich reisen, wann immer ich will; ich brauche dazu nur Alkohol und meine Musik. Ich habe dann eine ‚Zeitmaschine'. Wenn ich in diese Zeitmaschine steige, kann ich beliebig in die Vergangenheit und in die Zukunft reisen. *Mein* Land, in das ich reise, ist eine weite Landschaft in einer fernen Zukunft, wo die Menschen nach einer Weltkatastrophe mit den Relikten unserer Zivilisation leben, deren Bedeutung sie nicht mehr kennen. Für mich hat diese Katastrophe bereits stattgefunden. Ich weiss nicht mehr, wann das gewesen ist. Wo ich mit meiner Zeitmaschine lande, sprechen die Menschen nicht mehr miteinander. Sie haben nur noch Zeichen, mit denen sie sich über die notwendigsten Dinge verständigen. Neben ihnen – unterirdisch – existiert noch eine andere Welt. Dort leben Wesen, die sich von diesen Menschen ernähren. In die unterirdische Welt führt ein riesiges Tor, das am Tage verschlossen ist. Nachts öffnet sich das Tor und am darauffolgenden Tage sind jedesmal ein paar Menschen verschwunden. Jeder weiss, dass das dunkle Tor, die unterirdischen Wesen, sie eingesaugt haben, aber die Menschen gehen zu ihren täglichen Geschäften über. Der kritische Punkt in meinem Traum – ähnlich wie in dem Film, den ich einmal gesehen habe – ist dort, wo das Tor auch die Zeitmaschine meines Helden einsaugt und er plötzlich erkennt, dass er vielleicht niemals in seine eigene Wirklichkeit, in sein Ursprungsland wird zurückkehren können. Er schafft es dann schliesslich, aber unter grossen Gefahren.

Einmal rettet der Held meiner Geschichte auf dieser Zukunftsreise eine Frau, die in einen Fluss gefallen und am Ertrinken ist. Sie wendet sich schweigend von ihm ab, besucht ihn aber dann abends an seinem Lagerplatz, während alle anderen Menschen sich verstecken, weil sie wissen, dass das dunkle Tor sich wieder öffnet. Die Frau setzt sich schweigend neben den Mann mit der Zeitmaschine, bis dieser das Schweigen nicht mehr erträgt und ihr eine Frage stellt, die mich vom Stuhl reisst: ,*Willst Du denn nicht wissen, wer ich bin und woher ich komme?*'"

Anhang: Versuche zur Objektivierung der Borderline-Diagnose – Forschungsansätze und Ergebnisse

Seit den bahnbrechenden Arbeiten von GUNDERSON & SINGER (1975), GUNDERSON & KOLB (1978), PERRY & KLERMAN (1978, 1980) und SPITZER & ENDICOTT (1979) verstärkte sich das Interesse an einer empirischen Validierung der Borderline-Diagnose, die sich bis dahin vorwiegend auf psychodynamische, ichstrukturelle oder auch entwicklungspsychologische Konstrukte stützte, deren Operationalisierung sich oft als schwierig erwies. Dem subjektiven Ermessen des Klinikers blieb so ein breiter Spielraum, von dem man vermuten darf, dass klinische Erfahrung, schulische Ausrichtung, aber auch persönliche Vorlieben und insbesondere die vom Patienten induzierte Gegenübertragung ihn in einem schwer abschätzbaren Mass beeinflussten. Demgegenüber bemühen sich die nun zu referierenden Arbeiten um die Bestimmung *beschreibbarer* und damit gleichzeitig auch *objektivierbarer* Symptome, Persönlichkeitszüge und Verhaltensweisen, die für die Borderlinestörungen charakteristisch sind und von daher auch geeignet erscheinen, das Krankheitsbild eindeutig (d.h. statistisch signifikant) von anderen, bereits bekannten nosologischen Entitäten abzugrenzen. Dabei verschob sich das Interesse von den zunächst im Vordergrund stehenden Erkrankungen des schizophrenen Formenkreises (GUNDERSON 1979; SIEVER & GUNDERSON 1979; KERNBERG 1979; LIEBOWITZ 1979) seit etwa 1980 stärker auf die Abgrenzung der Borderlinestörungen von den affektiven Psychosen (vgl. STONE 1979, 1980; PERRY 1985; GUNDERSON & ELLIOTT 1985), um sich in den letzten Jahren unter dem Einfluss des Diagnoseschlüssels des „Diagnostischen und Statistischen Manuals psychischer Störungen (DSM-III)" verstärkt der differentialdiagnostischen Unterscheidung der dort definierten *Persönlichkeitsstörungen* zuzuwenden.

Diese Forschungsaktivität, die bei Erscheinen der 4. Auflage dieses Buches auf eine Tradition von bereits mehr als einem

Dezennium verweisen konnte, führte nicht nur zur Entwicklung einer Reihe von heute mehr oder weniger anerkannten diagnostischen Instrumenten zur Absicherung der Borderline-Diagnose. Sie lieferte auch die Basis für die Aufnahme der Borderline-Diagnose in den Sektor „Persönlichkeitsstörungen" der 3. Auflage des offiziellen Krankheitsverzeichnisses der American Psychiatric Association, des „Diagnostischen und Statistischen Manuals Psychischer Störungen (DSM-III)" und – in leicht veränderter Form – auch in die 1987 erschienene revidierte Fassung dieses diagnostischen Glossars (DSM-III-R).

Im folgenden soll zunächst die Borderline-Diagnose erörtert werden, wie sie sich in diesen beiden Manualen, also dem DSM-III (1980) und dem DSM-III-R (1987), präsentiert und in dieser Form mittlerweile auch im deutschen Sprachraum breite Akzeptanz gefunden hat. Anschliessend möchte ich die wichtigsten diagnostischen Instrumente beschreiben, die ausserhalb des DSM-III und DSM-III-R für den Bereich der Borderlinestörungen erarbeitet wurden, um zum Schluss wenigstens kurz auf jene Forschungsperspektiven einzugehen, die weniger an der diagnostischen und differentialdiagnostischen Absicherung des Krankheitsbildes interessiert sind, als vielmehr an der empirischen Fundierung psychodynamischer Hypothesen und Behandlungsstrategien.

I. Die Borderline-Diagnose im DSM-III (1980) und DSM-III-R (1987)

Die Aufnahme der Borderline-Diagnose in die 3. Auflage des „Diagnostischen und Statistischen Manuals Psychischer Störungen (DSM-III)" (1980) basiert auf den Untersuchungen von Spitzer & Endicott (1979). Die Autoren waren der Auffassung, dass das Borderline-Konzept in der einschlägigen Literatur eine zu globale Verwendung finde: So diene der Begriff einmal der Beschreibung von Patienten mit bestimmten psychopathologischen Auffälligkeiten, die an eine Residual-Schizophrenie erinnern, und für die sich auch genetisch eine Verwandtschaft zur Schizophrenie nachweisen lässt; zum andern werde er zur Charakterisierung einer dauerhaften *Persönlichkeits-Störung* verwendet, die vor allem durch Instabilität und Vulnerabilität charakterisiert ist.

SPITZER und ENDICOTT versuchten nun, in einem breit angelegten Forschungsansatz diese beiden unterschiedlichen Anwendungen des Borderline-Konzepts zu operationalisieren und so zu einer Abgrenzung von *Untergruppen* innerhalb des Borderline-Spektrums zu gelangen, denen sich jeweils eindeutige diagnostische Kriterien zuordnen lassen (vgl. auch SPITZER, ENDICOTT und GIBBON 1979). Dabei gelang ihnen die Herausarbeitung von *zwei* (im statistischen Sinne) voneinander unabhängigen, sich gegenseitig jedoch *nicht* ausschliessenden Typen von Persönlichkeitsstörungen, die sie zunächst als *„Schizotypische Persönlichkeitsstörung" und als „Instabile Persönlichkeitsstörung"* bezeichneten. Für letztere wurde später – leicht missverständlich – der Begriff „Borderline-Persönlichkeitsstörung" eingeführt, der hier also eine *Untergruppe* aus dem bisher angenommenen Borderline-Spektrum beschreibt und von mir deshalb, wo die Klarheit dies erfordert, auch als „Borderline-Persönlichkeitsstörung (DSM-III)" apostrophiert wird. Beide Begriffe, die „Schizotypische Persönlichkeitsstörung" ebenso wie die „Borderline-Persönlichkeitsstörung (DSM III)" fanden Eingang in die Nomenklatur der 3. Auflage des „Diagnostischen und Statistischen Manuals Psychischer Störungen" (1980), auch wenn sie bis heute nicht unumstritten geblieben sind (vgl. FRANCES 1980; NÜTZEL 1985; PERRY 1986). Der Haupteinwand gilt der Feststellung, dass sich die beiden Persönlichkeitsdiagnosen (wie übrigens auch andere Persönlichkeitsstörungen im DSM-III) nicht gegenseitig ausschliessen, sondern in einem breiten Bereich statistisch überschneiden (vgl. GUNDERSON 1984, S. 21). Meines Erachtens stützt jedoch gerade dieses Ergebnis die von KERNBERG bereits 1970 und 1971 vertretene Auffassung, dass die Borderline-Diagnose *allein* einen Patienten nicht erschöpfend charakterisiere, sondern einer Spezifizierung durch eine zusätzliche Charakterdiagnose bedarf (vgl. S. 82 dieses Buches). Vieles spricht dafür, dass die „Schizotypische Persönlichkeitsstörung" (von SPITZER und ENDICOTT als Ersatz für den Begriff der „Borderline-Schizophrenie" eingeführt, den die Autoren fallen lassen möchten) der Untergruppe I im Sample der Borderline-Patienten von GRINKER, WERBLE und DRYE (1968) entspricht, die „Instabile Persönlichkeitsstörung" oder „Borderline-Persönlichkeitsstörung (DSM III)" dagegen der Untergruppe II „Patienten mit einem ‚Kern'-Borderline-Syndrom" (vgl. a.a.O.).

SPITZER und ENDICOTT gingen bei ihren Forschungen folgendermassen vor: Sie sichteten zunächst die Patientenakten von KETY, WENDER und ROSENTHAL, deren Untersuchungsinteresse vor allem der Erforschung der Borderline-Schizophrenie galt (siehe unter Punkt II.5 dieses Anhangs), und extrahierten aus diesen Unterlagen *8 Merkmale,* die ihnen zur vorläufigen Charakterisierung der „Schizotypischen Persönlichkeitsstörung" dienten. Weitere *9 Merkmale,* deren Selektion auf Literatur-Exegese und Expertenkonsultation beruhte, sollten einer ersten Charakterisierung der „Borderline-Persönlichkeitsstörung (DSM-III)" dienen. Dieses letztere Set von 9 Items wurde an Patienten des New York State Psychiatric Institute überprüft, die von erfahrenen Klinikern (darunter KERNBERG) als Borderline-Patienten eingestuft worden waren. Es erwies sich in der Lage, diese Patienten-Gruppe weitgehend korrekt zu identifizieren.

In einem nächsten Schritt konstruierten die Autoren einen Fragebogen mit vorgegebenen Ja/Nein-Antworten, in welchen die Items für die „Schizotypische Persönlichkeitsstörung" und die „Borderline-Persönlichkeitsstörung (DSM-III)" zusammen mit 5 weiteren Merkmalen, die ebenfalls für die Borderline-Diagnose relevant erschienen, untereinander vermischt aufgenommen wurden. Der so auf 22 Items erweiterte Fragebogen wurde 4000 Psychiatern vorgelegt, die aus den Mitgliederlisten der American Psychiatric Association nach einer Zufalls-Stichprobe ausgewählt worden waren. Jeder dieser Probanden war aufgefordert, zwei ihm gut bekannte adoleszente oder erwachsene Patienten auszuwählen, einen davon mit der sicheren Diagnose „Borderline Personality", „Borderline Personality Organization" oder „Borderline-Schizophrenie", den zweiten mit einer anders lautenden Diagnose (Nicht-Borderline). Beide Patienten sollten dann mit Hilfe des Fragebogens charakterisiert werden. Die faktorenanalytische Aufbereitung von insgesamt 808 eingegangenen Antworten ergab zwei voneinander unabhängige, dabei jedoch nicht wechselseitig exklusive Dimensionen für die beiden Sets von Merkmalen, die von SPITZER und ENDICOTT ursprünglich zur Charakterisierung der „Schizotypischen Persönlichkeitsstörung" und der „Borderline-Persönlichkeitsstörung (DSM-III)" herangezogen worden waren.

In beiden Fällen handelt es sich um Merkmale, die – anders als etwa in dem weiter unten erörterten Ansatz von KHOURI et al. (1980) – *dauerhafte Persönlichkeitszüge* bezeichnen und *nicht* lediglich episodisch auftretende Symptome. Von daher rechtfertigte sich die Aufnahme der so entwickelten diagnostischen Kategorien in den Sektor „Persönlichkeits-Störungen" des DSM-III (1980). Ihre genaue Definition dort lautet wie folgt:

1. „Borderline-Persönlichkeitsstörung" und „Schizotypische Persönlichkeitsstörung" im DSM-III (1980)

DIAGNOSTISCHE KRITERIEN DER BORDERLINE-PERSÖNLICHKEITSSTÖRUNG (zitiert nach *DSM-III (1980)* in der deutschen Bearbeitung von KOEHLER und SASS, 1984).

Das folgende charakterisiert die gegenwärtigen und überdauernden Verhaltensweisen des Individuums, ohne auf Krankheitsepisoden beschränkt zu sein. Es werden dadurch entweder deutliche Beeinträchtigungen im sozialen und beruflichen Bereich oder subjektive Beschwerden verursacht.

A) Mindestens fünf der folgenden Merkmale sind erforderlich:

1. Impulsivität oder Unberechenbarkeit in mindestens zwei Bereichen, die potentiell selbstschädigend sind, z. B. Verschwendung, Sexualität, Glückspiel, Gebrauch psychotroper Substanzen, Ladendiebstahl, zu viel essen, Selbstbeschädigungshandlungen;
2. ein Muster von instabilen, aber intensiven zwischenmenschlichen Beziehungen, z. B. ausgeprägte Sprünge in den Einstellungen, Idealisierung, Abwertung, Manipulation (durchgängig andere Menschen für die eigenen Ziele benutzen);
3. unangemessener, heftiger Zorn oder unzureichende Kontrolle über den Zorn, z. B. häufiges Zeigen von Gereiztheit, dauerndes Zornigsein;
4. Identitätsunsicherheit, die sich in Schwierigkeiten in verschiedenen Bereichen, die mit der Identität zusammenhängen, äussert, etwa im Selbstbild, in der Geschlechtszugehörigkeit, hinsichtlich langfristiger Ziele, der Berufswahl, Freundschaftsbeziehungen sowie Werte und Loyalität, z. B. „Wer bin ich?", „Ich komme mir vor wie meine Schwester, wenn ich gut bin";
5. affektive Instabilität: deutliches Schwanken von normaler Stimmung zu Depression, Reizbarkeit oder Ängstlichkeit, die gewöhnlich einige Stunden lang und nur selten länger als einige Tage andauern, mit Rückkehr zu normaler Stimmung;
6. Alleinsein wird schwer ertragen, es gibt z. B. heftige Bemühungen, Alleinsein zu vermeiden, niedergeschlagen, wenn allein;
7. Körperliche Selbstbeschädigungshandlungen, z. B. suizidale Gesten, Selbstverstümmelungen, wiederholte Unfälle oder Schlägereien;
8. chronische Gefühle von Leere oder Langeweile.

B) Bei einem Alter unter 18 Jahren dürfen die Kriterien der Identitätsstörung nicht erfüllt sein.

Demgegenüber ist die *„Schizotypische Persönlichkeitsstörung"* im DSM-III (1980), in der deutschen Bearbeitung von SASS und KOEHLER (1984), folgendermassen charakterisiert:

DIAGNOSTISCHE KRITERIEN DER SCHIZOTYPISCHEN PERSÖNLICHKEITS-STÖRUNG

Das folgende charakterisiert die gegenwärtigen und überdauernden Verhaltensweisen des Individuums, ohne auf Krankheitsepisoden beschränkt zu sein. Es werden dadurch entweder deutliche Beeinträchtigungen im sozialen und beruflichen Bereich oder subjektive Beschwerden verursacht.

A) Es müssen mindestens vier der folgenden Merkmale vorhanden sein:
1. magisches Denken, z. B. Aberglaube, Hellseherei, Telepathie, „sechster Sinn", „andere können meine Gefühle spüren" (bei Kindern und Adoleszenten bizarre Phantasien oder Befürchtungen);
2. Beziehungsideen;
3. soziale Isolierung, z. B. keine engen Freunde oder Vertraute, soziale Kontakte beschränken sich auf lebensnotwendige Alltagsaufgaben;
4. wiederkehrende Illusionen, Spüren der Anwesenheit einer Kraft oder einer Person, die aber nicht real anwesend ist (z. B. „Ich hatte das Gefühl, dass meine verstorbene Mutter bei mir im Zimmer wäre"), Depersonalisation oder Derealisation ohne Verbindung mit Panikattacken;
5. seltsame Redeweise (ohne Assoziationslockerung oder Inkohärenz), z. B. ist die Redeweise weitschweifig, vage, übergenau, umständlich, metaphorisch;
6. inadäquater Rapport bei der Interaktion von Angesicht zu Angesicht aufgrund eingeengten oder unangemessenen Affekts, z. B. distanziert, kalt;
7. Misstrauen oder paranoide Vorstellungen;
8. ungerechtfertigte soziale Befürchtungen oder Überempfindlichkeit gegenüber wirklicher oder eingebildeter Kritik.

B. Entspricht nicht den Kriterien für Schizophrenie.

2. „Borderline-Persönlichkeitsstörung" und „Schizotypische Persönlichkeitsstörung" im DSM-III-R (1987)

Sieben Jahre nach Erscheinen der 3. Auflage des DSM III erschien diese nochmals in einer revidierten Fassung, in der auch die um die neu unter die Persönlichkeitsstörungen aufgenommenen diagnostischen Kategorien der „Borderline-Persönlichkeitsstörung" und der „Schizotypischen Persönlichkeits-Störung" geführte Diskussion ihren Niederschlag fand. Beide Persönlichkeitsstörungen sind auch in der revidierten 3. Auflage (DSM-III-R [1987]) enthalten, jedoch in teilweise veränderter Form. Neben geringfügigen *inhaltlichen* Variationen hat sich vor allem die *Reihenfolge der diagnostischen Merkmale* geändert. Sie werden nun in der Reihenfolge ihres diagnostischen Gewichtes für die jeweilige Persönlichkeitsstörung aufgeführt, so wie sie sich seit 1980 aus verschiedenen Untersuchungen ergab (vgl. GUNDERSON und ZANARINI, 1987). Ich stelle die Fassung des DSM-III-R (1987) hier der ursprünglichen Formulierung im DSM-III von 1980 gegenüber, damit der Leser sich selbst einen Eindruck von den eingetretenen Veränderungen in Diktion und Akzentsetzung verschaffen kann. Ich zitiere auch hier wieder aus der deutschen Bearbeitung des DSM-III-R, und zwar durch WITTCHEN, SASS, ZAUDIG und KOEHLER (1989).

DIAGNOSTISCHE KRITERIEN DER BORDERLINE-PERSÖNLICHKEITSSTÖRUNG (301.83), *nach DSM-III-R:*

Ein durchgängiges Muster von Instabilität im Bereich der Stimmung, der zwischenmenschlichen Beziehungen und des Selbstbildes. Der Beginn liegt im frühen Erwachsenenalter, und die Störung manifestiert sich in den verschiedensten Lebensbereichen. Mindestens *fünf* der folgenden Kriterien müssen erfüllt sein.

1. Ein Muster von instabilen, aber intensiven zwischenmenschlichen Beziehungen, das sich durch einen Wechsel zwischen den beiden Extremen der Überidealisierung und Abwertung auszeichnet;
2. Impulsivität bei mindestens zwei potentiell selbstschädigenden Aktivitäten, z. B. Geldausgeben, Sexualität, Substanzmissbrauch, Ladendiebstahl, rücksichtsloses Fahren und Fressanfälle (ausser Suizid oder Selbstverstümmelung, siehe dazu [5]);
3. Instabilität im affektiven Bereich, z. B. ausgeprägte Stimmungsänderungen von der Grundstimmung zu Depression, Reizbarkeit oder Angst, wobei diese Zustände gewöhnlich einige Stunden oder, in seltenen Fällen, länger als einige Tage andauern;
4. Übermässige starke Wut oder Unfähigkeit, die Wut zu kontrollieren, z. B. häufige Wutausbrüche, andauernde Wut oder Prügeleien;
5. Wiederholte Suiziddrohungen, -andeutungen oder -versuche oder andere selbstverstümmelnde Verhaltensweisen;
6. Ausgeprägte und andauernde Identitätsstörung, die sich in Form von Unsicherheit in mindestens zwei der folgenden Lebensbereiche manifestiert: dem Selbstbild, der sexuellen Orientierung, den langfristigen Zielen oder Berufswünschen, in der Art der Freunde oder Partner oder in den persönlichen Wertvorstellungen;
7. Chronisches Gefühl der Leere oder Langeweile;
8. Verzweifeltes Bemühen, ein reales oder imaginäres Alleinsein zu verhindern (ausser Suizid oder Seblstverstümmelung, siehe dazu [5]).

DIAGNOSTISCHE KRITERIEN DER SCHIZOTYPISCHEN PERSÖNLICHKEITSSTÖRUNG (301.22), *nach DSM-III-R:*

A) Hauptmerkmal dieser Störung ist ein in den verschiedensten Situationen auftretendes durchgängiges Muster, das durch Eigentümlichkeiten im Bereich der Vorstellungen, der äusseren Erscheinung, des Verhaltens sowie durch Mängel in den zwischenmenschlichen Beziehungen gekennzeichnet ist. Der Beginn liegt im frühen Erwachsenenalter. Mindestens *fünf* der folgenden Kriterien müssen erfüllt sein:
   1. Beziehungsideen (jedoch kein Beziehungswahn);
   2. Extreme soziale Ängstlichkeit, z.B. extremes Unbehagen in sozialen Situationen, in denen der Betroffene mit ihm nicht vertrauten Personen konfrontiert wird;
   3. Seltsame Glaubensinhalte oder magisches Denken, was mit Normen kultureller Untergruppen unvereinbar ist und das Verhalten des Betroffenen beeinflusst, wie z.B. Aberglaube, Glaube an Hellseherei, Telepathie oder der „sechste Sinn", „andere können meine Gefühle fühlen" (bei Kindern und Adoleszenten sind es bizarre Phantasien und Befürchtungen);
   4. Ungewöhnliche Wahrnehmungen, z.B. Illusionen und das Spüren einer nicht tatsächlich vorhandenen Kraft oder Person (z.B. „ich hatte das Gefühl, meine verstorbene Mutter sei bei mir im Raum");
   5. Das Verhalten oder die äussere Erscheinung des Betroffenen wirken oft seltsam oder exzentrisch, er ist z.B. oft ungepflegt, ungewöhnlich maniriert und führt Selbstgespräche;
   6. Keine engen Freunde oder Vertraute – oder höchstens eine Person – ausser Verwandte ersten Grades;
   7. Eine eigenartige Sprache (ohne Lockerung der Assoziationen und Inkohärenz), die Sprache ist z.B. verarmt, weitschweifig, vage oder übermässig abstrakt;
   8. Der Betroffene zeigt einen inadäquaten oder eingeschränkten Affekt, macht z.B. einen spröden und unnahbaren Eindruck und erwidert selten Gesten oder Gesichtsausdrücke wie Lächeln oder Grüssen;
   9. Argwohn und paranoide Vorstellungen.

B) Tritt nicht ausschliesslich im Verlauf einer Schizophrenie oder einer Tiefgreifenden Entwicklungsstörung auf.

II. Andere Diagnostische Instrumente zur empirischen Absicherung der Borderline-Diagnose

1. Das „Diagnostische Interview für Borderline-Patienten" (DIB) (GUNDERSON und KOLB 1978; GUNDERSON, KOLB und AUSTIN 1981; deutsche Bearbeitung von PÜTTERICH 1985).

Das ausserhalb des DSM-III am meisten angewendete und auf seine Gütekriterien hin überprüfte standardisierte Instrument zur Erfassung der Borderline-Diagnose ist das 1978 von GUNDERSON und KOLB entwickelte „Diagnostische Interview für Borderline-Patienten (DIB)", das mittlerweile auch in einer von GUNDERSON authorisierten deutschen Fassung vorliegt (1985). Es handelt sich um ein halbstandardisiertes Interview, bestehend aus 123 Fragen, mit denen insgesamt 29 Charakteristika von Borderline-Patienten erfasst werden sollen, wie sie in der einschlägigen Literatur beschrieben werden. Sie erstrecken sich auf insgesamt fünf für die Borderline-Diagnose als relevant erachtete Bereiche, nämlich: *Soziale Anpassung, Impuls/Handlungs-Muster, Affekte, Psychose,* und *zwischenmenschliche Beziehungen.*

1978 legten die Autoren eine Untersuchung vor, in welcher eine Gruppe von Borderline-Patienten mit dem Instrumentarium des DIB untersucht wurde, und zwar mit der Fragestellung, ob dieses Instrument geeignet sei, die Borderline-Gruppe eindeutig von Vergleichsgruppen mit schizophrenen Patienten, Patienten mit einer neurotischen Depression und Patienten mit unterschiedlichen psychiatrischen Diagnosen zu diskriminieren. Als Untersuchungs-Sample wählten die Autoren 64 hospitalisierte Patienten im Alter zwischen 16 und 35 Jahren ohne organischen Befund, die mit unterschiedlichen klinischen Eingangsdiagnosen versehen waren und eine Woche nach ihrer Aufnahme mit dem DIB interviewt wurden. Davon waren 31 Patienten bei ihrer Aufnahme mit einer Borderline-Diagnose belegt worden, 22 galten als Schizophrene, 11 als neurotisch depressiv. Die dritte Vergleichsgruppe setzte sich aus den schizophrenen und neurotisch depressiven Patienten zusammen, zuzüglich 9 weiterer Patienten mit anderen psychiatrischen Diagnosen. Auffallend ist, dass von den 31 Borderline-Patienten zwei Drittel Frauen waren, eine deutliche *Überrepräsentierung also der Patienten weiblichen Geschlechts,* die sich in allen mir bekannten einschlägigen Untersuchungen ähnlich darstellt und bis jetzt noch nicht ausreichend erklärt worden ist.

Als Resultat kann festgehalten werden, dass 8 der 29 in den DIB aufgenommenen Variablen in der Lage waren, die Borderline-Gruppe von der Gruppe schizophrener Patienten mit hundertprozentiger Genauigkeit zu diskriminieren. 14 dieser Variablen leisteten die Diskriminierung von der Gruppe neurotisch depressiver Patienten mit einer Genauigkeit von 95,45 Prozent. In beiden Fällen leisteten diejenigen Variablen die sicherste Diskriminierung, die sich nicht auf Symptome, sondern auf dauerhafte Verhaltensmuster bezogen und den Bereichen „Impuls/Handlungs-Muster" und „zwischenmenschliche Beziehungen" zugeordnet waren. Im Vergleich der Borderline-Gruppe mit der Gruppe aller anderen Patienten aus der untersuchten Population schälten sich schliesslich diejenigen Charakteristika heraus, die am meisten zur Lösung differentialdiagnostischer Probleme beitragen können. 14 Variable ergaben hier eine Diskriminierung mit einer Genauigkeit von 86,84 Prozent. Wegen diverser Überschneidungen werden diese am meisten diskriminierenden Variablen von GUNDERSON und KOLB in den folgenden *7 Kriterien* zusammengefasst:

1) *Niedriger sozialer Erfolg (low achievement)*

Das typische Erfolgs- und Leistungs-Niveau in den zwei Jahren vor der Hospitalisierung war bei Borderline-Patienten sehr niedrig, und zwar trotz offensichtlicher Talente und der Fähigkeit, es besser zu machen. Es ähnelte dem sozialen Erfolgs-Niveau von schizophrenen Patienten.

2) *Impulsivität*

Sie trat hauptsächlich in Form von ernstem Alkohol- und Drogen-Missbrauch in Erscheinung. Sexuelle Devianz korrelierte hoch mit Impulsivität, weil sie hauptsächlich das promiske Verhalten von Borderline-Patienten unter Alkohol- oder Drogen-Einfluss beinhaltete.

3) *Manipulativer Suizid*

Gemeint sind jene Suizidversuche und -gesten, die offensichtlich zu dem Zweck unternommen wurden, eine „Rettungs-Reaktion" bei einem wichtigen Mitmenschen zu provozieren. Im allgemeinen geschah dies durch Pulsadern-Aufschneiden oder Überdosierung von Medikamenten. Solche Suizidversuche waren der häufigste Grund für die Hospitalisierung.

4) *Gesteigerte Affektivität*

Borderline-Patienten entfalteten multiple intensive Affekte. Ärger dürfte dabei das wichtigste Unterscheidungskriterium darstellen. Noch wichtiger war das Fehlen einer Affekt-Verflachung (wichtigstes Unterscheidungs-Kriterium gegenüber der Vergleichsgruppe schizophrener Patienten), und das weitgehende Fehlen von Gefühlen der Zufriedenheit (Anhedonie).

5) *Dezente psychotische Erlebnisse*

Sie nahmen im allgemeinen die Form paranoider Vorstellungen (ohne begleitenden Drogenkonsum) an. *Ebenso fand sich eine Anamnese von Regressionen oder des Sich-Schlechter-Fühlens unter einer vorangegangenen Psychotherapie* (Hervorhebung von Verf.). Wenn sich solche Vorkommnisse in der Vergangenheit des Patienten eruieren liessen, *ohne* dass gleichzeitig ernsthafte und verzweigte psychotische Symptome irgendeines Typus vorlagen, war dies ein starker Indikator für die Borderline-Diagnose.

6) *Gute soziale Integration*

Borderline-Patienten waren definitiv nicht sozial isoliert. Sie waren eher intolerant gegenüber dem Alleinsein, das heisst zwanghaft sozial.

7) *Gestörte enge Beziehungen*

Abwertung, Manipulation, Abhängigkeit und Masochismus charakterisierten die intensiven Bindungen von Borderline-Patienten und waren ursächlich verantwortlich für ihre Instabilität. „Abwertung" meint hier die Tendenz, die Kraft und die persönliche Bedeutung wichtiger Beziehungspersonen zu diskreditieren und zu unterminieren. „Manipulation" bezieht sich auf Bemühungen, in denen verdeckte Mittel eingesetzt werden, um den anderen zu kontrollieren oder von ihm Unterstützung zu erlangen. Solche typischen Mittel waren z. B. somatische Klagen, provokative Handlungen oder irreführende Botschaften. „Masochismus" meint ein Verhaltensmuster, wo Borderline-Patienten sich wiederholt, wissentlich und vermeidbar in ihren zwischenmenschlichen Beziehungen als verletzt empfanden (d. h. sie fühlten sich als Opfer). Abhängigkeits-Probleme von Borderline-Patienten manifestierten sich häufig in der aktuellen Unterstützung oder dem Erhalt von Ratschlägen und Richtlinien durch eine wichtige Beziehungsperson.

Sieben Fragen aus dem DIB waren in der Lage, Borderline-Patienten von allen anderen diagnostischen Vergleichsgruppen mit einer Genauigkeit von 85,35% zu unterscheiden. Sie lauten (Übersetzung von Verf.):

- Beklagen sich Ihre wichtigsten Beziehungspersonen oft darüber, dass Sie gemein zu ihnen sind (Hänseln, Schlagen, Entziehen)?
- Haben Sie sich jemals absichtlich selbst körperlich verletzt – anders als durch einen Suizid-Versuch?
- (Nach der Exploration von Wahn-Ideen): Wie erklären Sie sich selbst diese Überzeugung? Wie erleben Sie die Überzeugung, dass ...? (Beurteilung der Ich-Dystonizität der Wahn-Idee)
- Leiden Sie an chronischen Gefühlen von Leere oder Einsamkeit?
- (Nach der Exploration von Wahn-Ideen): In welcher Weise wirkt sich diese Überzeugung auf Sie aus (Beurteilung der Verzweigtheit der Wahn-Idee)
- Waren Sie jemals abhängig von irgendeiner Droge?
- *Haben Sie jemals besondere Beziehungen zu einem Mitglied des Stations-Personals oder zu einem der Psychotherapeuten aufgenommen, mit denen Sie es zu tun hatten?* (Hervorhebung von Verf.)

Gunderson und Kolb schliessen aus diesen Ergebnissen, dass ein definitives Syndrom existiert, welches mit dem Ettikett „Borderline" korrekt definiert ist. Nach ihrer Auffassung leistet das „Diagnostische Interview für Borderline-Patienten" (DIB) darüberhinaus einen wertvollen Beitrag, um bestimmte klinische Probleme bei dieser Patienten-Gruppe rechtzeitig zu antizipieren. Dazu gehören vor allem die Kontra-Indikation für das psychoanalytische Standardverfahren, in manchen Fällen die Ratsamkeit antipsychotischer Medikation, das Risiko von Spaltungen innerhalb des Stations-Personals, und die Versuchung, die Funktionsfähigkeit des Patienten zu unter- oder zu überschätzen. Das niedrige soziale Erfolgsniveau dieser Patienten weist nach Gunderson und Kolb ausserdem auf die Notwendigkeit hin, soziale Lernprogramme mit in den Therapie-Plan aufzunehmen.

Zweifel äussern die Autoren, ob die differentialdiagnostischen Möglichkeiten des DIB auch gegenüber Patienten mit Persönlichkeitsstörungen *ohne* Borderline-Charakter (und nicht nur gegenüber neurotisch Depressiven wie in ihrem Sample) und im *ambulanten* Setting ebenso eindeutig zum Tragen kommen (vgl. auch Kolb und Gunderson 1980). Eine von Sheehy et al. 1980 vorgelegte Untersuchung an ambulanten Patienten, darunter auch eine Vergleichgruppe von Patienten mit vorwiegend zwanghaften und infantilen Charakterstörungen, vermag diese Bedenken nicht völlig auszuräumen, da anstelle des DIB ein anderes Untersuchungsinstrument verwendet wurde. Trotzdem zeigen die Ergebnisse von Sheehy et al. eine weitgehende Übereinstimmung mit dem Resultat von Gunderson und Kolb: Bei der Gegenüberstellung der Borderline-Gruppe mit einer kombinierten Vergleichsgruppe (schizophrene Patienten, Patienten mit neurotischer Depression, Patienten mit anderen Persönlichkeitsstörungen) unterschieden sich Borderline-Patienten hochsignifikant vor allem durch eine gestörte Fähigkeit zur Steuerung von Impulsen, aussergewöhnlich starke Gefühle, Überidealisierung/Abwertung anderer und durch ihre Schwierigkeit, unangenehme Affekte zu ertragen (S. 1377). *Symptome* der verschiedensten Art waren dagegen in der Vergleichsgruppe häufiger (ähnlich wie bei Gunderson und Kolb), so dass man schliessen darf, dass die hier identifizierte Untergruppe der Borderline-Patienten, die eine grosse Ähnlichkeit mit der Untergruppe II von Grinker, Werble und Drye, der „Borderline-Persönlichkeits-Störung" von Spitzer und Endicott und der durch den DIB identifizierten Borderline-Gruppen von Gunderson und Kolb aufweist, wesentlich durch *dauerhafte pathologische Charakterzüge* charakterisiert ist und weniger durch „borderline-typische Symptome", wie Kernberg ursprünglich annahm (vgl. S. 42ff. dieses Buches).

Mittlerweile ist eine Reihe weiterer Untersuchungen zur Konstruktvalidität des „Diagnostischen Interviews für Borderline-

Patienten (DIB)" erschienen, von denen einige hier genannt sein sollen. Die Ergebnisse sind teilweise widersprüchlich und verweisen auf die Notwendigkeit weiterer Forschung.

So fand McGlashan (1983) bei einer empirischen Überprüfung verschiedener diagnostischer Systeme (DSM-III- und Gunderson-Kriterien) eine hohe Übereinstimmung zwischen den untersuchten diagnostischen Konstrukten: Das DIB erwies sich in der Lage, die Borderline-Persönlichkeitsstörung des DSM-III ebenso korrekt zu diagnostizieren wie die Schizotypische Persönlichkeitsstörung, mit einer besseren Eignung allerdings für die Definition der Borderline-Persönlichkeitsstörung. Auch Barash et al. (1983) berichten, dass das DIB eine signifikante Trennung der Borderline-Persönlichkeitsstörung ebenso wie der Schizotypischen Persönlichkeitsstörung von anderen Persönlichkeitsstörungen im DSM-III leistete. – Modestin (1983) bestätigt dem DIB eine gute Abgrenzung zwischen Borderline- und psychotischen Patienten.

Demgegenüber erwies sich das Instrument in einer Untersuchung von Hurt et al. (1986) zwar als trennscharf für die Unterscheidung der Borderline-Persönlichkeitsstörungen von *hospitalisierten* psychotischen Patienten und von *ambulanten* Patienten mit Persönlichkeitsstörungen. Im *ambulanten* Setting war das sonst sehr reliable Instrument jedoch nicht in der Lage, Borderline-Persönlichkeitsstörungen ausreichend von psychotischen Patienten zu unterscheiden (ähnlich Königsberg und Kernberg 1983). Zu einem anderen Ergebnis kommen Armelius et al. (1985): In einer interessanten Überprüfung des Instruments an Hand von (stationären?) Krankenakten fanden sie das DIB ausreichend trennscharf sowohl gegenüber psychotischen Patienten als auch gegenüber Patienten mit anderen Persönlichkeitsstörungen.

Eckert et al. (1987) versuchten in Hamburg an Hand einer Stichprobe von 30 Patienten mit der Verdachtsdiagnose Borderline-Störung die teststatistischen Gütekriterien (Trennschärfe, interne Konsistenz) des DIB zu bestimmen, die innere Struktur des Interviews zu analysieren und seine Validität zu überprüfen. Die Stichprobe erwies sich nach Grösse und Zusammensetzung als nicht ausreichend geeignet, um alle in der Untersuchung aufgeworfenen Fragen zu beantworten. Die Autoren fanden jedoch eine *hohe Interrater-Übereinstimmung* bei erfahrenen Klinikern, halten nach ihren Erfahrungen aber ein *Rater-Training* vor Einsatz des DIB für Untersuchungszwecke für unerlässlich. Empfohlen wird ein Gruppen-Rating.

2. Der „Borderline-Syndrom-Index" (BSI) (Conte et al. 1980)

Selbstbeurteilungs-Fragebogen erfreuen sich in klinischen Untersuchungen einer gewissen Beliebtheit, da sie leicht und ohne grösseren Kostenaufwand angewendet werden können. Aus diesem Grunde wird hier ausführlicher über den „Borderline-Syndrom-Index (BSI)" von Conte et al. (1980) berichtet, obwohl die Konstrukt-Validität dieses Instruments bis jetzt eher noch umstritten ist.

Der Borderline-Syndrom-Index ist in Form eines Fragebogens konstruiert, auf dem der Patient Ja/Nein-Antworten ankreuzen soll. Er misst also die *Selbstbeurteilung* des Patienten, und zwar mit Hilfe folgender Statements (Übersetzung von Verf.):

1) Ich habe niemals das Gefühl, als ob ich dazugehörte
2) Ich habe Angst, verrückt zu werden
3) Ich möchte mich selbst verletzen
4) Ich habe Angst, eine enge Beziehung einzugehen
5) Menschen, die zunächst grossartig erscheinen, enttäuschen mich oft später
6) Die Menschen enttäuschen mich
7) Ich habe das Gefühl, als könnte ich mit dem Leben nicht fertig werden
8) Es scheint lange her zu sein, dass ich mich glücklich fühlte
9) Ich fühle mich innerlich leer
10) Ich habe das Gefühl, dass mein Leben ausser Kontrolle geraten ist
11) Ich fühle mich meistens einsam
12) Aus mir ist jemand anderer geworden als der, der ich sein wollte
13) Ich habe Angst vor allem Neuen
14) Ich habe Mühe, mich an Dinge zu erinnern
15) Es ist schwer für mich, Entscheidungen zu treffen
16) Ich habe das Gefühl, dass eine Wand um mich herum ist
17) Ich zerbreche mir den Kopf, wer ich bin
18) Ich habe Angst vor der Zukunft
19) Manchmal habe ich das Gefühl, auseinander zu fallen
20) Ich fürchte, in der Öffentlichkeit in Ohnmacht zu fallen
21) Ich bringe niemals soviel zustande, wie ich könnte
22) Ich habe das Gefühl, als ob ich mich selbst beobachtete, wie ich eine Rolle spiele
23) Meine Familie wäre ohne mich besser dran
24) Ich beginne zu denken, dass ich überall verliere

25) Ich kann nicht sagen, was ich als nächstes tun werde
26) Wenn ich eine Beziehung eingehe, fühle ich mich in der Falle
27) Niemand liebt mich
28) Ich kann den Unterschied nicht angeben zwischen dem, was wirklich geschah, und was ich mir eingebildet habe
29) Die Menschen behandeln mich wie eine „Sache"
30) Manchmal kommen mir seltsame Gedanken in den Kopf, und ich kann sie nicht loswerden
31) Ich habe das Gefühl, dass das Leben hoffnungslos ist
32) Ich habe keine Achtung vor mir selbst
33) Ich scheine im Nebel zu leben
34) Ich bin ein Versager
35) Es beunruhigt mich, für irgendjemand Verantwortung zu übernehmen
36) Man braucht mich nicht
37) Ich habe keine wirklichen Freunde
38) Ich fühle, ich kann nicht mein eigenes Leben leben
39) Ich fühle mich unbehaglich in Menschenmengen, z. B. wenn ich Einkaufen oder ins Kino gehe
40) Ich gewinne schwer Freunde
41) Es ist zu spät für den Versuch, jemand zu sein
42) Es fällt mir schwer, einfach dazusitzen und mich zu entspannen
43) Ich habe das Gefühl, andere Leute können in mir lesen wie in einem offenen Buch
44) Ich habe das Gefühl, dass etwas geschehen wird
45) Ich bin beunruhigt von mörderischen Vorstellungen
46) Ich fühle mich meiner Männlichkeit (Weiblichkeit) nicht sicher
47) Es fällt mir schwer, Freundschaften festzuhalten
48) Ich hasse mich
49) Ich habe oft Sex mit Leuten, die mir gleichgültig sind
50) Ich habe Angst auf offenen Plätzen oder auf der Strasse
51) Ich spreche manchmal weiter, um mich zu überzeugen, dass ich existiere
52) Manchmal bin ich nicht ich selbst

25 Ja-Antworten und mehr auf diesem Index legen nach den Ergebnissen von CONTE et al. (1980) eine Borderline-Diagnose nahe; erreicht der Patient dagegen nur 13 Ja-Antworten oder weniger, muss eine andere Diagnose in Betracht gezogen werden.

In der Studie von CONTE et al. (1980) erwies sich der BSI nach verschiedenen Umformungen schliesslich in der Lage, die Gruppe der Borderline-Patienten von einer kombinierten Vergleichsgruppe mit Patienten anderer Diagnose mit hoher statischer Signifikanz zu unterscheiden ($P < 0.001$). EAKES (1985) stellte in einer sorgfältigen, multidimensionalen Überprüfung des Instruments an mehr als 200 *männlichen* Patienten ebenfalls eine hohe Konstrukt-Validität fest, die ohne weitere Untersuchungen jedoch nicht ohne weiteres auf eine weibliche Population übertragbar ist. GUNDERSON und ZANARINI (1987) halten den BSI ebenso wie andere Selbstbeurteilungs-Instrumente im Bereich der Borderline-Forschung, für klinisch noch zu wenig erprobt, als dass über ihre Validität und Reliabilität abschliessende Feststellungen getroffen werden könnten. Dies gilt auch für das „Self-Report Instrument for Borderline Personality Organization" von OLDHAM et al. (1986), über das ich weiter unten (siehe Punkt (6)) berichten werde.

3. Das „Strukturelle Interview" (KERNBERG 1977; KERNBERG, GOLDSTEIN et al. 1981)

Gegenüber den bisher vorgestellten Instrumenten besticht das „Strukturelle Interwiew" von KERNBERG (1977) und KERNBERG, GOLDSTEIN et al. (1981) durch seine Differenziertheit und seine Orientierung vorrangig an der *Interaktion* zwischen Interviewer und Patient anstelle vorgegebener fixer Parameter. Gleichzeitig stellt es aber auch ungleiche höhere Anforderungen an die klinische Erfahrung des Interviewers, was seiner Anwendung als empirisches bzw. klinisches Untersuchungsinstrument vermutlich gewisse Grenzen setzt.

Ausgehend von seiner bereits früher entwickelten Theorie der „Borderline Personality Organization" (vgl. KERNBERG 1967, 1970, 1971, 1975) stellt sich für KERNBERG das Problem der Differentialdiagnose zwischen Psychose, Borderline-Störung und Neurose weniger auf der deskriptiven oder genetischen Ebene. Für ihn unterscheiden sich diese Patientengruppen wesentlich durch das *Struktur-Niveau, auf dem sie funktionieren.* Seine differentialdiagnostischen Überlegungen richten sich deshalb folgerichtig auf die Erfassung und Abgrenzung einer *Struktur-Diagnose,* man könnte mit BLANCK und BLANCK (1980) auch sagen: auf das jeweils erreichte dauerhafte Organisationsniveau einer Persönlichkeit. Drei strukturelle Kriterien sind nach KERNBERG (1977, 1981) besonders relevant für die Erstellung einer solchen Diagnose: *1) Das Ausmass der Identitäts-Integration;* 2) *das Niveau der Abwehroperationen,* und 3) *die Fähigkeit zur Realitätsprüfung.* Die neurotische Persönlichkeits-Organisation beinhaltet nach seiner Auffassung eine integrierte Identität, während Borderline- und psychotische Persönlichkeiten eine Identitäts-Diffusion oder eine fragmentierte Identität aufweisen. Die Abwehroperationen von neurotischen Patienten bewegen sich auf dem Niveau der Verdrängung und anderen hochstrukturierten Abwehrmechanismen; demgegenüber operieren Borderline- und psychotische Persönlichkeiten mit primitiven Abwehrmanövern, in deren Zentrum die Spaltung steht. Die Fähigkeit zur Realitätsprüfung ist bei neurotischen *und* bei Borderline-Patienten in der Regel intakt, während sie bei psychotischen Patienten ernsthaft beeinträchtigt ist (vgl. KERNBERG 1977, S. 226). KERNBERG (1977) und KERNBERG et al. (1981) vertreten deshalb die Auffassung, dass diese drei Kriterien eine sicherere Differential-Diagnose erlauben, als wenn man Verhaltensmanifestationen und Symptome allein in Betracht zieht. Um diese Kriterien zu erfassen, entwickelte KERNBERG mit seinen Mitarbeitern (1977, 1981) ein *„strukturelles Interview"*, dessen Technik darauf abzielt, die *Manifestationen* von Identitäts-Integration, Abwehroperationen und Realitätsprüfung in der „Hier- und Jetzt"-Interaktion zwischen Patient und Interviewer zu erfassen. Zu diesem Zweck setzt der Interviewer *vier verschiedene Interventionstechniken* ein, mit denen er auf das vom Patienten präsentierte inhaltliche Material eingeht: 1) Klärung; 2) Konfrontation; 3) Deutung und 4) Interpretation der Übertragung. Die „Klärung" zielt auf die behutsame, kognitiv orientierte Erforschung der Wahrnehmungsgrenzen des Patienten für bestimmtes Material. Durch die „Konfrontation" soll der Patient auf potentiell widersprüchliche und konflikthafte Aspekte dieses Materials aufmerksam gemacht werden. Die „Deutung" versucht eine Verbindung mit möglichen unbewussten Motiven und Abwehrformen herzustellen, die geeignet sein könnten, die zutage getretenen Widersprüche aufzulösen. Bei der „Übertragungs-Interpretation" werden diese Techniken auf die gegenwärtige Interaktion zwischen Interviewer und Patient bezogen und Verbindungen hergestellt zwischen dem aktuellen Konflikt und vermuteten pathogenen Interaktionen des Patienten mit früheren Bezugspersonen (vgl. KERNBERG et al. 1981).

Für die Durchführung eines solchen „strukturellen Interviews" geben KERNBERG et al. folgende Leitlinien (vgl. a.a.O. S. 226):

Der Interviewer beginnt mit der Aufforderung an den Patienten, eine kurze Zusammenfassung der Gründe darzulegen, derentwegen er in Behandlung kommt, seine Erwartungen an die Behandlung, und die Art der vorherrschenden Probleme und Schwierigkeiten. Er lädt den Patienten dann ein, weitere Informationen darüber zu geben, wie er sich im Augenblick selbst sieht und einstuft, wie er seine gegenwärtigen zwischenmenschlichen Beziehungen versteht und ob er irgendeinen möglichen Zusammenhang zwischen seinen aktuellen Schwierigkeiten, derentwegen er in Behandlung kommt, und seiner Persönlichkeit oder seiner Lebenssituation herstellen kann. Im Verlauf dieses Gesprächs versucht der Interviewer, für sich ein inneres integriertes Bild des Patienten und seiner wichtigen Beziehungspersonen zu entwerfen. Empfindet der Interviewer dabei Diskrepanzen und Widersprüche, teilt er dem Patienten die Fragen, die in ihm aufgetaucht sind, mit und beobachtet dabei, wie der Patient auf diese Mitteilung reagiert. Gleichzeitig konzentriert er seine Aufmerksamkeit auf die zwischen ihm und dem Patienten ablaufende Interaktion, wobei er versucht, das Verhalten des Patienten in der Interview-Situation mit dem Inhalt des Themas, über das gesprochen wird, zu verbinden.

Eine solche Exploration – auch wenn sie noch so taktvoll und behutsam durchgeführt wird – konfrontiert den Patienten konsequent mit Unklarheiten, Widersprüchen und wichtigen Weglassungen in der Beschreibung seiner selbst und seiner wichtigen Beziehungspersonen und weckt damit zwangsläufig *Widerstand.* Diese Reaktion ist erwünscht, weil in ihr die spezifischen Abwehroperationen des Patienten deutlich werden, vor allem auch jene, die charakterologisch verankert sind (KERNBERG et al. 1981, S. 227). Der Interviewer erforscht dann zusammen mit dem Patienten die Natur und die mögliche Funktion dieser Abwehrmanöver in der Interaktion. KERNBERG et al. (1981) beobachteten in einem solchen Interview Regelhaftigkeiten der Interaktion, die für Borderline-Patienten, psychotische Patienten und neurotische Patienten jeweils spezifisch sind. Bei *neurotischen Patienten* führt dieses Vorgehen nach der Erfahrung der Autoren schnell hin zum Thema der Interaktionen des Patienten in gegenwärtigen und früheren Beziehungen, und es zeigen sich wenig Verzerrungen im Interaktionsprozess des Interviews. Die charakterologische Abwehr erscheint subtil, oft schwer identifizierbar, jedoch stark und gut rationalisiert. Im Gegensatz hierzu führt das gleiche Vorgehen bei *Borderline-* und *psychotischen Patienten* in eine Situation, wo die Symptome des Patienten mit diffusen, generalisierten und oft chaotischen Lebensschwierigkeiten verschwimmen und ernsthafte Beeinträchtigungen in den Ich-Funktionen zutage treten. In der Regel gelingt es dem Interviewer nicht, zu einer integrierten Sicht des Patienten und seiner wichtigen Beziehungspersonen in Vergangenheit und Gegenwart zu kommen. Stattdessen provoziert das strukturelle Interview unerwartete Verhaltensweisen, Affekte und Vorstellungen, die – ohne unbedingt unangemessen zu sein – die Interaktion mit dem Interviewer verzerren und den Verlust der Fähigkeit zu subtilerer Selbstwahrnehmung, Empathie und Introspektion widerspiegeln. Der Interviewer wird dabei in einer Art und Weise behandelt, die auf die frühere Aktivierung von Übertragungsdispositionen einer primitiven und intensiven Art hindeuten (vgl. a.a.O., S. 227).

Im Gegensatz zu psychotischen Patienten ist die Desintegration bei Borderline-Patienten jedoch weniger massiv und kann im weiteren Verlauf des Interviews regelhaft aufgefangen werden. Die Fähigkeit zu Introspektion und Einsicht bleibt soweit erhalten, dass die Patienten von den fortgesetzten Interventionen des Interviewers profitieren können und schliesslich mit realitätsadäquaterem Verhalten reagieren. Die Konfrontation mit den aufgetauchten Widersprüchen und reflektorischen Abwehr-Reaktionen verbessert hier also die Realitätsprüfung, anstatt weitere regressive Prozesse oder sogar psychotische Symptome auszulösen (vgl. auch KERNBERG 1975, S. 201 f.), so dass die Patienten mit gestärkten Ich-Funktionen aus dem Interview herausgehen. Gleichzeitig enthüllt das Interview jedoch ihre Leere, ihr inneres Chaos und die Verwirrung in ihrer Lebenssituation und ihren Objekt-Beziehungen (KERNBERG 1977).

Mehrere empirisch angelegte Studien versuchten mittlerweile, diese von KERNBERG 1975 erstmals vorgestellten Hypothesen zu verifizieren. So unternahmen BAUER et al. 1980 eine Pilot-Studie, in welcher sie die Niederschriften von 10 solcher „strukturellen Interviews", durchgeführt mit hospitalisierten Patienten mit eindeutiger klinischer Diagnose, einer *Kontingenz-Analyse* unterzogen. Die Studie beschränkt sich auf den Vergleich zwischen Borderline- und psychotischen Patienten und bezieht lediglich das Kriterium der Realitätsprüfung zusammen mit der Fähigkeit, die Interventionen des Interviewers zu integrieren, in die Inhalts-Analyse ein. Der einigermassen komplizierte Untersuchungsansatz, für den die Autoren ein „Manual of Instructions and Scoring Standards" zur Auswertung der Interviews entwickelten, kann hier nicht näher dargestellt werden, obwohl BAUER et al. ihn zu Recht als wegweisend für die Interaktionsforschung auf dem therapeutischen Sektor betrachten. Die statistische Auswertung der Interviews und ihr Vergleich mit der andernorts erstellten klinischen Diagnose stützte die Hypothese, dass das strukturelle Interview von KERNBERG die Indikatoren beinhaltet, die von den Struktur-Theoretikern gefordert werden, und dass es eine differentialdiagnostische Abgrenzung zwischen Borderline- und psychotischen Patienten liefert, die über der Zufalls-Wahrscheinlichkeit rangiert ($p < 0.05$).

In einem weiteren, anders strukturierten Untersuchungs-Ansatz überprüften KERNBERG et al. (1981) die Diagnose von 48 hospitalisierten Patienten, die mit Hilfe des „Strukturellen Interviews" als „Borderline Personality Organization" eingestuft worden waren. Die Patienten wurden einer dreifachen Kontroll-Untersuchung unterzogen, wobei die Untersucher jeweils andere Personen waren, die die vorher erstellten Diagnosen nicht kannten. Die erste Kontroll-Untersuchung erfolgte mit Hilfe des von GUNDERSON und KOLB (1978) entwickelten „Diagnostischen Interviews für Borderline-Patienten" (DIB). In einem weiteren Untersuchungsschritt kam eine psychologische Test-Batterie zur Anwendung, die in jedem Fall den Hamburg WECHSLER-Intelligenz-Test für Erwachsene (WAIS) und den RORSCHACH-Test umfasste, gewöhnlich aber auch den Thematic Apperception Test (TAT), den BENDER-Gestalt-Test u.a. Das Ergebnis wurde in einem psychologischen Routine-Bericht festgehalten, der wiederum mit einer Diagnose abschloss. Daneben erfolgte eine getrennte Auswertung des WAIS und des RORSCHACH-Tests durch einen anderen Psychologen, um das Vorliegen von Denkstörungen zu überprüfen, gemäss der Hypothese, dass Borderline-Patienten in strukturierten Test-Situationen, wie dem WAIS, in der Regel normal funktionieren, während sie in unstrukturierten Tests, vor allem dem RORSCHACH, gewisse Auffälligkeiten im Denken zeigen (vgl. GUNDERSON und SINGER 1975, ebenso S. 76f. dieses Buches).

Die Ergebnisse dieser Kontrolluntersuchungen zeigten folgenden Grad von Übereinstimmung zwischen dem „strukturellen Interview" und den drei anderen Untersuchungs-Instrumenten: Die Diagnose „Borderline" oder „Psychose" stimmte in 48% der Fälle *in allen vier Untersuchungsansätzen* überein. Klammert man die von vornherein strittigen Fälle aus, steigt diese Übereinstimmung auf 53% der Fälle. *In 85% der Fälle ergab sich eine Übereinstimmung im Ergebnis von drei der vier zum Einsatz gebrachten Untersuchungsinstrumente.* Der Vergleich der Diagnose aus dem „strukturellen Interview" mit denen des DIB zeigte eine Übereinstimmung von 71% ($p < 0.1$); die Gegenüberstellung der Diagnosen aus dem „strukturellen Interview" mit dem psychologischen Test-Bericht ergab 67% Übereinstimmung ($p < 0.001$); im Vergleich von „strukturellem Interview" und dem WAIS-/RORSCHACH-Vergleich deckten sich die diagnostischen Urteile in 75% der Fälle ($p < 0.001$). Die grösste Übereinstimmung ergab sich also zwischen strukturellem Interview und WAIS-/RORSCHACH-Vergleich, gefolgt vom Diagnostischen Interview für Borderline-Patienten nach GUNDERSON und KOLB (DIB) und schliesslich von den psychologischen Testberichten. Dabei zeigte sich, dass das strukturelle Interview häufiger zu einer Borderline-Diagnose führte, wo andere Untersucher auf das Vorliegen einer Psychose schlossen. KERNBERG et al. (1981) folgern aus diesen Ergebnissen, dass das von ihnen entwickelte „strukturelle Interview" nicht nur ein wichtiges und nützliches klinisches Instrument für diagnostische Zwecke darstellt und geeignet ist, die Strukturdiagnose einigermassen korrekt zu erfassen. Es liefert nach ihrer Auffassung darüberhinaus auch entscheidende prognostische Hinweise und führt zu behandlungstechnischen Konsequenzen, die sich aus anderen Untersuchungsansätzen nicht auf so unmittelbare Weise ableiten lassen. Das Instrument ist bis jetzt erst an hospitalisierten (psychotischen und Borderline-)Patienten überprüft. Die Übertragbarkeit dieser Ergebnisse auf ambulante Patienten und ein entsprechender Vergleich mit neurotischen Persönlichkeitsstörungen bedarf noch der empirischen Absicherung.

4. Das „Borderline Ego Functions Inventory" (Perry und Klerman 1980)

Obwohl meines Wissens bis jetzt eher selten angewendet, scheint mir das *„Borderline Ego Functions Inventory"* von Perry und Klerman (1980) doch theoretisch und auch klinisch interessant genug, um es hier ausführlicher zu referieren. Es handelt sich überdies um eine der in diesem Bereich sonst eher seltenen Studien, die sich ausschliesslich auf *ambulante* Borderline-Patienten konzentrieren und so eine Differenzierung zu den sonst üblichen stationären Untersuchungsbedingungen ermöglichen.

1978 präsentierten Perry und Klerman zunächst eine umfangreiche Literaturstudie, die sämtliche Kriterien erfassen sollte, mit denen Borderline-Patienten in der Literatur beschrieben wurden. Sie sichteten zu diesem Zweck die Veröffentlichungen von Knight (1953), Kernberg (1967), Grinker et al. (1968) und Gunderson und Singer (1975). Zu ihrer Überraschung stiessen sie dabei auf insgesamt 104 getrennte Kriterien, die sich auf den psychischen Status, die Biographie, die Objektbeziehungen, die Abwehrmechanismen und andere Funktionsbereiche der Persönlichkeit bezogen. Etwa die Hälfte dieser Merkmale fand sich nur in *einer* der vier untersuchten diagnostischen Konzeptualisierungen der Borderlinestörung.

Die Autoren sahen in diesem Ergebnis zunächst einen Appell für weitere Forschung. Sie selbst folgten diesem Appell, indem sie eine systematische Untersuchung starteten, in welche insgesamt 127 Patienten aus einer psychiatrischen Notfall-Ambulanz einbezogen waren. 18 dieser Patienten hatten eine Borderline-Diagnose, die restlichen Patienten waren Schizophrene, Patienten mit verschiedenen Charakterstörungen, neurotische Patienten und Patienten mit einer abnormen Anpassungs-Reaktion. Diese Patienten wurden mit einem von den Autoren entwickelten *„Borderline Ego Functions Inventory"* untersucht, einem Fragebogen, in welchen die Autoren die in ihrer Literaturstudie identifizierten Borderline-Merkmale aufnahmen. Die *Operationalisierung* dieser Merkmale führte schliesslich zu einer Liste von 129 Items, die in das Inventar eingingen.

Die Interviewer waren gut ausgebildete Social Workers an der Psychiatrischen Notfall-Ambulanz, also keine Psychiater oder Psychoanalytiker. Man erhoffte sich auf diese Weise ein klinisch unvoreingenommeneres Urteil, zumal die Interviewer die Eingangsdiagnose ihrer Patienten nicht kannten und auch nicht mit dem Zweck der Untersuchung vertraut waren. Das Ausfüllen des Fragebogens durch den Interviewer erfolgte *nach* der Exploration, die in Form eines halbstrukturierten Interviews durchgeführt wurde. Dabei sollte der Interviewer ausdrücklich auch seine eigenen klinischen Beobachtungen und Schlussfolgerungen aus der Begegnung mit dem Patienten festhalten. Interviewer-Urteile gehen hier also ausdrücklich in das Ergebnis ein. Man darf von daher vermuten, dass dieses Ergebnis neben objektivierbaren Kriterien auch die von den Patienten provozierten Gegenübertragungs-Reaktionen widerspiegelt. Das „Borderline Ego Functions Inventory" orientiert sich ausserdem stark an der *aktuellen Interview-Situation,* die mit durch die Tatsache bestimmt ist, dass es sich um Patienten handelt, die in einer akuten Krisen-Situation eine psychiatrische Notfall-Ambulanz aufsuchen. Diese Situation unterscheidet sich ganz wesentlich etwa von der hospitalisierter Patienten, die eine Woche nach ihrer Hospitalisierung untersucht werden, wie dies GUNDERSON und KOLB praktizierten. Man darf annehmen, dass das Ergebnis durch diese spezifische Ausgangssituation mit beeinflusst wird.

Das Inventar von PERRY und KLERMAN umfasst *5 Bereiche,* in denen der Patient beurteilt werden soll: Den aktuellen psychischen Befund, eine psychiatrische Anamnese, den Bereich der Objektbeziehungen, die dominante Abwehrstruktur und andere Funktionsbereiche der Persönlichkeit. 81 der insgesamt 129 Kriterien des Inventars erwiesen sich auch hier in der Lage, die Borderline-Gruppe in allen 5 Bereichen von den Vergleichsgruppen (Patienten mit anderen Diagnosen) mit hinreichender Genauigkeit zu diskriminieren. Den höchsten Durchschnittswert auf dem Inventar (das eine Gewichtung der Items von 1 bis 7 erlaubt) erreichte die Borderline-Gruppe, gefolgt von der Gruppe der Schizophrenen, dann der Patienten mit verschiedenen Persönlichkeitsstörungen (nicht Borderline), mit vorübergehenden Anpassungskrisen, und mit Neurosen (in dieser Reihenfolge). Die statistische Überprüfung ergab, dass die Borderline-Patienten eine einzigartige, homogene Untergruppe darstellten, deren auf dem Inventar erzielter Durchschnittswert sich signifikant von dem aller anderen Vergleichsgruppen unterschied ($p < 0.05$).

Betrachtet man nun zunächst die Items aus dem Bereich *„Psychischer Befund"*, durch welche sich Borderline-Patienten signifikant von den Vergleichsgruppen unterscheiden, dann entsteht prima vista der Eindruck, dass es sich um recht unliebenswürdige Zeitgenossen handeln muss. (Ich meine, dass hier die Hypothese, dass Borderline-Patienten im therapeutischen Kontakt leicht eine typische negative Gegenübertragungs-Reaktion provozieren, stärkere Beachtung verdient).

Nach den Untersuchungsergebnissen von PERRY und KLERMAN sind Borderline-Patienten von ihrer äusseren Erscheinung her weniger attraktiv als die Patienten der Vergleichsgruppen; ihr Verhalten im Interview ist unangepasst; es drückt hauptsächlich Ärger aus; während des Interviews äussern die Patienten ärgerliche Affekte gegenüber den verschiedenartigsten Zielscheiben; sie sind streitsüchtig, werten andere im Interview ab und sind manipulativ ohne Rücksicht oder Taktgefühl, fordernd, pochen auf ihr Recht und benehmen sich aussergewöhnlich. Während des Interviews tun sie ungewöhnliche Dinge (z.B. Aufstehen, den Platz wechseln, Haare kämmen u.ä.), sind reizbar und sarkastisch. Sie berichten Gefühle von Ärger und Einsamkeit und schildern Anhedonie. Charakteristisch sind ferner mangelnde Angst-Toleranz, chronische Depersonalisation und Derealisation (*nicht* während des Interviews), und chronische Gefühle von Leere. Die Patienten stellen willkürliche und zweifelhafte Verknüpfungen her; ihre Urteilsfähigkeit ist gegenüber den Vergleichsgruppen deutlich herabgesetzt. Gleichzeitig wirken sie aufgeweckt und intelligent.

Die *psychiatrische Anamnese* enthält signifikant häufiger als bei den Vergleichsgruppen (meine Übersetzung):

„Limitierte, flüchtige psychotische Episoden; psychotische Episoden, die unter einer Psychotherapie zum Ausbruch kamen; durchgängige Impulsivität; ausgesprochen unvorhersehbares Verhalten; Pulsadern Aufschneiden; andere Formen von Selbstverletzung; habitueller Alkohol-Missbrauch oder Alkohol-Abhängigkeit; ungewöhnliches sexuelles Verhalten (nicht Homosexualität); Mangel an kreativer Leistung trotz vorhandenem Talent; sinnlicher Genuss ist möglich, aber keine kreative Gestaltung von Vergnügen oder Freizeit; gute Fähigkeiten in Schule und Beruf, ob eingesetzt oder nicht; ein oder mehrere Impulse, die episodisch durchbrechen (z.B. Fressanfälle oder Stehlen); im Durchschnitt zwei zurückliegende Suizid-Versuche (meist als „manipulativ" eingeordnet); eine Anamnese von diskreten depressiven Episoden mit vegetativen Symptomen (keine Trauer-Reaktionen); im Durchschnitt drei psychiatrische Hospitalisierungen, zweimal mehr als der Durchschnitt in den Vergleichsgruppen. Während einer Psychotherapie oder einer psychiatrischen Hospitalisierung kam es zu einer Zunahme regressiver Verhaltensweisen: Die Patienten wurden vermehrt ärgerlich, fordernd und schwierig. Zur Anamnese gehörten auch hypomanische Episoden oder Perioden mit unangemessenen gehobener Gestimmtheit, und destruktive Akte gegenüber Eigentum oder Gegenständen (nicht Personen)".

Die Befunde im Bereich *„Objektbeziehungen"* und *„andere Funktionsbereiche der Persönlichkeit"* decken sich so weitgehend mit den Ergebnissen der Untersuchungen von GUNDERSON und KOLB, SHEEHY, SPITZER und ENDICOTT u. a., dass ich sie hier nicht im einzelnen referieren möchte. Interessant ist vielleicht, dass die Borderline-Patienten von PERRY und KLERMAN einen deutlichen Mangel an Empathie für andere erkennen liessen, über unterschwellige Gefühle von Unsicherheit und Minderwertigkeit klagten und vor allem, dass sie im Erst-Interview durch ungewöhnlich unangemessene Vorstellungen über ihre Behandlung auffielen (ein Patient meinte z. B., alles sei für ihn wieder in Ordung, wenn der Interviewer ihm das Geld für die Heimfahrt mit dem Taxi geben würde). Als ein möglicherweise auch prognostisches Kriterium wäre überdies festzuhalten, dass die für die Krise auslösende äussere Belastungs-Situation dem Interviewer weniger schwerwiegend erschien als bei den Patienten der Vergleichsgruppe.

Die *borderline-typischen Abwehrmechanismen* können mit Hilfe des Inventars von PERRY und KLERMAN demgegenüber offenbar sehr viel deutlicher herausgearbeitet werden als in anderen Untersuchungsansätzen. Für die Borderline-Patienten wird festgehalten, dass sie signifikant häufiger als die Patienten der Vergleichsgruppe

- Ärger externalisieren *(Externalisierung)*
- Ärger ausagieren *(Agieren)*
- unter Spannung zu impulsivem Handeln neigen *(Agieren)*
- Andere als feindlich und gefährlich sehen *(Projektion)*
- Andere feindlicher Gefühle bezichtigen, wenn sie sich selbst feindlich fühlen *(Projektion)*
- widersprüchliche und nicht vereinbare Vorstellungen von sich selber zum Ausdruck bringen *(Spaltung des Selbst-Bildes)*
- widersprüchliche und nicht vereinbare Vorstellungen von Anderen schildern *(Spaltung der Objekt-Repräsentanzen)*
- von Anderen als „ganz gut" oder „ganz böse" sprechen *(Spaltung)*
- blande verleugnen, wenn sie mit Widersprüchen in ihren Gefühlen oder in ihrem Verhalten konfrontiert werden *(Verleugnung)*
- Gefühle aus der Vergangenheit verleugnen, wenn sie mit gegenwärtigen in Widerspruch stehen *(Verleugnung)*
- die Bedeutung eines ganzen Lebensbereichs verleugnen, der für die aktuelle Situation von offensichtlicher Relevanz ist *(Verleugnung)*
- sprechen, als ob sie omnipotent wären *(Omnipotenz)*
- verzerrte Wahrnehmungen von sich und Anderen haben *(Spaltung, Projektion, Verleugnung)*
- Befriedigung aus dem Gespräch über ihre Beziehung zu idealisierten Objekten ziehen *(primitive Idealisierung)*.

Insgesamt zeigen die Befunde eine hohe Übereinstimmung mit den Ergebnissen sowohl von SPITZER und ENDICOTT (1979) als auch von GUNDERSON und KOLB (1978). Wegen der besonderen Umstände der Interview-Situation (Erst-Interview in einer psychiatrischen Notfall-Ambulanz) demonstrieren sie darüberhinaus schlaglichtartig die charakteristischen Merkmale von Borderline-Patienten in einer *regressiven Krisen-Situation.* Insofern scheinen sie in besonderem Masse für die Veranschaulichung des Prozesses geeignet, den man als *Borderline-Regression* bezeichnet (vgl. BLUM 1972), ebenso wie für die Gegenübertragungs-Reaktionen, die solche Patienten typischerweise provozieren. PERRY und KLERMAN sehen die weiterführende Forschungsaufgabe in der bis jetzt noch nicht befriedigend in Angriff genommenen Abgrenzung des Borderline-Syndroms einmal von der „dissozialen Persönlichkeit" mit ihrer ebenfalls defizienten Impulskontrolle, zum anderen von den manisch-depressiven Erkrankungen und den schizo-affektiven Psychosen, denjenigen Krankheitsbildern also, deren Störung ebenso wie bei den Borderline-Patienten vorwiegend im affektiven Bereich zu suchen ist (vgl. PERRY und COOPER 1986).

5. Der „Symptom Schedule for the Diagnosis of Borderline-Schizophrenia" (KHOURI et al., 1980)

In Anknüpfung an die Arbeiten von HOCH und POLATIN (1949) und HOCH und CATELL (1962) verstehen auch heute noch einzelne Autoren, darunter vor allem RIEDER (1979) und KHOURI et al. (1980), das Borderline-Syndrom als Manifestation einer „latenten Schizophrenie". Sie stützen sich dabei wesentlich auf die Adoptions-Studien von KETY et al. (1968, 1971, 1975) und ROSENTHAL et al. (1971), in denen eine Häufung von Borderline-Erkrankungen bei den (weg-adoptierten) Kindern eines schizophrenen Elternteils festgestellt wurde. RIEDER befürwortet auf diesem Hintergrund das Festhalten am Begriff der „Borderline-Schizophrenie" und führt als Argument ins Feld, dass die enge genetische Verwandtschaft des Borderline-Syndroms mit der Schizophrenie nicht zu übersehen sei. Nach dieser Auffassung setzt sich in den Borderline-Erkrankungen der genetische schizophrene Faktor durch, wenn auch in abgeschwächter Form. Borderline-Patienten besitzen – so RIEDER – deshalb eine spezifische Anfälligkeit für episodisch auftretende psychotische oder psychoseähnliche Symptome, ohne dass daraus auf eine dauernde Persönlichkeitsstörung geschlossen werden dürfe, die einer eigenständigen Definition bedürfe.

Eine Betonung dieser genetischen Hypothese findet sich auch bei STONE (1977, 1980), weniger dezidiert bei SIEVER und GUNDERSON (1979). Häufig beruft man sich dabei auch auf die Verlaufs-Studien von CARPENTER et al. (1977), die in Fortsetzung ihrer 1975 durchgeführten katamnestischen Studie (122) nunmehr eine Fünf-Jahres-Katamnese von Borderline-Patienten und Schizophrenen vorlegten und auch hier zu dem bereits 1975 konstatierten Ergebnis gelangten, dass sich der Verlauf bei beiden Patienten-Kategorien lediglich in dem einen Punkt unterscheidet, dass Borderline-Patienten eine bessere soziale Anpassung aufrechterhalten können als Patienten mit einer schizophrenen Erkrankung. Dem widerspricht allerdings das Untersuchungsergebnis von STONE (1977), der in einer Zwei- bis Drei-Jahres-Katamnese bei Borderline-Patienten einen wesentlich günstigeren Verlauf feststellte als bei psychotischen Patienten.

Auf diesem theoretischen Hintergrund entwickelten KHOURI et al. (1980) ein *diagnostisches Instrument zur Erfassung der Borderline-Schizophrenie* unter dem Namen „A Symptom Schedule for the Diagnosis of Borderline-Schizophrenia". Sie entschieden sich dabci ausdrücklich für einen phänomenologischen Ansatz, wie er in der Psychiatrie seit KRÄPELIN und EUGEN BLEULER üblich ist, um auf dem Wege von *Beobachtung* und *Klassifikation* zur Abgrenzung diagnostischer Entitäten zu gelangen. Zu diesem Zweck werden die von KETY et al. (1968) verwendeten Kriterien für die Erfassung der Borderline-Schizophrenie um ein aus der eigenen klinischen Erfahrung der Autoren abgeleitetes Indiz, nämlich die „Neigung zur Selbst-Verletzung ohne gleichzeitige suizidale Depression", ergänzt und in einen diagnostischen Fragebogen übersetzt, den die Autoren dann an Hand des Fall-Materials von KETY und ROSENTHAL überprüfen.

Das so entwickelte und validierte *Diagnose-Schema* lautet (Übersetzung von Verf.):

1. *Symptom:* Veränderte Wahrnehmung (nicht-spezifische akustische Halluzinationen ohne Zusammenhang mit Drogen oder Alkohol)

   Fragen:

   Haben Sie jemals etwas Ungewöhnliches erlebt, z. B. Hören von Stimmen oder Geräuschen, wenn niemand sonst sie hörte, oder wenn Sie wussten, dass es für Sie keinen Grund gab, so etwas zu hören?

Ja ( ) Nein ( ) (Wenn ja, Schilderung der halluzinatorischen Erfahrung dokumentieren)
Wie real war die Erfahrung? (Wie jemand, der zu Ihnen sprach?)
Ereignete sie sich während dem Einschlafen oder dem Aufwachen?
Wie lange dauerte sie?
Wie alt waren Sie, als Sie sie zum erstenmal hatten?
Wie oft?
Wann das letzte Mal?
Haben Sie zu dieser Zeit Alkohol oder Drogen genommen? Ja ( ) Nein ( )

2. *Symptom:* Veränderte Wahrnehmung des Körper-Schemas/Körper-Selbst

Fragen:

Hatten Sie jemals das Gefühl, dass Ihr Körper sich in seiner Form veränderte? Ja ( ) Nein ( )
Wenn ja, schildern Sie ein Beispiel.
Hatten Sie jemals das Gefühl, dass Ihr Körper durchsichtig war, so dass andere Menschen durch Sie hindurchsehen konnten? Ja ( ) Nein ( )
Wann war das?
Wie lange dauerten diese Gefühle?
Wie oft kamen Sie vor?
Wann erlebten Sie sie zum letzten Mal?

3. *Symptom:* Veränderte Wahrnehmung der Umgebung, Gefühle von Unwirklichkeit (Derealisation), des Nicht-Dazugehörens zu einer untereinander in Beziehung stehenden Welt

Fragen:

Hatten Sie jemals das Gefühl, dass die Welt um Sie herum zum Halten kam, so als ob Sie eine Marionette wären oder in einer künstlichen Welt, und leblos? Ja ( ) Nein ( )
Wie lange dauerten diese Gefühle?
Waren Sie vorher ängstlich oder innerlich gespannt? Ja ( ) Nein ( )
Wenn Nein:
Wie reagierten Sie auf diese Erfahrung?
Wie oft haben Sie sich so gefühlt? (Wenn die Intervalle zwischen den Episoden weniger als eine Woche betragen, als *eine* zusammenhängende Erfahrung behandeln)

4. *Symptom:* Veränderungen im formalen und inhaltlichen Denken. Perioden von getrübtem Denken (mehrere Tage bis zu einer Woche), während derer die Person nicht klar denken kann, nicht versteht, was man ihr vorliest oder erzählt.

Fragen:

Hatten Sie jemals Perioden, wo Ihre Gedanken „wie im Nebel" waren und Sie nicht sehr gut verstehen konnten, was die Leute Ihnen erzählten? Ja ( ) Nein ( )

Waren Sie zu dieser Zeit ängstlich oder innerlich gespannt? Ja ( ) Nein ( )
Waren Sie zu dieser Zeit deprimiert? (Wenn ja, weitere Exploration über Appetit, Körpergewicht und Schlafstörungen)
Wie lange dauerte diese Verwirrung?
Wie alt waren Sie, als Sie sie zum erstenmal erlebten?
Wie oft haben Sie solche Erfahrungen gemacht? (Wenn Intervall weniger als eine Woche, als eine zusammenhängende Episode werten)

5. *Symptom:* Beziehungs-Ideen

Fragen:

Glaubten Sie jemals, dass bestimmte Dinge, die in Ihrer Umgebung geschahen, zu Ihnen in Verbindung standen, etwa, dass die Leute auf der Strasse über Sie redeten oder Ihnen folgten? Ja ( ) Nein ( )
Wenn ja, wie lange dauerten diese Gefühle?
Wie oft ist Ihnen dies geschehen?
Wie alt waren Sie, als Sie zum erstenmal diese Erfahrung machten?

6. *Symptom:* Verfolgungs-Ideen

Fragen:

Hatten Sie jemals das Gefühl, dass die Leute oder dass irgendjemand hinter Ihnen her war und versuchte, Sie körperlich oder psychisch zu verletzen? Ja ( ) Nein ( )
Wenn ja, berichten Sie ein Beispiel.
Wie lange dauerte das?
Wie oft?
Wie alt waren Sie, als Sie diese Erfahrung zum erstenmal machten?
Hatten Sie zu dieser Zeit irgendwelche Medikamente oder Alkohol genommen? Ja ( ) Nein ( )

7. *Symptom:* Intensive Beschäftigung mit perverser Sexualität (Inzest) oder Gewalt

Fragen:

Hatten Sie jemals wiederkehrende Gedanken über Sex, die Sie in irgendeiner Form als pervers empfanden? Ja ( ) Nein ( )
Wenn ja, berichten Sie ein Beispiel.
Hatten Sie das Gefühl, dass dies Ihre eigenen Gedanken waren? Ja ( ) Nein ( )
Wenn nein, wessen Gedanken waren es?
Wie haben Sie sie erlebt?
Hatten Sie jemals wiederkehrende Gedanken, jemanden umzubringen?
Wie lange hielten sie an?
Wie alt waren Sie, als Sie sie zum erstenmal hatten?
Wie oft?

8. *Symptom:* Selbst-zugefügte Verletzungen ohne suizidale Depression

Fragen:

Haben Sie sich jemals absichtlich selbst verletzt? Ja ( ) Nein ( )
Auf welche Weise?
Waren Sie deprimiert zu dieser Zeit? Ja ( ) Nein ( )
Waren Sie wütend? Ja ( ) Nein ( )
Wollten Sie sich umbringen? Ja ( ) Nein ( )
Wie oft haben Sie es gemacht?
Wie alt waren Sie beim ersten- und beim letztenmal (wenn öfters als einmal)?

(Die Symptome können von 0 bis 2 gewichtet werden: 0 = keine Evidenz, 2 = klare Evidenz)

Das Diagnosen-Schema für die Borderline-Schizophrenie von KHOURI et al. ist klinisch bis jetzt nicht ausreichend überprüft, um eine abschliessende Beurteilung hinsichtlich seiner Gültigkeit und Zuverlässigkeit zu ermöglichen. Da die Autoren Störungen im affektiven Bereich, wie sie sonst meist im Zentrum der Borderline-Diagnose stehen, als diagnostisches Kriterium ausdrücklich ausklammern, um unklare Überschneidungen mit anderen psychischen Krankheitsbildern zu vermeiden, selektiert es jedoch mit grosser Wahrscheinlichkeit aus der Borderline-Gruppe diejenigen Patienten, die klinisch vor allem durch psychosenahe Symptome imponieren. Gleichzeitig demonstriert das Diagnose-Schema die Technik, mit der die Differential-Diagnose von der Schizophrenie zu leisten ist. Als typisches Beispiel für eine akustische (Pseudo?)-Halluzination, wie sie für diese Untergruppe von Borderline-Patienten charakteristisch ist, referieren die Autoren den Fall einer Patientin, die innere Dialoge mit ihrer Schwiegermutter führte, die manchmal so deutlich wurden, dass sie die Stimmen von aussen hören konnte. *Sie war sich jedoch nicht sicher, dass die Stimmen von aussen kamen.* Solche unklaren halluzinatorischen Erlebnisse sind mithin von völlig anderer Qualität als die akustischen Halluzinationen, wie sie etwa von KURT SCHNEIDER als ein „Symptom ersten Ranges" für die Schizophrenie beschrieben werden. In manchen Fällen kann sich die Differentialdiagnose dennoch als schwierig erweisen. Aus diesem Grunde seien hier zum Vergleich *auszugsweise* die Kriterien wiedergegeben, die nach der revidierten 3. Auflage des „Diagnostischen und Statistischen Manuals Psychischer Störungen (DSM-III-R)" (1987) erfüllt sein müssen, will man halluzinatorische

Erlebnisse, darunter insbesondere auch akustische *Halluzinationen* oder *Wahnvorstellungen,* eindeutig dem schizophrenen Formenkreis zuordnen.

Zu den Diagnostischen Kriterien der Schizophrenie *(lt. DSM-III-R, zitiert nach der deutschen Ausgabe von Wittchen, Sass, Zaudig und Köhler 1989)* gehören unter anderem:

„Vorhandensein charakteristischer psychotischer Symptome während der floriden Phase: entweder (1), (2) oder (3) mindestens eine Woche lang (es sei denn, die Symptome wurden erfolgreich behandelt):

1) zwei der folgenden:
   a) Wahn;
   b) eindeutige Halluzinationen (entweder ohne Unterbrechung einige Tage lang oder mehrere Male in der Woche, wochenlang; alle halluzinatorischen Erlebnisse dauern länger als nur wenige kurze Momente);
   c) Zerfahrenheit oder auffallende Lockerung der Assoziationen;
   d) katatones Verhalten;
   e) flacher oder deutlich inadäquater Affekt
2) bizarrer Wahn (d. h. dazu gehören Phänomene, die im Kulturkreis des Betroffenen als vollkommen abwegig angesehen würden, z. B. Gedankenausbreitung oder Kontrollen durch eine tote Person);
3) vorherrschende akustische Halluzinationen (wie in 1) b) definiert, bei denen der Inhalt keinen offensichtlichen Zusammenhang mit Depression oder gehobener Stimmung hat. Oder auch Halluzinationen, bei denen eine Stimme das Verhalten bzw. die Gedanken des Betroffenen kommentiert, oder bei denen sich zwei bzw. mehrere Stimmen miteinander unterhalten" (a. a. O.).

Die Gegenüberstellung dieser diagnostischen Kriterien für die Schizophrenie mit den Symptomen, wie sie mit Hilfe des diagnostischen Fragebogens von Khouri et al. für die „Borderline-Schizophrenie" herausgearbeitet werden, zeigt deutlich den Unterschied in der Qualität der Symptome, im Schweregrad, in der Dauer, im Ausmass der begleitenden Persönlichkeitsveränderungen, in der Ich-Syntonizität und in der Prozesshaftigkeit des Verlaufs, die sich völlig anders darstellt als die ephemer auftretenden und vergleichsweise flüchtigen psychotischen Krankheits-Manifestationen im Rahmen einer Borderline-Störung oder auch einer sogenannten „Borderline-Schizophrenie".

Ähnliche differentialdiagnostische Abgrenzungsmodalitäten gelten übrigens auch für die typischen, manchmal psychosenah anmutenden Persönlichkeitsmerkmale der *Schizotypischen Persönlichkeitsstörung,* wie sie im DSM-III (1980) und DSM-III-R

(1987) definiert wurden, nicht zuletzt gerade auch deshalb, um von der Vorstellung einer „Borderline-Schizophrenie" Abstand zu gewinnen.

6. Ausblick auf andere Forschungsperspektiven

Ein knapper Überblick über die derzeit aktuelle Borderline-Forschung, wie ihn etwa McGLASHAN (1985) präsentiert, legt die Vermutung nahe, dass der Höhepunkt des Interesses an *diagnostischen Fragestellungen* mittlerweile überschritten ist. Einem allgemeineren Trend folgend, verlagert sich ein grösserer Teil der Forschung heute entweder in den Bereich der Psychopharmakologie (KLEIN 1975, 1977; LIEBOWITZ et al. 1984; SOLOFF et al. 1986; GOLDBERG et al. 1986; KROLL 1988), von wo aus die Behandlung von Borderline-Störungen insbesondere mit niedrigpotenten Neuroleptika empfohlen wird, wobei GUNDERSON (1986) jedoch ausdrücklich auf die oft schwerwiegenden Spätfolgen einer neuroleptischen Langzeit-Behandlung aufmerksam macht und deshalb eine besonders sorgfältig abgewogene Indikationsstellung in diesem Bereich fordert. Auch Lithium, MAO-Hemmer und trizyklische Antidepressiva sind im Gespräch (GUNDERSON 1986; KROLL 1988).

Eine andere Forschungsrichtung wendet sich demgegenüber verstärkt wieder *psychodynamischen Fragestellungen* zu und bemüht sich um deren *empirische Fundierung.*

Hierzu gehören einmal die Versuche, mit Hilfe projektiver Testverfahren, insbesondere dem RORSCHACH, psychodynamische Hypothesen über eine spezifische *Borderline-Abwehr* bzw. einen besonderen Typus von *Objektbeziehung* bei Borderline-Patienten zunächst zu operationalisieren und dann empirisch zu überprüfen (z.B. KWAWER 1979; LERNER 1987).

Unter einer ähnlichen Zielsetzung, jedoch mit anderen Mitteln, wurde auch das *„Self-Report Instrument for Borderline Personality Organization"* von OLDHAM et al. (1985) konzipiert. Die Autoren kommen auf KERNBERGs Konzept der „Borderline Personality Organization" zurück, für das die strukturellen Variablen der *Identitäts-Integration,* der *Abwehrmechanismen* und der *Realitätsprüfung* besonderes Gewicht besitzen. Die Forschergruppe entwickelte auf diesem Hintergrund ein Selbstbeurteilungs-Instrument, das Aussagen über die Möglichkeit und die

Nützlichkeit erlauben sollte, mit Hilfe der drei von KERNBERG genannten Dimensionen relevante Persönlichkeitszüge zu beschreiben bzw. vorauszusagen. Zu diesem Zweck wurde ein Fragebogen entwickelt, dessen 130 Items sich in dieser Form als nicht genügend trennscharf erwiesen, um spezifischen diagnostischen oder prognostischen Zwecken zu dienen. Einzelne Statements des Fragebogens wiesen jedoch eine hohe Korrelation zu dem jeweiligen Gesamt-Score der untersuchten drei Struktur-Variablen auf.

Mir erscheint dieses (vorläufige!) Ergebnis unter anderem deshalb interessant, weil es demonstriert, wie psychodynamische Hypothesen innerhalb der Borderline-Theorie erfolgreich operationalisiert werden können. Ich gebe die 10 Statements mit der jeweils höchsten Item-Gesamt-Korrelation für die drei von KERNBERG postulierten Strukturkomponenten deshalb hier im Wortlaut wieder (meine Übersetzung):

A. Items mit der höchsten Korrelation zu dem auf der Gesamtskala gemessenen Wert für Identitätsdiffusion (nach OLDHAM et al., 1986):

1. Ich fühle mich wie ein Schwindler oder Hochstapler, dass andere mich zu verschiedenen Zeiten als ganz verschieden erleben (.65)
2. Ich erlebe mich zu verschiedenen Zeiten auf völlig verschiedene Weise (.63)
3. Ich fühle mich innerlich leer (.60)
4. Es fällt mir schwer, sicher zu sein, was andere von mir denken, sogar Leute, die mich sehr gut gekannt haben (.60)
5. Ich habe Angst, mich zu verlieren, wenn ich mich sexuell involviere (.57)
6. Es fällt mir schwer, mich selbst zu beschreiben (.56)
7. Ich fühle mich nicht als ich selbst, wenn um mich herum keine aufregenden Dinge passieren (.53)
8. Manche von meinen Freunden wären überrascht, wenn sie wüssten, wie verschieden ich mich in unterschiedlichen Situationen verhalte (.53)
9. Wenn ich von jemand anderen etwas möchte, kann ich ihn nicht direkt darum bitten (.53)
10. Ich habe das Gefühl, ich bin zu Hause ein ganz anderer Mensch, verglichen damit, wie ich bei der Arbeit oder in der Schule bin (.53)

B. Items mit der höchsten Korrelation zu dem auf der Gesamtskala für Primitive Abwehrmechanismen gemessenen Wert (nach OLDHAM et al. 1986):

1) Es fällt mir schwer, Leuten zu vertrauen, weil sie sich so oft gegen mich wenden oder mich verraten (.55)

2) Menschen reagieren auf mich tendenziell so, dass sie mich entweder mit Liebe überwältigen oder mich verlassen (.55)
3) Ich handle auf eine Art und Weise, die andere als unvorhersehbar oder sprunghaft vor den Kopf stösst (.55)
4) Unkontrollierbare Ereignisse sind die Ursache meiner Schwierigkeiten (.51)
5) Ich neige dazu, die Dinge irgendwie extrem zu erleben, indem ich entweder grosse Freude oder intensive Verzweiflung spüre (.49)
6) Ich habe das Gefühl, dass bestimmte Episoden in meinem Leben nicht zählen und besser aus meinem Gedächtnis ausradiert würden (.49)
7) Ich habe das Gefühl, dass die Menschen mir nicht den Respekt zollen, der mir gebührt, wenn ich nicht Druck auf sie ausübe (.48)
8) Ich ertappe mich dabei, wie ich Dinge tue, von denen ich das Gefühl habe, sie sind okay, während ich sie tue, von denen ich später jedoch kaum glauben kann, dass ich sie getan habe (.47)
9) Ich habe das Gefühl, ich bekomme nicht, was ich möchte (.45)
10) Ich muss Leute bewundern, um mich sicher zu fühlen (.44)

C. Items mit der höchsten Korrelation zum Gesamtskalen-Wert für Realitätsprüfung (nach OLDHAM et al. 1986):

1) Irgendwie weiss ich nie ganz genau, wie ich mich bei Leuten verhalten soll (.58)
2) Ich bin nicht sicher, ob eine Stimme, die ich gehört habe, oder etwas, was ich gesehen habe, meine Einbildung ist oder nicht (.58)
3) Ich habe Dinge gehört oder gesehen, wenn es dafür keinen offensichtlichen Grund gab (.55)
4) Ich glaube, dass Dinge passieren, wenn man einfach über sie nachdenkt (.55)
5) Ich kann nicht sagen, ob bestimmte körperliche Sensationen, die ich habe, wirklich sind, oder ob ich sie mir nur vorstelle (.52)
6) Die Menschen erleben mich als grob oder rücksichtslos, und ich weiss nicht, warum (.47)
7) Ich hatte Beziehungen, in denen ich nicht spüren konnte, ob ich oder die andere Person etwas dachte oder fühlte (.46)
8) Ich höre Dinge, von denen andere Leute behaupten, sie seien nicht wirklich hier (.44)
9) Ich finde, ich tue Dinge, die andere Leute aufregen, und ich weiss nicht, warum solche Dinge sie aufregen (.44)
10) Ich erlebe mich beinahe so, als wäre ich jemand anders, wie ein Freund oder ein Verwandter oder sogar jemand, den ich gar nicht kenne (.40)

Aus einer Vielzahl von Untersuchungen, die sich – anders als hier OLDHAM et al. (1986) – mit der *Interaktion von Borderline-Patienten im Hier und Jetzt der therapeutischen Situation* befassen und daraus Rückschlüsse auf die involvierten Abwehr- und Objektbeziehungsmuster zu ziehen versuchen, sei hier pars pro toto die Studie von GREENE et al. (1986) erwähnt. Die Autoren fanden einen phantasievollen Weg, die primitiven Abwehroperationen (insbesondere Spaltung und Entwertung) von Borderline-Patienten in einem *Gruppensetting* mit Gruppenleiter und Koleiter zu erfassen, wobei die durch die jeweilige Übertragungsspaltung beim *Koleiter* abgerufene Gegenübertragung mit registriert wurde, so dass die *gesamte Beziehungskonfiguration* ins Blickfeld der Untersuchung gerät.

Erwähnenswert scheinen mir auch Studien wie die von GUNDERSON et al. (1985), die kürzlich in einer systematischen Untersuchung bei Borderline-Patienten einen signifikant häufigeren Gebrauch von *Übergangsobjekten* fanden. Der Befund stützt die von MODELL (1963) und anderen Autoren vertretene Hypothese, dass Borderline-Patienten auf dem Hintergrund massiver Verlassenheitstraumata in ihrer Kindheit (und auch später) auf Übergangsobjekte ausweichen und sich so zu stabilisieren versuchen (vgl. auch ADLER (1985), der bei Borderline-Patienten eine Beeinträchtigung der Funktion des *evokativen Gedächtnisses* vermutet, aus der heraus sie auf die Anwesenheit eines *äusseren, sichtbaren* Objekts angewiesen bleiben).

Schliesslich sei wenigstens kurz auf neuartige Ansätze innerhalb der Borderline-Forschung verwiesen, wie sie sich mit der Rezeption der Ergebnisse der sog. *Babywatchers* (z.B. LICHTENBERG 1983; STERN 1985) abzuzeichnen beginnen. KRAUSE (1988) entwarf auf diesem Hintergrund eine beeindruckende „Taxonomie der Affekte", mit dem Ziel ihrer Anwendung auf das Verständnis der „frühen Störungen". LICHTENBERG (1986 a, b) beschrieb „einige Analogien zwischen den Befunden der Säuglingsforschung und klinischen Beobachtungen bei Erwachsenen, insbesondere Patienten mit Borderline- und narzisstischen Störungen" (LICHTENBERG 1986 a). Für ihn ergeben sich aus der Feststellung derartiger Analogien nachhaltige Auswirkungen für eine zukünftige psychoanalytische Behandlungspraxis. Dabei geht es zunächst vor allem um die Identifikation von „Modellszenen" der Kindheit, insbesondere der Mutter-Kind-Interaktion, in der therapeutischen Beziehung, und um ein besseres Verständnis des „vorsymbolischen" Kindes (LICHTENBERG 1986 b) im Patienten. Mein Eindruck ist, dass sich hier auf Dauer jedoch ein neues „Paradigma" der Borderline-Theorie und -Behandlungspraxis abzeichnet, an dem sich manches traditionelle Konzept (vor allem unsere aus der Rekonstruktion gewonnenen *Hypothesen über die frühe Kindheit,* z.B. die Annahme einer „paranoid-schizoiden Position" mit dem Vorherrschen von Spaltungsmechanismen, unsere Hypothesen über den Aufbau der inneren Repräsentanzen, die „halluzinatorische Wunscherfüllung" des Säuglings, seine überwiegende Passivität gegenüber Aussenreizen usw.) erst noch werden bewähren müssen.

Literaturverzeichnis

[1] ABELIN, E. L.: The role of the father in the separation-individuation process. In: McDevitt, J. B., Settlage, C. F. (eds.): Separation-Individuation – Essays in Honor of Margaret S. Mahler. New York (International University Press) 1971.

[2] ABSE, W.: Hysterical conversion and dissociative syndromes and the hysterical character. In: Arieti, S., Brody, E. B. (eds.): American Handbook of Psychiatry. New York (Basic Books) 1974^2.

[3] ADLER, G.: Valuing and devaluing in the psychotherapeutic process. Arch. Gen. Psychiat. 22, 454, 1970.

[4] ADLER, G.: Hospital treatment of borderline patients. Amer. J. Psychiat. 130, 32, 1973.

[5] ADLER, G., BUIE, D. H.: The misuses of confrontations with borderline patients. Int. J. Psychoanal. Psychother. 1, 109, 1972.

[6] ALEXANDER, F., FRENCH, T. M.: Psychonalytic therapy. New York (The Ronald Press Company) 1946.

[7] American Psychiatric Association: Diagnostic and Statistical Manual of Mental Disorders. Washington DC (APA) 1968^2.

[8] AMMON, G.: Dynamische Psychiatrie. Neuwied (Luchterhand) 1973.

[9] AMMON, G.: Das narzisstische Defizit als Problem der psychoanalytischen Behandlungstechnik – Ein Beitrag zur Theorie der nachholenden Ich-Entwicklung. Dynamische Psychiatrie 7, 201, 1974.

[10] AMMON, G.: Das Borderline-Syndrom – ein neues Krankheitsbild. Dynamische Psychiatrie 9, 317, 1976.

[11] ARGELANDER, H.: Diskussionsbeitrag zu P. Fürstenau's Arbeit „Die beiden Dimensionen des psychoanalytischen Umgangs mit strukturell ich-gestörten Patienten". Psyche 31, 208, 1977.

[12] ATKIN, S.: Ego synthesis and cognition in a borderline case. Psycho-Anal. Quart. 44, 29, 1975.

[13] BACH, H.: Persönl. Mitteilung.

[14] BALINT, M.: Therapeutische Aspekte der Regression – Die Theorie der Grundstörung. Stuttgart (Klett) 1970.

[15] BARCHILON, J.: The Fall by Albert Camus: A Psychoanalytic study. Int. J. Psycho-Anal. 49, 386, 1968.

[16] BARRY, M., ROBINSON, D., JOHNSON, A.: Ego distortions: Some modifications in the therapeutic technique. Amer. J. Psychother. 13, 809, 1959.

[17] BARTOSCH, E.: Die narzisstischen Grundlagen des Strafbedürfnisses. Vortrag auf dem VI. Internationalen Forum für Psychoanalyse in Berlin, 1977.

[18] BELLAK, L.: Acting out: Some conceptual and therapeutic considerations Amer. J. Psychother. 17, 375, 1963.

[19] BELLAK, L., SMALL, L.: Kurztherapie und Notfallpsychotherapie. Frankfurt (Suhrkamp) 1972.

[20] BENDER, L.: The concept of pseudopathic schizophrenia in adolescents. Amer. J. Orthopsychiatry 29, 491, 1959.
[21] BERNSTEIN, H.: Identity and sense of identity. Bull. Philadelphia Assoc. Psycho-Anal. 14, 158, 1964.
[22] BION, W. R.: Differentiation of the psychotic from the non-psychotic personalities. Int. J. Psycho-Anal. 38, 266, 1957.
[23] BLEULER, E.: Dementia praecox oder Die Gruppe der Schizophrenien. In: Aschaffenburg G. (ed.): Handbuch der Psychiatrie. Leipzig (Deuticke-Verlag) 1911.
[24] BLEULER, E.: Lehrbuch der Psychiatrie. Berlin (Springer) 1972[12].
[25] BLEULER, M.: Die schizophrenen Geistesstörungen im Lichte langjähriger Kranken- und Familiengeschichten. Stuttgart (Thieme) 1972.
[26] BLUM, H. P.: Borderline regression. Int. J. Psychother. 1, 46, 1972.
[27] BOWLBY, J.: Separation – anxiety and anger. London (Hogarth Press) 1973.
[28] BOYER, L.: Uses of delinquent behavior by a borderline schizophrenic. Arch. Criminal Psychodynamics 2, 541, 1957.
[29] BOYER, L., GIOVACCHINI, P.: Psychoanalytic treatment of characterological and schizophrenic disorders. New York (Science House) 1967.
[30] BRÄUTIGAM, W.: Reaktionen, Neurosen, Psychopathien. Ein Grundriss der kleinen Psychiatrie. Stuttgart (Thieme) 1968.
[31] BRÄUTIGAM, W.: Formen der Homosexualität. Stuttgart (Enke) 1967.
[32] BRODEY, W.: On the dynamics of narcissism: Externalization and early ego development. Psychoanal. Study Child 20, 165, 1965.
[33] BUIE, D. H., ADLER, G.: The uses of confrontation with borderline patients. Int. J. Psychoanal. Psychother. 1, 90, 1972.
[34] BURCHELL, J.: The borderline patient and his marital behavior. Psychology 5, 2, 1968.
[35] BURNHAM, D. L.: The special-problem patient: Victim or agent of splitting? Psychiatry 29, 105, 1966.
[36] BURSTEN, B.: Discussing relatives with the borderline patient. Psychiatry 32, 324, 1969.
[37] BYCHOWSKI, G.: The problem of latent psychosis. J. Amer. Psycho-Anal. Assoc. 1, 484, 1953.
[38] BYCHOWSKI, G.: Der Kampf mit den Introjekten. Psyche 13, 524, 1959/1960.
[39] CARY, G. L.: The borderline condition: A structural-dynamic viewpoint. Psycho-Anal. Rev. 59, 33, 1972.
[40] CHESSIK, R. D.: Empathy and love in psychotherapy. Amer. J. Psychother. 19, 205, 1965.
[41] CHESSIK, R. D.: The psychotherapy of borderland patients. Amer. J. Psychother. 20, 600, 1966.
[42] CHESSIK, R. D.: The crucial dilemma of the therapist in the psychotherapy of borderland patients. Amer. J. Psychother. 22, 655, 1968.

[43] CHESSIK, R.D.: How psychotherapy heals. New York (Science House) 1969.
[44] CHESSIK, R.D.: The being of man and the yowling of coyotes. Amer.J.Psychother. 25, 643, 1971.
[45] CHESSIK, R.D.: Externalization and existential anguish in the borderline patient. Arch.Gen.Psychiatry 27, 764, 1972.
[46] CHESSIK, R.D.: Use of the couch in the psychotherapy of borderline patients. Arch.Gen.Psychiatry 27, 241, 1972.
[47] CHESSIK, R.D.: The technique and practice of intensive psychotherapy. New York (Aronson Books) 1973.
[48] CHESSIK, R.D.: The borderline patient. In: Arieti, S., Brody, E.B. (eds.): American Handbook of Psychiatry. New York (Basic Books) 1974².
[49] CHESSIK, R.D.: Defective ego feeling and the quest for being in the borderline patient. Int.J.Psychoanal.Psychother. 3, 73, 1974.
[50] CHESSIK, R.D.: Intensive psychotherapy of the borderline patient. New York (Aronson) 1977.
[51] CHRZANOWSKI, G.: Recent advances in the concepts and treatment of borderline patients. In: Arieti, S., Chrzanowski, G. (eds.): New Dimensions in Psychiatry: A World View. New York (John Wiley) 1975.
[52] CLIFTON, A.R.: Regression in the search for a self. Int.J.Psychoanal. Psychother. 3, 273, 1974.
[53] COHEN, R., GRINSPOON, L.: Limit setting as a corrective emotional experience. Arch.Gen.Psychiatry 8, 74, 1963.
[54] COLLUM, J.M.: Identity diffusion and the borderline manoever. Comprehensive Psychiatry 13, 179, 1972.
[55] COULTRE, R. LE: Die Ich-Spaltung als zentrale Neurose-Erscheinung. Psyche 24, 405, 1970.
[56] DE SLULLITEL, S.I., SORRIBAS, E.: The Rorschach test in research on artists. Rosario/Argentinien 1973 (unveröffentliches Manuskript).
[57] DEUTSCH, H.: Some forms of emotional disturbance and their relationship to schizophrenia (1942). In: Neuroses and Character Types, New York (International University Press) 1965.
[58] DEUTSCH, H.: Neuroses and Character Types. New York (International University Press) 1965.
[59] DICKES, R.: The concepts of borderline states: An alternative proposal. Int.J.Psychoanal.Psychother. 3, 1, 1974.
[60] DIERGARTEN, F.: Sprachstörungen bei Borderline-Patienten. Dynamische Psychiatrie 10, 101, 1977.
[61] DONNET, J.-L., GREEN, A.: L'enfant de ça. La psychose blanche. Paris (Ed. de Minuit) 1973.
[62] DUNAIF, S., HOCH, P.H.: Pseudopsychopathic schizophrenia. In: Hoch, P.H., Zubin, J. (eds.): Psychiatry and the Law. New York (Grune & Stratton) 1955.
[63] DYRUD, J.E.: The treatment of the borderline syndrome. In: Offer, D., Freedman, D. (eds.): Modern Psychiatry and Clinical Research. New York (Basic Books) 1972.

[64] EASSER, B. R., LESSER, S. R.: Hysterical personality: A re-evaluation. Psycho-Anal. Quart. 34, 390, 1965.
[65] EISENSTEIN, V. W.: Differential psychotherapy of borderline states. In: Bychowski, G. (ed.): Specialized Techniques in Psychotherapy. New York (Basic Books) 1952.
[66] EISSLER, K.: The effect of the structure of the ego on psychoanalytic technique. J. Amer. Psycho-Anal. Assoc. 1, 104, 1953.
[66a] ENGLISH, F.: Transaktionsanalyse – Gefühle und Ersatzgefühle in Beziehungen. Hamburg (ISKO-Press) 1980.
[66b] ENGLISH, F.: Es ging doch gut, was denn ging schief? München (Kaiser-Verlag) 1982.
[67] ERIKSON, D. H.: Das Problem der Ich-Identität. In: Identität und Lebenszyklus. Frankfurt (Suhrkamp) 1966.
[68] FAIRBAIRN, W. R. D.: Schizoid factors in the personality (1940). In: Psycho-Analytic Studies of the Personality. London (Tavistock) 1952.
[69] FAIRBAIRN, W. R. D.: An object-relations theory of the personality. New York (Basic Books) 1952.
[70] FAST, I.: Multiple identities in borderline personality organization. Brit. J. Med. Psychol. 47, 291, 1974.
[71] FEDERN, P.: Principles of psychotherapy in latent schizophrenia. Amer. J. Psychother. 1, 129, 1947.
[72] FEDERN, P.: Ichpsychologie und die Psychosen. Frankfurt (Suhrkamp) 1978.
[73] FENICHEL, O.: The economic function of screen memories. In: The Collected Papers of Otto Fenichel. Vol. I. London (Norton) 1954.
[74] FENICHEL, O.: The inner injunction to „make a mental note". In: The Collected Papers of Otto Fenichel. Vol. I. London (Norton) 1954.
[75] FENICHEL, O.: Über Angst-Abwehr, insbesondere durch Libidinisierung. In: Aufsätze, Bd. I. Olten und Freiburg (Walter-Verlag) 1979.
[76] FENICHEL, O.: Neurotisches Ausagieren. In: Aufsätze, Bd. II. Olten und Freiburg (Walter-Verlag) 1981.
[77] FENICHEL, O.: Psychoanalytische Neurosenlehre. Bd. III. Olten (Walter-Verlag) 1975.
[78] FISHER, S.: Some observations suggested by the Rorschach test concerning „the ambulatory schizophrenic". Psychiat. Quart. 29, 81, 1955.
[79] FORER, B. R.: The latency of latent schizophrenia. J. Projective Techniques 14, 297, 1950.
[80] FOX, H. M.: Body image of a photographer. J. Amer. Psychoanal. 5, 93, 1957.
[81] FRANK, G. H.: On the nature of borderline-psychology: A review. J. Gen. Psychol. 83, 61, 1970.
[82] FREUD, A.: Das Ich und die Abwehrmechanismen. München (Kindler) 1975.
[83] FREUD, S.: Beiträge zur Psychologie des Liebeslebens. I. Über einen

besonderen Typus der Objektwahl beim Manne. G.W. VIII, Frankfurt (S. Fischer).
[84] FREUD, S.: Über einen autobiographischen Fall von Paranoia. G.W. VIII, Frankfurt (S. Fischer).
[85] FREUD, S.: Erinnern, Wiederholen, Durcharbeiten. G.W. X, Frankfurt (S. Fischer).
[86] FREUD, S.: Zur Einführung des Narzissmus. G.W. X, Frankfurt (S. Fischer).
[87] FREUD, S.: Die Verdrängung. G.W. X, Frankfurt (S. Fischer).
[88] FREUD, S.: Das Unbewusste. G.W. X, Frankfurt (S. Fischer).
[89] FREUD, S.: Einige Charaktertypen aus der psychoanalytischen Arbeit. G.W. X, Frankfurt (S. Fischer).
[90] FREUD, S.: Trauer und Melancholie. G.W. X, Frankfurt (S. Fischer).
[91] FREUD, S.: Vorlesungen zur Einführung in die Psychoanalyse. G.W. XI, Frankfurt (S. Fischer).
[92] FREUD, S.: Aus der Geschichte einer infantilen Neurose. G.W. XII, Frankfurt (S. Fischer).
[93] FREUD, S.: Das Ich und das Es. G.W. XIII, Frankfurt (S. Fischer).
[94] FREUD, S.: Hemmung, Symptom und Angst. G.W. XIV, Frankfurt (S. Fischer).
[95] FREUD, S.: Neue Folge der Vorlesungen zur Einführung in die Psycho-Analyse. G.W. XV, Frankfurt (S. Fischer).
[96] FREUD, S.: Die Ich-Spaltung im Abwehrvorgang. G.W. XVII, Frankfurt (S. Fischer).
[97] FRIEDMAN, D.B.: Toward a unitary theory of the passing of the oedipal conflict. Psycho-Anal. Rev. 53, 38, 1966.
[98] FRIEDMAN, H.J.: Some problems of inpatient management with borderline patients. Amer. J. Psychiatry 126, 299, 1969.
[99] FRIEDMAN, H.J.: Psychotherapy of borderline patients: The influence of theory on technique. Amer. J. Psychiatry 132, 1048, 1975.
[100] FROMM-REICHMANN, F.: Intensive Psychotherapie. Stuttgart (Hippokrates) 1959.
[101] FROSCH, J.: The psychotic character: Clinical psychiatric considerations. Psychiat. Quart. 38, 81, 1964.
[102] FROSCH, J.: Technique in regard to some specific ego defects in the treatment of borderline patients. Psychiat. Quart. 45, 216, 1971.
[103] FUCHSKAMP, A.: Zur Innenwelt einer paranoiden Psychose. Acta Psychotherapeutica + orthopaedagogica 5, 205, 1957.
[104] FÜRSTENAU, P.: Die beiden Dimensionen des psychoanalytischen Umgangs mit strukturell ich-gestörten Patienten. Psyche 31, 197, 1977.
[105] GIOVACCHINI, P.: Frustration and externalization. Psycho-Anal. Quart. 36, 571, 1967.
[106] GIOVACCHINI, P.: The frozen introject. Int. J. Psycho-Anal. 48, 61, 1967.
[107] GIOVACCHINI, P.: The analytic setting and the treatment of psychoses. In: Giovacchini, P. (ed.): Tactics and Techniques in Psychoanalytic Therapy. London (Hogarth Press) 1972.

[108] GIOVACCHINI, P.: Character disorders: With special reference to the borderline state. Int.J.Psychoanal.Psychother. 2, 7, 1973.
[109] GITELSON, M.: On ego distortion. Int.J.Psycho-Anal. 39, 245, 1958.
[110] GLATZER, H.: Analysis of masochism in group therapy. Int.J.Group Psychother. 9, 158, 1959.
[111] GLOVER, E.: A psychoanalytic approach to the classification of mental disorders. On the early development of mind. New York (International University Press) 1956.
[112] GREEN, A.: Analytiker, Symbolisierung und Abwesenheit im Rahmen der psychoanalytischen Situation. Über Veränderungen der analytischen Praxis und Erfahrung. Psyche 29, 503, 1975.
[113] GREENACRE, PH.: General problems of acting out. Amer.J.Psychother. 17, 375, 1963.
[114] GREENACRE, PH.: The psychoanalytic process, transference and acting out. Int.J.Psycho-Anal. 49, 211, 1968.
[115] GREENSON, R.R.: The struggle against identification. J.Amer.Psycho-Anal.Assoc. 2, 200, 1954.
[116] GREENSON, R.R.: On screen defense, screen hunger, and screen identity. J.Amer.Psycho-Anal.Assoc. 6, 242, 1958.
[117] GREENSON, R.R.: Technik und Praxis der Psychoanalyse. Stuttgart (Klett) 1973.
[118] GRINKER, R.R., WERBLE, B., DRYE, R.: The borderline syndrome. A behavioral study of ego functions. New York (Basic Books) 1968.
[119] GRUENEWALD, D.: A psychologist's view of the borderline syndrome. Arch.Gen.Psychiat. 23, 180, 1970.
[120] GRUNBERGER, B.: Vom Narzissmus zum Objekt. Frankfurt (Suhrkamp) 1976.
[121] GRUNEBAUM, H., KLERMAN, G.: Wrist slashing. Amer.J.Psychiatry 124, 524, 1967.
[122] GUNDERSON, J.G., CARPENTER, W.T., STRAUSS, J.S.: Borderline and schizophrenic patients: A comparative study. Amer.J.Psychiatry 132, 1257, 1975.
[123] GUNDERSON, J.G., SINGER, M.T.: Defining borderline patients: An overview. Amer.J.Psychiatry 132, 1, 1975.
[124] HAMMET, VAN BUREN, O.: Delusional transference. Amer.J.Psychother. 15, 574, 1961.
[125] HARTMANN, H.: Die gegenseitige Beeinflussung von Ich und Es in ihrer Entwicklung (1952). In: Ich-Psychologie. Stuttgart (Klett) 1972, S.157ff.
[126] HARTMANN, H.: Ich-Psychologie und Anpassungsproblem. Stuttgart (Klett) 1970².
[127] HARTMANN, H.: Ich-Psychologie. Stuttgart (Klett) 1972.
[128] HARTMANN, H., LOEWENSTEIN, R.M.: Notes on the superego. Psychoanal.Study Child 17, 42, 1962.
[129] HAVENS, L.: Some difficulties in giving schizophrenic and borderline patients medication. Psychiatry 31, 44, 1968.

[130] HEIGL, F.: Indikation und Prognose in Psychoanalyse und Psychotherapie. Göttingen (Vandenhoeck & Ruprecht) 1972.
[131] HEIGL-EVERS, A.: Aggressivität als Abwehrmechanismus: Die Identifizierung mit dem Angreifer. Zschr.Psychosom.Med. 11, 91, 1965.
[132] HEIMANN, P.: A contribution to the re-evaluation of the oedipus complex: the early stages. In: Klein, M., Heimann, P., Money-Kyrle, R.E. (eds.): New Directions in Psycho-Analysis. London (Tavistock Publ.) 1955.
[133] HILGARD, J.R.: Anniversary reactions in parents precipitated by children. Psychiatry 16, 73, 1953.
[134] HOCH, P.H., POLATIN, P.: Pseudoneurotic forms of schizophrenia. Psychiat.Quart. 23, 248, 1949.
[135] HOCH, P.H., CATELL, J.P.: The diagnosis of pseudoneurotic schizophrenia. Psychiat.Quart. 33, 17, 1959.
[136] HOCH, P.P., CATELL, J.P., STRAHL, M.O., PENNES, H.H.: The course and outcome of pseudoneurotic schizophrenia. Amer.J.Psychiatry 119, 106, 1962.
[137] HOLFELD, H., LEUNER, H.: Der ‚Vatermord' als zentraler Konflikt einer psychogenen Psychose. Nervenarzt 40, 203, 1969.
[138] HOLZMAN, P.S., EKSTEIN, R.: Repetition-functions of transitory regressive thinking. Psycho-Anal.Quart. 28, 228, 1959.
[139] HORNEY, K.: Der neurotische Mensch unserer Zeit. Stuttgart (Kilper) 1951.
[140] HORNEY, K.: Neurose und menschliches Wachstum. München (Kindler) 1975.
[141] HOUCK, J.H.: The intractable female patient. Amer.J.Psychiatry 129, 27, 1972.
[142] ISAKOWER, O.: Beitrag zur Pathopsychologie der Einschlafphänomene. Int.Zschr.Psychoanal. 22, 466, 1936.
[143] JACOBSON, E.: Denial and repression. J.Amer.Psycho-Anal.Assoc. 5, 61, 1957. Deutsche Übersetzung in: Jacobson, E.: Depression, Frankfurt (Suhrkamp) 1977, Kap.4.
[144] JACOBSON, E.: Psychotischer Konflikt und Realität. Frankfurt (Fischer) 1972.
[145] JACOBSON, E.: Das Selbst und die Welt der Objekte. Frankfurt (Suhrkamp) 1973.
[146] JACOBSON, E.: Depression. Frankfurt (Suhrkamp) 1977.
[147] JASPERS, K.: Allgemeine Psychopathologie. Berlin (Springer) 1973[9].
[148] JENSEN, V., PETTY, T.: The fantasy of being saved in suicide. Psychoanal.Quart. 27, 327, 1958.
[149] KERNBERG, O.: Borderline personality organization. J.Amer.Psycho-Anal.Assoc. 15, 641, 1967.
[150] KERNBERG, O.F. (1968): Zur Behandlungstechnik bei Borderline-Störungen. Psyche 35, 497, 1981.
[151] KERNBERG, O.F. (1970): Eine psychoanalytische Klassifizierung der Charakter-Pathologie. In: Objekt-Beziehungen und Praxis der Psychoanalyse. Stuttgart (Klett-Cotta) 1981, Kap. 5.

[152] KERNBERG, O.: Prognostic considerations concerning borderline personality organization. J.Amer.Psycho-Anal.Assoc. 19, 595, 1971.
[153] KERNBERG, O.: Early ego integration and object relations. Annals N.Y. Academy Sciences 193, 233, 1972.
[154] KERNBERG, O.: Treatment of borderline patients. In: Giovacchini P. (ed.): Tactics and Techniques in Psychoanalytic Therapy. New York (Science House) 1972.
[155] KERNBERG, O.F. (1974): Störungen in der Entwicklung der Fähigkeit, sich zu verlieben und zu lieben. In: Objekt-Beziehungen und Praxis der Psychoanalyse. Stuttgart (Klett-Cotta) 1981, Kap.7.
[156] KERNBERG, O.: Zur Behandlung narzisstischer Persönlichkeitsstörungen. Psyche 29, 890, 1975a.
[157] KERNBERG, O.: Borderline conditions and pathological narcissism. New York (Aronson) 1975. Deutsch: Borderline-Störungen und pathologischer Narzissmus. Frankfurt (Suhrkamp) 1978.
[158] KHAN, M.M.R.: Die schizoide Persönlichkeit – ihre Affekte und die Methoden ihrer Behandlung. In: Selbsterfahrung in der Therapie. München (Kindler) 1977.
[159] KHAN, M.M.R.: Die Psychologie der Traumvorgänge und die Entwicklung der psychoanalytischen Situation. In: Selbsterfahrung in der Therapie. München (Kindler) 1977.
[160] KHAN, M.M.R.: Das kumulative Trauma. In: Selbsterfahrung in der Therapie. München (Kindler) 1977.
[161] KHAN, M.M.R.: Schweigen als Kommunikation. In: Selbsterfahrung in der Therapie. München (Kindler) 1977.
[162] KHAN, M.M.R.: Ich-Verzerrung, kumulatives Trauma und die Rolle der Rekonstruktion in der psychoanalytischen Situation. In: Selbsterfahrung in der Therapie. München (Kindler) 1977.
[163] KHAN, M.M.R.: Die Angst vor totaler Abhängigkeit in der analytischen Situation. In: Selbsterfahrung in der Therapie. München (Kindler) 1977.
[164] KHAN, M.M.R.: Selbstfindung und Selbstwerdung. In: Selbsterfahrung in der Therapie. München (Kindler) 1977.
[165] KLEIN, M.: A contribution to the psychogenesis of manic-depressive states (1934). In: Contributions to Psychoanalysis. London (Hogarth Press) 1948. Deutsche Übersetzung in: Klein, M.: Das Seelenleben des Kleinkindes und andere Beiträge zur Psychoanalyse. Reinbek bei Hamburg (Rowohlt) 1972.
[166] KLEIN, M.: Mourning and its relation to manic-depressive states (1940). In: Contributions to Psychoanalysis. London (Hogarth Press) 1948. Deutsche Übersetzung in: Klein, M.: Das Seelenleben des Kleinkindes und andere Beiträge zur Psychoanalyse. Reinbek bei Hamburg (Rohwohlt) 1972.
[167] KLEIN, M.: The oedipus complex in the light of early anxieties: General theoretical summary (1945). In: Contributions to Psychoanalysis. London (Hogarth Press) 1948.

[168] KLEIN, M.: Notes on some schizoid mechanisms (1946). In: Riviere, J. (ed.): Developments in Psychoanalysis. London (Hogarth Press) 1952. Deutsche Übersetzung in: Klein, M.: Das Seelenleben des Kleinkindes und andere Beiträge zur Psychoanalyse. Reinbek bei Hamburg (Rowohlt) 1972, S. 101ff.
[169] KNIGHT, R.P.: Borderline states. Bull. Menninger Clin. 17, 1, 1953.
[170] KNIGHT, R.P.: Management and psychotherapy of the borderline schizophrenic patient. In: Knight, R.P., Friedman, C.R. (eds.): Psychoanalytic Psychiatry and Psychology. New York (International University Press) 1954, S. 110–122.
[171] KNOWLTON, P., BURG, M.: Treatment of a borderline-psychotic five-year-old girl. In: Caplan, G. (ed.): Emotional Problems of Early Childhood. New York (Basic Books) 1955.
[172] KOHUT, H.: Formen und Umformungen des Narzissmus (1966). In: Die Zukunft der Psychoanalyse. Frankfurt (Suhrkamp) 1975.
[173] KOHUT, H.: Überlegungen zum Narzissmus und zur narzisstischen Wut (1973). In: Die Zukunft der Psychoanalyse. Frankfurt (Suhrkamp) 1975.
[174] KOHUT, H.: Narzissmus. Frankfurt (Suhrkamp) 1973.
[175] KOHUT, H.: Bemerkungen zur Bildung des Selbst (Brief an einen Schüler bezüglich einiger Prinzipien der psychoanalytischen Forschung) (1975). In: Die Zukunft der Psychoanalyse. Frankfurt (Suhrkamp) 1975.
[176] KROH, O.: Die Eidetik in neuer Beleuchtung. Psychol. Rundschau 1, 257, 1950.
[177] KROHN, A.: Borderline „empathy" and differentiation of object representations: A contribution to the psychology of object relations. Int. J. Psychoanal. Psychother. 3, 142, 1974.
[178] KUHL, M.: Symbiotisches Defizit und Sprachlosigkeit. Dynamische Psychiatrie 10, 112, 1977.
[179] LAING, R.D.: Das geteilte Selbst. Köln (Kiepenheuer & Witsch) 1972.
[180] LAMPL-DE-GROOT, J.: Ich-Ideal und Über-Ich. Psyche 17, 321, 1963.
[181] LANG, H.: „Verdrängung und Spaltung" – Struktural-analytische Aspekte der Grenzziehung zwischen Neurose und Psychose. Vortrag auf dem VI. Internationalen Forum für Psychoanalyse in Berlin, 1977.
[182] LAPLANCHE, J., PONTALIS, J.-B.: Das Vokabular der Psychoanalyse. 2. Bd. Frankfurt (Suhrkamp) 1975^2.
[183] LEWIN, B.D.: The psychoanalysis of elation. New York (Norton) 1950.
[184] LEWIS, A.B.: Perception of self in borderline states. Amer. J. Psychiatry 124, 1491, 1968.
[185] LICHTENSTEIN, H.: The dilemma of human identity: Notes on self-transformation, self-objectivation and metamorphosis. J. Amer. Psycho-Anal. Assoc. 11, 173, 1963.

[186] LIMENTANI, A.: A re-evaluation of acting out in relation to working through. Int.J.Psycho-Anal. 47, 274, 1966.
[187] LIMENTANI, A.: The assessment of analysability: A major hazard in selection for psychoanalysis. Int.J.Psychoanal. 53, 351, 1972.
[188] LINDINGER, H.: Zur Frage der neurotischen Fixierungen in der Vorentwicklung schizophrener Psychosen. Psyche 17, 333, 1963.
[189] LIPSHUTZ, D.: Transference in borderline cases. Psycho-Anal. Rev. 42, 195, 1955.
[190] LITOWITZ, N.S., NEWMAN, K.M.: Borderline personality and the theatre of the absurd. Arch.Gen.Psychiat. 16, 268, 1967.
[191] LITTLE, M.: On delusional transference. Int.J.Psycho-Anal. 34, 134, 1958. Deutsch: Über wahnhafte Übertragung (Übertragungspsychose). Psyche 12, 258, 1958/1959.
[192] LITTLE, M.: On basic unity. Int.J.Psycho-Anal. 41, 377, 1960.
[193] LITTLE, M.: Transference in borderline states. Int.J.Psycho-Anal. 47, 476, 1966.
[194] LITTLE, M., FLARSHEIM, A.: Early mothering care and borderline psychotic states. In: Giovacchini, P., (ed.): Tactics and Techniques in Psychoanalytic Psychotherapy. New York (Science House) 1972.
[195] LIVINGSTON, M.S.: Working through in analytic group therapy in relation to masochism as a refusal to mourn. Int.J.Group Psychother. 21, 339, 1971.
[196] LOCH, W.: Zur Struktur und Therapie schizophrener Psychosen. In: Zur Theorie, Technik und Therapie der Psychoanalyse. Frankfurt (Fischer) 1972.
[197] LOCH, W.: Anmerkungen zum Thema Ich-Veränderungen, Ich-Defekte und psychoanalytische Technik. Psyche 31, 216, 1977.
[198] LÜDERS, W.: Symbiose und Separation. Psyche 29, 1057, 1975.
[199] MAHLER, M.S.: Symbiose und Individuation – Psychosen im frühen Kindesalter. Stuttgart (Klett) 1972.
[200] MAHLER, M.S.: Symbiose und Individuation. Psyche 29, 609, 1975.
[201] MAHLER, M.S.: Die Bedeutung des Loslösungs- und Individuationsprozesses für die Beurteilung von Borderline-Phänomenen. Psyche 29, 1078, 1975.
[202] MAHLER, M.S., MCDEVITT, J.B.: Observations on adaptation and defense in statu nascendi: Developmental precursors in the first two years of life. Psycho-Anal. Quart. 37, 1, 1968.
[203] MARMOR, J.: Orality in the hysterical personality. J.Amer.Psycho-Anal. Assoc. 1, 656, 1953.
[204] MASTERSON, J.: Treatment of the borderline adolescent. New York (Wiley) 1972.
[205] MCCULLY, R.S.: Certain theoretical considerations in relation to borderline schizophrenia and the Rorschach. J.Projective Techniques 26, 404, 1962.
[206] MENNINGER, K.: Das Leben als Balance. Seelische Gesundheit und Krankheit im Lebensprozess. München (Piper) 1968.

[207] MENTZOS, S.: Die Veränderung der Selbstrepräsentanz in der Hysterie: Eine spezifische Form der regressiven Desymbolisierung. Psyche 25, 669, 1971.
[208] MERCER, M., WRIGHT, S.C.: Diagnostic testing in a case of latent schizophrenia. J.Projective Techniques 14, 287, 1950.
[209] MEZA, C.: El Colerico. Mexico City (Moritz) 1970.
[210] MILLER, F.: Anger, anhedonia and the borderline syndrome. Amer. J.Psycho-Anal. 35, 157, 1975.
[211] MODELL, A.: Primitive object relations and the relationship to schizophrenia. Int.J.Psycho-Anal. 44, 282, 1963.
[212] MODELL, A.: Object love and reality. New York (International University Press) 1968.
[213] MONEY-KYRLE, R.E.: Normal counter-transference and some of its deviations. Int.J.Psycho-Anal. 37, 360, 1956.
[214] MORGENTHALER, F.: Die Stellung der Perversionen in Metapsychologie und Technik. Psyche 28, 1077, 1974.
[215] MULDWORF, B.: Von Beruf Vater. Zürich (Benzinger Verlag) 1975.
[216] MURRAY, J.: Narcicissm and the ego ideal. J.Amer.Psycho-Anal. Assoc. 12, 477, 1964.
[217] NACHT, S.: The non-verbal relationship in psychoanalytic treatment. Int.J.Psycho-Anal. 44, 328, 1963.
[218] NACHT, S., VIDERMAN, S.: The pre-object universe in the transference situation. Int.J.Psycho-Anal. 41, 385, 1960.
[219] ODIER, C.: Anxiety and magic thinking. New York (International University Press) 1956.
[220] PAVENSTEDT, E.: Environments that fail to support certain areas of early ego development. In: Ego Development and Differentiation. Des Plaines, Ill. (Forest Hospital Publications) 1964.
[221] PETERS, U.H.: Strukturale Nosogenese. Schweiz.Arch.Neurol. Neurochir.Psychiat. 105, 369, 1969.
[222] PETERSON, D.R.: The diagnosis of subclinical schizophrenia. J.Consult.Psychol. 18, 198, 1954.
[223] PETZOLD, H., MICHAEL, P. (ed.): Transaktionale Analyse und Skriptanalyse – Aufsätze und Vorträge von Fanita English. Hamburg (Altmann) 1976.
[224] PFEIFFER, E.: Borderline states. Dis.nerv.Syst. 35, 212, 1974.
[225] RAMANA, C.V.: Preliminary notes on transference in borderline neurosis. Psycho-Anal.Rev. 43, 129, 1956.
[226] RANGELL, L.: The borderline case (panel report). J.Amer.Psycho-Anal.Assoc. 3, 285, 1955.
[227] RANGELL, L.: Psychoanalyse und Veränderung. Psyche 29, 481, 1975.
[228] RAPAPORT, E.: The management of an erotized transference. Psycho-Anal.Quart. 25, 515, 1956.
[229] RAPAPORT, D., GILL, M.M., SCHAFER, R.: Diagnostic psychological testing. 2 Vols. Chicago (Year Book Publishers) 1945 und 1946.
[230] RAPAPORT, D., GILL, M., SCHAFER, R.: The thematic apperception test. In: Diagnostic Psychological Testing. Vol. 2. Chicago (Year Book Publishers) 1946.

[231] REDLICH, F.C., FREEDMAN, D.X.: Theorie und Praxis der Psychiatrie. Frankfurt (Suhrkamp) 1970.

[232] REICH, A.: Early identification as archaic elements in the superego. J. Amer. Psycho-Anal. Assoc. 2, 218, 1954.

[233] REICH, W.: Der triebhafte Charakter (1923). In: Frühe Schriften. Köln (Kiepenheuer & Witsch) 1977.

[234] REICH, W.: Charakter-Analyse. Köln (Kiepenheuer & Witsch) 1970.

[235] REIDER, N.: Transference psychosis. J. Hillside Hosp. 6, 131, 1957.

[236] RIEMANN, F.: Erfahrungen aus der Analyse schizoider und depressiver Persönlichkeiten. Zschr. psychosom. Med. 8, 114, 1961/1962.

[237] RIEMANN, F.: Grundformen der Angst – eine tiefenpsychologische Studie. München (Pfeiffer) 1975^{10}.

[238] RIESMAN, D., DENNEY, R., GLAZER, N.: The lonely crowd. New York (Doubleday) 1955.

[239] RIVIERE, J.: A contribution to the analysis of the negative therapeutic reaction. Int. J. Psycho-Anal. 17, 304, 1936.

[240] ROHDE-DACHSER, CH.: Struktur und Methode der katholischen Sexualerziehung. Stuttgart (Enke) 1970.

[241] ROIPHE, H.: On an early genital phase. With an addendum on genesis. Psychoanal. Study Child 23, 348, 1968.

[242] ROIPHE, H., GALENSON, E.: Early genital activity and the castration complex. Psycho-Anal. Quart. 41, 334, 1972.

[243] ROMM, M.: Transient psychotic episodes during psychoanalysis. J. Amer. Psycho-Anal. Assoc. 5, 325, 1957.

[244] RORSCHACH, H.: Psychodiagnostik. Bern (Huber) 1921.

[245] ROSENFELD, H.: Notes on the psycho-analysis of the superego conflict of an acute schizophrenic patient. Int. J. Psycho-Anal. 33, 111, 1952.

[246] ROSENFELD, H.: Transference-phenomena and transference-analysis in an acute catatonic schizophrenic patient. Int. J. Psycho-Anal. 33, 457, 1952.

[247] ROSENFELD, H.: Considerations regarding the psycho-analytic approach to acute and chronic schizophrenia. Int. J. Psycho-Anal. 35, 135, 1954.

[248] ROSENFELD, H.: Notes on the psychopathology and psychoanalytic treatment of schizophrenia. In: Hassan, A., Glueck Jr., B.C. (eds.): Psychotherapy of schizophrenic and manic depressive states. Washington DC (American Psychiatric Association) 1963.

[249] ROSHCO, M.: Perception, denial and depersonalization. J. Amer. Pscho-Anal. Assoc. 15, 243, 1967.

[250] ROSNER, S.: Problems of working through with borderline patients. Psychotherapy: Therapy, Research and Practice 6, 43, 1969.

[251] RUDOLF, G.: Krankheiten im Grenzbereich von Neurose und Psychose. Göttingen (Vandenhoeck & Ruprecht) 1977.

[252] SADOW, L.: Ego Axis in Psychopathology. Arch. Gen. Psychiatry 21, 15, 1969.

[253] SALTZMANN, S.S., MACHOVER, S.: An inquiry into eidetic imagery

with particular reference to visual hallucinations. Amer. J. Psychiatry 108, 740, 1952.
[254] SALZMANN, L.: Other character-personality syndromes. In: Arieti, S., Brody, E.B. (eds.): American Handbook of Psychiatry. New York (Basic Books) 1974².
[255] SANDLER, J.: On the concept of the superego. Psycho-Anal. Study Child 15, 128, 1960.
[256] SANDLER, J.: Sicherheitsgefühl und Wahrnehmungsvorgang. Psyche 15, 124, 1961.
[257] SANDLER, J., DARE, CH., HOLDER, A.: Die Grundbegriffe der psychoanalytischen Theorie. Stuttgart (Klett) 1973.
[258] SCAGNELLI, J.: Therapy with eight schizophrenic and borderline patients: Summary of a therapy approach that employs a semi-symbiotic bond between patient and therapist. J.Clin.Psychol. 31, 519, 1975.
[259] SCHAFER, R.: The clinical application of psychological tests. New York (International University Press) 1948.
[260] SCHAFER, R.: Psychoanalytic interpretation in Rorschach testing. New York (Grune & Stratton) 1954.
[261] SCHAFER, F.: Internalisierung: Realer Vorgang oder Phantasie? Psyche 30, 786, 1976.
[262] SCHILDER, P.: The image and appearance of the human body. New York (International University Press) 1955.
[263] SCHIMEL, J.L., SALZMANN, L., CHODOFF, P. et al.: Changing styles in psychiatric syndromes: A symposium. Amer. J. Psychiatry 130, 146, 1973.
[264] SCHMIDEBERG, M.: The borderline patient. In: Arieti, S. (ed.): American Handbook of Psychiatry, Vol. 1. New York (Basic Books) 1959.
[265] SCHULTZ-HENCKE, H.: Der gehemmte Mensch. Stuttgart (Thieme) 1970².
[266] SCHWIDDER, W.: Klinik der Neurosen. In: (K.P. Kisker, J.E. Meyer, M. Müller, E. Strömgren, Hrsg.): Psychiatrie der Gegenwart, Bd. II/1, Berlin (Springer) 1972².
[267] SEARLES, H.F.: Abhängigkeitsprozesse bei der Therapie von Schizophrenie (1955). In: Der psychoanalytische Beitrag zur Schizophrenieforschung. München (Kindler) 1974.
[268] SEARLES, H.F.: Die Anfälligkeit des Schizophrenen für die unbewussten Prozesse des Therapeuten (1958). In: Der psychoanalytische Beitrag zur Schizophrenie-Forschung. München (Kindler) 1974.
[269] SEARLES, H.F.: Positive feelings in the relationship between the schizophrenic and his mother. Int. J. Psycho-Anal. 39, 569, 1958.
[270] SEARLES, H.F.: Die Angst vor der Veränderung, erläutert am Beispiel der Psychotherapie von schizophrenen Patienten, unter besonderer Bezugnahme auf das persönliche Identitätsgefühl. In: Der psychoanalytische Beitrag zur Schizophrenie-Forschung. München (Kindler) 1974.

[271] SEARLES, H. F.: Übertragungspsychosen bei der Psychotherapie von chronischer Schizophrenie (1963). In: Der psychoanalytische Beitrag zur Schizophrenie-Forschung. München (Kindler) 1974.
[272] SEARLES, H. F.: Der psychoanalytische Beitrag zur Schizophrenieforschung. München (Kindler) 1974.
[273] SÈCHEHAYE, M.-A.: Die symbolische Wunscherfüllung. Bern (Huber) 1955.
[274] SEGAL, H.: A delusional state as a defence against the reemergence of a catastrophic situation. Int. J. Psycho-Anal. 53, 393, 1972.
[275] SEGAL, H.: Melanie Klein – Eine Einführung in ihr Werk. München (Kindler) 1974.
[276] SHAPIRO, D.: Special problems in testing borderline psychotics. J. Projective Techniques 18, 387, 1954.
[277] SHAPIRO, D.: Neurotic styles. New York (Basic Books) 1965.
[278] SHAPIRO, E. R., ZINNER, J., SHAPIRO, R. L., BERKOWITZ, D. A.: The influence of family experience on borderline personality development. Int. Rev. Psycho-Anal. 2, 399, 1975.
[279] SHARPE, E. F.: Anxiety, outbreak and resolution. In: Collected papers on Psycho-Analysis. London (Hogarth Press) 1950.
[280] SIFNEOS, P. E.: Manipulative suicide. Psychiat. Quart. 40, 525, 1966.
[281] SPERBER, M. A.: Symptoms and structure of borderline personality organization: Camus ‚The Fall' and Dostojevski's ‚Notes from the Underground'. Literature and Psychology 23, 102, 1973.
[282] SPERLING, S. J.: On denial and the essential nature of defence. Int. J. Psycho-Anal. 39, 25, 1958.
[283] SPITZ, R. A.: The primal cavity: A contribution to the genesis of perception and its role for psychoanalytic theory. In: Psychoanalytic Study of the Child. New York (International University Press) 1955.
[284] SPITZ, R. A.: Der Dialog entgleist. Psyche 28, 135, 1974.
[285] STEINER, C.: Scripts people live. New York (Grove Press) 1974.
[286] STERN, A.: Psychoanalytic investigation of and therapy in the borderline group of neuroses. Psychoanal. Quart. 7, 467, 1938.
[287] STERN, A.: Psychoanalytic therapy in the borderline neuroses. Psychoanal. Quart. 14, 190, 1945.
[288] STERN, A.: Transference in the borderline neuroses. Psychoanal. Quart. 17, 527, 1948.
[289] STERN, M. M.: Blank hallucinations: Remarks about trauma and perceptual disturbances. Int. J. Psycho-Anal. 42, 205, 1961.
[290] STIERLIN, H.: Die Funktion innerer Objekte. Psyche 25, 81, 1971.
[291] STÖRRING, G. E.: Halluzinatorische und wahnähnliche Erlebnisse bei eidetischer Veranlagung. Monatsschr. Psychiat. Neurol. 129, 261, 1955.
[292] STONE, H. K., DELLIS, N. P.: An exploratory investigation into the levels hypotheses. J. Projective Techniques 24, 33, 1960.
[293] STONE, L.: The widening scope of indications for psycho-analysis. J. Amer. Psycho-Anal. Assoc. 2, 567, 1954.

[294] STRELETZKI, F.: Regressive optische Wahrnehmungsphänomene zu Beginn der Therapie einer narzisstischen Persönlichkeit. Zschr. Psychosom. Med. 17, 261, 1971.
[295] SÜLLWOLD, L.: Symptome schizophrener Erkrankungen – uncharakteristische Basisstörungen. Berlin (Springer) 1977.
[296] UCHTENHAGEN, A.: Schizophrene Rorschach-Befunde bei Blutverwandten Schizophrener. In: Bleuler, M.: Die schizophrenen Geistesstörungen im Lichte langjähriger Kranken- und Familiengeschichten. Stuttgart (Thieme) 1972.
[297] VAILLANT, S. E.: Theoretical hierarchy of adaptive ego mechanisms. Arch. Gen. Psychiat. 24, 107, 1971.
[298] WAELDER, R.: The structure of paranoid ideas. Int. J. Psycho-Anal. 32, 167, 1951.
[299] WALLERSTEIN, R. S.: Reconstruction and mastery in the transference psychosis. J. Amer. Psycho-Anal. Assoc. 15, 551, 1967.
[300] WEINER, I. B.: Borderline and pseudoneurotic schizophrenia. In: Psychodiagnosis in Schizophrenia. New York (Wiley) 1966.
[301] WEINGARTEN, L., KORN, S.: Psychological test findings on pseudoneurotic schizophrenics. Arch. Gen. Psychiat. 17, 448, 1967.
[302] WEINSHEL, E. M. (panel report): Severe regressive states during analysis. J. Amer. Psycho-Anal. Assoc. 14, 538, 1966.
[303] WEISS, J.: Clinical and theoretical aspects of „as if" characters (panel report). J. Amer. Psycho-Anal. Assoc. 14, 569, 1966.
[304] WEISS, J.: A case example of the borderline personality organization. Psychotherapy: Theory, Research and Practice 11, 383, 1974.
[305] WERBLE, B.: Second follow-up study of borderline patients. Arch. Gen. Psychiatry 23, 3, 1970.
[306] WHEELIS, A.: The quest for identity. New York (Norton) 1958.
[307] WILLI, J.: Die Einbeziehung von Drittpersonen in den Paarkonflikt. In: Die Zweierbeziehung. Reinbek bei Hamburg (Rowohlt) 1975, S. 194 ff.
[308] WILSON, C.: On the limits of the effectiveness of psychoanalysis: Early ego and somatic disturbances. J. Amer. Psycho-Anal. Assoc. 19, 552, 1971.
[309] WINNICOTT, D. W.: Hate in the counter-transference. Int. J. Psycho-Anal. 30, 69, 1949. Deutsche Übersetzung in: Von der Kinderheilkunde zur Psychoanalyse. München (Kindler) 1976.
[310] WINNICOTT, D. W.: The depressive position in normal emotional development. Brit. J. Med. Psychol. 28, 89, 1955.
[311] WINNICOTT, D. W.: Ich-Verzerrung in Form des wahren und des falschen Selbst. In: Reifungsprozesse und fördernde Umwelt. München (Kindler) 1974.
[312] WINNICOTT, D. W.: The theory of the parent-infant relationship. Int. J. Psycho-Anal. 41, 585, 1960.
[313] WINNICOTT, D. W.: Gegenübertragung. In: Reifungsprozesse und fördernde Umwelt. München (Kindler) 1974.
[314] WINNICOTT, D. W.: Die Frage des Mitteilens und des Nicht-Mitteilens

führt zu einer Untersuchung gewisser Gegensätze. In: Reifungsprozesse und fördernde Umwelt. München (Kindler) 1974.
[315] WINNICOTT, D.W.: Reifungsprozesse und fördernde Umwelt. München (Kindler) 1974.
[316] WINNICOTT, D.W.: Übergangsobjekte und Übergangsphänomene. Psyche 13, 666, 1969.
[317] WINNICOTT, D.W.: Vom Spiel zur Kreativität. Stuttgart (Klett) 1973.
[318] WOLBERG, A.R.: Patterns of interaction in families of borderline patients. In: Reiss, B. (ed.): New Directions in Mental Health. New York (Grune & Stratton) 1968.
[319] WOLBERG, A.R.: The borderline patient. New York (Intercontinental Medical Book Corporation) 1973.
[320] World Health Organization: Diagnosenschlüssel und Glossar psychiatrischer Krankheiten (International Classification of Diseases – ICD), 9. Revision. Berlin (Springer) 1980.
[321] ZANDER, W.: Kränkung aus tiefenpsychologischer Sicht. Psychother. med.Psychol. 26, 1, 1976.
[322] ZETZEL, E.: A developmental approach to the borderline patient. Amer.J.Psychiatry 128, 867, 1971.
[323] ZETZEL, E.: Die Fähigkeit zu emotionalem Wachstum. Stuttgart (Klett) 1974.
[324] ZILBOORG, G.: Ambulatory schizophrenia. Psychiatry 4, 149, 1941.
[325] ZILBOORG, G.: Further observations on ambulatory schizophrenia. Amer.J.Ortho-psychiat. 27, 677, 1957.
[326] ZIOLKO, H.U.: Zur Bedeutung spontan-eidetischer Erscheinungen in der Psychiatrie. Zschr.Psychother.Psychol. 3, 171, 1953.
[327] ZIOLKO, H.U.: Halluzination und Neurose. Psyche 24, 40, 1970.
[328] ZUCKER, L.J.: The psychology of latent schizophrenia: based on Rorschach studies. Amer.J.Psychother. 6, 44, 1952.

Ergänzendes Literaturverzeichnis zur 2. bis 4. Auflage

ADLER, G.: Borderline Psychopathology and its Treatment. New York/London (Jason Aronson Inc.) 1985.

American Psychiatric Association, Committee on Nomenclature and Statistics (ed.): Diagnostic and Statistical Manual of Mental Disorders (DSM-III). Washington DC (American Psychiatric Association) 1980, 3rd edn. Deutsch: Diagnostisches und Statistisches Manual Psychischer Störungen DSM-III. Deutsche Bearbeitung und Einführung von K. Koehler und H. Sass. Weinheim Basel (Beltz-Verlag) 1984.

American Psychiatric Association, Committee on Nomenclature and Statistics (ed.): Diagnostic and Statistical Manual of Mental Disorders (DSM-III-R). Washington DC (American Psychiatric Association) 1987, 3rd edn. rev. Deutsch: Diagnostisches und Statistisches Manual Psychischer Störungen DSM-III-R. Deutsche Bearbeitung von U. Wittchen, H. Sass, M. Zaudig und K. Koehler. Weinheim Basel (Beltz-Verlag) 1989.

ARMELIUS, B., KULLGREN, G., RENBERG, E.: Borderline diagnosis from hospital records: Reliability and validity of Gunderson's Diagnostic Interview for Borderlines (DIB). J. Nerv. Ment. Dis. 173, 32, 1985.

BARASH, J. et al.: Discriminating borderline personality disorder from other personality disorders. Arch. Gen. Psychiat. 40, 1297, 1983.

BARTON, H.R., KOVAN, R.A.: Infantile ego states and adult clinical practice. Amer. J. Psycho-Anal. 38, 235, 1978.

– Childhood ego states and adult clinical practice. Amer. J. Psycho-Anal. 39, 137, 1979.

BAUER, R.: The use of trance in working with the borderline personality. Psychotherapy, Theory, Research and Practice 16, 371, 1979.

BAUER, S.F., HUNT, H.F., GOULD, M., GOLDSTEIN, E.G.: Borderline personality organization, structural diagnosis and the structural interview. Psychiatry 43, 224, 1980.

BLANCK, G., BLANCK, R.: Angewandte Ich-Psychologie. Stuttgart (Klett-Cotta) 1978.

– Ich-Psychologie II. Stuttgart (Klett-Cotta) 1980.

CALLAN, J.P.: ‚Borderline' diagnosis gets borderline approval. Medical News 241, 1983, 1979.

CARPENTER, W.T., GUNDERSON, J.G.: Five year follow-up comparison of borderline and schizophrenic patients. Comprehensive Psychiatry 18, 567, 1977.

CONTE, H.R., PLUTCHIK, R., KARASU, T.B., JERRETT, I.: A self-report borderline scale – discriminative validity and preliminary norms. J. Nerv. Ment. Dis. 168, 428, 1980.

DIECKMANN, H.: Individuelle und kollektive Wandlungschancen aus dem irrationalen Bereich der Träume. In: Ermann, M. (Hg.): Der Traum in Psychoanalyse und psychoanalytischer Psychotherapie. Berlin/Heidelberg/New York (Springer-Verlag) 1983.

EAKES, J.A.: An Examination of the Construct Validity of the Borderline Syndrome Index. The George Washington University (Dissertation), 1985.

Frances, A.: The DSM-III Personality Disorders Section: A commentary. Amer. J. Psychiatry 137, 1050, 1980.
Glazer, M.W.: The borderline personality diagnosis: Some negative implications. Psychotherapy: Theory, Research and Practice 16, 376, 1979.
Goldberg, S.C., Schulz, S.C. et al.: Borderline and schizotypal personality disorders treated with low-dose thiothixene vs placebo. Arch. Gen. Psychiatry 43, 680, 1986.
Greene, L.R., Rosenkrantz, J., Muth, D.Y.: Borderline Defenses and Countertransference: Research Findings and Implications. Psychiatry 49, 253, 1986.
Grinker, R.R., Werble, B.: The borderline patient. New York (Aronson) 1977.
Grobman, J.: The borderline patient in group psychotherapy: A case report. Int. J. Group Psychother. 30, 299, 1980.
Grotstein, J.S., Solomon, M.F., Lang, J.A.: The Borderline Patient. Emerging Concepts in Diagnosis, Psychodynamics, and Treatment. Vol. 1. Hillsdale, NJ – London (The Analytic Press) 1987.
Gunderson, J.G.: Characteristics of borderlines. In: P. Hartocollis (ed.): Borderline Personality Disorders. New York (International University Press) 1977, S. 173–192.
– The relatedness of borderline and schizophrenic disorders. Schizophrenia Bulletin 5, 17, 1979.
– Borderline Personality Disorder. Washington, D.C. (American Psychiatric Press), 1984 (2. Aufl. 1985).
– Diagnostisches Interview für das Borderlinesyndrom. Manual. Deutsche Bearbeitung von H. Pütterich. Weinheim (Beltz Test Gesellschaft) 1985.
– Pharmacotherapy for patients with borderline personality disorder. Arch. Gen. Psychiat. 43, 698, 1986.
Gunderson, J.G., Elliott, G.R.: The Interface Between Borderline Personality Disorder and Affective Disorder. Am. J. Psychiatry 142, 277, 1985.
Gunderson, J.G., Kolb, J.E.: Discriminating features of borderline patients. Amer. J. Psychiatry 135, 792, 1978.
Gunderson, J.G., Kolb, J., Austin, V.: The Diagnostic Interview for Borderline Patients. Am. J. Psychiatry 138, 896, 1981.
Gunderson, J.G., Morris, H., Zanarini, M.C.: Transitional Objects and Borderline Patients. In: Th. H. McGlashan (ed.): The Borderline: Current Empirical Research. Washington D.C. (American Psychiatric Press) 1986.
Gunderson, J.G., Zanarini, M.C.: Current Overview of the Borderline Diagnosis. J. Clin. Psychiatry 48, 5, 1987.
Hartocollis, P. (ed.): Borderline personality disorders – the concept, the syndrome, the patient. New York (International University Press) 1977.
Horwitz, L.: Group psychotherapy for borderline and narcissistic patients. Bull. Menn. Clin. 44, 181, 1980.
Kernberg, O.F.: The structural diagnosis of borderline personality organization. In: Hartocollis, P. (ed.): Borderline Personality Disorders. New York (International University Press) 1977, S. 87–121.
– Two reviews of the literature on borderline schizophrenia: An assessment. Schizophrenia Bulletin 5, 53, 1979.

- Objektbeziehungen und Praxis der Psychoanalyse. Stuttgart (Klett-Cotta) 1981.
- Schwere Persönlichkeitsstörungen. Theorie, Diagnose, Behandlungsstrategien. Stuttgart (Klett-Cotta) 1988.
KERNBERG, O.F., GOLDSTEIN, E.G., CARR, A.C., HUNT, H.F., BAUER, S.F., BLUMENTHAL, R.: Diagnosing borderline personality. A pilot study using multiple diagnostic methods. J.Nerv.Ment.Dis. 169, 225, 1981.
KETY, S.S., ROSENTHAL, D., WENDER, P.H., SCHULSINGER, F.: The types and prevalence of mental illness in the biological and adoptive families of adopted schizophrenics. In: Rosenthal, D., Kety, S.S. (eds.): The Transmission of Schizophrenia. New York (Pergamon Press) 1968, S.345-362.
- Mental illness in the biological and adoptive families of adopted schizophrenics. Amer.J.Psychiatry 128, 302, 1971.
KETY, S.S., ROSENTHAL, D., WENDER, P.H., SCHULSINGER, F., JACOBSEN, B.: Mental illness in the biological and adoptive families of adopted individuals who have become schizophrenic: A preliminary report based on psychiatric interviews. In: Fieve, R.R., Rosenthal, D., Brill, H. (eds.): Genetic Research in Psychiatry. Baltimore (J.Hopkins University Press) 1975.
KHOURI, P.J., HAIER, R.J., RIEDER, R.O., ROSENTHAL, D.: A symptom schedule for the diagnosis of borderline schizophrenia: A first report. Brit.J.Psychiatry 137, 140, 1980.
KIBEL, H.D.: The rationale for the use of group psychotherapy for borderline patients on a short-term unit. Int.J.Group Psychother. 28, 339, 1978.
- The importance of a comprehensive clinical diagnosis for group psychotherapy of borderline and narcissistic patients. Int.J.Group Psychother. 30, 427, 1980.
KLEIN, D.F.: Psychopharmacology and the borderline patient. In: Mack, J.E. (ed.): Borderline States in Psychiatry. New York (Grune & Stratton) 1975, S.75-91.
- Psychopharmacological treatment and delineation of borderline disorders. In: Hartocollis, P. (ed.): Borderline Personality Disorders. New York (International University Press) 1977, S.365-383.
KÖNIGSBERG, H.W., KERNBERG, O.F.: Diagnosing borderline conditions in an outpatient setting. Arch. Gen. Psychiat. 40, 49, 1983.
KOHUT, H.: Die Heilung des Selbst. Frankfurt (Suhrkamp) 1979.
KOLB, J., GUNDERSON, J.G.: Diagnosing borderline patients with a semistructured interview. Arch.Gen.Psychiatry 37, 37, 1980.
KRAUSE, R.: Eine Taxonomie des Affekte und ihre Anwendung auf das Verständnis der „frühen" Störungen. Psychother.med.Psychol. 38, 1986/1988.
KROLL, J.: The Challenge of the Borderline Patient. Competency in Diagnosis and Treatment. New York/London (W.W.Norton & Co.), 1988.
KWAWER, J.S.: Borderline phenomena, interpersonal relations, and the Rorschach Test. Bulletin of the Menninger Clinic 43, 515, 1979.
LERNER, H., ALBERT, C., WALSH, M.: The Rorschach Assessment of Borderline Defenses: A Concurrent Validity Study. Journal of Personality Assessment 51, 334, 1987.
LICHTENBERG, J.D.: Psychoanalysis and Infant Research. Hillsdale, N.J. (The Analytic Press), 1983.
- Some analogies between findings in infant research and clinical observations

of adults, particularly patients with borderline and narcissistic personality disorders. In: J.S.Grotstein, M.F.Solomon, J.A.Lang (eds.): The Borderline Patient. Emerging Concepts in Diagnosis, Psychodynamics, and Treatment. Hillsdale, N.J. (The Analytic Press) 1987a.
- Die Bedeutung der Säuglingsbeobachtung für die klinische Arbeit mit Erwachsenen. Zeitschrift für psychoanalytische Theorie und Praxis 2, 123, 1987b.
LIEBOWITZ, M.R.: Is borderline a distinct entity? Schizophrenia Bulletin 5, 23, 1979.
LIEBOWITZ, M.R., QUITKIN, F.M. et al.: Phenelzine v imipramine in atypical depression. Arch.Gen.Psychiat. 41, 669, 1984.
LOHMER, M.: Stationäre Psychotherapie bei Borderline-Patienten. Berlin/Heidelberg/New York (Springer-Verlag) 1988.
MACASKILL, N.D.: The narcissistic core as a focus in the group therapy of the borderline patient. Brit.J.Med.Psychol. 53, 137, 1980.
MACK, J.E.: Borderline states in psychiatry. New York (Grune & Stratton) 1975.
MAHLER, M.S., PINE, F., BERGMAN, A.: Die psychische Geburt des Menschen - Symbiose und Individuation. Frankfurt (Fischer) 1978.
MASTERSON, J.F.: Psychotherapie bei Borderline-Patienten. Stuttgart (Klett-Cotta) 1980.
MCGLASHAN, TH.H.: The borderline syndrome. I. Testing three diagnostic systems. Arch.Gen.Psychiatry 40, 1311, 1983.
MCGLASHAN, TH.M. (ed.): The Borderline: Current Empirical Research. Cambridge - New York (Cambridge University Press) 1986.
MODESTIN, J. et al.: Diagnosing borderline. A contribution to the question to its conceptual validity. Arch. Psychiat. Nervenkr. 233, 359, 1983.
NÜTZEL, E.J.: DSM-III and the use of the term borderline. Bulletin of the Menninger Clinic 49, 124, 1985.
OLDHAM, J., CLARKIN, J., APPELBAUM, A. et al.: A Self-Report Instrument for Borderline Personality Organization. In: Th.H.McGlashan (ed.): The Borderline: Current Empirical Research. Washington D.C. (American Psychiatric Press) 1986.
PERRY, J.CH.: Depression in Borderline Personality Disorder: Lifetime Prevalence at Interview and Longitudinal Course of Symptoms. Am. J. Psychiatry 142, 15, 1985.
- Borderline Personality Disorders: Research Issues and New Empirical Findings. J. Amer. Psycho-Anal. Assoc. 34, 179, 1986.
PERRY, J.CH., COOPER, ST.H.: Psychodynamics, Symptoms, and Outcome in Borderline and Antisocial Personality Disorders and Bipolar Type II Affective Disorder. In: Th.H.McGlashan (ed.): The Borderline: Current Empirical Research. Washington D.C. (American Psychiatric Press) 1986.
PERRY, J.C., KLERMAN, G.L.: The borderline patient - A comparative analysis of four sets of diagnostic criteria. Arch. Gen. Psychiatry 35, 141, 1978.
- Clinical features of the borderline personality disorder. Amer.J.Psychiatry 137, 165, 1980.
RIEDER, R.O.: Borderline schizophrenia: Evidence of its validity. Schizophrenia Bulletin 5, 39, 1979.

ROHDE-DACHSER, CH.: Loslösungs- und Individuationsprozesse in der psychoanalytisch orientierten Psychodrama-Therapie. Gruppenpsychother. Gruppendynamik 15, 271, 1980.
- Diagnostische und behandlungstechnische Probleme im Bereich der sogenannten Ich-Störungen. Psychother., Psychosom., Med.Psychol. 32, 14, 1982.
- Umgang mit Träumen in der Behandlung von Patienten mit schweren Ich-Störungen. In: Ermann, M. (Hg.): Der Traum in Psychoanalyse und psychoanalytischer Psychotherapie. Berlin/Heidelberg/New York (Springer-Verlag) 1983.
- Borderlinestörungen. In: K.P.Kisker, H.Lauter et al. (Hrsg.): Psychiatrie der Gegenwart, Bd.1: Neurosen - Psychomatische Erkrankungen - Psychotherapie. Berlin/Heidelberg/New York/Tokyo (Springer-Verlag) 3. Aufl., S.125-150, 1986.
- Die ödipale Konstellation bei narzisstischen und bei Borderlinestörungen. PSYCHE 41, 773, 1987.

ROSENTHAL, D.: Was Thomas Wolfe a borderline? Schizophrenia Bulletin 5, 53, 1979.

ROSENTHAL, D., WENDER, P.H., KETY, S.S., WELNER, J., SCHULSINGER, F.: The adopted-away offspring of schizophrenics. Amer.J.Psychiatry 128, 307, 1971.

ROTH, B.E.: Understanding the development of a homogeneous, identity-impaired group through countertransference phenomenona. Int.J.Group Psychother.30, 405, 1980.

SCAGNELLI, J.: Hypnotic dream therapy with a borderline schizophrenic: A case study. Amer.J.Clinic.Hypnosis 20, 136, 1977.
- Hypnotherapy with psychotic and borderline patients: The use of trance by patient and therapist. Amer.J.Clinic.Hypnosis 22, 164, 1980.

SCHRETER, R.K.: Treating the untreatables: A group experience with somaticizing borderline patients. Int.J.Psychiatry in Medicine 10, 205, 1980/1981.

SEEMAN, M.V., EDWARDES-EVANS, M.S.W.: Marital therapy with borderline patients: Is it beneficial? J.Clin.Psychiatry 40, 308, 1979.

SHAINBERG, D.: Work with imagination in the treatment of borderline patients. J.Amer.Academ.Psycho-Anal. 7, 419, 1979.

SHEEHY, M., GOLDSMITH, L., CHARLES, E.: A comparative study of borderline patients in a psychiatric outpatient clinic. Amer. J. Psychiatry 137, 1374, 1980.

SIEVER, L.J., GUNDERSON, J.G.: Genetic determinants of borderline conditions. Schizophrenia Bulletin 5, 59, 1979.

SOLOFF, P.H., GEORGE, A. et al.: Progress in pharmacotherapy of borderline disorders. Arch.Gen.Psychiatry 43, 691, 1986.

SPITZER, R.L., ENDICOTT, J.: Justification for separating schizotypal and borderline personality disorders. Schizophrenia Bulletin, 5, 95, 1979.

SPITZER, R.L., ENDICOTT, J., GIBBON, M.: Crossing the border into borderline personality and borderline schizophrenia: The development of criteria. Arch.Gen.Psychiatry 36, 17, 1979.

STERN, D.N.: The Interpersonal World of the Infant. A View from Psychoanalysis and Developmental Psychology. New York, 1985.

STONE, M.H.: Assessing vulnerability to schizophrenia or manic-depression in borderline states. Schizophrenia Bulletin 5, 105, 1979.
- The borderline syndromes. New York (McGraw - Hill Book Company) 1980.
VOLKAN, V.D.: Psychoanalyse der frühen Objektbeziehungen - Zur psychoanalytischen Behandlung psychotischer, präpsychotischer und narzisstischer Störungen. Stuttgart (Klett-Cotta) 1978.
WONG, N.: Combined group and individual treatment of borderline and narcissistic patients: Heterogeneous versus homogeneous groups. Int. J.Group Psychother. 30, 389, 1980.
YANOWSKI, A., FOGEL, M.L.: Some diagnostic and therapeutic implications of visual imagery reactivity. J.Mental Imagery 2, 301, 1978.
ZINNER, J.: Combined individual and family therapy of borderline adolescents: Rationale and management of the early phase. Adolescent Psychiatry 6, 420, 1978.

Autorenregister

Sachregister